Diario Fiorentino Dal 1450 al 1516

Luca Landucci, Jodoco Del Badia

BIBLIOLIFE

DIARIO FIORENTINO

DAL 1450 AL 1516

DI

LUCA LANDUCCI

CONTINUATO DA UN ANONIMO FINO AL 1542

PUBBLICATO

SUI CODICI DELLA COMUNALE DI SIENA

E DELLA MARUCELLIANA

CON ANNOTAZIONI

DA

IODOCO DEL BADIA

IN FIRENZE

G. C. SANSONI, EDITORE

1883

AVVERTIMENTO

Nel ricercare e raccogliere notizie e memorie intorno alle fabbriche della città di Firenze e ai suoi costumi di un tempo, non poteva certamente lasciar da parte il Diario di Luca Landucci da cui, per quanto ne avessero tratto i passati, pur vedevo i moderni eruditi ricavare tuttodì e portare alla luce notizie curiose, sconosciute ed interessanti. Appena però mi fui un poco inoltrato nella lettura di quel libro, mi accorsi che non uno zibaldone, dove potesse più qua e più là trovarsi qualche ricordo da tener conto e farne tesoro, ma bensì aveva alle mani una vera e propria cronaca cittadina svariatissima e minuta Svariatissima; inquantochè col darci lo scrittore notizia di alcuni suoi fatti domestici, degli avvenimenti politici, delle feste, degli uomini a' suoi giorni eccellenti in ogni arte, di alcuni straordinari fenomeni e degli edifizi più magnifici che allora si muravano, ne rappresenta al vivo la pubblica e privata vita nella seconda metà del quindicesimo secolo, e nei primi anni, i più splendidi, del decimosesto. Minutissima poi; perchè i fatti, specialmente quelli politici, sono per lo più segnati giorno per giorno e non tutti a una volta; come, talora a scapito della chiarezza, son registrati dagli scrittori di storie. Trovai insomma un libro che, raffrontato con altri congeneri e coetanei, ha molta rassomiglianza con le così dette *Storie* di Giovanni Cambi, alla spropositata pubblicazione delle quali non so se neppure nell'altro mondo abbia il padre Ildefonso di San Luigi, carmelitano scalzo, trovato perdono. Di più grata lettura riesce il Landucci inquantochè non tramezza, come fa il primo, la narrazione dei fatti col registrare i nomi dei Gonfalonieri di giustizia e dei Priori che di bimestre in bimestre sedevano; serie di magistrati che per tante vie, in più autentico modo, si può ricomporre. Ricordandomi allora di aver letto nel Machiavelli, che « se « niuna cosa diletta e insegna nella istoria, è quella « che particolarmente si descrive », mi risolvei a por mano alla pubblicazione di questo Diario, persuaso che anche per i nostri tempi abbia valore la sentenza del Segretario fiorentino, dalle gravi parole dette da Niccolò Tommasèo nell'*Archivio Storico Italiano*[1] sulla necessità di pubblicare, e con sollecitudine, quanto rimane di ricordi inediti dell'età passate, e di documenti storici sepolti in pubbliche e private raccolte in Italia.

---

[1] Nuova Serie, I, parte I, pag. 110

Che l'opera del Landucci sia da aversi in considerazione, lo prova il fatto dell'esserne stato tenuto buon conto anco negli antichi tempi; come ne accerta il vedere che il tanto noto Diario di Agostino Lapini, per quasi tutta la prima metà del secolo decimosesto, non è che un raffazzonamento del Landucci; un estratto ne fece Vincenzio Borghini, che passò nella Naniana di Venezia; negli Spogli del Senator Carlo Strozzi, noto erudito fiorentino, trovansene riportati diversi brani; Giovambatista Casotti se ne valse non poco per le sue *Memorie istoriche della miracolosa immagine di M. V. dell' Impruneta*, che nel 1712 dedicava al Granduca Cosimo III. E in questa medesima opera si attesta, come fosse dagli eruditi avuto in pregio questo Diario, scrivendo *che andava attorno manoscritto*: lo che, a mio sentimento, significa che con qualche avidità se ne erano andate moltiplicando le copie. Una buona parte infatti è trascritta pure in un codice dello scorso secolo, appartenente all'Archivio di Stato di Firenze, nel quale sono raccolti molti ricordi di storia fiorentina tratti da scrittori, per lo più, del secolo XVI. Una copia fu posseduta da Domenico Manni e la citò sovente nei suoi opuscoli. Pietro Fanfani, che ebbe buon gusto nel pubblicare antiche scritture, stampò, sotto il titolo di *Savonaroliana*, quasi tutta la parte del libro dove sono narrate le vicende del celebre Domenicano, e vagheggiava l'idea di stampare anche la descrizione delle magnifiche feste che si fecero in Firenze per la venuta di Leone X.

Qual fortuna abbiano avuto i codici di questo Diario, che, secondo le parole del Casotti, dovevano essere parecchi, lo che è anche confermato dal Moreni nella sua *Bibliografia Toscana*, non mi è riuscito di conoscerlo: quello autografo si conserva tuttavia nella Biblioteca comunale di Siena, ed è scritto in una vacchetta cartacea, originariamente di 88 carte numerate. Dall'autografo però non si avrebbe più oggi l'intero Diario, perchè mancante della carta 17 e delle 32-72: il qual codice e stato modernamente rinumerato a pagine, e va sino alla 89, mentre sono 90, che per errore fu dato a due il numero 61; e le pagine dalla 75 in poi sono bianche.

Per riempire le lacune dell'autografo non ho avuto altro modo, per quante ricerche abbia fatto, che valermi di un codice della Marucelliana fiorentina; copia di cattiva lettera, eseguita però con bastante esattezza, dei primi del milleseicento.

Tanti e tanti essendo i documenti e le scritture relative alla storia politica degli Stati d'Italia fino alla caduta della Repubblica fiorentina, ho creduto dovermi in generale astenere dal dichiarare con annotazioni quelle parti del Diario che toccano a quella storia; anche perchè lo scrittore si distende con bastante larghezza, come quando ragiona della congiura dei Pazzi e delle vicende che la seguitarono, dei fatti di Lorenzo de' Medici, di Carlo VIII, di Alessandro VI e del Valentino, della guerra di Pisa, e via discorrendo. Per questa parte, dico, mi sono limitato ad aggiun-

gere quegli schiarimenti che potevano servire alla
retta intelligenza del testo, per coloro specialmente
che non hanno minuta notizia dei fatti fiorentini di
quattro secoli addietro. Dove mi sono deliberatamente
trattenuto è stato nell'annotare quei ricordi che sono
relativi al materiale della città di Firenze e alle co-
stumanze della medesima: e questo ho fatto valendomi a preferenza dei documenti degli archivi, e
degli scrittori contemporanei editi o inediti, e delle
monografie che sui singoli soggetti sono state in
vari tempi pubblicate.

Resta ora a dire qualche cosa dello scrittore,
del quale, per quanto io mi sappia, nessuno ha dato
notizie. Molti particolari della sua vita e degl'indivi-
dui della famiglia sua gli troviamo nel Diario; altri vengono dai Campioni dei Catasti e della Decima, che mi confermarono come egli nascesse da un
Antonio di Luca di Landuccio cittadino fiorentino,
descritto nel gonfalone delle Chiavi del quartiere
di S. Giovanni, abitante nel popolo di S. Pier Maggiore. Quest'Antonio, originario della potesteria di
Dicomano, non era sprovvisto di beni di fortuna,
specialmente se tenghiamo conto di quelli posse-
duti da Felice sua madre. Nel 1469 era in età
di anni 75, e l'Agnola sua moglie di 72: avevano
due figliuoli; il nostro Luca, e Gostanzo minore a
Luca di sei anni: quel Gostanzo appassionato pei cavalli barberi, che andava a procacciarseli in Levante,
e che dopo vinti 20 palii, fece nel 1485 la miseranda
fine notata in queste pagine. Di Luca dice il pa-

dre suo, in questa portata al Catasto del 1469, che faceva bottega di speziale, messa su con la dote della moglie, la Salvestra, che sposò appena diciassettenne della quale bottega (sempre secondo la portata, colla quale ordinariamente cercavasi d'impietosire chi aveva l'ufficio di porre le gravezze) si dice che traeva « piuttosto debito che mobile », e che era indebitato « in modo che non ci è grascie » ; e che lo stesso Luca si trovava « colla febbre nel « letto molto grave », e che se si morisse « sarebbe « disfatto (il padre) a rendere detta dote », che era di fiorini 828 sul Monte. Finisce poi la lamentazione con queste parole. « la fece chontro a mia vo-« glia » (non forse di prender moglie ma di metter bottega) « e male ne seghuita ». Della moglie infatti, dalla quale ebbe 12 figliuoli, Luca non si lagna ; che anzi la chiama « cara compagna, e virtuosa che non « aveva pari », e soggiunge che nei 48 anni che stette con lui non lo fece mai adirare. Nel 1514, quando rimase vedovo, gli restavano 7 figliuoli ; quattro dei quali maschi, Benedetto, Antonio, Filippo e Battista: il primo seguitò probabilmente l'arte paterna ed attese agli affari di casa, vedendosi che quando la presenza del padrone occorreva a Dicomano, dove aveva il possesso avito, che in parte accrebbe, vi andava sempre Benedetto, o sia che si trattasse di disporre l'alloggiamento per soldatesche di passaggio, o che si dovesse riparare a' danni derivati dalla violenza della bufera. Antonio studiò medicina, e nel 1503 il padre lo mandò a studio a Bologna per

farsi dottore; dove conseguì sicuramente la laurea,
trovandosi che nel 1506 era di nuovo a Firenze col
titolo di *maestro*, ed assisteva coi dottori e scolari
dello Studio all'anatomia del cadavere d'un giusti-
ziato. Sembra che solo Benedetto continuasse la famiglia. trovandosi di lui un Luca dal quale deriva-
rono Antonio e Benedetto, e da quest'ultimo un
Vincenzio, che morì nel 1619

Che Luca fosse uomo di buoni sentimenti e di
animo mite, quantunque vivesse in tempi in cui gli
odi di parte e il continuo spettacolo di torture e
supplizi facevano indurire anche i cuori degli uomini
migliori, si rileva ad ogni passo. Per vivo sentimento di religione e per amore di libertà fu uno
degli ardenti seguaci del Savonarola; ma le sven-
ture del prossimo lo addoloravano sempre, anche
quando i colpiti non erano della sua parte. Così,
nella cacciata dei Medici del 1494, s'intenerisce pel
giovinetto Cardinale che vide spaventato, alle finestre del suo palazzo, con le mani giunte ginocchioni
raccomandandosi a Dio · e giudicò che fosse un buon
giovane Così perdona al feritore del suo Benedetto; e piange poi sul cadavere di Lorenzo Tornabuoni, uno dei cinque giustiziati nel 97 per la
congiura di Bernardo Del Nero. Con gran fede seguì
adunque il Savonarola, frequentandone le prediche
e assistendo alle processioni; e sentiva di queste
cose gran dolcezza; come pure che dei suoi figliuoli
fossero « fralle benedette e pudiche schiere » del
Frate. Ma la scomunica del 1497, se non lo fece

discredere, che egli stesso lo confessa, trattenne lui come molti altri dall'andare alle prediche « chè non « volle mettersi mai a pericolo andare a udirlo poi- « chè fu scomunicato ». Alle quali parole son com- mento le altre: « hanno potuto più e tristi ch'e « buoni », che nel libro stesso si leggono; e la compiacenza colla quale, anche a distanza di vari anni, ritorna a dire, tutte le volte che i fatti gliene danno occasione, « che si era avverato el detto « del Frate », o che il tale o tal altro era « capitato « male per aver fatto contro al Frate », e simili.

Questo Diario, che il Landucci avrà scritto nella sua bottega di speziale al Canto de' Tornaquinci, luogo frequentatissimo e principale della città, presso alle case dei Tornabuoni e degli Strozzi, non fu messo insieme su vaghe ed incerte chiacchiere dei frequentatori della spezieria, ma quello che l'autore non aveva veduto coi propri occhi, lo ritraeva da fonti sicure, poichè non mancavangli certo le rela- zioni di chi aveva parte nel governo, negli uffici e nell'ambascerie: e da lui stesso sappiamo che era in rapporti d'amicizia pur con persone appartenenti alla famiglia dei Signori Priori.

Oltre all'esser veritiero nelle date e nella nar- razione dei fatti, merito statogli sempre riconosciuto. non è appassionato troppo nel rappresentargli; chè quando le cose avvenivano secondo il suo desiderio, allora si compiaceva delle medesime, e ne ringraziava Iddio, quando poi gli eventi volgevano, o parevano volgere contro al governo libero e popolare (che era

quello il suo ideale), gli notava egualmente, osservando
che ciò avveniva per i peccati degli uomini e per
gastigo di Dio, ai voleri del quale anche allora si
piegava rassegnato. Ma dopo la deposizione del Gonfaloniere Soderini e il ritorno dei Medici è più parco
in questi moderati commenti, sia perchè le tante
mutazioni vedute lo avesser reso indifferente, o sia
per timore che male gliene potesse incogliere, se le
sue parole venissero a notizia dei nuovi governanti ·
quando non fossero state l'esortazioni dei figliuoli,
che non furon forse contrari ai Medici; essendo fre-
quente il caso in ogni tempo, che i giovani militino
in un campo politico diverso da quello dei genitori.
Nel caso nostro, poi, si può anche argomentare che
la vicinanza, e la probabile frequenza co'Tornabuoni,
tutti cosa de'Medici, gli avesse disposti per loro.
Un altro fatto da meritare considerazione è quello
di vedere che nel 1512 Benedetto accompagnò con
altri cittadini il vicere Raimondo di Cardona, che
volle andare sulla cupola del Duomo : nè su'principii
di quella restaurazione i Medici, o chi faceva per
loro, si saran certo fatti accostare da persone contrarie o di dubbia fede.

Non saprei con precisione stabilire quando l'autografo fu incominciato a scrivere; ma credo verso
la fine del millecinquecento si decidesse il Landucci
di lasciare ai posteri questo suo libro, dove avrà
raccolti certi fatti principali che gli erano rimasti
a memoria e dei quali aveva preso ricordo, e continuato a scrivere sotto quelli tuttociò che accadeva

alla giornata. Nè sì deve argomentare dal vedere
nelle prime pagine registrata la morte della moglie
avvenuta nel 1514, che il Diario sia tutto scritto
nell'ultimo anno della vita di Luca; perchè quel
ricordo si vede evidentemente essere stato fatto
molto dopo alla ricordanza del matrimonio, delle donora e delle spese.

Nonostante la premura grande che aveva di
stare al corrente dei fatti quotidiani della città, e
di quelli anche di fuori, quando fossero di una importanza speciale, pur tuttavia lo scrittore non ambì
mai di aver parte attiva nella .cosa pubblica Con
un governo repubblicano, del quale nella sua lunga
vita si trovò più volte a veder mutare i meccani-
smi, e dove era tanto alternare di cittadini agli
uffici, non si sa che sedesse in verun magistrato:
e forse non volle neppure che il suo nome si scri-
vesse nelle polizze delle borse. Solamente nel 1512
fu mandato a partito nel largo squittino che allora
fu fatto, ma ciò per opera dei suoi amici, e con sua
poca volontà, e « per fare a modo de' Signori ». Degli interessi dell'Arte sua si prese cura, e contribuì
a rimettere in vita la Compagnia degli Speziali che
era andata spengendosi. Ridotto quasi ottantenne,
la mano non potè più continuare la vacchetta dove
con tanta cura aveva notati i fatti seguiti per oltre
mezzo secolo, ma la volontà non si arrestò Che se
il carattere di Luca termina col terminare del 1515,
i ricordi continuano d'altra mano, forse di quella
d'un figliuol suo, al quale avrà raccomandato di

non troncare, finchè gli durava la vita, l'opera in-
cominciata e di continuarla anche dopo. E così fu
fatto: e una croce che si vede in margine di contro al ricordo dell'impresa d'Urbino fatta da Lorenzo de' Medici, fu posta indubitatamente dal pietoso
continuatore a ricordare lo spegnersi della vita di
Luca che, come leggesi nel Libro dei morti della
città, fu sepolto in S. Maria Novella il 2 di giugno 1516. Dopo questa data i ricordi divengono
più scarsi e più brevi, e terminano col 1542: ma ciò
nonostante ho voluto pubblicare anche questa con-
tinuazione; sì perchè non mi è parsa del tutto priva
d'interesse, e sì perchè il fare altrimenti mi sarebbe
parso un contradire alla volontà del buon Landucci.

Nel dicembre del 1882.

IODOCO DEL BADIA.

Ricordo, questo dì 15 d'ottobre 1450, io Luca d'Antonio di Luca Landucci, cittadino fiorentino e d'età d'anni 14 incirca, andai a l'abaco a un maestro che si chiama Calandro: e inparai a lalde di Dio.

E a dì primo di giennaio 1452, mi posi a bottega a lo speziale con Francesco di Francesco, alla Scala, [1] in Mercato vecchio.

E a dì 8 di febraio 1453, morì la madre d'Antonio mio padre, e fu seppellita in San Piero Maggiore.

E a dì 3 di novenbre 1454, prese la redità Antonio mio padre di sua madre, della quale redita abbiamo carta; e prese tutti sua beni e di villa e di Firenze, e in fra l'altre una casa ch'era a vita di lei e d'Antonio. Si fece un conpromesso in messer Otto Niccolini, ch'e frati di Cestello, a chi ella ricadeva, avessino a dare a Antonio lire 23 l'anno, durante la sua vita; e loro ripresono detta casa: e intanto che Antonio visse ce le dettono.

----

[1] Oggi si direbbe· all'insegna della Scala, del Sole ec., o più brevemente: del Sole, della Scala ec.

E di marzo 1458, si pose [1] una gravezza che si chiamò Catasto, e posola nella Sala del Papa. [2]

E in questi tempi si cominciò la lanterna della cupola di Santa Maria del Fiore, e 'l palagio di Cosimo de' Medici, [3] e San Lorenzo e Santo Spirito e la Badia d'andare a Fiesole, e molte case in verso le mura di verso San Bernaba e di verso Santo Ambruogio e in più lati

E in questi tempi vivevano questi nobili e valenti uomini l'arcivescovo Antonino [4] ch'uscì di San Marco, frate, e andò sempre vestito come frate di quell'Ordine di San Domenico, al quale si può dire beato; messer Bartolomeo de' Lapacci, [5] vescovo e predicatore eccellentissimo sopra tutti gli altri ne' nostri dì; maestro Pa-

---

[1] Intendi, che si incominciò a riscuotere, perche la legge per la rinnovazione dei Catasto, posto già la prima volta nel 1427, è dell'11 gennaio 1457-58 BONINSEGNI DOMENICO, *Storie della Città di Firenze*, *Firenze* 1637; p 118 — CANESTRINI *La scienza e l'arte di Stato; Firenze* 1862, p 168 e segg

[2] Nel 1418 si fabbricarono dalla Repubblica alcune magnifiche stanze nel convento di Santa Maria Novella per alloggiare Papa Martino V; e, a tempo del Concilio, vi si aggiunse la gran sala per le sessioni del medesimo Queste stanze vennero in seguito adoperate per alloggiarvi principi e per altre occorrenze del Comune

[3] In Via Larga, oggi Via Cavour, detto *Riccardi*, avendolo questa famiglia comprato dai Medici e aumentato del doppio

[4] Canonizzato poi e ascritto tra i Santi da Clemente VII La testimonianza di questo scrittore contemporaneo è una prova novella della grande estimazione in che avevano i fiorentini il loro Arcivescovo, anche in vita

[5] Per i suoi meriti fu fatto vescovo di Cortona e più tardi di Corone nella Magna Grecia Morì nel 1466 Nella biblioteca del convento di S Maria Novella di Firenze, dove aveva fatta la sua professione, conservavansi molti volumi scritti di sua mano. LAPINI FROSINO, *Vita di S. Antonino. Firenze*. *Sermartelli* 1569 UGHELLI, *Italia Sacra Venetiis*, MDCCXVII; vol I, p 627.

golo medico, filosafo e astrolago e di santa vita: [1] Cosimo
di Giovanni de' Medici, el quale si chiamava da tutto 'l
mondo el gran mercante, ch'aveva le ragioni per tutto
l'abitato; non si poteva fare maggiore conparazione che
dire: c' ti par essere Cosimo de' Medici: quasi dicendo
che non si poteva trovare el maggiore ricco e piu famoso;
Donatello scultore, che fece la sepoltura di messer Lionardo d'Arezzo in Santa Croce; e Disidero iscultore che
fece la sepoltura di messer Carlo d'Arezzo pure in Santa
Croce. Di poi venne su el Rossellino, [2] un uomo molto
piccolino, ma grande in iscoltura; fece quella sepoltura
del Cardinale che è a San Miniato, in quella cappella a
mano manca; maestro Antonio, [3] sonatore d'organi, che
passò ne' sua dì ognuno; maestro Antonio di Gindo, cantatore improviso, che ha passato ognuno in quell'arte;
maestro Andreino [4] degl'Inpiccati, pittore; maestro Domenico da Vinegia, pittore, veniva su; maestro Antonio
e Piero suo fratello che si chiamava del Pollaiuolo, orafi,
scultori e pittori; maestro Mariano che'nsegnava l'abaco;
Calandro maestro d'insegnare l'abaco e uomo molto
buono e costumato, che fu mio maestro.

E a dì 4 di settenbre 1462, mi parti' da Francesco di
Francesco speziale al Sole, che mi dette, el sezzo anno,
di salario, fiorini 50, e feci conpagnia con Ispinello di Lorenzo, e la speranza del maggiore bene mi fece perdere
el bene certo. E aprimo lo speziale del Re in Mercato

---

[1] Questi è il famoso Paolo dal Pozzo Toscanelli, fiorentino
[2] Antonio Gamberelli, detto il Rossellino, fece il monumento
per il cardinale Iacopo de'Reali di Portogallo, ch'è seppellito in
San Miniato al Monte
[3] Antonio Squarcialupi, di cui vedesi il monumento nel Duomo
di Firenze.
[4] Andrea del Castagno.

vecchio, ch'era prima un rigattiere, ch'erano tetti bassi:
e alzamo la casa e spendemo un tesoro, benche fussi
contro a mia voglia lo spendere tanto, facemo ogni
cosa sanza masserizia· uno armario che costò 50 fiorini
d'oro. E veduto le spese grandi, e che 'l detto Spinello
non aveva danari e ch'egli era in mal luogo, e come
io avevo già speso 200 fiorini d'oro de' mia, e de' sua
non si vedeva ancora danari, avamo a mettere del pari;
feci pensiero di tormi dalla 'npresa più presto ch'io po-'
tessi. E a dì 27 di luglio 1463 fumo d'accordo di di-
viderci, e dissigli: io ti vorrei lasciare ogni bene e male
ch'e in questa bottega, sanza rivedere conti niuno, e
che mi tocchi di guadagno l'anno fiorini 50 d'oro del
tenpo ch'i ci starò; e che tu mi rendessi e' mia danari
ch'i ci ò già messo. E' non bisognò altri mezzani. Disse
sia fatto; ma c'bisogna che tu mi facci tenpo parecchi
mesi: e io fu' contento, dandomi soficenti malevadori, di
fiorini 200 d'oro, che mi dette Lorenzo suo fratello e maestro Lorenzo del maestro Lionardo. Partimi a dì 10 di
dicenbre 1463 e mercatai la bottega di San Pulinari; e
poi non fumo d'accordo, riparàmi con Giovanni da Bruscoli, ch'aperse l'Agnusdeo, [1] e dettemi fiorini 36 l'anno,
tanto ch'io conperai a' Tornaquinci, a dì primo di settenbre 1466.

E a dì 10 d'aprile 1465, andò una fanciulla a giustizia, ch'era figliuola di Zanobi Gherucci, la quale ucise
una banbina di Bernardo della Zecca, orafo, per torgli un
vezzo di perle e certi arienti aveva al collo, e gittolla in
un pozzo: andò in su'n uno carro, e fugli mozzo la testa.

E a dì 17 d'aprile 1465, passò per Firenze un figliuolo [2]

---

[1] La bottega all'insegna dell'*Agnusdeo*.
[2] Federigo d'Aragona, e il suo fratello, lo sposo, era Alfonso,
duca di Calabria

di don Ferante Re di Napoli, e andava a Milano per
la figliuola del Duca di Milano per menarla a marito a
un suo fratello. Aveva 12 o 13 anni questo garzonetto.
Fugli fatto un grande onore, e aloggiò in Santa Maria
Novella. E poi tornò colla donna pure per Firenze, con
grandissima copia di signori e duchi, co molta cavalleria
e in fra l'altre cose tante damigelle e matrone, ch'era
una cosa magna.

E in questi dì fu trovato uno che falsava e soldini
ch'erono d'ariento, fatti di nuovo, e fugli tagliata la testa.

E a dì primo di dicenbre 1465, si fece isquittino in
Palagio, quando Nicolò Soderini era Gonfaloniere, el
quale fece tornare la gabella del vino a soldi 14. [1] Fu
benedetto dal popolo.

E a dì 12 di giennaio 1465, venne una piena in Arno,
la notte, sanza essere piovuto una gocciola, e furono le
nevi che si strussono in un tratto, per modo ch'egli
entrò per Firenze e alagò insino al Canto a Monteloro, [2] in modo che s'andava in su l'aqua colle panche
della predica di Santa Croce insino a Monteloro. E andò
l'aqua alla Piazza del Grano più su che mezzo l'uscio
dello speziale, e insino passato el Palagio del Podesta.
Traboccava Arno dirinpetto a messer Bongianni [3] sopra
le sponde, e enpiè el Prato e la Via della Scala. Moricci
di molte mule e cavagli per le stalle; e tutti e vini andorono le botte a galla, massime inverso l'Arno. Venne
inproviso.

--- ---

[1] La soma.

[2] Il Canto di Monteloro e il punto dove la Via de' Pilastri e
quella di Cafaggiolo, detta ora degli Altani, fanno capo a Borgo
Pinti

[3] Le case di Bongianni Gianfigliazzi nel Lungarno dal Ponte
a Santa Trinita.

E a dì 24 di maggio 1466, tolsi donna, in sabato, la vilia dello Spirito Santo, una figliuola di Domenico di Domenico Pagni, ch'à nome Salvestra. Ebbi di dota fiorini 400 in sul Monte, col nome di Dio

E a dì 5 di luglio 1466, gli detti l'anello in domenica sera, rogato ser Giovanni di Francesco di Neri

E a dì 27 di luglio 1466, menai la donna, in domenica sera, in ca' detto Domenico. Ebbi di donora·

> Un sacco isbiadato, maniche strette, ricamato con perle.
>
> Una gamurra pagonazza, con maniche di broccatello
>
> Un gamurrino bianco.
>
> 24 fazzoletti in filo da mano.
>
> 6 sciugatoi in filo.
>
> 24 ben ducci da lato.
>
> 8 camice a mezze mandorle, nuove.
>
> 12 cuffie.
>
> Una fetta bianca, con arienti
>
> 3 berrette di più ragioni.
>
> Un borsotto verde, con arienti·
>
> Un ogaraiuolo, con perle

Furono stimate da due rigattieri, fiorini 38 di suggello.

E più farò ricordo delle spese farò di mio·

> Una fetta per la cintola e arienti e doratura, in tutto . . . . L. . . . .
>
> Per once una di perle, per fruscoli,

fiorini 6 d'oro . . . . »   27 —·—

> Una brocchetta, fiorini 3 d'oro . . »   16 16 —
>
> Un paio di coltellini, fiorini 2 d'oro   »   11   4 —
>
> Un frenello di perle, fiorini 10 d'oro
>
> e soldi 5. . . . . »   45   5 —

Uno vezzo perle 120, fiorini .   L.   40   4   ‥
Per denari 6 di perle, fiorini 1 soldi 10.   »   6   2   —
Per fornitura de' fruscoli. . . . .   »   1   15   ‥
Per denari 6 di perle, fiorini 1 soldi 15.   »   6   7   —
Per rascia, per la giornea . . . .   »   17   15   —
Per boccaccino, per la giornea. . .   »   12   —
Per once una di perle, per la giornea,
fiorini 5 soldi 15 . . . .   »   26   —   —
Per once una d'oro filato, per la gior-
nea . . . .   »   5   2   ‥
Per un nastro da volgere e capegli .   »   2   14   ‥
Per denari 6 di perle. . . . . .   »   3   8   —
Per un pezzo di nastro . . . . .   »   1   —   —
Per seta, per la giornea . . . .   »   —   6   —
Per panno, per la doppia della giornea   »   1   4   —
Per fornitura della giornea . . .   »   —   9   —
Per drappo, per collari. . . . . .   »   1   12   —
Per ariento e seta, per la giornea. .   »   —   15   —
Per drappo, per la cotta di zetani, cher-
misi, fiorini 26 d'oro e soldi 6 . . .   »   151   10   —
Per valescio, per la cotta . . . .   »   5   8   —
Per oro fatto brucioli, per la giornea   »   1   15   —
Per fattura delle canpanelle . . .   »   2   —   —
Per seta azurra e un cuoio. . . .   »   —   7   ‥
Per guarnello, per la cotta . . . .   »   —   18   —
Per fattura della cotta, a Lorenzo sarto   »   5   12   ‥
Per ismalti, per tramezzare el vezzo.   »   2   3   ‥
Per maglie, per la cotta. . . . .   »   1   2   —
Per nastro d'oro, per la cotta. . .   »   1   13   —
Per la doppia, per la cotta. . . .   »   —   15   ‥
Per panno lino, per la cotta . . .   »   1   13   —
Per banbagia, per la cotta. . . .   »   —   2   —
Per valescio rosso, per la cotta . .   »   —   9   —

Per un segnaletto d'oro, per la cotta L. 2 —

Per cordelline, per la cotta. . . . » — 10 —

Per grillo della giornea . . . . » 1 10 --

Per un balascio, per pendente. . » 1 5 —

Per seta azzurra, per la giornea. . » — 6 —

Per penerata azzurra, per le nappe della

giornea. . . . . » — 7 —

Per ermellini, per gharzo della cotta. » 8 — --

Per la frangia, per la cotta . . » 2 16 -

Per la frangia della giornea. . » 4 4 —

Per cordelline, per la cotta. . . . » — 2 --

Per nastro, per orlare la giornea . » — 4 —

Per 7 brucioli d'oro, per collare . » 1 12 —

Per fibbie, per collari della giornea . » 4 17 —

Per senseria a Tommaso di Currado » 12 14 —

Per uno diamante, fiorini 2 d'oro e

grossi 2 . . . . » 11 15 -

Per uno zaffiro, fiorini 2 e mezzo d'oro » 13 19 -

Per uno rubino, fiorini 1 $\frac{1}{2}$ d'oro » 8 8 --

Per un anello si ruppe, di perdita . » 1 3 --

A Lorenzo sarto. . . . . . . » 1 — --

Per fornitura del pendente . . . . » — 14 —

Morissi la mia sopradetta donna e cara conpagna
e tanta buona e virtuosa che non aveva pari: la quale
in 48 anni stata meco, non mi fece mai adirare co lei. À
fatto 12 fighuoli; e al presente me ne lascia 4 maschi
e 3 femmine, una, monaca in Fuligno, e due in casa. A
lalde di Dio.

Egli e stato ne'mia di questi Papi, bench' io non abbi
e di della loro creazione. [1]

---

[1] I Papi rammentati dal Landucci son questi Eugenio IV, veneziano, della famiglia Condulmieri, creato l'anno 1431 Niccolò V,

Papa Ugenio, si partì di Firenze circa 1440, avevo anni quattro.

Papa Niccolaio fu dopo lui Al tenpo di Ugenio fu fatto Papa Felice . . . . per concilio, e stettono . . . .

Papa Calisto fu dopo lui.

Papa Pio sanese.

Papa Pagolo.

E a dì primo di settenbre 1466, conperai la bottega dello speziale di sul Canto de'Tornaquinci; [1] a dì 4, ebbi le chiavi.

E a dì primo di settenbre 1466, si fece el parlamento in Piazza, e fu grande romore nella citta: più volte si serrò le botteghe per pagura d'andare a sacco. Fu cacciato Niccolo Soderini, messer Dietisalvi [2] e messer Luca Pitti, ch'erano e capi contro a Piero di Cosimo de' Medici, el quale vollono amazzare, venendo da Careggi. E non riuscendo loro, furono cacciati molti cittadini di questa congiura, e confinati e amuniti circa 27 cassati scritti qui in una carta rimessa nel libro; eccetto che messer Luca Pitti; perche feciono un parentado che Messere dette per donna una sua figliuola a Giovanni Tornabuoni, e imparentati insieme, non ne fu mandato: lui rimase amico e con buona pace.

E a dì 23 di novenbre 1466, menai la donna mia a casa mia.

---

che fu Tommaso Parentuccelli di Sarzana, creato l'anno 1447; e quel Felice è l'antipapa Amedeo di Savoia Callisto III è Alfonso Borgia spagnolo, creato l'anno 1455 Il quarto e il senese Enea Silvio Piccolomini, creato papa nel 1458, che prese il nome di Pio II L'ultimo è Paolo II, veneziano, della famiglia Barbo, eletto nel 1464.

[1] Il Canto de'Tornaquinci è in quel punto di Via Tornabuoni dove terminano le Vie della Vigna Nuova e della Spada

[2] Dietisalvi Neroni.

E a dì 12 di luglio 1467, tornai in casa Domenico mio suocero

E a dì 27 d'aprile 1468, ci fu nuove che la pace era fatta a ore 15 in circa [1] Fecesi festa assai di fuochi, serossi le botteghe

E a dì 15 di luglio 1468, si puose una gravezza che si chiamo la Ventina. andò poco innanzi. Posono poi Catasto, 1469

E a dì 17 di settembre 1468, andorono in su'n uno carro 8 uomini, e furono impiccati, perche vollono tradire Castiglione di Marradi. [2]

E a dì 15 d'aprile 1470, venne presi da Prato 15 uomini che volevano dare Prato, e furono inpiccati. [3]

E a dì 26 di maggio 1471, conperai de' primi zuccheri della Madera che ci venissino mai; la quale isola fu dimesticata pochi anni innanzi dal Re di Portogallo, e cominciato a farvi e zuccheri; e io ebbi de'primi che ci venissino.

E a dì 27 di maggio 1471, si tirò su la palla di rame dorata in su la lanterna della cupola di Santa Maria del Fiore, in lunedì [4]

---

[1] Alamanno Rinuccini (*Ricordi* ec. Firenze, 1840) dice giunta a ore 13 e mezzo la nuova della pace universale fra tutte le potenze d'Italia, pronunziata dal Papa in Roma due giorni prima.

[2] Questa ribellione era suscitata dai Signori di Forlì e di Faenza

[3] È il trattato di Bernardo Nardi

[4] Alcuni scrittori pongono questo fatto nel 1472, altri nel 1474, chi sbaglia il mese e non l'anno; la verità però la dice il Landucci, e a conferma riporto queste due partite tratte dall'Archivio dell'Opera di Santa Maria del Fiore *A dì 28 di maggio 1471. Lire due soldi VIII, porto Marchionne famiglio dell' Opera per pane e vino conpro per dare mangiare a' Maestri quando si tiro su la palla — E a dì primo di giugno*

E a dì 30 detto, posorono la croce in su detta palla, e andorovi su e calonaci e molta gente, e cantoronvi el Taddeo. [1]

E a dì 28 di luglio 1471, ci fu nuove come papa Pagolo era morto, e morì a'dì 26 detto 1471, in venerdì notte poco innanzi dì.

E a dì 9 d'agosto 1471, fu creato papa Sisto quarto. Fu da Savona: era frate di San Francesco e Generale dell'Ordine, poi fu fatto Cardinale da papa Paolo e al presente fatto Papa. Fu creato in venerdì, la vigilia di San Lorenzo, e nel dì di San Sisto fu coronato.

E a dì 23 di settenbre 1471, si partì di Firenze sei inbasciadori al detto Papa, che fu Lorenzo de'Medici e messer Domenico Martegli, messer Agnolo della Stufa, messer Bongianni Gianfigliazzi e Piero Minerbetti e Donato Acciaiuoli, a vicitare el detto Papa; e el detto Papa fece cavaliere Piero Minerbetti e tornò cavaliere

E a dì 22 d'ottobre 1471, [2] si vinse in Palagio che non si mercatassi più a fiorini di suggiello, facessisi a fiorini larghi di grossi, a lire 5, soldi 11 per fiorino di grossi a venti quattrini el grosso; e che fussino fermi a 20 per cento meglio, e più si vinse che si vendessino e beni della Parte. [3]

E a dì 27 d'aprile 1472, ci fu come Volterra s'era ribellata di fatto, si mandò fanti

E a dì 6 di maggio 1472, ci venne el Vescovo di

Lire tre pagate a' tronbetti di Palagio, porto Matteo di madonna Andreagia, sono per loro fatica di sonare in sulla lanterna quando si pose su la croce. Quaderno di Cassa ad annum.

[1] Cioè, il *Te Deum*

[2] Questa deliberazione è pubblicata dal Vettori nella sua illustrazione del *Fiorino d'oro*.

[3] La Parte Guelfa

Volterra inbasciadore e non fece nulla. E a dì 7, si caricò
le bonbarde per là. E a dì 10 detto, vi giunse el Conte
d'Urbino [1] colla giente d'arme; e insino a dì 19 detto,
presono tutte le loro castella; e a dì 24 detto presono
di molti prigioni di que'drento e tolsono loro la bastia.
E a dì primo di giugno, ci venne inbasciadori a chiedere acordo, e quasi erano d'acordo; e giunti là fu
guasto ogni cosa. E insino a ora avevano rotte due
bonbarde. E a dì 8 di giugno, mozzorno la testa a uno
de' Bartolini; e a dì 9 detto, ruppono un altra bonbarda.

E a dì 18 di giugno 1472, ci venne el cavallaro
coll'ulivo, che s'era avuta a patti, salvo l'avere e le persone. Fecesi festa assai; e come furono drento, cominciò
un loro conestabole, ch'era viniziano, a gridare *sacco*,
e'nostri entrorono drento e mandorola a sacco; e non
si pote riparare nè osservare loro e patti. El Conte fece
impiccare quello viniziano e un sanese. Nondimeno e poveretti andorono male. El Conte venne in Firenze a dì 27
di giugno 1472; fugli donato la casa del Patriarca, una
bandiera, due bacini, due mescirobe d'ariento, di lire 180
e uno elmetto. Andossene a dì primo di luglio 1472.

E a dì 2 di giugno 1473, si tirò in sul canpanile di
Santa Maria del Fiore una canpana, la più grossa che
vi sia, fatta di nuovo.

E a dì 5 di luglio 1473, andò a morire un Lazzerino
del Mangano e fugli mozzo la testa; el quale fece questa cattività: tolse una fancelletta di circa 12 anni e
viololla in tal modo ch'ella morì; e poi la sotterrò fuor
della Porta alla Giustizia. E di poi fu trovata perch'e
cani la scopersono. Mandando più bandi, non si poteva

---

[1] Federigo da Montefeltro

trovare; esendo preso, per altro, confessò tale eccesso; che ci andò anni di tempo.

E a dì 18 di luglio 1473, ci fu come a Roma era morto u'nostro Arcivescovo ch'era de'Neroni di Firenze, e fu dato [1] al Cardinale di San Sisti, ch'era chiamato frate Piero. [2]

E a dì 11 di dicenbre 1473, fu in Camaldoli, in casa una poveretta, ch'aveva parecchi fanciulle da marito, e raccomandandosi a'loro Crocifisso in casa vidono sudarlo, e, dicendolo in vicinanza, vi cominciò andare giente, e sentendolo e frati del Carmino v'andorono e tolsolo con divozione, e posolo in uno tabernacolo in quella Cappella della Croce, e fu in divozione. [3]

E a dì 25 di settenbre 1474, ci fu una lettera di mano di Matteo Palmieri, ch'era capitano di Volterra, la quale vidi io e lessila: la quale conteneva questa maraviglia, che in questi dì era nato la, in quello di Volterra, un fanciullo, cioè un mostruo, ch'aveva el capo di bue, e aveva tre denti, con un vello di peli nella testa, a uso d'un corno; e in sul capo aveva aperto come una melagrana che pareva che n'uscissi razzi di fuoco. Di poi le braccia aveva pilose tutte, co'piedi di lione e cogli unghioni di lione. El corpo colla natura sua aveva di femina umana; e 'l resto delle ganbe e insino a'piedi, aveva di bue come 'l capo E visse circa di 3 ore. La madre morì el quarto dì. Le donne che lo levorono e che v'erano intorno tramortirono di paura. E questo fu

---

[1] L'Arcivescovado
[2] Pietro Riario nipote del Papa.
[3] E questo indubitatamente quel Crocifisso conosciuto sotto il titolo della *Provvidenza*, e del quale un certo G F B stampo in Firenze nel 1852 le *Notizie*, dove si desidera miglior critica.

manifesto al detto Matteo, perchè gli fu presentato innanzi come cosa spaventevole. El detto Matteo capitano di Volterra scrisse qui a Firenze di sua mano; e io copiai la detta lettera, le parole formali, non levai ne' posi nulla alla lettera di Matteo. E perche el detto Matteo era compare di mio padre e battezzomi lui, e benche fussi diritta a altri cittadini, mi vene nelle mani la propia lettera.

E a dì primo d'aprile 1475, fu preso un garzonetto d'anni 23 in circa, contadino di quassu di verso le Sicci, el quale, la notte della Pasqua di Resurresso, si rinchiuse in Santa Maria del Fiore, e albergò sotto l'altare di Nostra Donna di verso la calonica; la mattina la rubò, tolse certi arienti, di braccia, ganbe e occhi, e in maggiore dispregio vi fece suo agio. E nota se questo pazzerello sarebbe stato de' fini, che 'l giovedì santo fu lasciato dal Capitano per ladro. El sabato poi fu inpiccato quivi dal canpanile. Onne fatto ricordo piu per questo che degli altri, perche essere cavato di prigione el giovedì, e la domenica fare un tale eccesso.

E a dì 7 di maggio 1475, io Luca Landucci andai a Roma per giubileo, e menai meco una mia suocera; e penamo, tr'andare e tornare, 15 dì

E a dì 29 di dicenbre 1476, ci fu come el Duca di Milano fu tagliato a pezzi e morto da un suo cittadino chiamato Giovanni Andrea [1] el quale si mosse per certe ingiustizie gli vedeva fare. Si misse alla morte per popolo, per zelo del bene comune. Furono parecchi congiurati, e'l primo che gli dette fu questo Giovanni Andrea, el quale finse porgergli una lettera con una mano e co l'altra gli dette con uno coltello. Feciono come Sce-

---

[1] Il Lampugnano

vola romano, ch'anno messo la vita per la vita. Molto
tardi si truova simili uomini. E questo credo che con-
duchino e peccati per permissione divina. E questo fu
el dì di Santo Stefano, in chiesa, quando udiva messa. E
volendo fuggire fuora, non poterono, per popolo grande,
e massime le donne che inpaniorono co' panni in modo
ch'e Baroni del Duca, e massime un certo Ghezzo che
gli stava a lato, dettono e ammazzòrono el detto Giovanni Andrea. E 3 altri furono presi e inpiccati. Alcuni
dissono qui, che gli avevano fatto isquartare a 4 cavagli
que' tre che presono.

E a dì 15 di giennaio 1476, ci fu come el Duca di
Borgogna fu morto da' Svizzoli, nella guerra faceva a
detti Svizzoli; e sconfitta tutta la sua giente in tal modo
che non si seppe mai dove si fussi detto corpo del Duca,
e non fu mai ritrovato; in modo che gli era in oppinione
che non fussi morto, ma fussi trafugato e che gli avessi
un dì a uscire fuora. Questo duca di Borgogna fu tenuto un crudele uomo, per modo che gli era in pubrica boce e fama, che gli era lui in ponente e 'l Gran
Turco in levante, che si dilettavano del sangue dell'uomo,
che feciono [con] infinite crudeltà straziare gli uomini.
El Signore alle volte gli leva di terra. La morte di questo Duca fu maravigliosa, perche era con tanta giente
che non poteva perdere, che loro erano a petto a lui
niente. Ma perchè non voleva da'loro patto veruno, e
come disperati, si comunicorono e uscirono fuori con una
bandiera dipintovi drento una Nunziata, raccomandandosi alla Nunziata di Firenze; e andorono poca giente
contro alla gran giente, e vinsono, come piaque al Signore, per miracolo della Nunziata di Firenze. E nota
che gli arecorono quella propia bandiera, con che vinsono, alla Nunziata qui di Firenze; la quale vidi io

a'Servi, e tutto 'l popolo, e ancora v'e a'Servi, e molti altri doni.

E a dì 7 di giugno [1] 1477, rincarorono la gabella del vino, dove pagava soldi 14 la missono a soldi 20, e promissono che non s'intenda per più che 5 anni.

E in questo tenpo fu finito la cupola de'Servi.

E a dì 15 d'agosto 1477, serrono 4 porti di Firenze, la prima Sa' Miniato, la seconda la Giustizia, la terza Pinti, la quarta la Porticciuola delle mulina.

E a dì 15 di giennaio, fece Papa Sisto parecchi Cardinali; ne fece uno a lo 'nperadore E fece che si guardassi la festa di San Francesco come le feste comandate.

E a dì 25 di marzo 1478, avemo dal Santo Padre una indulgienzia plenaria in Santa Maria del Fiore per un dì, dal primo vespro de' 24 di marzo insino a l'altro vespro de' dì 25 di marzo 1479 (sic), el quale si prese con grande devozione. E fu la causa frate Antonio da Vergiegh che predicava questa quaresima in Santa Maria del Fiore, e fece frutto assai.

E a dì 25 di marzo 1478, si diliberò una leggie in Palagio che niuno ammazzassi l'uomo non potessi tornare mai a Firenze. [2]

---

[1] L'autografo dice: 15 di giennaio, ma di questo lapsus calami ce ne avverte la cronologia che non corre La data supplita la tolgo dal Rinuccini, che fa ricordo di questo e degli altri provedimenti finanziari ordinati in quel giorno dal Consiglio del Cento

[2] Questa provvisione è del 16 marzo 1478 st e e forse il 25 è il giorno che fu bandita Provvedeva a limitare la concessione dei salvacondotti, e le cagioni che la motivarono si leggono nell'esordio della medesima che mi piace pubblicare come documento che descrive il costume del tempo « Atteso e magnifici et excelsi Signori, quanto sia grave il peccato dello omicidio, pel quale si spegne l'uomo, creatura ad inmagine di Dio facta et

E a dì 26 d'aprile 1478, circa ore 15, in Santa Maria
del Fiore, quando fu celebrato la messa grande, e levato
el Signore, fu morto Giuliano di Piero di Cosimo de' Medici e Francesco Nori, intorno al coro di detta chiesa
di verso la porta che va a' Servi; e Lorenzo de' Medici
fu ferito nel collo e fuggissi in sacrestia e non ebbe
male. Furono morti da una certa congiura fatta da messer Iacopo de' Pazzi e Francieschino de' Pazzi e Guglielmo de' Pazzi, el quale Guglielmo era cognato di
Lorenzo de' Medici, cioè aveva per donna una loro sorella, ch' aveva nome la Bianca. E fucci e figliuoli di
messer Piero de' Pazzi, cioè Andrea e Renato e Niccolò,
e la Casa de' Salviati, che fu messer Francesco vescovo

---

creata; e ricercho delle cagioni per le quali nella nostra iurisdi-
tione molti se ne commette; si truova, intra l'altre, darne materia la facilità del perdonare e non usarsi severità in punire tale
excesso detestabile al tutto et abominando, anzi si da commodità
a chi l'omicidio commette, di potere sanza pena o timore alcuno,
essere nel conspetto, tutto il giorno, e di quegli che anno ricevuta
l'offesa e di quegli che desiderano ben vivere, e quali tutti non
sanza grande indegnatione e perturbatione d'animo, tali homicidiali
possono risguardare E benche le leggie del popolo fiorentino
acremente vendichino e punischino tali delicti, e chi sicurtà ne
dessi; nondimeno, qual se ne sia la cagione, o la troppa humanità,
che veramente più tosto crudeltà chiamar si debbe, o il disordi-
nato amore, non si observano tali ordini e onesti e giustissimi
E pur desiderando gli excelsi Signori e i savi e principali cittadini, che nelle cose le quali sono tanto contrarie allo honesto vivere, e contra i divini precepti, si ponga tale rimedio che, per
paura almeno della pena, gli huomini se ne guardino, privati d'ogni
speranza di perdono, e a' magistrati tale sprone s'aggiunga che
non solamente non sieno cagione di permottere, ma severamente
usino giustitia, sperando fermamente di questo provedimento buono
effecto » Archivio di Stato di Firenze *Consigli maggiori Provr
Reg ad annum*

2

di Pisa e Iacopo Salviati ch'era gienero di Filippo Tornabuoni, e un altro Iacopo pure de'Salviati, e Iacopo
di messer Poggio [Bracciolini e Bernardo] [1] Bandini
della casa de'Baroncegli, e Amerigo Corsi e molti altri.
La quale congiura condussono qui el Cardinale di San
Giorgio, [2] el quale era giovanetto; el quale entrò in Firenze el sopradetto dì e venne insieme in detta Santa
Maria del Fiore, e, come ò detto, levato el Signore, missono mano alle spade, e dettono a Giuliano, che fu
Francesco de'Pazzi, l'altro quello de' Bandini, si disse.
E morto Giuliano, vollono fare el simile a Lorenzo, e
non riuscì loro, si fuggì in sacrestia. In questo tenpo,
el vescovo de'Salviati, con Iacopo di messer Poggio, e
due sua parenti ch'avevano nome Iacopo tutti a due,
andorono in Palagio, con alquanti preti, fingiendo volere
parlare alla Signoria, e parlò col Gonfaloniere, e nel
parlare alquanto isbigottì El Gonfaloniere s'avide di
tradimento, e chi si serrò di qua e chi di là, e serro-
rono gli usci, e feciono sonare a parlamento. E tra 'l
romore che venne di Santa Maria del Fiore della morte
di Giuliano, e del sonare di Palagio, imediate fu la
città in arme. E fu menato Lorenzo de'Medici a casa
sua. E in questo tenpo, messer Iacopo de'Pazzi corse a
cavallo in verso la Piazza de'Signori, gridando *Popolo
e libertà,* per pigliare el Palagio, e, non sendo riuscito
al Vescovo di pigliare el Palagio, non ebbe l'entrata.
Andossene verso casa sua, e fu consigliato se n'andassi
con Dio, e fuggissi per la Porta alla ✠, insieme con
molti fanti e con Andrea de'Pazzi. In questo tenpo fu

---

[1] Ho supplito queste due parole, essendo in questo punto del
codice autografo uno spazio bianco
[2] Raffaello Riario

tutta la città in arme, in piazza e a casa Lorenzo de'Medici. E fu morto in piazza una brigata d'uomini di quegli della parte della congiura, e gittati dalle finestre
de'Signori in piazza, vivi: infra gli altri, un prete del
Vescovo fu morto in piazza, e isquartato e levatogli
la testa, e per tutto 'l dì fu portata la detta testa in
su'n una lancia per tutto Firenze, e straccinato le gambe
e un quarto dinanzi, con un braccio, portato in su'n uno
spiede per tutta la città gridando senpre: *Muoino e traditori*. In questa medesima sera, el Cardinale fu menato in Palagio, ch'appena gli fu salvata la vita nel-
l'andare, e tutta sua brigata presi, che non ne scanpò
niuno. El Vescovo rimase preso in Palagio con tutto 'l
resto. E per questa sera inpiccorono Iacopo di messer
Poggio alle finestre del Palagio de'Signori, e così el Vescovo di Pisa e Franceschino de'Pazzi ingnudo, e circa
di 20 uomini, tra 'l Palagio de'Signori e del Podestà e
del Capitano, tutti alle finestre. Poi l'altro dì 27, inpiccorono Iacopo Salviati gienero di Filippo Tornabuoni, e
l'altro Iacopo Salviati, pure alle finestre, e molti altri
della famiglia del Cardinale e del Vescovo E l'altro
dì 28 d'aprile 1478, venne preso messer Iacopo de'Pazzi,
che fu preso nella Falterona, con nove sua fanti, da que'di
Castagno, e da altri; e fu ancora preso a Belforte Renato
de'Pazzi. E in questa medesima sera de 28 di d'aprile,
circa a ore 23, fu inpiccato alle finestre del Palagio de'Signori, sopra la ringhiera, messer Iacopo de' Pazzi e Renato de' Pazzi e molti altri loro fanti, in tanta copia,
che per questi 3 dì furono più di 70 uomini. El Cardinale rimase preso in Palagio, e no'gli fu fatto villania,
se non che gli feciono scrivere di sua mano, al Santo
Padre, di tutte le dette novità. E in questo dì e prigioni
delle Stinche attesono a ronpere le Stinche, e andoron-

sene tutti, eccto ch'uno isventurato, che fu preso e inpiccato cogli altri.

E a dì 29 detto, si posò un poco e quieto, sanza più sangue; ma pure gli uomini erano ismarriti di timore.

E a dì 30 detto, fu l'Ascensione, e fecesi l'essequio di Giuliano fratello di Lorenzo de' Medici, in Sa' Lorenzo.

E a dì primo di maggio 1478, entro la Signoria nuova.

E in questa sera venne preso Andrea de' Pazzi e 'l Brigliamo. [1]

E in questa sera, tornando da Pisa, messer Piero Vespucci fu preso e menato in Palagio, perchè dissono ch'egli aveva fatto fuggire uno ch'era colpevole al trattato.

E a dì 3 di maggio 1478, circa a ore 18, fu preso nella Badia di Firenze un prete, [2] ch'era cancelliere di messer Iacopo de' Pazzi, e un altro con lui, da Volterra, [3] ch'erano stati nascosti insino a questo dì, dal caso in qua.

E in questa sera, fu inpiccato el Brighaino e uno cancelliere del Cardinale, pure alle finestre; e, quando taghavano e capresti, gli facevano cadere giù in sulla ringhiera. S'azzuffavano e fanti per rubare le calze e farsetti.

E a dì 4 di maggio detto, fu inpiccato el sopradetto prete e 'l Volterrano, che furono presi in Badia, al Palagio del Podestà; e più fu tagliato la testa a Giovanba-

---

[1] Giovanni di Domenico detto Brigliamo, cagnotto di Casa Pazzi e uomo di malaffare

[2] Stefano di ser Niccolò da Bagnone, prete in San Procolo di Firenze

[3] Antonio di Gherardo Maffei da Volterra, scrittore della Camera Apostolica, ovvero Notaro di Ruota

tista conte da Montesecco, in sulla porta del Podestà, pe' medesimo caso. [1]

E a dì 5 di maggio 1478, si vendette a lo 'ncanto e cavagli e' muli di questi messer Iacopo e degli altri.

E a dì 9 di maggio detto, ci venne l'anbasceria del Papa, e finalmente, dopo pochi dì, rimandorono la detta anbasceria, e non renderono el Cardinale che volevano rimenare. E in questi dì, feceno molti provigionati in piazza e un Bargiello ch'andava per la città dì e notte, e le guardie de'cittadini tutta la notte. Non era chi andassi fuora da l'un'ora in là, ne piccolo ne grande; non si sentiva un motto per la città, la notte, e non si portava arme.

E a dì 15 di maggio 1478, fu disotterrato messer Iacopo de' Pazzi, di Santa ✠ , e sotterrato lungo le mura di Firenze, tra la Porta alla Croce alla Porta alla Giustizia, drento.

E a dì 17 di maggio 1478, circa a ore venti, e fanciugli lo disotterròno un'altra volta, e con un pezzo di capresto, ch'ancora aveva al collo, lo straccinorono per tutto Firenze; e, quando furono a l'uscio della casa sua, missono el capresto nella canpanella dell'uscio, lo tirorono su dicendo: *picchia l'uscio,* e così per tutta la città feciono molte diligioni; e di poi stracchi, non sapevano piu che se ne fare, andorono in sul Ponte a Rubaconte e gittorolo in Arno. E levorono una canzona che diceva certi stranbotti, fra gli altri dicevano: *Messer Iacopo giù per Arno se ne va.* E fu tenuto grande miracolo,

---

1 Il Conte di Montesecco, uno dei primi uomini di guerra dei suoi tempi, ebbe morte meno ignominiosa, forse per riguardo alla sua qualità Nella congiura si trovava implicato per interesse del conte Girolamo Riario nipote del Papa

la prima ch'e fanciugli sogliono avere paura de'morti, e
la seconda si è, che putiva che non se gli poteva apressare; pensa, da' 27 dì d'aprile insino a' 17 dì maggio
se doveva putire! E bisognò che insino colle mani lo toc-
cassino a gittarlo in Arno. E sì del vederlo andare a
galla, chè andò insino disotto a Firenze, vedendolo tutta
volta sopra l'aqua, erano pieni e ponti a vederlo passare
giù E un altro dì, qua giù in verso Brozzi, e fanciugli lo
ritrassono fuori dell'aqua, e impiccorolo a un salcio, di
poi lo bastonorono, di poi pure rigittato in Arno. E dissesi ch'era stato veduto passare tra'ponti di Pisa, ch'andava senpre a galla

E a dì 19 di maggio 1478, mandorono Andrea de'Pazzi,
con due sua frategli minori, in una prigione nuova, in
uno fondo di torre a Volterra.

E a dì 20 di maggio 1478, Guglielmo de'Pazzi sodò
di stare a'confini; e fu mandato in villa sua e quivi confinato fralle 5 miglia e le venti E messer Piero Vespucci
fu messo nelle Stinche, per senpre; ch'aveva fatto fuggire uno certo Napoleone Francesi, ch'aveva el bando
dietro, perchè era in detta congiura di messer Iacopo [1]

E a dì primo di giugno 1478, si vendevano e panni
e masserizie a lo 'ncanto, di detti Pazzi e altri, sotto el
Tetto della Zecca, ch'enpievano da l'un lato a l'altro,
ch'erano molte ricche.

E a dì 5 di giugno 1478, fu licenziato el Cardinale.

E a dì 7 detto, fu acconpagniato, di fuori del Pala-

---

[1] La fuga del Franzesi, piu che da sentimento d'umanità e
d'amicizia, fu indotto forse a favorirla dall'odio concepito contro
Giuliano de'Medici, vittima della congiura, perchè amante riamato
della sua nuora, la bella Simonetta Cattani, moglie di Marco Vespucci, oggetto continuo e palese delle amorose poesie di Giuliano

gio, dagli Otto e molti cittadini, insino alla Nunziata;
aveva grande paura di non essere morto dal popolo. E
in detto dì, ci fu come el Papa ci scumunicava.

E a dì 12 di giugno 1478, si partì di Firenze el
Cardinale.

E a dì 13 di giugno 1478, si vinse in Consiglio di
porre molte gravezze, Sesti, Decime; e a'preti 50 mila
fiorini.

E a dì´2 di luglio 1478, ci venne lo 'nbasciadore
del Re di Francia. [1]

E a dì 5 di luglio 1478, si fece la festa di San Giovanni, la quale avevano lasciata nel dì suo, e fecesi
molto bella di difici, processione; corsesi el palio, e girandola e tutto spiritegli, giganti e molte belle cose,
come se fussi stato el dì propio.

E a dì 10 di luglio 1478, ci venne un altro inbasciadore del Re di Francia, ch'andava al Papa, e alo-
giorono in casa Giovanni Tornabuoni.

E in questi dì vennono e cavagli del Duca di Milano per la via di Pisa, e passorono da Poggibonizi, e
quegli del Re ch'accostavano tuttavolta.

E a dì 13 di luglio 1478, ci mandò el Re di Napoli
un tronbetto colla tronba spiegata, co l'arme del Re, e
andò alla Signioria a notificare la guerra, mandando a
dire che, lui e 'l Santo Padre, ci farebbe ogni pace
e piacere se Firenze mandassi via Lorenzo de'Medici:
la qual cosa non fu consentito da'cittadini, onde poi ci
fu mosso guerra.

E a dì 19 di luglio 1478, e Sanesi scorsono in sul
nostro e predorono roba e prigioni, e presono Calciano,
a dì 22 detto.

---

[1] Filippo Commines signore d'Argenton·

E a dì 23 detto, presono Rincine e disfeciola e me-
noromo uomini e femine, piccoli e grandi; e nostri ci facevano peggio di loro, atendevano a rubare per tutto
la Valdelsa e feciono di grandissimi danni, per modo
che ognuno isgombrava per tutto e non si teneva sicuro
niuno se none in Firenze, dipoi ognindì si faceva qualche scorreria; e' nimici scorsono a Panzano e ruborono
e arsono.

E a dì 27 di luglio 1478, e nostri scorsono sopra
Sanesi e ruborono e arsono le mulina e tolsono, in più
volte più di 100 cavagli. E in questo tenpo e nimici
avevano el canpo alla Castellina, e 'l nostro era in sul
Poggio Inperiale. [1] E in questi dì si mandò el canpo a
Imola. Feciono nostro capitano el Marchese di Ferrara, [2]
dandogli 50 mila fiorini l'anno durante la guerra, e, non
sendo guerra, 30 mila fiorini, e lui debbe tenere 1500 cavagli a sue spese.

E a dì 31 di luglio 1478, e nostri feciono una grande
preda di verso Volterra Chi cerca el male lo truova.
E' furono poco intendenti a lasciarsi levare a cavallo a
fare la guerra in su' loro, che toccherà a loro e due
terzi di male, e' resto a noi; e 'l Re di Napoli e 'l Papa,
che l'ànno ordinata, se ne passeranno di mezzo.

E a dì primo d'agosto 1478, e nimici presono La-
mole e andorone presi più di cento persone, e tuttavolta bonbardavano la Castellina. L'ordine de'nostri soldati d'Italia si e questo: tu atendi a rubare di costà
e noi faremo di quà; el bisogno d'accostarci troppo non

---

[1] Il Poggio Inperiale presso Poggibonsi, da non confondersi
coll'altro vicino a Firenze

[2] Ercole I d'Este duca di Ferrara e di Modena, capitano generale della lega dei Fiorentini, Duca di Milano e Veneziani, nella
guerra che fu in Italia dopo la Congiura de'Pazzi.

è per noi· lasciono bonbardare parecchi di un castello
e non conparisce mai soccorso. Bisogna venga un dì di
questi Tramontani che v'insegnino fare le guerre.

E a dì 10 d'agosto 1478, tornò lo 'nbasciadore francioso e 'l fiorentino [1] da Roma, con poco accordo e
profitto.

E a dì 15 d'agosto 1478, se n'andò lo 'nbasciadore
francioso; e in questi dì si perse la Castellina. E messer Nicèolò Vitellozzi, [2] in questo tenpo, atendeva là, e
misse a sacco certi castellucci di Città di Castello e
arsevi dreuto uomini e donne e fanciugli con ogni crudeltà. Dipoi, messer Lorenzo di Città di Castello [3] arse
a noi, in quello d'Arezzo, certe nostre fortezze, e fece
el simile, arse degli uomini. Furono due uomini crudeli.
Sogliono capitare male. E piatosi non capitorono mai
male. Così si leggie nella Santa Scrittura.

E a dì 18 d'agosto 1478, si perdè la Castellina,
scanpò le persone.

E a dì 19 d'agosto 1478, fu inpiccato un contadino
alla giustizia, e fu spiccato per morto e posto nella bara,
e venuto al Tenpio [4] si risentì e non era morto Lo portorono a Santa Maria Nuova; dipoi morì infra pochi dì.
Lo vide tutto Firenze.

E a dì 19 detto, andò el canpo de nimici a Radda
e a Panzano.

E a dì 20 detto, bonbardorono tuttodì e detti ca-
stegli.

---

[1] Guidantonio Vespucci.

[2] Anzi Vitelli, alleato dei Forentini e di Lorenzo de'Medici.

[3] Lorenzo Giustini che teneva quella città per il Papa.

[4] L'Oratorio della Compagnia di S. Maria del Tempio, che
confortava i condannati a morte e ne seppelliva i cadaveri. Era
posto fuori della Porta alla Giustizia

E a dì 21 detto, ci venne un commessario viniziano che soldava per noi 3000 fanti pagati da loro.

E a dì 22 d'agosto 1478, venne una scorreria de'nimici insino al Ponte a Grassina e menoronne un fabro e altri assai.

E a dì 24 d'agosto 1478, venne un sospetto verso Rovezzano, e sonovvi a martello, e fuggì drento in Firenze ogni persona colla roba, per la porta alla ✠, che pareva veramente che fussi perduto lo stato. Mai si vide una tale cosa di paura, in modo che ogniuno era avilito. Non si tenevano sicuri in Firenze, con grandissimo disagio e danno de' poverini.

E a dì detto, si perdette Radda e missono a sacco e arsono assai.

E a dì 25 d'agosto 1478, fu impiccati 3 che furono presi fuori della Porta a Sa' Niccolò ch'andavano rubando sotto spezie de' nimici, e furo quegli che dettono tanto terrore, che fecciono isgonbrare fuori della Porta alla ✠: costoro erano fiorentini.

E a dì 27 d'agosto 1478, si perdè Meletuzzo e San Polo, che vi fu trattato del conestabole che v'era drento.

E a dì detto, fu preso Pretone e 'l fratello conestabile di Radda, e Iacopo Vecchietti, che v'era comessario; e mandati alle Stinche perchè si disse che gli avevano traditi gli uomini di Radda. Venne anche preso uno di que'di San Polo ed ebbe della fune.

E a dì 2 di settenbre 1478, ci fu come a Vinegia si scoprì trattato, e che mozzorono la testa e inprigionorono alcuni.

E a dì 7 di settenbre 1478, venne in Firenze el capitano nostro, ch'era el Marchese di Ferrara, entrò in Firenze in lunedì, circa a ore 22, con una grande compagnia di balestrieri a cavallo, e scoppiettieri, e fu-

gli fatto un grande onore, e messo in casa che fu già
sua. Aveva circa 50 muli carichi di cariaggio, e stette
qui in Firenze insino a dì 12 detto, e prese el bastone,
e andò in canpo, detto dì in sabato.

E a dì 14 di settenbre 1478, si perdè Brolio per
forza. E in questo dì morì uno di morbo nella casa del
Capitano, in prigione, el quale v'era per la vita, e funne
cavato uno amalato, da quegli ch'erano sopra el morbo,
e portato nello Spedale della Scala, [1] dove si portavano gli altri amorbati. E in questo tenpo ci faceva
danno assai el morbo in modo che fu otta che n'era
amalati in quello spedale 40, o più, e morivane quando
7, o quando 8 per dì, e già vi fu dì d'undici, e anche
per la terra, che non andavano allo spedale.

E a dì 25 di settenbre 1478, si perde Cacchiano e
arsolo.

E a dì detto, si mandò le bonbarde a Casoli di Volterra, e andòvi el canpo nostro: non andorono mai a soccorrere que' che si perdevano.

E a dì 29 detto, si riebbe Castelnuovo. E in questo tenpo ci era amalati di morbo, tra la terra e lo spedale, 60 o 70, e anche cominciava nel canpo.

E a dì 29 di settenbre 1478, andò el canpo de' nimici
al Monte a Sansovino. Si cominciorono un poco a scostare.

E a dì 5 d'ottobre 1478, andò el canpo nostro 'a
canpo a Casoli.

E a dì 6 detto, venne presi qui sei sanesi, che ve
n'era uno ch'andava podesta di Castelnuovo, el quale
s'era riavuto.

---

[1] Lo Spedale della Scala era nella via di quel nome, sul canto
di Via Polverosa, ora degli Oricellari e dove più tardi fu il convento di San Martino

E in questi dì era amorbati allo Spedale della Scala circa 100, e per Firenze molte case, e, infra l'altre fu trovato uno morto in Santa Maria Novella, di morbo, in su'n una di quelle panche.

E a dì 11 d'ottobre 1478, fu trovato un fanciullo amorbato in su la porta dello Spedale di San Pagolo, [1] e non si trovava chi lo portassi allo Spedale della Scala.

E in questi dì, e nimici bonbardavono el Monte a Sansovino.

E a dì 14 d'ottobre 1478, una donna amorbata andava a la Scala; e servigiali se gli feciono inanzi e piglioronla sotto le braccia, e quando fu allo Spedale del Porcellana, [2] cascò morta; i' modo che la moria si poteva dire grande.

E a dì 20 d'ottobre 1478, si fece una tregua col canpo de'nimici per 8 dì, a disdire due dì inanzi. Non piaque agl'intendenti.

E a dì 31 detto si disdisse, e strinsono el Monte a Sansovino. E fu nel nostro canpo un trattato; e 'l capitano lo 'npiccò uno de'sua principali di canpo.

E a dì primo di novenbre 1478, furono cassi gli Otto che sedevano, e 'l notaio loro, perchè avevano arsi certi libri.

E a dì primo di novenbre 1478, si perdè el Monte a Sansovino; e dèssi a patti, salvo l'avere e le persone. E dissesi per ognuno che se non si faceva la triegua, ch'egli era rotto el canpo de'nimici, che non aveva rimedio, perchè era assediato di vettuvaglia, e non poteva durare 3 dì, ch'egli era spacciato; e 'l nostro

---

[1] Sulla Piazza nuova di Santa Maria Novella, sotto le logge.
[2] Questo Spedale era nella Via della Scala sulla cantonata di Via del Porcellana.

canpo non volle mai andare a trovare e nimici. Donde
si venissi el male, ogniuno si maravigliava che non si
seguitassi la vittoria, ch'avàno un grande onore. [1]

E a dì 14 di novenbre 1478, venne preso da Pistoia
un padre e un figliuolo per un trattato. Ebbono della
colla.

E a dì 15 di novenbre 1478, cavorono messer Piero
Vespucci delle Stinche, e mandorolo al Podesta; e nel
detto dì lo missono nelle Stinche, a qualche buon fine.

E a dì 3 di dicenbre 1478, mandorono quello pisto-
lese, che si chiamava Piero Baldinotti, in su 'n uno carro,
e fu inpiccato, [2] e 'l figliuolo fu confinato nelle Stinche
per senpre.

E in questi tenpi andavano a le stanze e nostri soldati in quel di Pisa e altrove, e così el Capitano.

E a dì 7 di dicenbre, ando inbasciadore a Vinegia
messer Tomaso Soderini.

E a dì 24 dicenbre 1478, si trovò inpiccato in casa
un contadino, quaggiu in questi piani, uno cittadino
de' Popoleschi, che s'era inpiccato con uno sciugatoio.

---

[1] Moltissime furono in questo tempo le sollecitazioni del Governo della Repubblica presso i commissari fiorentini ch'erano al
campo, e presso il Duca di Ferrara, perchè si operasse più ga-
gliardamente contro gli avversari Una quantità pressoche innu-
merevole di lettere si trovano su questo proposito nel carteggio
dei Dieci di Balia. I commissari fiorentini, anch'essi, insistevano
presso il Capitano, ma egli, o per essere (come alcuni opinarono)
imparentato col Re di Napoli, nemico ai Fiorentini, di cui aveva
una figliuola per moglie, o per altra qualsiasi ragione, non fece
mai davvero quell'ufficio che era da aspettarsi dalla fama della
sua molta virtù onde riportarono i nemici questa e tante altre
vittorie durante la guerra

[2] Aveva voluto levar Pistoia dal dominio de'Fiorentini e darla
al Re di Napoli

E in questo dì venne Arno molto grosso che isboccò dirinpetto a messer Bongianni; fece molti danni.

E in questo tenpo ci faceva la morìa danno assai, come piace a Dio.

E in questi dì di Pasqua, si stavano e cittadini con sospetto di guerra, e la moria, di scomuniche papali, di novità. Sono e cittadini molto impaguriti, e non è chi voglia lavorare. E poveri non truovano da lavorare, nè di seta, nè di lana, o poco, per modo che si duole el capo e'menbri. Iddio ci aiuti.

E a dì 10 di giennaio 1478, giunse in Firenze 4 inbasciadori franciosi, e quali due ne va al Papa e due al Re di Napoli. Esposono qui alla Signoria, come andavano per mettere pace in Italia e tra' Christiani, e intendere le diferenzie, e giudicare secondo ragione, e protestare, a chi inpedirà la pace, che 'l Re farà inpresa contro di lui; e se 'l Papa fussi quello che scordassi, richiederlo a Concilio; e fatta la pace, si facci inpresa contro agl' Infedeli, tutte le potenzie. Partinsi a dì 16 detto.

E a dì 17 di giennaio 1478, ci venne un certo romito e predicava, e minacciava di molti mali. Era stato in quello di Volterra a servire uno spedale di lebrosi. Era giovanetto di 24 anni, scalzo, con un saccaccio in dosso; e diceva che gli era aparito San Giovanni e l'Angiolo Raffaello. E una mattina, salì in sulla ringhiera de'Signori per predicare; gli Otto lo mandorono via. E così tutto 'l giorno veniva tal cose.

E in questi dì si fuggì da Pisa un figliuolo del Duca di Milano, [1] ch'era confinato quivi, e andossene a Gienova al signore Ruberto [2] e accostossi co lui.

---

[1] Questi è Lodovico Sforza detto il Moro.
[2] Roberto da Sanseverino.

E a dì 27 di giennaio 1478, tornò Gostanzo di Levante mio frate.

E a dì 4 di febraio 1478, fumo predati in Chianti.

E in questi dì la morìa era molto alenata. Lodato sia Idio.

E a dì 8 di febraio 1478, giunse 4 galee in Porto pisano, dua di Ponente e dua di Barberia, che s'accozzorono insieme. Vennono con gran sospetto per pagura dell'armata del Re e de'Gienovesi. Fu tenuta una grande nuova.

E a dì 9 di marzo 1478, fu inpiccato uno in Mercato Nuovo, che dicevano ch'era viniziano, che tolse la sera dinanzi certi fiorini di su'n uno banco, di dì chiaro; e quegli del banco lo presono e missollo al Rettore, e quivi fu inpiccato.

E in questi dì ci venne adosso una cavalcata in quel di Pisa, dal signore Ruberto, con molta giente, e veune insino a la porta di Pisa e missevi fuoco drento, e fece poco danno alla porta; e cavalcò in Val di Calci, e arse le mulina, e fece una grande preda, e ritornossi poi di là dal Serchio. E da lato dì qua venne il Duca di Calavria[1] insino al Poggio Inperiale per torlo, e nogli riuscì.

E in questo tenpo corsono e nostri insino a Siena, e predorono e presono un certo castelluccio chiamato Selvoli, e tennolo un buon pezzo e molti dì, insino a dì 4 d'aprile 1479.

E in questi dì ci faceva danno la morìa; era ritocca molto bene.

E in questi tenpi s'attendeva a fare fanti, e'Viniziani ci mandavano giente assai, e tutti gli mandavano in quel di Pisa.

---

[1] Alfonso d'Aragona, fighuolo di Ferdinando re di Napoli

E in questi dì giunse el nostro Capitano in quel di Pisa. Aspettavasi el conte Carlo con molti cavagli. [1]

E a dì 12 d'aprile 1479, si fece fatti d'arme a Pisa, el nostro Capitano e 'l signore Ruberto, e morivvi alquante persone. E dissesi che 'l nostro Capitano non volle vincere e che non faceva el dovere, e non si diceva altro per popolo

E a dì 18 d'aprile 1479, la moria ci faceva danno in modo che io me n'andai in villa mia a Dicomano, colla mia brigata, e lasciai la bottega a li miei garzoni aperta.

E in questi tenpi ci venne el conte Carlo e feciolo capitano, e feciono due canpi, e andò nel Perugino; afrontò la giente della Chiesa e ruppegli in modo n'andorono ingniudi. E allora si poteva ronpere el Duca, ma per difetto del Duca di Ferrara, nostro Capitano, e anche la mala concordia de'cittadini, nolla lasciò fare, ch'era vinto sanza dubbio. E 'l Duca di Calavria andò a canpo a Colle. Ogniuno c'inganna senpre, e però non si può essere vittoriosi, perchè piace così a Dio pe'peccati.

E a dì 8 di novenbre 1479, sonò a martello in Mugiello, di mezza notte, e andò sottosopra tutto el Mugiello, con grande sospetto. E avemo voglia di venire in Firenze. Vennono e nimici a Piancaldoli e presolo e non passorono in Mugiello.

E a dì 15 di novenbre 1479, el Duca di Calavria prese Colle di Valdelsa. Stette circa a 7 mesi a canpo inanzi la potessi avere. Trasse 1024 colpi di bonbarda, disfece la maggiore parte delle mura; e poi andorono a le stanze.

E a dì 24 di novenbre 1479, venne un tronbetto

---

[1] Il conte Carlo da Montone, figliuolo del famoso Braccio, mandato in aiuto de'Fiorentini da'Veneziani.

coll'ulivo, a notificare la pace che s'era già praticata.

E a dì 6 di dicenbre 1479, si partì di Firenze Lorenzo de'Medici, e andò a Napoli al Re.

E a dì 8 di dicenbre 1479, si perdette Sarzana

E a dì 23 di dicenbre 1479, venne preso Bernardo
Bandini de'Baroncegli di Gostantinopoli, che lo dette
preso el Gran Turco; el quale s'era fuggito di Firenze
quando fu morto Giuliano de'Medici, credendo essere
sicuro della vita quivi.

E a dì detto, ci fu come el Duca di Calavria aveva
preso Siena, avengache non fu vero; ma bene è vero
questo, che n'era signore se voleva; e'Sanesi non avevano
rimedio veruno, perchè l'avevano messo drento colla sua
giente, e faceva di Siena quello che voleva a sua posta.

E a dì 28 di dicenbre 1479, fu inpiccato, alle finestre del Capitano, Bernardo Bandini ch'era venuto preso
di Gostantinopoli, ch'era in quella congiura di messer
Iacopo, e dissesi che fu lui quello che dette a Giuliano
de'Medici. Ebbesi certi mezzi col Turco, che lo conce-
dette loro. [1]

E a dì 20 di giennaio 1479, si dubitava che la pace
non andassi inanzi. E la moria ci faceva danno assai.

E a dì 13 di marzo 1479, giunse Lorenzo de'Medici a Livorno, quando tornava da Napoli. Fecesi maraviglia che fussi tornato, perchè tutto 'l popolo dubitava
che 'l Re nollo lasciassi tornare a sua posta: e massime

---

[1] Alcune importanti lettere scritte a Lorenzo Carducci, console
della nazione fiorentina in Costantinopoli, sulla cattura del Bandini fatta per ordine del Sultano, e l'istruzione a un Antonio dei
Medici mandato a ringraziare il Sultano stesso, e a farsi dare il
prigione, esistono nell'Archivio di Stato di Firenze e fanno parte
di una raccolta di Documenti Orientali, che tra breve darà in luce
la R. Soprintendenza agli Archivi toscani

si sapeva dell'altre cose ch'egli aveva fatte a gran maestri. Idio l'aiutò. [1]

E a dì 15. detto, giunse in Firenze alle 21 ore.

E a dì 16 detto, giunse la pace, la notte, circa alle
7 ore, e fecesi festa assai di fuochi e canpane.

E a dì 22 di marzo 1479, si apersono le porte che
s'erano serrate poco tenpo inanzi.

E a dì 25 di marzo 1480, si bandì la pace e fecionci
venire la Nostra Donna di Santa Maria Inpruneta. Fecesi festa.

E a dì 29 di marzo 1480, ci mandò el Papa un'agra-
vatoria, che fu el mercoledì santo, che non si potessi
comunicare; e non fu apalesata, in modo quasi ogniuno
si comunicò, contro a coscienza chi lo sapeva.

E a dì 9 d'aprile 1480, si mandò due inbasciadori al
Papa e a Napoli, che fu messer Antonio Ridolfi e Piero
di Lutozzo. [2]

E a dì 28 d'aprile 1480, fu cavato di prigione messer
Piero Vespucci; e partissi di Firenze e andò a Siena al
Duca di Calavria, e quivi si stette. [3]

E in questo tenpo si ragionava che 'l Papa aveva

---

[1] Era andato di proprio moto, visto che la guerra non si
poteva più sostenere, non volendo perdere in Firenze quel favore e quell'autorità ch'egli si era acquistata, massime dopo la
Congiura de' Pazzi Temettero i Fiorentini che male non gl'in-
cogliesse, e fu rammentato il caso d Iacopo Piccinino, che nel 1465,
andato a porsi, poco accortamente, nelle mani a quel medesimo
Re, non n'era uscito che morto Ma Lorenzo dove ben tastare il
terreno prima di muoversi, e tornato colla pace fatta, fu in Firenze
più favorito e più autorevole che mai

[2] Nasi.

[3] Molte erano state le istanze fatte dal Duca di Calabria, e dal
re Ferdinando suo padre, a favore del Vespucci

fatto lega co'Viniziani, Sanesi e Duca d'Urbino. [1] Non
fu vero.

E a dì 7 di maggio 1480, vinsono dieci Sesti e una
Decima, e feciono 3000 fiorini di Sgravo e 1000 fiorini
d'Agravo.

E in questo tenpo mandorono al Duca di Calavria
30 mila fiorini per volta, più volte. Pensa se bisognava
de' Sesti e delle Decime. Ogniuno che viene a'danni nostri, quando egli à disfatto el contado e rubato, e Fiorentini anno per un savio uso di dare danari per pagamento di quel danno ci ànno fatto. E non è solo una
volta stato, ma sarà ancora per l'avenire. Chi vuole
danari da' Fiorentini, ci venga a fare male.

E a dì 27 di maggio 1480, fu preso la donna di
Giovanni de' Pazzi e uno de' Giugni, e molti altri che
volevano iscarcerare e Pazzi di Volterra.

E a dì 2 di giugno 1480, entrò el signore Ruberto
in Firenze.

E a dì 3 di giugno 1480, fu ristituito messer Piero
Vespucci, di stare in Firenze; e renderogli lo stato, come
volle el Duca. [2]

E in questo tenpo tornò el grano a soldi 15 lo staio
e a ogni pregio.

E a dì 20 di giugno, confinò el Duca di Calavria
18 tra cavalieri e cittadini di Siena. E teneva in piazza e
sua provigionati, in modo ch' e' n'era signiore a sua posta.
E non pareva a'Sanesi avere fatto punto bene, e veniva

---

[1] Federigo di Montefeltro

[2] Egli peraltro preferì di partirsi dalla Toscana e andò ad
offrire i suoi servigi agli Sforza in Milano, e da Lodovico il Moro
fu nominato consigliere ducale Mandato poi a reggere qual suo
luogotenente la città d'Alessandria, v'incontrò fine infelice, essendo stato ucciso nel 1485 in una sollevazione popolare

fatto; ma e' voleva prima fare el simile a noi; e, come
piaque a Dio, per sommo miracolo, venne questo, che

E a dì 6 d'agosto 1480, venne a Otranto l'armata del
Turco, e posevi el canpo; onde fu necessario, per coman-
damento del Re, partirsi e ritornare nel Reame alla difesa di quello. Aveva el Turco in tre luoghi el canpo:
a Rodi, e coll'Unghero

E a dì 18 d'agosto 1480, giunse in Firenze un Cardinale, [1] figliuolo del Re, che veniva d'Ungheria, andava
a Roma.

E a dì 2 di settenbre 1480, arse due botteghe d'arte
di seta in Porta Santa Maria, presso a Vacchereccia; e
l'altra notte, arse tutto 'l Canto di Vacchereccia insino
al Chiassolino del Buco. E gittossi el fuoco da l'altro
lato della via dirinpetto, e arse tutto l'altro Canto di
Vacchereccia, per modo ch'egli arse circa di 20 botteghe
di setaiuoli e banchi; che fu una grande perdita, che
furono molti che non iscanporono nulla.

E in questi tenpi molto si ragionava della perdita
d'Otranto, e dubitavasi ancora di Leccio.

E a dì 27 di settenbre 1480, venne in casa Lorenzo
de'Medici, al Poggio a Caiano, un certo romito; e'sua
famigli lo presono e cominciorono a dire che voleva
amazare Lorenzo; e mandorolo al Bargiello e dettogli
dimolta fune.

E a dì 15 d'ottobre 1480, morì a Santa Maria Nuova
quello sopradetto famiglio, cioe romito, perche fu molto
straziato da diversi martìri. Si disse che lo dissolorono
e piedi, e poi gli davano el fuoco, tenendolo co'piedi
ne'ceppi, per modo che gocciolavano e piedi el grasso;
poi lo rizzavano e facevalo andare sopra el sale grosso:

---

[1] Giovanni d'Aragona

ın modo che di tal cose morì. Non s'intese el vero,
s'egli era peccatore o no· chi diceva sì e chi no.

E a dì 4 di novenbre 1480. si fece 12 inbasciadori
per andare al Papa; e a dì 15 si partirono.

E a dì 5 di dicenbre, ci fu come el Papa ci aveva
ribenedetti; e fecesi fuochi e festa assai.

E a dì 14 di dicenbre 1480, ci passò el Cardinale
di Mantova, ¹ ch'andava a Roma. Veniva da Mantova.

E a dì 11 di giennaio 1480, si fece due altri inbasciadori per a Roma, che fu messer Guido Antonio Vespucci e Pierfilippo Pandolfini.

E a dì 12 di giennaio 1480, Antonio Pucci, esendo
gonfaloniere, vinse un balzello di 30 mila fiorini; e levò
alla gravezza nuova, e fecela albitraria.

E a dì 6 di febraio 1480, venne un tremuoto circa
a ore 4 ³/₄, avengachè non fussi molto grande.

E a dì 31 di marzo 1481, si riebbe le castella, cioè
Colle, Poggibonizi, el Monte a Sansovino e 'l Poggio
Inperiale e altre cose, ecetto che la Castellina, Mon-
tedomenici e Piancaldoli e Sarzana. Poco ci faceva la
morìa.

E a dì 13 d'aprile 1481, ci mando el Papa un giubileo di colpa e pena, e dettelo in sei chiese: in Santa
Maria del Fiore, in alla Nunziata de'Servi, a Santa ✠,
a Santa Maria Novella, a Santo Spirito, a Sa' Iacopo
in Canpo Corbolini. E'comincia questo dì detto e dura insino a Pasqua. El quale, chi lo vuole conseguitare, debba
vicitare queste 6 chiese, 3 mattine, confesso e pentuto;
e debbe porgiere aiuto, a dette chiese, per andare contro
al Turco.

E a dì 28 di maggio 1481, ci fu nuove che 'l Turco

---

¹ Francesco Gonzaga

era morto, e così fu: e nondimeno non si muove ancora
e Cristiani.

E a dì 2 di giugno 1481, fu preso uno de' Fresco-
baldi e uno de'Baldovinetti e uno de'Balducci; e a dì 6
furono inpiccati alle finestre del Bargiello, o vuoi dire
del Capitano, perchè avevano confessato volere amazzare Lorenzo de' Medici.

E a dì 8 di giugno 1481, si serrò la Porta a Faenza,
perchè la morìa faceva gran danno di fuori di detta
Porta, e in Firenze c' era in 3 o 4 case.

E a dì 4 d'agosto 1481, feciono 12 uomini ch'avessino ogni autorità di potere fare quanto tutto 'l popolo
di Firenze. La prima cosa che feciono si fu, che chi
avessi debito in Comune pagassi, per ogni fiorino, 3 fiorini di paghe guadagniate.

E a dì 22 d'agosto 1481, noi speziali facemo che noi
non istessino a bottega el dì delle feste alle 22 ore come
s'era usato insino a qui, ma stessi coloro che tocca per
tratta, tutto 'l dì, che sono 4 botteghe in tutto la terra. [1]

E a dì 22 d'agosto 1481, nevicò in sulle montagne di Pistoia.

E a dì 10 di settenbre 1481, maritò Lorenzo de'Medici una figliuola a Iacopo Salviati

E a dì 18 di settenbre 1481, ci fu come Otranto
s'era riavuto. Fecesi festa e fuochi e altre cose.

E a dì 2 d'ottobre 1481, giunse in Firenze el si-

---

[1] A proposito di questa costumanza, mi piace aggiungere
che il 15 d'ottobre 1547 fu pubblicato un bando degli Otto di
Guardia e Balìa, sulla osservanza delle feste, proibente di lavorare
nei dì delle medesime, e di tenere aperte le botteghe, salve certe
eccezioni, tra le quali è questa « E quattro Spetiali che si trag-
gono per l'Arte possono vender tutto el giorno, gl'altri Spetiali
possono vendere dalle XXI ora in là »

gnore Gostanzo di Pesero; [1] e aveva una bella giente
d'arme, parecchi isquadre e balestrieri a cavallo, e andava a Milano.

E a dì 8 d'ottobre 1481, Gostanzo mio fratello ebbe
el Palio di Santa Liperata, e fu el primo ch'egli avessi
col suo barbero chiamato el Draghetto. Ne menò dua
di Barberia: vendenne uno al Conte d'Urbino, che si
chiamava el Pellegrino: ebbene cento ducati.

E a dì 15 di novembre 1481, si fuggirono e prigioni
delle Stinche. Apersono colle propie chiavi, che le dette
loro un garzone ch'aveva nome Domenico di Cristofano
che stava a guardare le Stinche. Uscirono in sulle 7
ore di notte. Quel garzone s'andò con Dio.

E a dì 30 di novenbre 1481, s'incamerò la gravezza
chiamata Scala.

E a dì 26 di dicenbre 1481, Gostanzo mio fratello
ebbe, col suo Draghetto, el Palio di Prato.

E a dì 4 di marzo 1481, non parve a chi poteva, questi
principali, che la gravezza nuova detta Scala fussi el bisogno della città. Rifeciono veggliare el Sesto, e raddop-
piato, e traendo, secondo che parve a'più intendenti. Egli
e el vero; chi stava male, col Sesto rimase disfatto a fatto.

E in questo tenpo e Viniziani dinunziorono la guerra
al Duca di Ferrara, e molto si dubitava di guerra.

E a dì 14 di marzo 1481, fu inpiccato un Cancelliere del Conte Girolamo alle finestre del Bargiello; el
quale fu preso da uno degli Altoviti ch'era rubello, e
per essere ribandito, codio costui, e infra Pionbino e
Pisa lo prese; e fu ribandito. [2]

---

[1] Capitano di guerra de'Fiorentini, cui fu dato il bastone due
giorni appresso. Vedi AMMIRATO, *Storie* ad annum

[2] Questi dev'essere il celebre Cola Montano, bolognese, non

E a dì 18 di marzo 1481, fu preso un cavallaro del
signore Ruberto, al Ponte a Valiano, che portava lettere del figliuolo del signore Ruberto: le quali lettere
dettono un poco di lume d'un trattato, in modo che si
partì di qui Antonio Pucci e altri cittadini, andorono
in quel di Pisa, e in pochi dì feciono dimolti fanti.

E a dì 25 di marzo 1482, morì madonna Lucrezia [1]
donna di Piero di Cosimo de'Medici, e madre di Lorenzo,
e morì el dì della Nunziata. E in tal dì, el Papa ci
aveva mandato el perdono in Santa Maria del Fiore, di
colpa e pena.

E a dì 15 d'aprile 1482, fu ristituti e cavati di prigione e Pazzi ch'erano in carcere a Volterra e mandati
fuori d'Italia; avengache ne fu cavati due più mesi fa,
de'minori, per malattie, perchè vi sarebbono morti.

E in quest'anno è venuto a Rodi tremuoti grandi,
in modo che v'è rovinato chiese e morto molta giente,
e massime in una chiesa vi morì 40 Cavalieri Fieri. Non
ò el dì a punto, ma in questo anno è stato.

E a dì 20 d'aprile 1482, è nato scandolo a Roma

----

cancelliere, bensì manutengolo del conte Girolamo Riario, del
Papa e del Re di Napoli e di quanti erano stati nemici dei Fiorentini nella guerra nata dalla Congiura de'Pazzi. Che fosse preso
da uno degli Altoviti, non si ha riscontro Menato a Firenze, fu
posto nelle carceri del Bargello o Capitano della Piazza dei Signori; dove scrisse di proprio pugno una *Confessione*, che si
conserva nell'Archivio di Stato di Firenze, tra le *Carte Strozziane*,
ancora inedita, ma degnissima di veder la luce per essere documento di assai importanza alla storia d'Italia in quel tempo
L'ordine dei *Signori e Collegi* agli *Otto di Custodia e Balìa*
de' 12 marzo, e un altro degli *Otto* al *Bargello*, de'dì 13, per l'esecuzione del Montano, esistono pure in detto Archivio tra le carte
di quei Magistrati.

   [1] La Lucrezia Tornabuoni

tra gli Orsini e' Colonnesi; e mandorono sottosopra la
città come si suole fare senpre. Per le quistioni di questi grandi ne patisce tutto el popolo.

E in questo tenpo si fornì la cupola di Santo Spirito, e di fatto vi si predicò sotto essa.

E a dì 28 d'aprile 1482, venne in Firenze el Duca
d'Urbino, e stette in casa Giovanni Tornabuoni e fugli
fatto grande onore. E a dì 29 detto, si partì e andò a Milano per essere capitano, e fermossi a Ferrara, e quivi era
el signore Ruberto. E insino a dì primo di giugno 1482,
strignevano un castello, che si chiama Ficheruolo.

E in questi dì, el Duca di Calavria strigneva da l'altra parte Ostia, a Roma; e a dì 10 di giugno si disse che
l'aveva avuta, ma non l'ebbe. E misse a sacco Corneto. [1]
E in questi dì e Sanesi rimessono alcuni de' loro usciti.

E a dì 12 di giugno 1482, venne in Firenze el signor Gostanzo, che tornava da Ferrara.

E in questo tenpo molto si parlava d'una divozione
di Nostra Donna trovato a Bibbona, d'un tabernacolo
fuora di Bibbona, un trarre di balestro; ch'e una Vergine Maria a sedere con Cristo in braccio come si levò
di croce, come si dipingono l'altre Piatà. La quale cominciò insino a dì 5 d'aprile 1482, la quale si trasfi-
gurava, cioè diventava d'azurra rossa, e di rossa poi
nera e di diversi colori E questo dicono avere fatto
molte [volte] insino a questo dì, e sanato diversi infermi
e fatto molti miracoli e di molte paci, intanto che vi cor-

---

[1] Tutti fatti relativi alla guerra che di poco era nata tra i
Veneziani e il Papa da una parte, e il Duca di Ferrara, i Fiorentini, Milano e Napoli dall'altra Federigo duca d'Urbino fu capitano generale della lega contro Venezia, e ai servigi di questa era
Roberto da Sanseverino

reva tutto mondo. E non si dice altro in questo tenpo; e io ò parlato a molti che dicono di veduta averla veduto trasfigurare, in modo ch'egli è necessario a crederlo.

E a dì 20 di giugno 1482, ci fu come messer Niccolò Vitegli aveva avuto a nostro proposito Città di Castello; e in detto dì si mandò la una bonbarda. Era appiccato la guerra in piu luoghi.

E a dì 2 di luglio 1482, s'ebbe Ficheruolo. [1]

E a dì 4 di luglio 1482, ci fu come avevano avuto le ròcche di Citta di Castello e tutto.

E a dì 11 di luglio 1482, fu confinato Antonio Belandi da Siena, e mandato a Monte Alcino per sua confini.

E a dì 25 di luglio 1482, ci fu come la Chiesa aveva rotto el Duca di Calavria, e avevano presi 300 uomini d'arme, che v'era 19 signori; e così fu.

E a dì 27 d'agosto 1482, fu veduto da molti qui, sopra a Firenze, certe fiamme di fuoco andare per l'aria, inverso levante, circa a un'ora di notte; e fu veduto a Dicomano e altrove.

E a dì 10 di settenbre 1482, morì el Conte d'Urbino a Bologna.

E a dì 14 di settenbre 1482, morì el Magnifico Ruberto [2] a Roma, ch'aveva avuto sì grande onore e vittoria a ronpere el Duca di Calavria a Roma e pigliare 300 uomini d'arme. In 4 dì morì due sì gran capitani, quando credevano essere ben filici. Vedi che errori sono nel mondo, mettersi in tanti pericoli d'amazzare altri o es-

---

[1] Qui parrebbe volei dire che i Fiorentini o la Lega avessero quella terra, ma è tutto al contrario. Ficheruolo era una terra del Duca di Ferrara col quale i Fiorentini erano in lega, e cadde in potere de'Veneziani.

[2] Roberto Malatesta, capitano mandato dai Veneziani in aiuto del Papa.

sere morto lui, per un poco di fumo di questo mondo, non pensando che cos'e amazzare l'uomo, e come presto s'à rendere ragione, e che si muore.

E a dì 24 di dicenbre 1482, venne in Firenze el Cardinale di Mantova, ch'era legato, e andava a Ferrara. Fecesigli onore.

E a dì 5 di giennaio 1482, venne in Firenze el Duca di Calavria. Partissi a dì 8 detto e ando a Ferrara e menò seco circa 800 cavagli; aveva seco molti Turchi. [1] Fugli fatto un grande onore.

E a dì 6 di febraio 1482, ci passò una parte di que' Turchi che 'l Duca rimandava indietro, perchè se ne gli era fuggiti circa a 400, e andato nel canpo de' Viniziani Quegli che gli restorono rimandava indietro, e qui in Firenze se ne fece una brigata cristiani.

E a dì 12 di febraio 1482, si partì di Firenze Lorenzo de' Medici, e andò inbasciadore a Ferrara [2] molto a ordine.

E a dì 8 di marzo 1482, tornò Lorenzo de' Medici da Ferrara. Ebbe onore assai la, come valentuomo

E a dì primo d'aprile 1483, a Siena, fu gittato a terra delle finestre del palagio de' Signori, 4 uomini, e inpiccati da 6: e quali erano della parte del Monte de' Nove; e fuggissi dimolti cittadini in su quello di Firenze.

E a dì 6 d'aprile 1483, venne in Firenze lo 'nbasciadore del Turco. [3]

---

[1] Tolti da lui ai suoi stipendi, dopo la ricuperazione d'Otranto.

[2] Alla dieta, che vi si tenne per trattare dei negozi della guerra

[3] Fu un tale Ismail, mandato da Baiazet II, dopo la morte del secondo Maometto, per invitare la Repubblica a riprendere il suo commercio con quell'Impero Un curioso ricordo dell'esposizione fatta dall'ambasciatore alla Signoria e della risposta datagli

E a dì 7 d'aprile 1483, e Sanesi tagliorono la testa
a tre cittadini sanesi, che fu uno Antonio Belandi e un
Cavaliere di quegli che fece el Duca di Calavria. Così
fanno le parti, degli uomini superbi che non sono contenti a lo stato che da Idio.

E a dì 23 d'aprile 1483, scurò la luna. È seguito
in questo dì, cascò morto un garzonetto di circa 12 anni,
lo quale vidi io morto in San Simone, e un altro ser
Bonaccorso notaio, e così una fanciulla. Tutti caddono
morti. Fu tenuto in Firenze un forte dì, e un grande
effetto della luna.

E a dì 30 di maggio 1483, si fece venire la Nostra
Donna di Santa Maria Inpruneta, perchè si racconciassi
el tenpo, ch'era piovuto più d'un mese; e inmediate s'ac-
conciò bello.

E a dì 14 di giugno 1483, si conpilò la lega co' Sanesi, per 25 anni, e rendettoci le castella.

E in questi dì morì a Faenza un Frate de'l'Ordine
de'Servi, el quale fece molti miracoli: sonare le canpane
da loro, quando morì; sanare infermi. Corevavi e paesi
di là, e io favellai a chi disse di veduta, a un dì fede. [1]
E ognindì si diceva di queste cose, quando apariva in
un fiume e quando in un monte, di questi miracoli; e
chi parlava a una donna, ch'era la Vergine. E que-

---

dal Gonfaloniere, si legge nella succitata raccolta di Documenti
Orientali, sotto il 7 di aprile.

[1] Dalle *Historie di Faenza* di GIULIO CESARE TONDUZZI, e
dagli *Annali dell'Ordine de'Serviti* di ARCANGELO GIANI, rilevasi
esser questi il B. Iacopo Filippo Bertoni, che morì il 25 maggio 1483. Questi scrittori pure testimoniano dei prodigi riferiti
dal Landucci, e che commossero tanto i Faentini, che vollero con
pubblico decreto conferire onori a Misserino Bertoni dalla Cella
di Monte Chiaro, padre del defunto.

sto dico perchè el mondo era sollevato a'spettare gran
cose da Dio.

E a dì 21 di giugno 1483, si pose in un tabernacolo
d'Orto Sa' Michele quel San Tomaso a lato a Giesù, e
'l Giesu di bronzo, el quale e la piu bella cosa che si
truovi, e la piu bella testa del Salvatore ch' ancora si
sia fatta, per le mani di Andrea del Verrocchio.

E in questo tenpo el Duca di Calavria e 'l signore
Ruberto si partirono da Ferrara e andorono in Lonbardia, dove si fece male assai da l'una parte e da l'altra; e fuvvi avelenato el signore Gostanzo.

E a dì 15 d'agosto, vennono e fuori usciti di Siena
a'danni de'Sanesi al castello di Sitorno; e non fecionu
nulla. Furono presi molti uomini di quel castello e menati a Siena.

E in questi dì, e Fiorentini disfeciono un castello in
Val d'Arno di sopra, che si chiamava Monte Domenici
che si rubello. E però lo disfeciono

E in questo tenpo d'agosto 1483, el Duca di Calavria prese dimolte castella in Lonbardia de' Viniziani,
per modo che non potevano resistere, el canpo di Viniziani, e molto lo soprafaceva. E questo fu perche la
Chiesa scumunicava tutti quegli che davano aiuto a'Viniziani, per modo che non potevano avere giente d' ol-
tramonti. [1] E l'armata del Re di Napoli venne nel porto
d'Ancona, e quella de' Viniziani la veniva a trovare. E
a dì 5 di settembre 1483, quella del Re si partì e nol-
l'aspettò Aspettavasi di sentire gran cose, se si fussino
afrontati.

E a dì 7 di settenbre 1483, venne inbasciadori in

---

[1] Gia il 12 dicembre 1482 il Papa aveva fatta pace con la
Lega, e dipoi erasi a questa associato nella guerra contro Venezia.

Firenze dal Re di Francia, ch'andavano a Roma per
conpilare la pace d'Italia; e giunti qui, ebbono nuove
che 'l Re loro era morto, a dì 30 d'agosto 1483. E a
dì 13 di settenbre detto, si morì uno di questi 3 inbasciadori in Santa Maria Novella, e gli altri si partirono
e andorono a Roma.

E in questo tenpo, per paura della fame e della
guerra grande di Lonbardia, si partiva di là molte famiglie. Passavano di qui molte famiglie e andavano in
quel di Roma a 50 e 100 per volta, intanto che furono parecchi migliaia; e anche per la Romagna ne passava assai, e d'altri paesi Dissesi che furono piu di
30 mila persone. Era grande conpassione a vedere passare tante poverta, con uno asinuzzo, colle loro miserie
d'un paioluzzo, una padella e simile povertà, in modo
che facevano lacrimare chi gli vedeva scalzi e ignudi.
E queste cose fanno le maladette guerre E nulla passava sanza nostra spesa.

E a dì 8 d'ottobre 1483, si disfece certi muriccioli
ch'erano intorno alla Piazza di Mercato Vecchio, che si
feciono di poco.

E a dì 23 d'ottobre 1483, venne in Firenze un Cardinale Legato, ch'andava al Re di Francia inbasciadore
per confermagli la corona del suo padre ch'era morto.
E questo Cardinale era quello Cardinale che 'l Re ch'era
morto, tenne in prigione e in gabbia molti anni.

E a dì 10 di novenbre 1483, si partì di Firenze 3
anbasciadori fiorentini mandati al Re di Francia; che
fu messer Gientile vescovo d'Arezzo e Antonio Canigiani
e Lorenzo di Piero Francesco de'Medici.

E a dì primo di giennaio 1483, entrò la Signoria, e
furono più rigidi che gli altri. Mandavano pe'cittadini
e volevano che ognuno pagassi quello aveva debito. E

mandavagli al Bargiello e alle Stinche. Molto eravamo
tribolati e affannati dalle tante guerre. [1]

E oltre a l'altre tribulazioni, valeva el grano soldi
50 lo staio; e piu vendevasi le fave soldi 46 lo staio;
vendevasi el pane bianco soldi 1, denari 8 la libra; e
andò la farina a lire 3 lo staio.

E a dì primo di marzo 1483, tornorono e nostri anbasciadori di Francia, e torno Antonio Canigiani cavaliere fatto dal Re di Francia. Fugli fatto onore.

E in questi tenpi, andò lo staio delle fave infrante a
lire 4 lo staio, e'ceci a lire 5, el grano a soldi 59, e
ogni cosa caro; e fra pochi dì, andò el grano a lire 3
soldi 8 lo staio.

E a dì 6 d'aprile 1484, giunse a Pisa 7 nave di
grano, che furono 7 mila moggia; delle quali ne rimase
qui 3 mila moggia, e 4 mila n'andò a Ferrara e per
la Lonbardia, che v'era grandissima carestia.

E a dì 9 d'aprile, giunse 3 altre navi di grano a
Livorno; e nondimeno valeva soldi 50 lo staio, e 'l Comune lo dava a soldi 42.

E a dì 14 di giugno 1484, la moria ci ricominciò;
e in questa mattina sotterrò, uno de'Brogiotti, 3 figliuoli
a un tratto, di morbo, due femmine e un maschio.

E a dì 19 di giugno 1484, valse el grano nuovo
soldi 33 lo staio.

E in questo tenpo, di luglio 1484, si cominciò una
divozione a Prato, d'una Vergine Maria, [2] la quale vi
correva tutto el paese. Faceva de' miracoli come quella

---

[1] Di questa Signoria ne dice molto male anco ALAMANNO RI-
NUCCINI nei *Ricordi storici*.

[2] E la Madonna detta delle Carceri che si venera in Prato,
dove fu tosto murato un elegantissimo tempio coi disegni di Giu-

di Bibbona, in modo che si comincio a murare e ordinare una grande spesa.

E a dì 9 d'agosto, ci fu nuove della pace: e fecesi fuochi e festa [1]

E a dì 14 d'agosto, ci fu come el Papa era morto, e giunse alle 6 ore. E morì a dì 13 detto a ore 14, che fu Papa Sisto. E a dì 20 si sonò per la sua morte.

E in questo tenpo s'attendeva qui a fare giente assai, per mandare a Sarzana e Pietrasanta.

E a dì 30 d'agosto 1484, ci fu come el Papa era fatto, e sonò a ore 4 in lunedì. E fu un cardinale gienovese che si chiamava messer Giovanni de' Zeboni di Gienova e cardinale di Molfetta; e chiamossi Papa Innocenzio 8º. [2]

E a dì 8 di settenbre 1484, si bandì la pace in Firenze, e fecesi festa.

E a dì 23 d'ottobre 1484, fu preso per lo Stato un figliuolo di Filippo Tornabuoni ch'aveva nome Alessandro, e fu confinato in Cicilia. E dissesi perchè pensava contro a Lorenzo de'Medici, ch'era suo parente; e forse non fu, diciamo quello si diceva per la città. [3]

---

liano da San Gallo Mons FERDINANDO BALDANZI ne fece una bella illustrazione, che leggesi nel *Calendario Pratese* del 1847 Una chiesa pure si edificò a Bibbona nel Volterrano a onore di altra immagine ricordata a p 41 di questo Diario Ai prodigi operati dalle due immagini fa allusione il SAVONAROLA nella II delle sue *Poesie tratte dall'autografo*, Firenze 1862: dove dice ·

> O anima cecata
> Tu senti mille segni
> A Prato e a Bibona

[1] La pace tra i Veneziani e la Lega *Santissima*

[2] Innocenzio VIII uscì di casa Cibo, detti allora anche Zibo; di qui la storpiatura che ne fa il nostro cronista.

[3] Altre cronache dicono essersi egli confessato reo di delitti comuni, ma non di Stato.

E in questo tenpo si strigneva molto forte Pietrasanta.
Eravi molti nostri comessari cittadini con bella giente.

E in questi dì, si cavò di San Giovanni e ceri e'palii,
e ordinorono che non vi stessino più. Feciolo nettare
tutto, e ch' egli stessi così senplice sanza quelle frasche;
che prima vi si poneva tutta l'offerta di ceri e di palii,
in modo che non si vedeva.

E a dì 6 di novenbre 1484, venne in Firenze morto
Antonio Pucci, ch'era comessario a Pietrasanta.

E a dì 7 detto, s'ebbe Pietrasanta, la quale si dette
a Lorenzo de'Medici. E a dì 11 detto, s'ebbe la rocca
e fu fatto castellano Piero di Filippo Tornabuoni, e
commessario Iacopo Acciaiuoli; e Bartolino Tedaldi, sopra
la muraglia. Giunse qui le nuove alle due ore, e la mattina non s'aperse botteghe; e fecesi festa assai e fuochi.
E 'l dì medesimo venne in Firenze messer Bongianni
Gianfigliazzi morto, ch'era comessario là.

E a dì 15 di giennaio 1484, vennono e Gienovesi a
Livorno coll'armata, e apressoronsi alle torri e non feciono nulla. Partironsi a dì primo di febraio 1484.

E a dì 15 d'aprile 1485, si tirò in sul Palagio de'Signori due travi di quercia grosse e lunghe di gran peso,
per sostenere la canpana grossa de'Signori e per acconciarla meglio.

E a dì 18 d'aprile 1485, venne in Firenze un tronbetto.

E a dì 23 d'aprile 1485, si vendeva lo staio del grano
soldi 16.

E a dì 17 di luglio 1485, feciono e Fiorentini capitano el Conte di Pitigliano, [1] e dettogli el bastone. E' Sanesi feciono loro capitano el Signore da Farnese.

---

[1] Niccola Orsini

E insino a questo dì, Gostanzo mio fratello aveva vinto 20 palii col suo barbero Draghetto, cioè 20 palii da dì 8 d'ottobre 1481, insino a dì 25 di giugno 1485; che fu el primo Santa Liperata, e poi di Sant'Anna; San Vettorio più volte Vinse una volta San Vettorio e vendettolo agli Aretini fiorini 40 d'oro, e andò Arezzo e rivinselo là un'altra volta E andò a correre a Siena, e andò con un cavallo di Lorenzo de'Medici, che si chiamava el Lucciola, del pari al palio, e quello di Gostanzo andò una testa di cavallo manzi. E fu giudicato dal popolo che v'era alla presenza, che fussi manzi, e dicevano: andate alla Ragione, che no' lo proveremo. Nondimeno Gostanzo non v'andò per reverenza di Lorenzo. E com'ella s'andassi, e' fu dato a Lorenzo. Un altro anno, pure a Siena, gli fu fatto maggiore villania: che andando manzi el cavallo di Gostanzo un gittare di balestro, e giunto al palio, scavalcò e salì in sul palio. E giunse poi uno altro cavallo; e dissono che quello di Gostanzo non aveva passato el palio, e che quell'altro l'aveva passato. E però lo dettono a quell'altro. Vedi che massima ingiustizia, che colui ch'à preso el palio non l'abbi avere. Fu isventurato, avendo tanta bontà di cavallo. Tanto andò dietro a questo barbero che ne cavò la morte. Morì a dì 12 di settenbre 1485.

E a dì primo di dicenbre 1485, arsono in Roma le case degli Orsini a Monte Giordano, e fuvvi novità assai. E venneni el Duca di Calavria in aiuto degli Orsini, perchè erano in guerra col Papa, e seguitò la guerra in Roma.

E a dì 11 di dicenbre 1485, venne un certo vento caldo da mezzodì, come fussi di luglio, e gocciolavano tutte le mura delle case drento, per tutto Firenze, insino nelle camere, avenga che fussino bene asciutte.

E in questi dì di febraio e di marzo 1485, si faceva
giente in Firenze tuttavolta, per mandare al Duca[1] che
faceva contro alla Chiesa, per modo che fu scomunicato
in Firenze tutti quegli ch'avevano renduto partito contro alla Chiesa, e non si potevano comunicare. Ogni
intendente si maravigliava che si facessi contro alla
Chiesa, massime che non aparteneva a noi questa
guerra. Epure si seguitava questo errore pe' nostri peccati e per non temere Iddio.

E a dì 9 di maggio 1486, qui alla Piazza de'Tornaquinci, dalla casa de'Tornabuoni, intervenne che uno
orso rilevato qui nella città, molto grande, passato l'ordine usato, sendo da'fanciugli accanito, prese una fanciulla per la gola, di circa a anni 6, figliuola di Gio.
vacchino Berardi; e con dificultà di molti nomini gliele
trassono di bocca tutta sanguinosa e molto bene strac-
ciata la gola. E come piaque a Dio non perì.

E a dì 10 di maggio 1486, ci fu come la guerra di
Roma, el Duca di Calavria s'era apiccato col signore
Ruberto,[2] e fatto gran fatti d'arme, e morivvi assai
giente E ebbe el meglio el Duca.

E a dì 10 di luglio 1486, el Duca di Calavria molto
strigneva la Chiesa, e non era sanza nostra spesa.

E a dì detto, morì uno maestro Antonio di Guido,
cantatore inproviso, molto valente uomo. In quella arte
passò ogniuno, però si nota qui.

E a dì 30 di settenbre 1487,[3] si trasse le reliquie di
San Girolamo, cioè una mascella e un osso del braccio,

---

[1] Di Calabria
[2] Sanseverino.
[3] Altre notizie dei primi mesi del 1487 si leggono a pag. 55-56
dopo la data del 24 giugno 1488

dell'altare della ✠ di Santa Maria del Fiore, e furono legate in ariento e oro, molto riccamente, con grande spesa. E fecesi una bella processione, e posta in detta Cappella molto divotamente. E questo fece di sua propio spesa el laldabile messer Iacopo Manegli, calonaco in detta Chiesa. E dissesi, aveva speso 500 fiorini d'oro, e oltre a questo, dotato una Cappella E ogn'anno va quella bella reliquia a processione divotamente.

E a dì 9 di novenbre, ci passò dua inbasciadori viniziani, ch'andavano a Roma.

E a dì 11 di novenbre, ci venne certi animali che si disse gli mandava el Soldano; poi s'intese ch'era'stati pure certi amici di Firenze per avere qualche buona mancia. Gli animali furono questi: una giraffa molto grande e molto bella e piacevole; com'ella fussi fatta se ne può vedere i'molti luoghi in Firenze dipinte. E visse qui più anni. E uno lione grande, e capre e castroni, molto strani.

E a dì 12 di novembre 1487, un garzone che governava e lioni, esendo dimesticato co loro, i'modo ch'egli entrava infra loro e toccavagli, massime uno di loro e in questo dì un garzonetto di circa 14 anni, fighuolo d'uno de'Giuntini, cittadino fiorentino, volle entrare ancora lui con quello governatore. E stato così un poco, questo lione se gli gittò a dosso, e preselo pe'capo dirietro; e con fatica, quello che gli governa, isgridandolo, ghiclo levò da dosso. E strinselo e asannollo in modo che 'n pochi dì morì.

E a dì 18 di novenbre 1487, el sopradetto anbasciadore del Soldano presentò alla nostra Signoria la sopradetta giraffa, e lione e l'altre bestie; e stette a sedere in mezzo della Signoria, in sulla ringhiera de'Signori, parlando e ringraziando per bocca d'uno interpetro. Fu,

per questa mattina, in piazza un grande popolo, a vedere tale cosa. Era parata la ringhiera colle spalliere e
tappeti, e a sedere tutti e principali cittadini. Stette qui
quello imbasciadore molti mesi. Fugli fatto le spese e
doni assai.

E a dì 25 di novenbre 1487, el detto anbasciadore
presentò Lorenzo de' Medici di certe cose odorifere, in
begli vasegli alla moresca; e fiaschi pieni di balsamo,
e un bello e grande padiglione vergato alla moresca,
che si distese, e vidilo.

E a dì 12 di marzo 1487, un frate Bernardino [1] del-
l'Ordine di San Francesco, eletto predicatore in Santa
Maria del Fiore per la Quaresima, e predicando e per-
suadendo el popolo a fare un Monte di Piatà, e di mandarne gli Ebrei, per modo riscaldandosi, per molti dì di
Quaresima; e fanciugli presono animo contro agli Ebrei.
E in questo dì andorono molti di questi fanciugli, andorono a casa uno ebreo chiamato Manullino, che faceva el presto alla Vacca; [2] e vollono assassinarlo e mettere a sacco quel presto. Ma subitamente, gli Otto
mandorono e loro famigli a riparare, e mandorono bandi,
a pena delle forche. E presto si spense tale fuoco. Onde
a dì 13, l'altra mattina, gli Otto mandorono a dire al
detto frate che non predicassi più, e mandatolo a l'Osservanza di Samminiato, e' non bastò loro, che l'altra
mattina, a dì 14 detto, che fu in venerdì di marzo, gli
Otto ancora di nuovo mandorono e lor famigli e al-

---

[1] Il Beato Bernardino da Feltre.

[2] La *Vacca* dicevasi quel tratto di via che principia tra le
case dell'Arcivescovado e il Ghetto, e conduce alla Piazza degli
Orlandini. Un banco d'usura era in quel luogo anco nel secolo XIV
ed apparteneva ad un Cristiano.

cuni degli Otto in persona, e comandorono ch'egli sgon-
brassi el contado nostro e partissi via. Onde parve al
popolo, che vuole vivere da cristiani, che fussi un cattivo pronostico per noi, perchè era tenuto un santo.
E videsi in poco tenpo capitare male alcuni di quegli
Otto chi fiaccò el collo a terra d'un cavallo, e chi una
cosa e chi un'altra Infra gli altri, quello ch'andò in
persona a cacciarlo dall'Osservanza, morì allo spedale e
inpazzò. Parve che fussi finito male. Iddio nel guardi.

E a dì 16 d'aprile 1488, ci fu come el conte Girolamo, signore d'Imola, era stato tagliato a pezzi, nella
città di Furlì, dagli uomini della terra. E così fu.

E in detto dì, si mandò di qui a Piancaldoli molta
giente, comandati, Romagniuoli e di Mugello, in modo
che, a dì 29, s'ebbe. E quello castellano, ch'era da Imola,
si dette. E costoro gli dettono fiorini 4000 e una casa
e l'arme a vita, qui in Firenze, e qui stette.

E a dì primo di maggio 1488, ci fu come el Duca
di Milano era entrato in Furlì, e fece morire alcuni.

E a dì primo di giugno 1488, ci fu come el Signore di Faenza [1] era stato tagliato a pezzi con con-
sentimento della moglie di messer Giovanni Bentivogli,
ch'era madre della moglie di detto Signore di Faenza.
E così fu.

E a dì 5 di giugno 1488, ci fu come messer Giovanni Bentivogli era stato preso da que' di Faenza,
a stanza de' Fiorentini; e gridato *Marzocco* nella città
E così fu.

E a dì 12 di giugno 1488, fu licenziato messer Giovanni Bentivogli da' Fiorentini. Andò Lorenzo de' Medici
in Mugello, dove fu fatto venire el detto messer Gio-

---

[1] Galeotto Manfredi

vanni, e parlò con lui e fecegli onore e rimandollo a
Bologna, e bene accompagnato e pacificato.

E a dì 17 detto, e Bolognesi, per dispetto, come ingrati, feciono certi marzocchi di paglia e certe arme
de' cittadini nostri, e arsogli in sulla piazza di Bologna,
in dispregio.

E a dì 24 di giugno 1488, el dì di Santo Giovanni,
quando andava l'offerta, fu preso un bolognese che tagliava e puntali di cintole, e rubava; e non v'andò un'ora
che, sanza riguardo della solennità d'un tanto Santo,
lo 'npiccorono alle finestre del Capitano. E stettevi tutto
'l dì insino alla sera, quando el palio andava a le mosse.
E in questa ora si levò un vento così grande, tenpesta
d'aqua e di gragniuola, che mai fu veduto simile. Per
modo che, le tende che si pongono sopra la Piazza di
San Giovanni si stracciorono in migliaia di pezzi, che
ventorono cenci da niente; e bisognò rifarle tutte di
nuovo. Fu tenuta una cosa molto maravigliosa e am-
mirativa; stimando fussi per tale omicidio. Fu molto
ispaventevole nel cospetto di savi e buoni uomini, perche parve un poco di passione de' popoli, sendo bolognese,
e avendo di pochi dì arsi que' marzocchi a Bologna. Si
corse un poco a più furia. Si poteva serbarlo a un altro dì. E per quella sera non si potè correre el palio.

E insino a dì 28 di marzo 1487, intervenne questo
caso, che fu inpiccato uno alle forche qui di Firenze, e
poi fu spiccato, e finalmente non era morto. Fu portato
a Santa Maria Nuova, e stette insino a dì 11 d'aprile
1487. E perche que' di Santa Maria Nuova lo vidono di
mala natura, e per certe parole ch'egli usava, di fare ancora certe vendette e altro; gli Otto deliberorono di farlo
di nuovo inpiccare, e così fu inpiccato la seconda volta.

E in detto dì 15 d'aprile 1487, furono rotti e Gie-

novesi da' Fiorentini a Serezzana, e morivvi uomini assai. E tolsono loro tutte l'artiglierie e la bastia, e soccor-
sono Serezzanello, e mandarono qui due prigioni, messer
Luigi dal Fiesco e un suo nipote. [1]

E a dì 22 di giugno 1487, si prese Sarzana a ore
12. E qui fu le nuove a ore venti.

E a dì 30 di luglio 1488, morì madonna Clarice,
donna di Lorenzo de' Medici.

E a dì 12 di settenbre 1488, venne in sul Palagio
de' Signori una saetta, circa a ore 14, e dette in su' lione
e venne giù. E trovò due forestieri su presso alle canpane, che fu un Cancelliere del Conte di Pitigliano, e
fecelo cascare quasi morto e tramortì; e l'altro fu poco
meno: pure non morirono. Ne fece troppo danno al Palagio. Parve una cosa d'amirazione, toccare a due forestieri, sendo in Palagio centinaia d'uomini. Andavano
per vedere el palagio e le canpane.

E a dì 15 di giennaio 1488, passò di qui la figliuola
del Duca di Calavria, [2] ch' andava a marito al Duca di
Milano, con grande cavalleria e con molti Signori e con
molte matrone e damigelle, ch' andavano co lei; con
grandissima baronia. Feceseli un grande onore, e grande
spesa sanza misura.

E a dì 10 marzo 1488, ci fu come el Papa aveva
fatto 6 Cardinali che furono questi: due franciosi, uno
milanese, due sua nipoti, e uno fiorentino, che fu figliuolo
di Lorenzo de' Medici. [3] Al nome di Dio ch'e una grande
grazia alla città nostra in gienerale, e in particulare al
suo padre e alla sua Casa.

---

[1] Orlandino figliuolo d' Obietto fiatello di Luigi
[2] Isabella d'Aragona.
[3] Giovanni che fu poi Leon X

E a dì 12 d'aprile 1489, ci fu come a Vinegia era
nato uno mostruo di questa qualità: la bocca fessa per
lungo del naso, e un occhio dal naso e uno dimetro
all'orecchio; e fesso tutto'l viso, come se gli fussi stato
dato una coltellata. E dinanzi alla testa aveva un corno
ch'era la natura. Visse 3 in 4 dì. Tagliorono quel corno
e subito morì. Dicono che le parti da basso essere di
strana maniera. Aveva coda d'animale.

E in questi dì ne naque un altro a Padova, el venerdì santo, ch'aveva a ogni braccio due mani, e due
teste. E visse 2 in 3 giorni. Una di quelle teste morì
prima, e tagliatola, l'altra visse poco. E in oltre una
donna di 60 anni à fatto tre figliuoli a un corpo. Queste cose strane sono state qui a Vinegia in pochi dì.
Questa lettera fu scritta apunto come ell'è qui, e fu
mandata nel banco di Tanai de'Nerli. E di quivi la copiai, e fu vero. Questi segni significano grande tribulazione alle citta dove vengono.

E a dì 10 di luglio 1489, si cominciò a recare ghiaia,
per fare e fondamenti del palagio di Filippo Strozzi a
lato al Canto de' Tornaquinci, che si cominciò prima da
questa parte de' Tornaquinci.

E a dì 16 detto, si cominciò a cavare e fondamenti,
pure da questa parte, e presono della Piazza [1] circa braccia 10.

E a dì 6 d'agosto 1489, si cominciò a rienpire e

---

[1] La Piazza de' Tornaquinci, che lo Strozzi ebbe facoltà di
occupare dalla Repubblica e dalla Consorteria di quella Famiglia.
Questi ricordi relativi alla fabbrica del palazzo sono molto più
copiosi di quelli scritti dall'edificatore del medesimo e pubblicati
in appendice alla vita dello stesso Filippo *(Firenze* 1851*)*. Per la
loro esattezza possono confrontarsi con quelli lasciatici da TRI-
BALDO DE' ROSSI nelle sue *Ricordanze.*

fondamenti, a ore 10, a punti di luna. E Filippo Strozzi fu el primo che vi cominciò a gittare giù la ghiaia e la calcina, da questa parte, e certe medaglie.

E a dì 20 detto, fu fornito di rienpiere questa parte della Piazza de'Tornaquinci. E tuttavolta si disfacevano le case, con grande numero di maestri e di manovali; ch'erano occupate tutte le vie intorno di montagne di sassi e di calcinacci e di muli, d'asini che portavano via e recavano ghiaia; per modo che con difficulta di chi passava per queste vie E noialtri artefici stavamo continuamente nella polvere e nella noia della giente che si fermava per vedere, e chi per non potere passare colle bestie cariche.

E a dì 21 di luglio [1] 1489, si cominciò a murare sopra detti [fondamenti].

E in questi tenpi si faceva tutte queste muraglie. l'Osservanza di Samminiato de'Frati di San Francesco; la sacrestia di Santo Spirito; la casa di Giuliano Gondi, [2] e la Chiesa de'Frati di Santo Agostino fuori della Porta a San Gallo. [3] E Lorenzo de' Medici cominciò un palagio al Poggio a Caiano, al luogo suo, dove à ordinato tante

---

[1] Così il manoscritto, ma forse voleva scrivere agosto

[2] Questo palazzo, appunto ai nostri giorni, si è veduto, con molta lode del suo possessore, portare a compimento dal lato di mezzodì Nel terminare quest'opera sono stati demoliti gli avanzi di quella casa rispondente in Via de'Gondi, già della Dogana, e più anticamente delle Prestanze, che Giuliano comprò dall'Arte de'Mercatanti per servigio della sua fabbrica, e nella quale abitò da fanciullo Leonardo da Vinci, fatto che a me, per il primo, riuscì di mostrare nel luglio 1872.

[3] Per l'assedio del 1529 fu demolita insieme col Convento che vi era unito L'una e l'altro occupavano presso a poco l'area del Parterre e dell'Oratorio della Madonna della Tosse. I frati furono trasferiti in città, dando loro la Chiesa di S. Iacopo tra'Fossi.

belle cose, le Cascine. Cose da signori! E a Serezzana
si murava una fortezza; e molte altre case si murava
per Firenze, per quella Via che va a Santa Caterina, e
verso la Porta a Pinti, e la Via nuova da' Servi a Cestello, ¹ e dalla Porta a Faenza verso San Bernaba, e in
verso Sant' Ambrogio, e in molti luoghi per Firenze.
Erano gli uomini in questo tempo atarentati al murare,
per modo che c'era carestia di maestri e di materia. ²

E a dì 18 di maggio 1490, si puose al palagio degli
Strozzi la prima cornice sotto e bozzi, in sul Canto
de' Tornaquinci; che senpre si faceva qui innanzi a gli
altri canti.

E a dì 2 di giugno 1490, si rizzò l'antenna e 'l fal-
cone da tirare su le pietre, pure qui in sul Canto.

E a dì 11 di giugno 1490, si puose el primo bozzo
al detto palagio.

E a dì 27 di giugno 1490, io Luca Landucci apri
la bottega nuova qui dirinpetto al detto palagio degli
Strozzi; e feci la 'nsegna delle Stelle. E lasciai quella
bottega vecchia di sul canto, ch'e de' Rucellai. E questa
nuova e de' Popoleschi.

E a dì 21 di settenbre 1490, cadde una pietra in
Santa Maria del Fiore, grande d'una mezza soma di

---

¹ In questo tempo chiamavasi Cestello il Convento attuale di
S Maria Maddalena in Borgo Pinti, che apparteneva ai Cister-
censi. Nel 1628 lo barattarono con quello delle monache di S. Maria degli Angeli di Borgo S. Frediano, dette ancora di S. Maria
Maddalena de' Pazzi

² Nel maggio del 1489 la Signoria, volendo provvedere alla bellezza della città, e all'utilità e al comodo ancora di chi in quella
abitare volesse, concesse l'esenzione per 40 anni da qualunque
gravezza per quelle case che di nuovo si fabbricassero dentro
5 anni « ne'luoghi dove non sia casa nè alcuno principio ». Questo termine, nel marzo del 1494, fu prorogato a tutto l'anno 1497

mulo, da uno di quegli occhi della cupola alti, di verso
la sacrestia dove non si parano e preti; e cadde allato
al coro. Ed era l'ora quando si paravano e preti per
dire el vespro. E non fece male a persona, ch'era già
piena la chiesa di giente, che fu cosa maravigliosa, come
piaque a Dio che ci aiuta.

E a dì 19 d'ottobre 1490, si puose el drago di bronzo
al palagio. [1]

E a dì 22 di dicenbre 1490, si scoprì la capella di
Santa Maria Novella, cioè la capella maggiore. L'aveva
dipinta Domenico del Grillandaio; e fecela dipigniere Giovanni Tornabuoni. E fece il coro di legname intorno
alla capella. Che costo solo la pittura fiorini 1000 d'oro.

E a dì 10 di giennaio 1490, ghiacciò tutto Arno in
modo che vi si fece su alla palla, e arsevisi su scope;
fu gran freddo.

E a dì 17 di giennaio 1490, questa notte che seguita
verso e 18 dì, piovve una certa aquitrina, la quale in
mentre che pioveva ghiacciava, e giugniendo in su gli
alberi faceva ghiacciuoli. E fu in tanta quantita che 'l
peso tirava in terra gli albori e ronpeva tutti e rami.
E nota che fu nella somità de'monti. Circa a un mezzo
miglio presso a' fiumi non fece danno. E cominciò da
Fiesole, insino in Mugiello; e a San Godenzo e a Dicomano fece grandissimi danni. E a me, a Dicomano, cavò
delle barbe parecchi castagni grossi e querce, e ruppe
quasi tutti e rami d'ulivi e d'ogni altro legniame, per

---

[1] Per intendere e correggere ove occorra questa notizia, gio-
verà forse quella registrata dal rammentato TRIBALDO DE' ROSSI:
« A dì 20 d'ottobre 1490 Fo ricordo chome a dì detto Filippo
Strozzi, che fa el palagio suo, missono su e muratori la canpanella del chanto dirinpetto a la Logia de' Tornaquinci, cioè la
canpanella del Serpente . . . . . »

modo tale che a uno mio podere, de' rami soli si fece
circa 20 cataste di legne e assi di castagni di più d'un
braccio larghe; che mai fu veduto al mondo tale cosa.
Per tal modo che chi si trovò in tali luoghi, credeva
che gli avessi a finire el mondo, sentendo ronpere e
schiantare ogni cosa sanza rimedio, a sentire tutti bo-
schi e 'l grande romore. Era tale filo d'erba che posava parecchi libbre, le secce del grano ne'canpi parevano organi per tutto. E pagliai parevano tetti tutti
invetriati, ne si poteva andare per terra in veruno luogo.
A chi toccò fu pericolato E poderi per molti anni restorono guasti che non feciono frutto, gli ulivi restorono
piantoni e le quercie tutte guaste. Fu una cosa incredibile
e vera.

E a dì 19 di gennaio 1490, venne Arno molto grosso
e rovinò el mulino del Ponte a Rubaconte a lato a
Santa Maria delle Grazie, e affogovvi un portatore. E
uscì Arno in più luoghi del lato suo. Questo mulino faceva filatoio.

E a dì primo di maggio 1491, si mutò le monete,
cioè si cominciò a spendere le monete bianche E feciono
che 'l grossone valessi 16 quattrini e mezzo, come valevano e vecchi di questa moneta bianca; e che si dovessi pagare le gravezze e le gabelle di moneta bianca,
che fu al popolo un poco d'agravamento, che si paga più
el quarto, e 'l popolo aveva bisogno d'aleggerire. E' fu
aggravato per permessione divina, pe' nostri peccati, perchè e' sono più tristi e poveri ch'e ricchi e grandi, comunemente Sia a lalde di Dio.

E a dì primo di maggio 1491, si cominciò uno rialto
tralla Loggia de' Signori e 'l Palagio, in tanto alto che
s'andava al pari dalla porta del Palagio nella Loggia;
con iscale, e di verso San Piero Scheraggio e di verso

la Piazza; in modo che non potevano passarvi piu n'e cavagli, nè altre bestie, e anche un poco incomodo agli uomini, avere a salire e scendere. A chi piace, e chi no a me non piaceva troppo.

E a dì 15 di maggio 1491, morì questo Filippo Strozzi che murava el detto palazzo; e non vide andato su insino alla lumiera Vide fatto insino alle canpanelle. Ben puoi vedere che cosa sono le speranze di queste cose transitorie. E' pare che l'uomo ne sia signore, egli è l'oposito, loro sono signore di noi. Durera questo palazzo quasi in eterno: guarda se questo palazzo à signoreggiato lui, e di quanti ancora sarà signore. Siàno dispensatori e non signori, quanto piace alla bontà di Dio. Ogni cosa e posto nella volonta di Dio e a decoro del suo universo. Onde io priego Iddio che gli abbi perdonato e sua peccati.

E a dì 7 di settenbre 1491, fu fornito di volgiere l'arco della porta di questo palagio, qui tra'Ferravecchi.

E a dì 5 di giennaio 1491, gli Spagniuoli ch'erano qui in Firenze per stanza, feciono fuochi e festa assai perchè ebbono nuove, come el loro Re di Spagna aveva conquistato tutta la Granata, e vinto e scacciato tutti e Mori ch'erano in quello regno di Granata· la quale nuova, non tanto fu la groria e utilità di quello Re, ma utilità e groria di noi e di tutti e Cristiani e corpo della Santa Chiesa Fu stimato dagli uomini buoni e fedeli un grande aquisto per la fede di Cristo, e principio all'aquisto degl'Infedeli di Levante e di Gierusalem.

E a dì 10 di marzo 1491, el figliuolo di Lorenzo de' Medici cardinale, ebbe el cappello dal Papa. [1] Fugli

---

[1] Quando nel 1488 fu fatto cardinale non ne ebbe l'insegne attesa la sua eta di soli 13 anni

dato alla Badia d'andare a Fiesole; e andogli incontro
molti cittadini, e venne in Firenze, e andò a vicitare la
Signoria; e l'altro dì andò a udire messa in Santa Maria
del Fiore. E in detto dì gli fu presentato dalla Signoria
di Firenze 30 carichi di portatori d'arienti, bacini, mescirobe e piattegli, e di tutti gli strumenti che si possono adoperare d'ariento, ad ogni grande signore, che
(secondo che si disse) furono stimati più di 20 mila fiorini; benchè a me non mi pareva possibile; pure si diceva per pubrica boce e fama, e però lo scrivo. Per
certo fu un ricco e magno dono. A lalde di Dio.

E a dì 12 detto, el detto Cardinale andò a Roma
al Papa.

E a dì primo d'aprile 1492, si cominciò a porre el
davanzale al palagio.

E a dì 5 d'aprile 1492, venne la sera, circa a 3 ore
di notte, una saetta in sulla lanterna della cupola di
Santa Maria del Fiore, e ruppela presso che mezza,
cioè levò uno di que' nicchi di marmo, e molti altri
marmi, di verso la porta che va a' Servi, per tale mi-
racoloso modo che ne' nostri dì non vedemo d'una saetta
tale effetto. Per modo che, se fussi stato da mattina,
quando si predicava (che si predicava ogni mattina in
quello tenpo con 15 mila persone d'udienti) bisognava
di necessità vi morissi centinaia di persone. Ma nol
permisse el Signore. Cadde quel nicchio e dette in sul
tetto della chiesa tralle due porte che va a' Servi, e
ruppe el tetto e poi la volta in cinque luoghi, e poi si
ficcorono nell' amattonato in chiesa. E cadde molti mattoni e materia della volta, che agiugneva insino alle panche della predica, ch' avrebbe giunti molti a sedere.
E anche in coro cascò materia ma non grossa. E di fuori,
cascò molti pezzi di marmo, dalla porta che va a' Servi:

de' quali un pezzo ne cascò sopra que'passatoi nella via
e ficcò el passatoio e se sotterra; e un altro ne passò
la via, e dètte in sul tetto della casa dirinpetto alla detta
porta che va a' Servi; e passò el tetto e poi piu palchi
e poi la volta, e ficcossi sotterra nella volta; non fece
male a persona; ch'era la casa piena di giente. Stavavi
un Luca Rinieri. Pensa che appena rimasono vivi di
stupore e di terrore, per gran fracasso; chè non tanto
quello ch'andò nella volta, ma piu pezzi ch'andorono in
su quei tetti di fuora ch'erono quivi intorno, e anche
fece danno a quella tribuna di fuori della cupola. [1]

E nota che quello nicchio grande cadde in chiesa e
fece una grande buca nell'amattonato, e non si guasto
di niente quanto fussi un grosso. Fu tenuta una cosa
molto amirativa e significativa di qualche cosa grande,
però che gli era tenpo sereno sanza nugoli; venne così
inproviso.

E a dì 8 d'aprile 1492, morì Lorenzo de' Medici a
Careggi, a' luogo suo; e dissesi, che sentendo lui le
nuové dell'effetto della saetta, così amalato, dimandò
donde era cascata, e da che lato. Fugli risposto, e fugli detto; e che disse: Orbe: io sono morto, ch'è cascata
verso la casa mia. E forse non ne fu nulla, ma pure
si diceva.

E a dì detto, lo recorono in Firenze, la notte alle
5 ore, e messolo in San Marco nella Conpagnia; e
quivi stette tutto dì 9, che fu lunedì. E a dì 10, martedì, si seppellì in Sa' Lorenzo, circa a ore 20. Ben

---

[1] Nel Codice Marucelliano leggesi in margine questa postilla:
« Questo medesimo avvenne l'anno . . . che cascò una saetta e
fece simile effetto su la medesima casa, e restò un marmo su certe
travi e qui restò, che se cascava amazzava molti Et vi stava messer Vincenzio de' Rossi scultore ».

può pensare ogniuno ch'e la vita umana nostra; questo
uomo era, secondo el mondo, el piu grorioso uomo che
si trovi, e 'l più ricco e 'l maggiore stato, più riputazione. Ogniuno lo predicava che governava l'Italia, e
veramente era una savia testa; e ogni suo caso gli riu-
sciva a bene. E al presente aveva condotto quello che
per gran tenpo niuno cittadino l'aveva saputo fare: avere
condotto el suo figliuolo al cardinalato. E non tanto à
nobilitato la casa sua, ma tutta la città. E con tutte
queste cose non potè andare piu la un'ora, quando venne
el punto. E però: uomo, uomo, qual cosa abbiàno nei da
'nsuperbire? El vero atributo umano è la vera umilta:
e però ogni volta che noi insuperbiàno, e che noi ci
stimiàno più che gli altri, e non riconosciàno da Dio
ogni benifizio spirituale, corporale e tenporale; allora
usciano de'termini umani. Ogni cosa ch'esce de' termini
sua, quella cosa è guasta, e le cose che gli doverrebbono
fare bene gli fanno male. La vera propietà dell'uomo
si è la vera mansuetudine e umilità, e stimare Iddio
ogni cosa, e' resto nulla, se non in tanto quanto l'a
fatta buona Iddio: el quale sia benedetto in etterno
da tutte le creature, com'e degno. El quale mi perdoni e miei peccati, e così perdoni al sopradetto morto,
come voglio che perdoni a me; e così a tutte le creature
umane.

E a dì 20 di maggio 1492, tornò in Firenze el Cardinale de'Medici, e fu in domenica.

E a dì 26 di luglio 1492, morì papa Innocenzio ot-
tavo, in giovedì; e domenica sonò qui per la sua morte,
a dì 29.

E a dì 6 d'agosto 1492, fu in Firenze uno adirato
tenpo, in tal modo, per buon pezzo, l'aria pareva come
fa la girandola quand'ella s'accende; così spesseggiava

di tuoni e baleni: per modo tale che, cessato el tenpo, fu anoverato di quelle che feciono segno evidente, circa a otto saette in Firenze: una in sul canpanile di Santa ✠, e una in sulla Porta di San Gallo, e una alla Porta al Prato, una alla Porta a Pinti, e i' molti altri luoghi. Non feciono troppo danno, e no' ci morì.

E a dì 11 d'agosto 1492, alle 23 ore, ci fu come el Papa era fatto, e fu fatto un Cardinale, che era Vececancelliere, ed era spagniuolo; e chiamossi Papa Alessandro sesto.

E a dì 12 detto, ci fu el certo in sulla nona; e sonossi le canpane per la sua creazione.

E a dì 7 di novenbre 1492, andorono e nostri anbasciadori a Roma, a vicitare el Papa; e fu uno Piero di Lorenzo de' Medici, e 'l Vescovo d'Arezzo, e Pier Filippo Pandolfini, Francesco Valori, Tommaso Minerbetti. Andorono molto in ordine e massime Piero dei Medici.

E a dì 20 di dicenbre 1492, tornò questo Tommaso Minerbetti, cavaliere per le mani del Papa.

E a dì 17 d'agosto 1493, intervenne questo caso ch'un certo marrano, per dispetto de' Cristiani, ma più tosto per pazzia, andava per Firenze guastando figure di Nostra Donna, e in fra l'altre cose, quella ch'e nel pilastro d'Orto Sa' Michele, di marmo, di fuori. Graffiò l'occhio al banbino e a Santo Nofri; gittò sterco nel viso a Nostra Donna. Per la qual cosa, e fanciugli gli cominciorono a dare co'sassi, e ancora vi posono le mani ancora uomini fatti; e infuriati, con gran pietre l'ammazzorono, e poi lo strascinorono con molto vituperio.

E a dì 20 di settenbre 1493, ci fu come 'l Papa aveva fatto cardinali.

E a dì 20 di giennaio 1493, el dì di San Bastiano,

nevicò in Firenze la maggiore neve che si ricordi mai,
secondo che dissono e piu antichi. E infra l'altre cose
mirande, ch'ella venne con certo vento con una bufera,
in tal modo, che per tutto 'l dì non si potè mai punto
aprire usci, nè bottega, nè finestre di casa. E durò dalla
mattina, a l'Avemaria, insino a l'altra mattina a l'Avemaria, che furono 24 ore, che mai cessò punto, senpre
colla bufera; per modo tale che non era fesso ne'buco-
lino sì piccolino, che non avessi el monte della neve in
casa; ne'si suggellata casa che non fussi sì piena di
neve, che si penò piu dì a votarle. Vedevi per tutte le
vie gittato dalle finestre e monti della neve, che ba-
storono molti dì, che non poteva passare nè bestie nè
persone, in molti luoghi. Ed erono tanta la gran quantità per le strade, che bastò molti dì che non si poteva
consumare, come fa qualche volta quando si raguna per
fare un lione. Così durorono que'monti, perchè piu d'otto
giorni durò per la città. Chi lo vide lo crede. El simile
fece a Dicomano in villa mia. Mandai Benedetto fra
otto dì a votare la casa, che la trovò alta in casa come
se non vi fussi stato tetti. E fu in capo d'otto dì. Sic-
che fu universale per tutto.

E a dì 29 di giennaio 1493, ci fu, come el Re di
Napoli era morto. Alcuni dicevano che gli era morto
di maninconia, perche intendeva tuttavolta che 'l Re di
Francia passava.

E a dì 10 di marzo 1493, si gittò dalle finestre del
Capitano uno, per fuggire la prigione, e morissi.

E a dì 26 d'aprile 1494, fu sostenuto in Palagio Lorenzo e Giovanni di Piero Francesco de'Medici; e dissesi che vi fu chi voleva che fussino morti, ma non si
disse perchè. E a dì 29 detto furono licenziati di Pa-

lagio. E a dì 14 di maggio 1494, andorono a'confini Lorenzo e Giovanni di Pier Francesco de' Medici. [1]

E a dì 4 di maggio 1494, entro in Firenze 4 ambasciadori franciosi. Aloggiorono in. casa che fu di messer Iacopo de'Pazzi.

E a dì 5 detto, andorono alla Signoria; esposono l'anbasciata e ebbono la risposta. E a dì 7 si partirono e andorono a Roma. [2]

E a dì 19 di maggio 1494, facemo venire la Nostra Donna di Santa Maria Inpruneta, perchè restassi di piovere: fumo esalditi. [3]

---

[1] Gli storici fiorentini danno per motivo di tali provvedimenti una rissa stata tra questi Medici e Piero, discordando nelle cagioni che accesero la medesima Scrittori contemporanei però accennano alla loro troppo stretta aderenza col Re di Francia Speravo luce dai documenti, ma una deliberazione de' *Signori* e *Collegi* de' 29 aprile 1494, colla quale si rilegavano a vita fuori della città un miglio, non premette che queste parole *iustis causis, ut dixerunt moti, et ad Statum multum pertinentibus* ec. Un altra poi de' 9 novembre, che gli restituisce in patria, incomincia così: *Attenta humanitate et bonis moribus Laurentii et Ioannis Pier Francisci de Medicis et qualiter, contra justitiam et omne debitum, et ad instantiam tu annorum, fuerunt relegati* ec Lasciarono veramente la città il dì 14, come dice il Landucci, cioè quindici giorni dopo la deliberazione, come era stato decretato, e il dì successivo fu prodotta la fede della loro rappresentazione ai confini essendo andati a stare nella villa di Castello Libro di Deliberazioni *ad annum* dei *Signori* e *Collegi* nel R Archivio di Stato di Firenze.

[2] Nel loro soggiorno in Firenze furono serviti colle argenterie della Signoria, e fu concesso ai suonatori della medesima di andare a suonare per onorarli.

[3] Questa venuta fu decretata il dì 13 dello stesso mese, e il 14 si elessero alcuni dei Collegi, incaricandoli di fare i provvedimenti opportuni.

E a dì 10 di giugno 1494, venne Arno grosso, in
tal modo che coperse di molti grani, e fece un gran
danno di sotto e di sopra. E fu tale che niuno di nostri più antico non si ricorda in questo tenpo sì grosso
E venne in sulla sera; fece danno assai a'grani ch'erano
come maturi.

E a dì 10 di luglio 1494, ritornorono gl'inbasciadori
da Roma, franciosi; rimasene uno in Firenze.

E in questi dì, venne l'armata del Re di Napoli in
Porto Pisano, e asediorono la Spezie e Porto Veneri.

E a dì 22 di luglio 1494, andorono di qui anbasciadori a Vinegia, che fu Pagoloantonio Soderini [1] e Giovan
Battista Ridolfi.

E a dì 5 d'agosto 1494, andò Piero de' Medici incontro al Duca di Calavria, in quello d'Arezzo, a vicitarlo, come si va a vicitare un gran maestro, un signore.
Esendo in Firenze gl'inbasciadori del Re di Francia, e
chiedendo el passo, e non sendo loro dato così presto,
e intendendo questa andata di Piero, presono sospetto
che Firenze non fussi amica del Re; secondo che si
parlava per la città, e che 'l Re minacciava Firenze. Ed
è stato fatica dargli ad intendere che noi siano fede-
lissimi amici, e che 'l sospetto non era nulla; benchè io
non abbi queste cose se non per pubrica boce e fama.

E in questi dì, giunse l'armata del Re di Francia
a Gienova, e molto si parlava di questo che s'appicche-
rebono insieme.

E a dì 11 di settenbre 1494, fu rotta l'armata del
Re di Napoli a Rapallo da quella del Re di Francia e
de'Gienovesi; e non perchè s'appiccassino insieme l'ar-

---

[1] Fu revocato il 9 novembre.

mata, ma quella di Napoli, inprudentemente, cavò di
galea circa 3000 fanti e mandogli in terra, stimando
pigliare Rapallo; e finalmente fu tramezzato loro la via
da'Gienovesi e dal Re, e non poterono tornare a galea.
Fuggirono verso e monti, e furono tutti presi e morti
e tutti spogliati, per modo che rimase l'armata del Re
di Napoli disarmata e disfatta.

E a dì 21 di settenbre 1494, ci fu come el Re di
Francia era entrato in Gienova, e ch'e Gienovesi gli
facevano sì grande onore, parata tutta la città, in tanto
ch'avevano posto le porte della citta in terra, per piu
magnificenza e sicurta del Re. Ma non fu poi vero che
'l Re v'andassi, fu ben vero l'apparato, e che l'aspettavano. Dissesi che non si fidò d'entrarvi.

E a dì 4 d'ottobre 1494, venne in Firenze un secondo inbasciadore del Re di Francia, e andorono alla
Signoria, e non ebbono ricisa risposta, ma confusa; in
modo isdegnati, che a dì 9 detto si partirono di Firenze,
tutt'a due, e ritornorono al Re sanza el passo. El qual
Re si disse ch'egli aveva giurato di dare a sacco Firenze
alla sua giente. D'onde si venissi el non dare el passo
volentieri, parve a ogniuno grande stoltizia e pericolo.

E a dì 23 d'ottobre 1494, ci fu come el Duca di
Calavria era morto a Napoli, di sua morte, e forse di
maninconia; che non fu sanza amirazione che in sì poco
tenpo morissi el padre e 'l figliuolo, sotto tanto sospetto
di perdere lo stato. Veramente egli era venuto la pie-
nitudine del tenpo, che la mano di Dio lo toccò. Allora
si comincia a credere e fermare ogni nostra superbia e
così sarà di tutti noi altri. Messer Francesco, che giova
soggiogare gli altrui paesi? Iddio ci perdoni e nostri
peccati.

E a dì 26 d'ottobre 1494, si partì di qui Piero

de'Medici e andò per la via di Pisa incontro al Re di
Francia; e come giunse al Re, gli fece dare le chiavi di
Serezzano e di Pietrasanta e anche gli promisse danari.
El Re volendo intendere el vero se gli aveva questa
comessione, e' venne qui Lorenzo di Giovanni Tornabuoni, ch'era andato col detto Piero de'Medici, e andò
alla Signoria, chè gli fusse dato questa comessione; e
nollo vollono fare. E Lorenzo un poco isbigottito non
tornò in la· onde Piero fu un poco biasimato. E' fece
come giovanetto, e forse a buon fine, poichè si restò
amico del Re, a lalde di Dio.

E a dì 29 d'ottobre 1494, e Franciosi presono Fio-
vizzano per forza, e missolo a sacco.

E a dì 4 di novenbre 1494, andò un bando da parte
della Signoria, che ogniuno fussi ubrigato mostrare la
sua casa per allogiare e Franciosi. E comandavano che
non si toccassi ne cavassi nulla di casa.[1] Non piaque a
molti perchè mostravano di avere più pagura che non
bisognava; che toccava a loro ad avere pagura, s'e'si
fussi cominciato, ancora che fussi male per noi. Ma la
mano di Dio non ci fu ned è mai levata di capo, perchè à udito le lacrime e sospiri e preghi de'sua fedeli
che vanno in verità, e che tutto 'l giorno lo priegano
che facci bene a'buoni e retti di cuore, e che sopra
tutte le cose amano l'onore e la groria di Dio e laldallo
così nell'aversità, come nella prosperità, e non vogliono
nè disiderano altro ch'adenpiere la volontà di Dio.

---

[1] Trovo ancora che l'11 novembre i *Signori* e *Collegi* deliberarono: *Quod nullus audeat resistere aperire et reservare do-
mum suam quin gentes Regis Francorum possint capere lodia-
menta et habere receptum. Significando cuilibet persone quod
nulli erit facta aliqua iniuria.*

E a dì 5 di novenbre 1494, certi mandatari del Re
di Francia andavano per Firenze, e segnavano le case
che più gli piacevano. Andavano in casa, e per tutte le
camere, e segnavano, questa per tale signore, e questa
per l'altro barone.

E nota ch' elle non furono centinaia ma migliaia,
in tanto che tutta la città fu occupata per ogni luogo;
che quelle che non erono segnate, quando giunsono le
giente dell'arme e la fanteria, occuporono in un tratto
tutti e borghi e vie che trovavano drento dicendo: *apri
qua;* e non curavano se era povero o ricco. Davano ad
intendere di volere pagare: pochi furono che pagassino.
E se pure pagava qualche cosa, pagava le corna e man-
giavasi el bue. E fu ancora maggior cosa, che furono
pochi che levassino le donne di casa, eccetto che le fanciulle, che furono mandate a' munisteri e a' loro paren-
tadi, dove non era aloggiati. E in vero furono molto
onesti, che non fu solo uno che parlassi una parola disonesta a femine. Avevano pure in secreto una grande
paura: tutto 'l giorno dimandavano quanta giente può
fare Firenze; e intesono come Firenze, a un suono di
canpana, centomila persone tra dentro e di fuori. E'l
vero era questo, che gli erano venuti con animo di mettere a sacco Firenze; e 'l Re l'aveva loro promesso;
ma non vidono el giuoco pure intavolato, non che vinto.
E tutto fece el Signore onipotente.

E a dì 5 di novembre 1494, si fece qui 5 anbasciadori, che fu Fra Girolamo predicatore dell' Ordine di San
Domenico, abitante in San Marco, per patria Ferrarese;
el quale noi crediamo che sia profeta, e lui nol niega
nelle sue prediche, ma senpre dice *da parte del Signore,*
e predice molte cose. El secondo fu Tanai de'Nerli, el
terzo fu Pandolfo Rucellai, el quarto fu Giovanni Ca-

valcanti, el quinto fu Piero Soderini; tutti cittadini
fiorentini. E andorono a dì 6 detto al Re di Francia
ch'era in Pisa.

E in detto dì, ci giugnieva assai Franciosi, ch'era
l'antiguardo del Re, aloggiando per le case segnate,
che le segnavano col giesso.

E in questa sera circa a ore due, fu sentito in Palagio certi tocchi di canpana. Inmediato fu piena la piazza di
giente, istimando suonassi a parlamento; perchè ogniuno
era sollevato e in grande timore, aspettando tuttavolta
gran cose.

E a dì 8 di novenbre 1494, tornò qui in Firenze
Piero de'Medici, che veniva dal Re di Francia da Pisa;
e quando giunse in casa, gittò fuori confetti e dètte vino
assai al popolo, per recarsi benivolo al popolo; mo-
strandosi avere buono accordo col Re; e mostrossi molto
lieto.

E in detto dì, e Signori mandorono un bando che,
insino che stessi el Re in Firenze, non pagassi gabella
ne legne, ne camangiari veruno; e 'l vino pagassi a
mezza gabella; e che ogniuno potessi vendere e fare
taverna. [1]

E a dì 9 di novenbre 1494, in domenica, circa a
ore venti che sonava vespro, Piero di Lorenzo de' Medici volle andare alla Signoria in Palagio, e voleva menare seco e sua fanti armati. E non volendo la Signo-

---

[1] Questo bando veramente è del 6 novembre, e le esenzioni
e diminuzioni di gabelle con esso concedute, diversificano un poco
da quelle qui riferite la durata delle medesime fu dal dì 9 al dì
20, e in questo giorno furono anche prorogate per tutto il mese.
Ciò fu fatto « perchè nella citta sia abondantia di tutte le grascie
per commodita degli habitanti e forestieri, et per utilità de'poveri
huomini ».

ria se non lui sanza arme, non vi volle andare solo, e
tornossi a dietro. [1] E poi ritornava pure in piazza. E in
questo cominciò a venire giente in piazza, e in un momento si cominciò a gridare in Palagio *Popolo e libertà,* e sonare a Parlamento, e gridare dalle finestre
Popolo e libertà. E inmediato, venne in piazza el gonfalone del Bue, e dietro a lui venne Francesco Valori
a cavallo, con alcuni altri cittadini a cavallo, tutti gridando *Popolo e libertà;* che fu el primo che venissi in
piazza. E inmediatamente, non passò un' ora, che fu in
piazza tutti e gonfaloni e tutti e cittadini. Fu piena la
piazza d'arme con grandissime grida *Popolo e libertà.*
E benchè non s'intendessi pe'popolo che si volesse dire
tanta novità, nondimeno a casa Piero de' Medici non
v'andò molti cittadini. Andoronvi e Tornabuoni e anche
qualch'altri cittadini, e vestironsi l'arme con molti fanti,
che lui aveva ordinati, e uscirono nella via alla sua
porta, gridando *Palle.* E Piero montò a cavallo per venire in piazza colla sua giente; e piu volte si mosse e
poi stava fermo. Credo che non si vide accompagnato da
troppi cittadini, e anche gli dovette esser detto che la
piazza era piena di cittadini armati. E in questo, el Cardinale suo fratello si mosse da casa, con molti fanti e
con que'cittadini che v'erano, e venne giu pe'Corso insino in Orto Sa' Michele, gridando *Popolo e libertà*
come gli altri; mostrando partirsi da Piero. E in effetto se gli fece inanzi la piazza, mostrandogli le punte
con grande grida, chiamandogli traditori, e no'gli vollono acettare. Tornossi indietro non sanza pericolo. E

---

[1] Nel libro citato di Deliberazioni dei *Signori* e *Collegi,* la
seconda registrata in questo giorno è il precetto a Piero di com-
parire, dentro un'ora dalla sua notificazione

inmediato andò un bando, che ogni forestiere posassi
l'arme, a pena delle forche, che n'andò uno al Canto
della Macina, e un altro di poi nella Via de' Martegli,
apresso al Chiassolino; a pena delle forche, chi dessi aiuto
o favore a Piero de'Medici. E in questo tenpo vedesti
abandonare Piero de'Medici d'alquanti, e posare l'arme.
Chi si partiva di qua e chi di là, in modo che rimaneva
con pochi. Onde el detto Piero si partì e andò verso la
Porta a San Gallo; la qual porta aveva fatta tenere
aperta da Giuliano suo fratello, con molti fanti e di
fuori. E di fuora, aveva el signor Pagolo Orsini con cavagli, armato, per venire drento. No'gli parve tenpo; e
aspettò Piero, e parve loro d'andarsene con Dio, e Giuliano co'lui. El povero Cardinale, giovanetto, si rimase
in casa, e io lo vidi alle sue finestre colle mani giunte
ginocchioni, raccomandandosi a Dio. Quando lo vidi
m'intenerì assai; e giudicai che fusse un buon giovane
e di buona ragione. E veduto partire Piero, si disse che
trasvestì come frate, e ancora lui se n'andò con Dio.
E in questo tenpo mandorono un bando in piazza, che
chi amazzava Piero de'Medici guadagniassi dumila ducati, e chi amazzava el Cardinale n'avessi mille. E in
questo tenpo uscì di piazza di molti fanti, che fu co'loro
Iacopo de'Nerli; e andorono a casa ser Giovanni di ser
Bartolomeo, e missonlo a sacco. E poi si volse la turba,
e gridavano *Antonio di Bernardo*, e missolo anche lui
a sacco, e così missono a sacco el Bargiello. Senpre
multipricava la giente e 'l popolo per andare a rubare.
E questo fu fatto inanzi fussi 24 ore, che fu ogni cosa
in manco di 4 ore. Onde la Signoria mandò un bando,
che non si mandassi a sacco più case, a pena delle forche. Onde tutti e gonfaloni andorono tutta notte per
Firenze alla guardia della città, gridando senpre *Popolo*

e libertà, con torchi acesi, in modo che non si fece piu
male; ecetto che fu morto un certo famiglio del Bargiello in piazza, che gridò *Palle.* E in questo tenpo, Girolamo di Marabotto Tornabuoni e Pierantonio Carnesecchi, e altri di quella parte si rivolsono e gridavano *Popolo e libertà* come gli altri. E volendo entrare in
piazza, fu volto loro le punte e menato loro per modo
che le corazze gli salvorono; e andoronsi con Dio. Vero
è ch'a Girolamo Tornabuoni gli fu cavato la corazza in
Orto Sa'Michele, e raccomandandosi, gli fu salvato la
vita. E Giovan Francesco Tornabuoni fu ferito nella
gota malamente: si ritornò a casa. E nel prencipio del
fatto e Franciosi, ch'erano aloggiati in Firenze, alcuni
andorono co' l'arme dalla parte di Piero e gridavano,
Francia. Credo che fussino avisati ch'ell'era fra cittadini e cittadini, e che non facessino contro al Palagio,
ch'egli errerebbono: e così fecciono. Tornorono a casa e
sanza arme s'andavano per la città. [1]

E a dì 10 detto, lunedì, ritornorono e cittadini in
piazza armati, e tuttavolta mandavano a pigliare giente.
Fu preso Antonio di Bernardo, ser Giovanni di ser

---

[1] La confusione di questa giornata deve essere stata grandissima e un poca ne apparisce anche nel nostro Luca, quando
scriveva le cose in quella avvenute, sicchè ne registro alcune che
forse non le appartengono. Per esempio riguardo alle taglie poste
ai Medici trovo qualche contradizione nei documenti, perchè la
Signoria, il dì 20, con due distinte deliberazioni, prima bandi e
dichiarò ribelle Piero e poi promesse 2000 fiorini di premio a chi
lo consegnasse illeso, 1000 a chi consegnasse ser Piero di Francesco da Bibbiena suo cancelliere e 500 per la consegna di Bernardo fratello di ser Piero e anch'esso cancelliere. Dimentico poi l'ordine dato di liberare i prigionieri delle Stinche e la nomina di
Francesco Pepi e Braccio Martelli in ambasciatori al Re di Francia.

Bartolomeo, ser Simone da Staggia, ser Ceccone di ser
Barone, ser Lorenzo che stava in Dogana. Lorenzo di
Giovanni Tornabuoni, Piero Tornabuoni, cavati di casa.
La Signoria mandò un bando, a pena delle forche, chi
avessi o sapessi chi avessi beni di Piero de' Medici e
del Cardinale suo fratello, e così di ser Giovanni e di
ser Simone e di ser Piero che stava in casa e' Medici
e d'Antonio di Bernardo e di ser Lorenzo di Dogana. [1]
E più mandorono un altro bando, che venissi al Consiglio tutti i veduti e seduti. Andovvi un grande numero di cittadini. E in questa mattina mandorono a
sacco la casa del Cardinale che stava in Santo Antonio
di Firenze. Mandoronvi e mazzieri, e fecione posare alcune cose ultime che vi restorono.

E a dì 11 detto, martedì, venne uno in piazza, di
fuori della Porta [alla] ✠, e disse avere lasciato indietro giente d'arme e fanti che venivano verso Firenze,
di Piero de' Medici. Inmediatamente si cominciò a gridare *Popolo e libertà*, e in manco di mezza ora fu in
arme tutta la città, corendo in piazza di tanta pronti-
tudine, che mai si vide simile unione, così presto, piccoli e grandi, con tante grida *Popolo e libertà*. Credo
che se fussi venuto tutto 'l mondo, non arebbe spuntato
tale unione; per tal modo che fu permesso dal Signore
che si facessi una tal pruova di questo popolo, in questo
tenpo pericoloso de' Franciosi, che tuttavolta entravano

---

[1] I documenti danno così i nomi e le qualità di questi svi-
scerati della casa di Piero de' Medici: Antonio di Bernardo di Miniato Dini, provveditore del Monte Comune, ser Giovanni di ser
Bartolommeo da Pratovecchio, notaro delle Riformagioni, ser Simone Giazzini da Staggia, notaro delle Tratte e ser Lorenzo di
ser Antonio Tucci *alias* di Dogana.

in Firenze con cattivo animo di mettere Firenze a sacco.
E veduto un popolo a ordine di questa natura, mancorono
d'animo assai. E inteso la verita, che non veniva giente,
si mandò bando che si posassi l'arme e fu in sull'otta del
desinare. E nondimeno rimasono senpre alla guardia e
gonfaloni, di dì e di notte, con buona giente; e tuttavolta entrava molti cavagli e giente del Re di Francia. E la Signoria fece aprire tutta la Porta di San
Friano. E in questa sera, el Re di Francia albergò a
Enpoli, e venne inanzi al Re piu di 6 mila persone e
co'lui altrettante, e dietro a lui altre 6 mila. E in questo dì aleggierirono le gabelle e fecion grazie grandi. [1]

E a dì 12 detto, mercoledì, ritornò Lorenzo di Piero
Francesco de'Medici, e desinò alla sua casa della Gora,
e la sera medesima andò incontro al Re, che veniva
'albergo a Legniaia, in casa Piero Capponi. E in questo dì, fu preso el Bargiello nella chiesa de'Servi. [2] E
in questo dì, venne piu Franciosi che negli altri dì, e
enpierono tutte le case de'cittadini, e anche de' poveri,
insino tutto Camaldoli.

E a dì 13 novenbre detto, giovedì, ci fu nuove ch'e
Pisani avevano corso Pisa e presa per loro, e tolsono
un certo marzocco di marmo e stracinorolo per tutta
Pisa, e poi lo gittorono in Arno, gridando: *Libertà*. E

---

[1] Aggiungo, che cassarono ed annullarono l'ufficio degli Otto
di Pratica, il Consiglio dei Settanta e quello dei Cento, tutte isti-
tuzioni Medicee e dei loro aderenti

[2] Si chiamava Piero Antonio dall'Aquila. Il giorno precedente
si era promesso un premio a chi avesse notificato dove era nascosto; e il dì 14, i Priori deliberano *quod dono tradatur* al signor Giovanni da Maddaloni oratore del Re di Francia che lo ri-
ceveva per il re stesso

piu ci fu nuove che Piero de'Medici e'frategli erano a
Bologna; e qui entrava tanti Franciosi, Svizoli e tanta
ciurma, in modo ch'era grande confusione e spavento
e sospetto a ogni condizione di giente. Pensi ogniuno
che cosa era avere quella ciurma per le case, e non
avere levato di casa nulla e trovarsi colle donne, e
avere a servigli di ciò che bisognava, con grandissimo
disagio.

E a dì 14 detto, venerdì, entrò drento Lorenzo di
Piero Francesco de' Medici e 'l fratello, e alcuni altri
usciti e confinati, perche avevano ribanditi tutti gli usciti
dal trentaquatro in qua. E sappi che 'l detto Lorenzo
de' Medici e 'l fratello ancora loro erano isbanditi. E
già erano piene tutte le case.

. E a dì 15 di novenbre 1494, sabato, entrava tuttavolta gran giente, e qui s'ordinava di fare un grande
onore al Re. [1]

E a dì 16 detto, domenica, si fece grande apparato
pe'Re, in casa Piero de'Medici, e massime alla porta
del palagio de'Medici. Feciono due grande colonne di
fuori, che mettevano in mezzo la porta, con tanti adornamenti, e arme del Re di Francia, che non si potrebbe
dire. Era veramente una cosa trionfale, tante erano
grandi e ben fatte ogni cosa. Non ti dico nulla drento
com'era apparato. E fecesi spiriteghi e giganti, e triunfi
andare per la terra, e feciono el dificio della Nunziata,
con tante gale e arme di Francia per tutto Firenze.
E feciono sopra la porta del Palagio de'Signori la detta
arme del Re, grande e magna con tanti ornamenti.

---

[1] Gia fino da' dì 11, la Signoria aveva ordinato a tutti i cittadini che per la venuta del Re andassero alla Porta a S Frediano, ornati secondo la propria possibilita, pei fargli onore

E a dì 17 di novenbre 1494, entrò in Firenze el Re
di Francia, alle 22 ore. Giunse alla porta a San Friano
e andò per piazza, e andorono tanto adagio che gli era
24 ore, quando entrò in Santa Maria del Fiore. Scavalcò alle scalee, e andò all'altare maggiore, con tanti
torchi, che dalla porta insino all'altare maggiore erano
doppi, che lasciavano una via per mezzo netta di giente;
e per quella andò con sua baroni e cittadini, insino
all'altare maggiore, con tanto tomulto di grida *Viva
Francia:* mai fu sentito maggiore al mondo. Pensa
ch'egli era tutto Firenze tra in chiesa e fuori. Ogniuno
gridava, piccoli e grandi e vecchi e giovani, tutti d'un
animo vero, sanz'adulazione. E vedutolo a piede, parve
al popolo un poco diminuta la fama; perche invero era
molto piccolo uomo. Nondimeno non era niuno che nollo
amassi di buon cuore, e da dovero. Così fussi stato agie-
vole a dagliene a intendere ch'ogniuno à el corpo pieno
di gigli, e che ogniuno gli va in verità; in tanto, che
doverebbe amare noi singularmente, e fidarsi di noi
d'ogni e qualunche cosa. E questa è cosa vera, e ve-
drallo per l'avenire la gran fede de'Fiorentini. E uscito
di chiesa, rimontò a cavallo e andò a scavalcare a casa
di Piero de'Medici al suo palazzo, senpre gridando *Viva
Francia,* che mai fu fatta tanta alegrezza, e tanto onore
d'un animo buono e non fitto, sperando in lui ogni nostra pace e riposo. E finalmente non fu così, perchè ci
tolse Pisa e donolla a'Pisani, chè non poteva nè doveva
farlo; perchè dette quello che non era suo. [1]

---

[1] Lo stesso giorno, la Signoria medesima decretò che ogni
padrone di casa tenesse tutte le notti, finchè il Re abitasse in Firenze, un lume sopra una finestra rispondente nella strada, dalle
24 alle 5 ore di notte Fu deliberato ancora di dare al Re le
chiavi delle Porte a S. Frediano, S Gallo e S Pier Gattolino

E a dì 18 di novenbre 1494, martedì, el detto Re
andò a udire messa in Sa' Lorenzo, e io stetti alla medesima messa e molto lo vidi d'apresso in detto San
Lorenzo.

E a dì 19 detto, mercoledì, udì pure messa in Sa'
Lorenzo, e poi el dì andò per Firenze e a spasso; e
volle vedere e lioni, [1] pure a cavallo. E volle che si cavassi di prigione alcuni ch'erano nel palagio del Capitano, per casi di Stato, che fu un ser Lorenzo e uno
Andrea e altri presi; e fugli conceduto di fatto, perche
nel passare quivi volle fare quello beneficio agl'incar-
cerati.

E a dì 20 detto, giovedì, non ci fu altro se non che
per la città molto si mormorava come el Re voleva rimettere Piero de' Medici in Firenze; e pareva ch'e cittadini di stato si contristassino di questo.

E a dì 21 detto, venerdì, circa a ore 21, e Signori
avevano mandato per Consiglio e de' più degni uomini
della città, e proposto loro come el Re aveva detto una
cosa, e al presente ne voleva un'altra, e come e' chiedeva
di rimettere Piero de' Medici, e che consigliassino quello
s'aveva a rispondere. E in effetto fu risposto da tutti,
che per niente non si consentissi del tornare, ancora
che 'l Re volessi lui; e che si rispondessi al Re, che ogni
altra cosa che quella gli sarebbe ceduta. E più, fu consigliato da tutti e cittadini, che se gli era di bisogno

---

[1] Per antico costume la Repubblica manteneva in un serraglio alcuni leoni. Questo serraglio era allora dietro al palazzo del
Capitano, ora incorporato nel Palazzo vecchio, onde si chiama,
anch'oggi, *Via de' Leoni* quel tratto di strada tra la Piazza di
S. Firenze e le Loggie del Grano. Quell'uso cessò sul fine del
secolo XVIII.

pigliare l'arme, che sì facessi contro al Re e a ognuno
che volessi dire el contrario, dicendo : se 'l Re à 20 mila
persone, noi n' aremo 50 mila de' nostri propi dientro.
Mostroron non avere paura del Re, e qui sì mostrò
avere partorito un grande odio fra' cittadini e questo
Piero de' Medici; donde sì nasca lo sa el Signore E
in questo tenpo, come piaque a Dio, cominciò un poco
di scandolo in Piaza de' Signori; esendo tutto el popolo
in sospetto e sollevato a ogni piccolo romore, aspettando
tuttavolta qualche cosa pericolosa. Si stava in grande
timore e quasi ismarriti; e massime avere le case piene
di Franciosi E tuttavolta sì sentiva dire che 'l Re aveva
promesso a'soldati Firenze a sacco E [per] questo poco
di scandolo della piazza, ogniuno correva a casa e ser-
ravasi tutte le botteghe, e chi mandava panni a casa
e chi drappi, dove credeva essere piu sicuro E questo sospetto era così tacitamente, sanza parlare; onde
molti Franciosi, non manco ismarriti di noi, pighavano
l'arme, e presono la Porta di San Friano e' ponti per
sospetto di loro, per potersene andare a lor posta. E
forse avevano inanzi così ordinato infra loro, quando
fussi loro bisogno. Onde la Signoria con quello Consiglio che consultorono le sopradette cose, inteso che
ogniuno serrava le botteghe, ancora piu caldamente vidono el pericolo d'essa tornata di Piero. Allora e Signori
inposono al sopradetto Consiglio, e massime a' piu degni
uomini, ch'andassino al Re e mostrassino el pericolo della
citta, e che fussi contento nollo chiedere, che gli anderebbe male tutta la citta e ogniuno; e simile parole.
Onde el Re, veduto e cittadini così disposti, e veduto
el pericolo ancora suo, rispuose : Io non sono qui per
conturbare ma per pacificare, e se io ò ragionato di
tal cosa, credevo fare piacere al popolo e a ogniuno. E

che non voleva altro per niente che l'università; e che
per lui non si ragionassi di sua tornata. Allora e cittadini offersono al Re: Quello che v'è di piacere volere
da questa libertà, siano senpre parati al vostro aiuto.
Allora el Re chiese, che voleva che la città di Firenze
gli prestassi 120 migliaia di fiorini, pagati al presente
50 mila, e per tutto luglio 70 mila, e poi ogn'anno, durante la guerra, ne prestassino 12 mila l'anno; e che
dopo la guerra lasciare libera la nostra città d'ogni e
qualunche cosa, e così morendo lui, lasciarla libera;
aquistando o non aquistando, senpre libera. Ma voleva
solo queste fortezze di Pisa e alcune altre che gli aveva
prese di Serzana e altre, affine di potere tornare indietro
a sua posta. No gli fu risposto allora. Al fatto de'fiorini
presono tenpo; così si disse per ogniuno.

E a dì 22 detto, sabato, si stava in grande timore
dell'andare a sacco, e si diceva: E' non vuole soscrivere
l'accordo; quest'è cattivo segno. E tuttavolta la giente
del Re s'insignoriva più della città; non lasciavano arme
a' cittadini, di dì nè di notte, che la tog!ievano, e davano bastonate e coltellate; e niuno non parlava nè andava fuori, da l'Ave Maria in la; e spogliavano la notte, e
le lor guardie andavano tutta la notte per la città. Ogniuno
era avilito e con grande timore. Come vedevano uno
che portassi sassi, o chi portava ghiaia, facevano pazie
e davano.

E a dì 23 detto, domenica, el Re andò fuora a cavallo con molta cavalleria, e venne per Borgo Sa' Lorenzo e alla Croce di San Giovanni; e quando fu presso
alle scalee di Santa Maria del Fiore, girò e volsesi in
verso e Servi: e andando pochi passi, si rivoltò un'altra
volta, e andò dalla Croce di San Giovanni, e entrò drietro
a San Giovanni, per quello Chiassolino stretto, e venne

sotto la Volta di San Giovanni, da' Cialdonai; che chi lo
vidde [1] si rideva, e diceva queste cose molto leggiere, e
perdendo piutosto di fama che no. E andonne per Mercato vecchio, e andonne infino a San Felice in Piazza per
vedere la festa di San Felice, che allora la facevano per
suo conto, e giunti alla porta non vi volle entrare; e
fecionla piu volte e non vi entrò mai. [2] Molti dissono che
egli aveva paura e non si voleva rinchiudere, e questo
ci mostrava che egli aveva più paura di noi; e guai
a lui se cominciava, benchè vi fusse anche el nostro gran
pericolo. Ma el Signore Iddio c'à sempre aiutati per
l'orazioni de'servi del Signore e di tanti buoni e buone
religiosi che sono in questa citta, che vanno in verità
a Dio. E in questi dì ci venne due ambasciadori Viniziani al Re, e piu c'erano gli ambasciadori Genovesi al
Re, e dicevasi che venivano per domandare Serezzana
e altro.

E a dì 24 detto, lunedì, molto si bisbigliava infra
'l popolo co grande sospetto dicendo: questo Re non
sa quello si voglia, non a ancora sottoscritto l'accordo.

---

[1] Il Codice autografo manca della carta 17 (numerazione antica) e da questo punto fino a tutto il primo dicembre 1494, ho
supplito servendomi del Codice Marucelliano

[2] Riporto questo brano delle *Storie* di IACOPO NARDI che di-
scorda con quello che qui dice il Landucci « Essendosi riposata
qualche giorno la maesta del Re, e intrattenuta con la rappresentazione d'alcune solenni e belle feste, com'è quella molto sin-
gulare della Vergine Annunziata, che si rappresento con ingegnoso
e maraviglioso artifizio nella chiesa di San Felice in piazza la
quale tanto gli fu grata e dilettevole, che avendola veduta una
volta publicamente, la volle rivedere altre volte sconosciuto e pri-
vatamente » Di questo edificio della Annunziazione ne ha fatto
parola anche il nostro autore a pag 79

E molti dicevano che alcuni sua consiglieri attendevano a sconciare, come fu un certo Signore di Bre, [1]
ch' era alloggiato in casa Giovanni Tornabuoni; che si
diceva ch' egli aveva promesso ad alcuni di fare rimettere Piero de'Medici, e farlo dimandare al Re, e forse
non fu vero. Questo era in oppenioni d' uomini. Onde el
popolo stava in grandissimo timore; e ancora più, quando
si disse ch' el Re aveva andare questa mattina a desinare in Palagio colla Signoria, e che gli aveva fatto
cavare l'arme di Palagio, e lui voleva andare con molta
arme, per modo ch' egli entrò el sospetto a tutto 'l popolo, che ognuno attese questa mattina a riempiere le
case di pane e d'arme e di sassi e afforzarsi in casa
quanto era possibile, con propositi e animi ognuno volere
morire co l'arme in mano e ammazzare ognuno, se bisognassi, al modo del vespro Ciciliano. E fu tanto el timore, che fece caso, in su l'ora del mangiare, si cominciò
a dire *serra serra,* e tutto Firenze serrò, fuggendo chi
quà e chi là sanza altra causa, o altro romore; onde
molti Franciosi corsono alla Porta a San Friano e presono
el Ponte alla Carraia. E in Borgo Ognissanti e in Pa-
lazzuolo e in Borgo San Friano furono tanti e sassi dalle
finestre, che non poterono pigliare le porte; e dimandando
che cosa fussi, niuno el sapeva. Onde el Re non andò
a desinare in Palagio. [2] Fu una permissione divina che gli
entrasse tanto sospetto da ogni parte, che fu causa che
mutorono l'animo loro cattivo in verso di noi che l'ave-

---

[1] Alcuni storici fiorentini lo chiamano di Bles, ed è Filippo
di Bresse che fu poi duca di Savoia

[2] La confusione maggiore sembra nascesse dagli Svizzeri, alloggiati dentro e fuori della Porta al Prato, che si misero a sfor-
zare Borgo Ognissanti per volersi accostare all' alloggiamento
del Re.

vamo buono. Ognuno può vedere che Iddio non abbandona Firenze, ma noi siamo troppi ingrati. E in questo
dì ci fu come el campo del Re, che egli aveva per la
Romagna, passava di qua e da Dicomano.

E a dì 25 detto, martedì, non ci fu altro se non che
Franciosi avevano tanta paura che facevano guardie la
notte e 'l dì; toglievano arme e spogliavano chiunche
e' trovavano la notte, per modo che la notte ne fu morti
e feriti alcuni di loro da questi Fiorentini bravi, ch'avevano fatto pensiero d'ammazzargli quando gli trovavano
fuori di notte. E se gli avevono a star più, l'arebbono
fatto, che sarebbe stato quello che ci arebbe fatto capitar
male. Sempre certi leggieri pericolono le città, che non
pensano che cosa è attizzare el fuoco. alle volte uno
che non vale un danaio farà isdegnare un Re per qualche sua leggerezza, sanza colpa della città.

E a dì 26 detto, mercoledì, el Re andò, insieme colla
Signoria, a udire messa in Santa Maria del Fiore, e quivi
giurò osservare e capitoli ch'erano compilati, che furono
questi: che noi gli dovessimo prestare 120 migliaia di
fiorini, dargli al presente 50 mila fiorini e 'l resto per
tutto luglio 1494, e che lui ci dovessi rendere e lasciare le
fortezze di Pisa e tutte le altre cose, e lasciare le nostre terre libere e spedite, e che Piero de' Medici restassi
confinato 100 miglia discosto da Firenze, e che gli fussi
levato el bando della taglia di fiorini 2000 e così si levassi a' frategli. Tutto questo giurò osservare in su l'altare di detta Santa Maria del Fiore, innanzi a Cristo
Giesù, come parola di re. [1]

---

[1] Questi capitoli erano stati fermati il giorno precedente nel
Palazzo dei Medici, dove abitava il Re Il Marchese Gino Capponi
gli pubblicò nell'*Archivio Storico Italiano,* I Serie, Vol I, pa-

E a dì 27 detto, giovedì, andò el Re fuori a vedere
certi padiglioni distesi in sul Prato d'Ognisanti, chè gli
aveva mandato el Duca di Ferrara a donare al Re, chè
ve n'era uno pe' Re, molto bella cosa, el quale aveva
sala, camera e cappella, e molte belle cose. Dovevasi
partire questa mattina e nol fece· sonossi a gloria e fecesi fuochi. E in questa mattina giunse a Dicomano
molti uomini d'arme di quegli del Re che venivano di
Romagna: alloggiorono a Dicomano, e insino al luogo
mio c'avemo forse 20 cavagli. Lasciavi Benedetto mio
figliuolo molto giovanetto, ch'andò più volte a pericolo
che nollo ammazzassino, avvenga che facessi loro onore
assai, com'io gli imposi; che ci costorono assai. Alloggiorono per tutto el Val di Sieve, e in sino al Ponte a
Sieve e per insino alle Sieci; poi andorono per Valdarno
di sopra. ¹

E a dì 28 di novembre 1494, venerdì, si partì el Re
di Firenze, dopo desinare, e andò albergo alla Certosa,
e tutta sua gente gli andò dietro e innanzi, che poche
ce ne rimase. E dissesi che fra Girolamo da Ferrara,
famoso nostro predicatore, andò al Re, e dissegli che
non faceva la volontà di Dio, allo stare, e che dovessi
partire. E più si disse che v'andò una altra volta quando
vedeva che non si partiva, e dissegli che non faceva la

gine 348-375 Sono 27 articoli, e gli ultimi 12 riguardano totalmente le persone e gl' interessi de' Medici

¹ Avendo il Re fatto bandire che tutti quelli che erano seco,
partendo, pagassero ciò che avevano ricevuto; la Signoria, con suo
bando di questo giorno, ordino ai Fiorentini di fare i conti beni-
gnamente, e che a lei ricorresse chi si trovasse aggravato; minacciando il taglio della mano a chi offendesse i Francesi. Il giorno
seguente poi pose la pena di sei tratti di fune a chi gli mole-
stasse o percuotesse.

volontà di Dio, e che 'l male che doveva essere sopra
altri, tornerebbe sopra di lui. E questo si stimò che fussi
la causa che si partì piu presto, perchè detto frate Girolamo in questo tempo era in oppenione degli uomini
che fussi profeta e di santa vita, in Firenze e per tutta
l'Italia. E in questo dì, venne in Firenze el suo Capitano della gente sua di Romagna, ch'aveva nome el
signore Begni, [1] e disse al Re, un poco sopra mano, che si
dovessi partire per ogni modo, che 'l tempo era prospero
e ch'egli andassi innanzi; e mostrò averlo per male l'essere soprastato. E di fatto el Re si partì perchè prestava
piu fede a questo Signore che a tutto 'l resto · e meri-
tamente ch'era uno uomo molto savio e buono, secondo
che si diceva; e questa fu la cagione potissima del partir
presto. [2]

E a dì 29 detto, sabato, el resto del campo del Re
ch'era in Romagna, passò di quà e venne da San Godenzo
e a Dicomano e al Ponte a Sieve, e poi per Valdarno
di sopra, facendo molto danno. E a Corella ammazzarono
circa undici uomini e presono prigioni e posono taglie,
guastando tutto 'l paese come fussi una fiamma di fuoco.
E a me fu rotto el muro della casa, e rotto tutti e ser-
rami, e entrato per forza al mio podere, e feciommi molto
danno, e consumorommi vino e biada, e portoronne alcune masserizie ch'attagliavano loro; e quelli di Corella
ch'egli ammazzarono, furono certi uomini vecchi, per ac-

---

[1] Roberto Stuart conte di Beaumont-le Roger, signore d'Aubi-
gny-sur-Nerre.

[2] Questo giorno i Signori destinarono Guglielmo d'Antonio
Pazzi, Braccio di Domenico Martelli, Niccolò Antinori e Lorenzo
di Pier Francesco de'Medici, per andare la mattina seguente ad
accompagnare il Re fino a Siena In luogo del Medici fu poi sur-
rogato Francesco de'Rossi

cettargli, e non intesano l'uno l'altro. È ben vero che prima si feciono innanzi certi giovani per ributtargli, ma quei vecchi facendogli tirare indietro; e quei Franciosi bestiali dettono a quei vecchi su per la testa e lasciorongli morti pe' campi, e per tutto feciono crudeltà.

E a dì 30 detto, non ci fu altro se non parlare delle crudeltà ch'egli avevano fatto per tutto.

E a dì primo di dicenbre 1494, lunedì, quel medesimo. Tuttavolta passavano per Valdisieve el restante del campo di Romagna.

E a dì 2 di dicenbre 1494, martedì, si fece Parlamento in Piazza de' Signori, circa a ore 22, e venne in piazza tutti e gonfaloni, che ognuno aveva dietro tutti e sua cittadini sanza armc. Solo fu ordinato armati assai alle bocche di piazza; e lessesi molte cose e statuti che furono parecchi fogli scritti. E prima fu dimandato al popolo se in piazza era e due terzi de' cittadini. Fu risposto da' circunstanti che sì. Alora si cominciò a leggere. e dissono ne' detti capitoli, ch'annullavano tutte le leggi dal trentaquattro in quà e annullavano e Settanta e' Dieci e Otto di Balìa, e che si dovessi fare col Consiglio del Popolo e Comune, e serrare le borse e fare a tratte, come si soleva vivere a Comune; e fare uno isquittino più presto si potrà. E per al presente facevano 20 uomini de' più nobili e savi, c'avessino a fare al presente la Signoria e gli altri Offici, insieme colla Signoria e' Collegi, tanto fussi ordinato lo squittino. E di poi si stessi contento alla sorte, sempre. E detti 20 uomini si toglieva di loro dieci ch'avessino a badare alla guerra di Pisa, e altro che bisognassi. [1]

---

[1] Varie delle cose deliberate in questo parlamento non sono in sostanza che una conferma degli ordini dati dalla Signoria nel

E a dì 3 detto, mercoledì, si fece e detti 20 uomini;
e feciono e Dieci della guerra, e altri ufici.

E a dì 4 detto, giovedì, venne in Firenze l'anbasceria del Duca di Milano. '

E a dì 5 detto, venerdì, gli Otto cominciorono a pigliare certi cittadini e mandargli al Podestà, che facessi .
loro ragione.

E a dì 6 detto, sabato, predicò frate Girolamo e
ordinò una limosina pei poveri vergogniosi, la quale
s'ordinò in 4 Chiese: in Santa Maria del Fiore, in
Santa Maria Novella, in Santa ✠ e in Santo Spirito;
la quale si dètte el dì seguente, la domenica. E fu sì
grande da non poterla stimare, d'oro e d'ariento, panni
lani e lini, drappi e perle e altro: ogniuno porgieva
con tanto amore e carità.

E a dì 7 detto, domenica, si fece detta oferta. E predicò pure in Santa Maria del Fiore, e ordinò che si
facessi una processione, a ringraziare Iddio dei benifici
ricevuti.

E a dì 8 detto, lunedì, si fece la processione, e tutta
voltà s'oferse pe' detti vergognosi, che non fu manco.
Fu una processione molto maravigliosa, di sì grande
numero d'uomini e di donne d'una stima grandissima,
e con tanto ordine e ubidienza del Frate, che comandò
che niuna donna non istessi su pe' muriccioli, ma stessino drento alle lor case, coll'uscio aperto chi voleva;
in tanto che non aresti trovato una donna su pegli usci

---

novembre, e ai quali si volle dare una solenne sanzione Gli uffici
del tutto annullati, furono il Consiglio del Cento, i Settanta, i Dodici procuratori, gli Otto di pratica e gli Accoppiatori· gli altri
non vennero che riformati

¹ Per rallegrarsi co'Fiorentini della recuperata libertà

o moricciuoli. Fu con tanta divozione che non si farebbe
forse un'altra volta. Non fu manco limosina che la prima
della domenica. Non ebbi el vero del numero della limosina, ma furono migliaia di fiorini.

E a dì 9 detto, martedì, mandorono un bando che
Piero de' Medici fussi confinato fuori del tenitorio dei
Fiorentini miglia 100. [1]

E a dì 10 detto, mercoledì, si trovava tuttavolta danari avevano nascosi in Dogana, sotto carboni e sotto
aguti, e in piu luoghi, che confessavano ognindì e detti
cittadini presi. E più si diceva che 'l Re era giunto in
Viterbo e che 'l Papa s'accordava a dargli passo.

E a dì 11 detto, giovedì, venne in Firenze una soma
di danari trovati a Pistoia, che gli aveva nascosti Sal-
valaglio negli Ingiesuati. Tuttavolta si martoriava Antonio di Bernardo e ser Giovanni di ser Bartolommeo,
e confessavano queste cose.

E a dì 12 detto, venerdì, fu inpiccato Antonio di
Bernardo di Miniato, la mattina inanzi dì, alle finestre
del Capitano; e stettevi inpiccato insino alle 24 ore. E
in questi dì e Franciosi aveano tolto seta de' Fiorentini,
che veniva di Levante qua, in quello di Cortona, che
valeva 40 mila fiorini, e nolla volevano rendere. Pure
la renderono col tempo, benchè costassi assai.

E a dì 13 di dicenbre 1494, sabato, c'era nuove che
'l Re segnava le case in Roma.

E a dì 14 detto, domenica, si disse come 'l Re era
in Viterbo, e facevano delle cose bestiali come feciono qui.

---

[1] Il 2 di questo mese la Signoria, per l'osservanza dei capitoli stipulati col Re, assolvè Piero dalla condanna di bandito e
ribelle, e nel giorno medesimo gli dette il confine delle 100 miglia.
Queste deliberazioni furono bandite il dì 9.

E a dì 14 detto, domenica, ci fu come in Roma avevano cacciato e segniatori, e morti molti Franciosi, e che si volevano difendere e no'gli accettare in Roma.

E a dì 14 detto, domenica, ci fu come e Cardinali, insieme col Papa, erano entrati in Castello Sant'Agnolo, con animo di tenersi, e tagliato e ponti, eccetto che quello di Castello Sant'Agnolo, e che v'era venuto el Duca di Calavria con molta forza; sì che qui si giudicava ch'e Franciosi avessino a capitare male, e anche si disse, che 'l Re aveva mandato un bando in Pisa, che e Pisani dovessino tornare sotto e Fiorentini; altrimenti e Fiorentini faciessino loro tal guerra che gli disfacessino in tutto, alle spese del detto Re di Francia; cioè ch'e danari che egli aveva avere, servissino per tale spesa, e finalmente non era vero, ma pasceva senpre di parole. [1]

E a dì detto, frate Girolamo molto s'afaticava in pergamo, che Firenze pigliassi una buona forma di governo, e predicava in Santa Maria del Fiore ogni giorno; e questa mattina, che fu in domenica, predicò, e non volle donne, ma uomini; e volle e Signori, che non rimase se none el Gonfaloniere e uno de'Signori in Palagio; e fuvi tutti gli Ufici di Firenze. e predicava tutta volta intorno al fatto dello Stato, e che si dovessi amare e temere Iddio, e amare el bene comune; e che

[1] Qualche cosa di vero vi dovè essere, leggendosi nel *Memoriale* del PORTOVENERI, dove sono tante notizie della ribellione e guerra di Pisa, che il 4 dicembre giunse in quella città un araldo del Re co'capitoli fatti dal medesimo coi Fiorentini, de'quali « diceno s'abbi a rendere tutto quello ch'era prima de'Fiorentini. E questo dì, ditto mandato dal Re è ito a Saressana e a Pietrasanta e a Fivizzano e al Bagnone e a Castel Nuovo e tutta la Luligiana a consegnarla a' Fiorentini » Questo pure era convenuto nel trattato

niuno non volessi piu levare el capo e farsi grande.
Senpre favoriva el popolo; e tutta volta diceva che non
si facessi sangue, ma punissesi per altra via; e così predicava ogni mattina. E fecesi piu forme, ed era grande
contraversia fra' cittadini, in modo che ognindì si stava
per sonare a parlamento

E a dì 15 detto, lunedì, quel medesimo. E tuttavolta c'era nuove di Pisa che si tenevano forte e scorrevano per tutto, predando e facendo danno assai con
ogni animo.

E a dì 16, martedì, pure colle prediche del detto
Frate

E a dì 19 detto, venerdì, si portò su in Palagio
molte bozze di governo. Ogni gonfaloniere fece una
bozza, come aveva detto el Frate.

E a dì 21 detto, domenica, predicò; e ancora non
volle donne: predicò pure di Stato, e tuttavolta si stava
in tremore, che non s'accordavano e cittadini. Chi la voleva lessa e chi arosto, chi andava secondo el Frate, e
chi gli era contro; e se non fussi questo Frate, si vie-
niva al sangue.

E in questa sera, come permisse el Signore, circa a
2 ore di notte, tra' Ferravecchi, presso alla Volta della
Luna, Benedetto mio figliuolo gli fu dato una coltellata
in sul viso a traverso alla gota, e non fu piccola; della
quale non sapemo mai da chi. Crediano fussi colto in
iscanbio, non avendo fatto dispiacere a niuno, nè aveva
d'alcuno sospetto. fu pe'nostri altri peccati. Della quale
ingiuria gli perdono liberamente, come io voglio che 'l
Signore perdoni a me, e priego Iddio che gli perdoni, e
per questo non gli dia l'inferno.

E a dì 22 di dicenbre, lunedì, dicevasi che 'l Re era
in Viterbo, e tuttavolta si ragionava de' Franciosi, di

Roma, di Pisa; e come Roma non voleva dare el passo. Ed eravi giunto el Duca di Calavria, per fargli risistenza.

E in questo dì, vinsono in Palagio molte cose: Chi ammazzava non potessi mai tornare a Firenze; e sopra el vizio inominabile, una leggie che chi fussi trovato la prima volta, stessi in gogna; la seconda, fussi suggiellato alla colonna; la terza, fussi arso; e più altre leggi, con ordine tutte del Frate.

E a dì 25 di dicenbre 1494, fu la Pasqua. E non si faceva se non ragionare de'Franciosi, come a Roma erano giunti, e come la strignevano, e come avevano preso San Pagolo, e fatto ponti di legname

E a dì 28 di dicenbre 1494, domenica, predicò frate Girolamo, e non volle donne. Ebbe un grande popolo; ch'era giudicato alle sue prediche quasi senpre 13 o 14 migliaia di persone. Stavasi tuttavolta con grande sospetto: dubitavasi di qualche scandolo, in questo prencipio di nuovo governo.

E a dì 29 detto, si trasse e Signori nuovi; cioè un nuovo modo di fare e Signori. E 'l primo Gonfaloniere fu uno de'Corbizi, che non fu sanza dolce alegrezza, parendo un governo popolare e più comune.

E a dì 30 detto, martedì, si fece inbasciadori a Pisa, che fu Piero Capponi e Francesco Valori, insieme con Franciosi, e lettere del Re, come ci fussi renduto Pisa. [1]

---

[1] Il 13 novembre, la Signoria aveva eletto il Capponi, insieme con altri due cittadini, in Provveditori per la custodia e cura della città di Pisa. Il 24 dicembre i Dieci di Libertà e Balia deputano il Capponi ed il Valori in « Commissarii generali e con anplissima autorità in ogni luogo fuora di Firenze », e lo stesso giorno ordinano che si paghino 40 fiorini d'oro a loro, « electi commissarii

E in effetto se ne feciono beffe in modo, ch'el popolo
stimò che 'l Re ci dondolassi e ingannassi; e stimossi trista novella come in effetto fu.

E a dì 31 detto, mercoledì, ci fu come certe navi
del Re erano andate a traverso, che gli portavano dietro vettuvaglia assai, che gli fu cattiva nuova.

E a dì primo di gennaio 1494, entrò la nuova Signoria, e fu una alegrezza grande vedere tutta la Piazza
de' Signori calcata di cittadini, altrimenti che l'altre
volte, come cosa nuova, ringraziando Iddio ch'aveva dato
questo comune governo a Firenze, e cavati di suggiet-
titudine: e tutto era ordine del Frate.

E a dì 2 detto, venerdì, feciono dua anbasciadori a
Milano, che fu messer Luca Corsini, e Giovanni Caval-
canti. Andorono onorevolmente. [1]

E a dì 3 detto, sabato, tornorono gli inbasciadori da
Pisa e non avevano conchiuso nulla; e dubitavasi assai
di questa Pisa. E piu si diceva, come Piero de' Medici
era andato al Re di Francia a dolersi dell'essere stato
cacciato, per avere tenuta la parte sua; e ch'egli aveva
avuto buone parole da lui; e come detto Piero minacciava, e massime un certo Girolamo Martegli, ch' era
sopra ritrovare la roba occulta di detto Piero. [2]

---

ad andare coll'ambasciadore del cristianissimo Re, verso Pisa »
Secondo quello che dice il PORTOVENERI, non fu loro concesso dai
Pisani di entrare in città

[1] Per rallegrarsi con Lodovico Sforza detto il Moro dell'esser divenuto duca di Milano

[2] Il Martelli fu uno dei tre cittadini deputati dalla Repubblica,
il 10 dicembre, *pro computo Comunis bonorum heredum Laurentii, qui una cum tribus ex creditoribus dictorum heredum,
propterea deputandorum, habeant auctoritatum cognoscendi et
indicandi* ec.

E in detto dì, fu dato sentenzia che ser Giovanni
di ser Bartolomeo andassi a Volterra in un fondo d'una
rocca; e ser Zanobi, che stava agli Otto, fu condannato in fiorini 500 e confinato in Firenze; e ser Cecconc
fu confinato nelle Stinche, con altri presi.

E a dì 4 di giennaio 1494, domenica, ci fu come el
Re di Francia era entrato in Roma d'accordo; e nondimeno non gli dettono Castel Sant'Agnolo. Dissesi ch'egli
aveva saccheggiato gli Orsini. [1]

E a dì 6 detto, martedì, la Pifanìa, gli Otto cercando di danari, trovorono in Sa' Marco 1200 fiorini di
quelli di ser Giovanni. Alcuni davano carico al frate Girolamo; onde, predicando, poi si scusò e disse no ne avere
avuto notizia di detti danari, nè n'era stato richiesto di
tal cosa.

E a dì 7 detto, mercoledì, gli uomini che furono fatti
a fare grazie, si ragunorono nel Vescovado e cominciorono a fare grazie; e furono sì grandi e magne, che
chi avessi avuto debito miglia' di fiorini, pagava una
coppia o due di fiorini. Furono sanza misura. Imito-
rono el Signore che fa così.

E a dì 8 detto, giovedì, si disse che 'l Re di Francia
voleva Castel Sant'Agnolo e 'l Papa e' Cardinali e 'l fratello del Turco, [2] ch'erano in detto Castello Sant'Agnolo.

E a dì 9 detto, venerdì, ci fu come el Re aveva
fatto licenziare certe sete de' Fiorentini, ch'avevano tolto

---

[1] GIUSEPPE MOLINI, a pag. 22 del I vol. dei *Documenti di
Storia Italiana*, pubblico l'accordo concluso il 15 di questo mese
tra il Papa ed il Re.

[2] Questi era Zim o Gemme figlio del gran Maometto e fratello del regnante Baiazet II, al quale contrastava l'impero, ed era
allora ricoverato presso il Papa.

e Franciosi, e ch' ell' erano nelle mani de' Fiorentini in
Roma; e come trattava bene la Nazione fiorentina. E
ognindi passava cavagli e some di panni di Francia,
ch' andavano al campo di Roma de' Franciosi.

E a dì 11 di gennaio 1494, domenica, predicò frate
Girolamo e scusossi assai, e disse molto sopra la riforma
della città; e come c' era diavoli che tiravano adietro el
vivere a Comune; e come loro scrivevano lettere con-
trafatte, che paressi che 'l Frate dessi speranza a Piero
de'Medici che tornassi, per farlo in disgrazia del popolo.
E non di meno c' non era vero che 'l Frate teneva col
popolo, e col bene comune. Fu molto infamato da questi
golpini, a torto; che la verità sta sempre di sopra. Vero
e ch'egli augumentò sempre questo vivere populare.

E a dì 12 detto, lunedì, si fece fanti per a Pisa, e
mandavansi via, e facevasi disegno d'averla in corto tempo.

E a dì 13 detto, martedì, feciono venire le bonbarde
d Arezzo e mandavansi giù a Pisa, e molte spingarde, e
polvere assai. E tuttavolta si praticava la pace qui,
tralla discordia de' cittadini.

E a dì 17 detto, sabato, predicò frate Girolamo; e
molto s'inpacciava di questa pace e unione de'cittadini,
e molti cittadini si cominciarono a scandalizzarsi contro
al Frate dicendo: Questo frataccio ci fa capitare male.

E a dì 18 detto, domenica, si bandì un accatto di
100 mila fiorini, porre a tutti e cittadini; e molto isbigottì el popolo, e quasi si fermò ognuno di lavorare;
e stavasi malcontenti [1] Ognuno diceva· Così non può

---

[1] Con una provvisione approvata il 12 gennaio nel Consiglio
del Popolo e il 13 in quello del Comune si ordinò tale accatto
giudicando, « a conservatione della libertà et difendersi dalle in-
sidie che contro a quella si tentassino, essere necessario di fare

stare; e'poveri che vivono solo di manifatture si mor-
ranno di fame, aranno a stare colle limosine di San
Martino. [1]

E a dì 20 di giennaio 1494, ci venne molti Fiorentini, circa 400, scacciati da Pisa da'Pisani, e lasciorono
le lor donne e'figliuoli e lor botteghe, e furono molto
male trattati. [2] E molto si parlava delle pazzie loro.

E a dì 21 detto, andorono via e commessarii di qui
a Pisa, e menorono co'loro molti bravi e giovani molto
inanimati a fare loro ogni male. E anche si soldava
molta giente; e di quello di Pistoia v'andò molti fanti,
e di tutto el contado, sanza soldo. Ogniuno correva là,
stimando mandare a sacco tutto el paese, per modo che
v'andò grande popolo. Ogniuno stimava poco el loro potere, ma non fu così, come si vedrà per l'avenire, che
furono molto costanti e uniti alla loro difesa.

E a dì 22 detto 1494, ci venne uno inbasciadore
dello 'Nperadore, ch'andava a Roma al Re di Francia.

E a dì 23 di giennaio 1494, si mandava a Pisa
tuttavolta giente assai.

---

preparatione di danari » I cittadini dovevano esser fatti creditori
su un libro che si chiamasse « l'Accatto del MCCCCLXXXXV,
acciochè senpre appaia quelli che sono stati amorevoli della cipta,
et che ciascuno pigli esenplo da loro » ecc.

[1] La Congregazione de' Buonomini di S. Martino per il soccorso dei poveri vergognosi, pe' quali faceva continuamente fare
le elemosine fra Girolamo.

[2] Di mali trattamenti si hanno testimonianze anche nei documenti pisani. Una lettera de'27 gennaio 1494 (95 st. com.) si
riferisce a uno speziale che « nella sua partita fu per esser
morto », e furon fatte molte « ingiurie e spaventi alla donna sua...
e minacciata di meterla a sacco » (ARCHIVIO DI STATO DI PISA,
Lettere agli Anziani, I 29).

E a dì 25 detto, predicò frate Girolamo, e chiese licenza, e disse avere andare a Lucca. Molto dispiacque al popolo.

E a dì 27 di gennaio 1494, si ragunò el Consiglio Maggiore, e fecieno uno Consiglio d'80 uomini che, insieme colla Signoria, avessino a fare imbasciadori e rispondere alle lettere, e molte altre cose. [1]

E a dì 28 detto, ci fu come avevano avuti molti castellucci de'Pisani, e scorrevano tutto el paese [2]

E a dì 31 di gennaio 1494, vollono vincere negli Ottanta certe cose; non vinsono.

E a dì primo di febraio 1494, non si vinceva nulla, perche dicevano non volere vincere se non si vinceva una gravezza a'beni.

E a dì 2 detto, ci fu come el Re di Francia aveva avuto rotta a Terracina, nel passare nel Reame, e morti centinaia d'uomini.

E a dì 4 di febraio 1494, si vinse negli Ottanta la gravezza a'beni.

E a dì 5 detto, si vinse nel Consiglio Maggiore la gravezza a'beni, cioe la Decima; con questo, ch'ella non si potessi porla più ch'una volta l'anno o meno. [3]

---

[1] Il 23 dicembre si era fatta una provvisione colla quale si stabiliva che dentro il 15 gennaio dovessero deputarsi questi Ottanta cittadini « perchè e' si conosce essere necessario, per le cose occorrenti et d'importanza, et che tucto il giorno possono occorrere, essere bene che la Signoria o altri magistrati habbino qualche numero di ciptadini co quali conferischino et domandino parere, et accioche e magistrati di loro auctorità non chiamino uno più ch'un altro »

[2] Vedi AMMIRATO e PORTOVENERI

[3] Si chiamò *Decima* perche si faceva pagare la decima parte delle entrate dei beni immobili

E a dì 5 di febraio 1494, entrò in Firenze el Cardinale Sammalò francioso, [1] el quale aveva fatto Cardinale el Papa; el quale era passato di qua col Re di Francia, ch' era vescovo; e ora si tornava in Francia. Aveva molti cavagli Aloggiò in Santa Maria Novella nella sala del Papa. E tuttavolta si diceva che 'l Re di Francia era in cattivo luogo e da dubitare.

E a dì 6 detto, se gli mandò el presente molto grande.

E a dì 8 detto, ando la Signoria a vicitarlo, e di poi, dopo desinare, vi mandorono otto cittadini, de'maggiori, a intendere quello voleva. [2] E chiese e danari aveva avere el Re, e anche piu 40 mila fiorini in prestanza.

E a dì 9 di febraio 1494, e Signori arsono tutte le polize delle imborsazioni, perche dicevano s'erano inborsate secondo ch'era piaciuto 'alcuni cittadini grandi.

E a dì 11 detto, si praticava col Cardinale che ci rendessi Pisa, e voleva 70 mila fiorini.

E a dì 17 di febraio 1494, si partì di qui el Car-

---

[1] Guglielmo Briçonnet vescovo di Saint-Malo Fino dal 25 gennaio scrivevano gli ambasciatori pisani che il Re di Francia aveva disposto di mandare a Firenze il R.mo di Saint-Malo, uomo, dicevano « d'ingegno et d'autorita grande », e non per andare in Francia, ma per stare in Toscana o vicino, per conservare la quiete durante la dimora del Re nel reame di Napoli, e nel caso si fosse recato a Pisa, confortavano i Signori di ricevere con onore lui e la sua comitiva, « facendosegli all'incontro piu in là et con piu gente » che fosse possibile Era partito di Roma la mattina del 27 gennaio (*Lettere* citate, I, 38).

[2] L'Ammirato e i documenti pubblicati nel T I delle *Negociations diplomatiques de la France avec la Toscane* ne danno cinque, e i loro nomi sono questi Guidantonio Vespucci, Tanai de'Nerli, Guglielmo de'Pazzi, Francesco Valori e Lorenzo de'Medici che aveva cambiato il cognome prendendo quello di Popolani

dinale Sa' Malò, e andò a Pisa per renderci Pisa. E
andò co lui alcuni nostri cittadini, fra' quali fu Francesco Valori e Pagolantonio Soderini.

E a dì 18 detto, si bandì che si dessi le scritte
della gravezza della Decima s' à porre a' beni, per tutto
marzo.

E a dì 19 detto, ci fu nuove che'l Re aveva avuto
rotta.

E a dì 20 detto, ci fu come gli aveva preso Gaeta.

E a dì 22 di febraio 1494, ci fu nuove che 'l Re
di Francia aveva preso Capova ed era presso a Napoli.
Stimavasi l'aquisterebbe presto.

E a dì 24 detto, venne in Firenze el Cardinale
Sa' Malò da Pisa e non ce la fece rendere E dissesi
che bisogniava averla per forza. E dicevasi che 'l Re
vi teneva le mani, perocche 'l Re teneva la cittadella
nuova e vecchia.

E a dì 25 di febraio 1494, ci fu come el Re di Francia aveva preso Napoli, e come v'entrò drento a dì 21
detto, sanza colpo di spada. E 'l Re si fuggì nel Castello dell' Uovo. E qui si bandì con grande alegrezza,
colle tronbe e pifferi, e fecesi serrare le botteghe e
fare molti fuochi e panegli e grandissima festa, in memoria di tale aquisto. [1]

E a dì 26 detto, si fece una grande procissione, e
andovvi dietro el Cardinale Sa' Malò, e fecesi tre dì.

E a dì 27 detto, si partì di qui el Cardinale Sa' Malò
ch'era venuto per renderci Pisa, e no ne volle fare

---

[1] Ciò e confermato da una deliberazione dei Signori di questo
giorno che, oltre al comandare la chiusura delle botteghe, ordina
anche le processioni nelle tre mattine successive.

nulla, e portonne 22 migliaia di fiorini, e ritornossi verso
Napoli al Re.

E a dì 2, lunedì, di marzo 1494, corsono e nostri in
quello di Pisa e guastorono le mulina a' Pisani, e presono molti prigioni e bestiame.

E a dì 4 di marzo 1494, ci fu lettere dal Re di
Francia molte grate, come gli aveva avuto caro che noi
avessino fatto festa dell'avuta di Napoli.

E a dì 5 di marzo 1494, si fece 4 anbasciadori al
Re di Francia e di Napoli, che fu messer Guido Antonio, Pagolo Antonio Soderini, el Vescovo de'Pazzi e Lorenzo di Piero Francesco de'Medici. [1]

E a dì 6 detto, molto si ragionava, che vuol dire
che 'l Re non ci rende Pisa, vedendoci tanti amici della
corona sua, e anche avendocela promessa all'avuta di
Napoli.

E a di 10 di marzo 1494, andò Piero Capponi al
canpo di Pisa e portò danari a'soldati.

E a dì 13 detto, si diceva che 'l Re di Francia voleva tornare indietro.

E a dì 16 di marzo 1494, si praticava la pace de'cittadini, e levare l'autorità alle sei fave; [2] e vinsesi
tra' Signori e Colegi.

---

[1] Ha errato il Landucci nei nomi di questi ambasciatori.
Nell'opera cit. *Négociations* ecc., si leggono l'istruzioni date ad
essi ed i loro nomi, ma in luogo del Soderini e del Pazzi sono
Bernardo Rucellai e Lorenzo Morelli, l'AMMIRATO però dà il Soderini invece del Morelli; la verità si è che questi fu nominato a
rimpiazzare quello, che non potè partire essendo ammalato.

[2] La provvisione originale (Vedi Reg. di *Provv.* ad an.) è
intitolata *Lex pacis et appelationis sex fabarum Provisio*, e contiene le disposizioni per la pace, come dice il Diario, che con-
sisterono in una indulgenza, o come oggi si direbbe amnistia,

E a dì 18 detto, si vinse negli Ottanta.

E a dì 19 detto, si vinse nel Consiglio Maggiore. E disse la pitizione che non si riconoscessi fatti di Stato dal dì della cacciata di Piero de' Medici, eccetto che de'danari; e che la Signoria non potessi confinare, sanza el Consiglio Maggiore.

E a dì 22 di marzo 1494, ci fu come el Re aveva preso Castello de l' Uovo.

E a dì 26 di marzo 1495, si faceva qui fanti assai per Pisa.

E a dì primo d'aprile 1495, predico frate Girolamo, e disse e testificò come la Vergine Maria gli aveva rivelato come la città di Firenze aveva a essere la più groriosa, la più ricca, la più potente ch'ella fussi mai, dopo molte fatiche; e promettevalo assolutamente. E diceva tutte queste cose come profeta; e la maggiore parte del popolo gli credeva; massime chi andava bene, sanza passione di Stato o di parte.

E a dì 2 detto, si disse che gli era fatto una lega, Veniziani, Duca di Milano, Inperadore, el Papa, el Re di Spagna, Gienovesi; e dato tenpo a noi tutto aprile detto a entrare.

---

dentro certi limiti, per chi avesse favorito lo Stato che reggeva fino al 9 novembre Vi e poi un articolo il quale ordina che a chiunque, abile agli offici, che « per caso alchuno di Stato sarà condannato da'Signori o Octo di guardia, o di Balia, in pena di morte o di ascissione di menbro, o confinato o relegato o incarcerato, o condannato in maggior somma di danari che di fiorini 300 larghi, possa et sia lecito ricorrere al Consiglio Maggiore »; e da esso venire assoluto con certe solennita E in ciò, credo, stette il *levare l'autorità alle sei fave*, o vogliam dire ai sei voti coi quali i predetti Signori e Otto potevano condannare, come di sopra e detto.

E a dì 5 d'aprile 1495, ei fu come el Re di Francia
aveva aquistato tutto el Reame; e che 'l Re di Napoli
s'era fuggito in Ischia, come perduto la speranza.

E a dì 7 detto, ci fu come 'l Re voleva tornare
di qua.

E a dì 8 d'aprile 1495, predicò frate Girolamo in
Palagio, e confermò tutto quello aveva detto per passato.

E a dì 9 detto, ei fu come el Re di Francia aveva
mandato a chiedere tutto di là d'Arno per abitazione;
e dicevasi che ci voleva rendere Pisa.

E a dì 13 d'aprile 1495, ci fu come e nostri soldati
erano scorsi in quel di Pisa, e predato insino a San
Piero in Grado; e presono molto bestiame.

E a dì 17 detto, ei fu come e Pisani avevano predato in sul nostro, e scorso in quello di Pescia.

E a dì 21 d'aprile 1495, ei fu com' e Pisani erano
a campo a Librafatta, e che la strignevano forte.

E a dì 22 detto, e nostri si missono a ordine per
andargli a trovare; e si levorono da campo e non aspettorono. E nostri v'andorono e tolsono loro l'artiglierie.

E a dì 25 di aprile 1495, ci fu come s'erono appiccati, e morti assai e prigioni dell'una parte e dell'altra. E un certo nostro caporale, ch'aveva nome Francesco Roverso, era scorso insino alle porte di Pisa, e
rimase prigione.

E a dì 26 detto, si diceva molto per la città che
alcuni cittadini c'ingannavano, che non lasciavano riavere Pisa, e varie cose trattavano col Re, e forse non
era. Facevano venire certi caporali per intendere el
vero; e tuttavolta si stava in confusione e mali uniti.

E a dì 28 d'aprile 1495, si diceva che 'l Re di Francia tornava in qua. E benchè paressi amico, e che gli

avessi inteso che noi avano caro l'aquisto suo, nondimeno ognuno l'aspettava con pagura di non n'andare un tratto a sacco. Niuno si fidava della sua amicizia

E a dì 3 di maggio 1495, predicava frate Girolamo e confortava molto el popolo che non capiterebbe male

E a dì 9 detto, venne a Pisa circa 400 franciosi, mandati dal Re i' nostro aiuto [1]

E a dì 11 di maggio, si vinse che si facessino e Dieci nel Consiglio [2]

E a dì 16 detto, fu preso due figliuoli di Giovanni dell'Antella. E mandorono per uno loro fratello ch' era commessario in Romagna, e dettono loro di molta fune: e confessorono un trattato che facevano per rimettere Piero de'Medici in Firenze

E a dì 17 di maggio 1495, ci fu come quegli di Librafatta avevano dato una rotta a' Pisani.

E a dì 18 detto, venne preso quello dell'Antella.

E a dì 20 di maggio 1495, ci fu come Librafatta s'era perduta per mancamento d'aiuto

E a dì 21 detto, si vinse di porre un balzello, che fu la disfazione della città, e con grande dispiacere de' cittadini.

E a dì 23 di maggio 1495, ci fu come el Re di Francia s'era partito da Napoli e veniva in qua [3].

---

[1] Gli storici fiorentini credettero che questi soldati fossero dal Re inviati per raflorzare la guarnigione di Pisa, ma invece erano spediti in servigio dei Pisani, e per loro guerreggiarono coll'approvazione del Re PORTOVLNERI, Op. cit

[2] Cioè che al Consiglio Maggiore spettasse d'allora in poi la elezione dei Dieci di Libertà e Pace

[3] Chè con deliberazioni dei giorni 16 e 19 di maggio, la Signoria aveva deputati vari cittadini per provvedere a tutto quello che occorresse per la venuta del Re nel territorio fiorentino.

E a dì 24 di maggio 1495, fu voluto dare a frate Girolamo, nella Via del Cocomero, quando ebbe predicato

E a dì 28 di maggio 1495, si mandò uno degli Albizi per staffetta al Re, perche s'era inteso che gl'inbasciadori non andavano in verità; e forse non era vero.

E a dì 29 detto, feciono altri 3 inbasciadori al Re, per intendere el vero [1].

E a dì 31 di maggio 1495, si ragunò el Consiglio e Richiesti assai; e fecesi grande pratica sopra la venuta del Re. E infra l'altre, molto si disse che si chiedessi al Re due cose, la prima la liberta, la seconda che noi non ci vogliamo Piero de'Medici.

E a dì primo di giugno 1495, ci fu come el Re era entrato in Roma per passare di qua.

E a dì 2 detto, si fece frate in San Marco Pandolfo Rucellai, ch'era già vecchio.

E a dì 3 di giugno 1495, si ragunorono e gonfaloni nelle chiese, e fecesi molti consigli, in questa venuta del Re. E fu di nuovo consigliato che si chiedessi al Re 4 cose: la prima la liberta, e non volere Piero de'Medici, com'è detto; la terza, che ci renda le cose nostre; la quarta, dimandare se viene come amico o come nimico; e così fu consigliato da tutti.

E a dì 4 di giugno 1495, la citta stava in grande sospetti, e molto si provedeva le case e forniva d'arme.

E a dì 5 detto, feciono venire la Tavola di Nostra Donna di Santa Maria Inpruneta, e fecesegli un grande

---

[1] Furono Domenico Bonsi, Giuliano Salviati e Andrea dei Pazzi L'Ammirato prende errore quando in luogo di quest'ultimo pone Pandolfo Rucellai: al quale è vero che fu data tal commissione, ma egli la rifiuto, vestendo l'abito Domenicano.

onore. [1] E frate Girolamo ordinò che quella rendita del-
l'oferte che se gli faceva, fussi de'poveri. E ordinò due
tavole a San Felice in Piazza, e due a Santa Maria del
Fiore, e quivi s'offeriva grande limosina di fiorini e di
grossi. Fu grandissima limosina, e fu ordinata da detto
Frate, ch'egli era ubidito da chi no'gli credeva. Fece
stare in Santa Maria del Fiore le donne da l'un lato
e gli uomini da l'altro, che non si trovava uomo me-
scolato con donne; con una processione tanta ordinata, e
divota, che mai ne fu fatta un'altra tale.

E a dì 7 di giugno 1495, rifiutorono e 20 uomini
ch'erano eletti al governo della città, e lasciorono el
dominio a l'ordine del Consiglio Grande e universale;
el quale pare, a ognuno che vole vivere bene e sanza
passione, el più degno governo ch'abbia avuto mai Firenze. E nondimeno tutti e principali attendevano a for-
nirsi d'arme e mettersi in casa fanti, in modo si dubitò
di Parlamento, ma non fu così. Lo facevano per pagura
dell'andare a sacco. Ogniuno faceva forte la casa sua.
El contado attendeva a sgonbrare in Firenze, massimamente quegli di qua donde aveva a passare el Re. E
nondimeno, el frate Girolamo predicava ogni giorno e
confortava ogniuno che non avessino paura, che Iddio
ci aiuterebbe.

E a dì 11 di giugno, tornò Lorenzo di Pier Fran-
cesco de'Medici, ch'era inbasciadore al Re.						.

E a dì 12, tornò Bernardo Rucellai, ch'era ancora

---

[1] Questa venuta era stata in genere deliberata dalla Signoria il 28 maggio, affinchè il popolo fiorentino potesse aver grazia
nelle angustie che lo affliggevano; due giorni dopo si fissò il 5
giugno per condurre il Tabernacolo in Firenze.

lui imbasciadore al Re. E in questi dì tuttavolta si forniva d'arme la città, e ponevasi a ogni canto legni per
potere isbarrare la città. Stava ogniuno in grandissimo
sospetto e di mala voglia, perchè si stimava che 'l Re
ci voleva male: perchè tuttavolta si perdeva le castella.
Eraci nuove che Palaia era perduta, e Montetopoli.

E a dì 13 di giugno 1495, ci fu come el Re era
giunto in Siena, con tutta sua giente.

E a dì 14 detto, giugnieva la sua giente a Poggibonizi e facievano ogni male. Ogniuno pregava Iddio che
non venissi per Firenze, e fumo esalditi da Dio.

E a dì 15 di giugno, andò frate Girolamo in contro
al Re a Poggibonizi, e quivi l'aspettò.

E a dì 16 detto, venne el Re a Poggibonizi, e 'l suo
antiguardo andò a Empoli, e mettevano a sacco ogni
cosa, e pigliavano prigioni e facevano ogni male.

E a dì 17 di giugno, parlò frate Girolamo al Re, in
Poggibonizi. E dissesi che lui fu la causa che non venne
in Firenze; e che 'l Frate gli raccomandò Firenze, e che
Iddio voleva che facessi bene a Firenze; e ch'ell'era
tutta sua amica. In modo che si disse, che giovò assai
a Firenze, e che 'l Re gli prestò fede assai. Era il Frate
in quel tenpo in una tanta stima e devozione in Firenze,
che ci era molti uomini e donne, che se gli avessi detto
loro *Entrate nel fuoco,* l'arebbono ubidito di fatto. Stimavasi per molti che fussi profeta, e lui lo diceva.

E a dì 18 di giugno 1495, ci fu come gli aveno
arso Montetopoli, e messo a sacco Ganbassi e Castel
Fiorentino, e molte altre cose, come sanno fare e Franciosi e tutti soldati.

E a dì 19 detto, in verso Settimo, e nostri asaltorono certi anbasciadori Franciosi che si partirono di
Firenze, per modo che, per tutti questi piani insino a

Peretola, commiciorono a sgombrare, che fu causa di certi nostri cervellini e tristi che no'pensono di quanto scandolo e'furono causa, per volere rubare qualche piccola cosa, mettere a pericolo.

E a dì 20, tornò frate Girolamo dal Re, e a dì 21 poi predicò e disse avere parlato col Re, e come gli aveva promesso molto bene, e come lui aveva detto al Re che se e'no gli ateneva la promessa, che lui capiterebbe male e che Iddio gli leverebbe l'uficio, e che non sarebbe piu ministro di Dio, e che perderebbe la piu cara cosa ch'egli avessi. E cosi chiamò testimonio tutta la predica, che v'era circa 13 o 14 mila persone, che cosi sarebbe a ogni modo E disse, avergli detto certi altri secreti di sua casi particulari.

E a dì 22 di giugno 1495, el Re si partì e andò verso Pisa.

E a dì 23 detto, ci fu come el Re aveva avuto un poco di rotta dalla Lega, al Salto della Cervia, la sua prima guardia. E piu ci fu come e Lucchesi avevano messo drento molti fanti della Lega, e non vollono el Re E ancora ci fu come e nostri avevano dato una grande rotta a Montepulciano, [1] e preso un messer Giovanni Savello capitano de'Sanesi

E a dì 24 di giugno 1495, el Re entrò in Lucca, e fu pure ricevuto. Si mutorono d'animo E dicevasi che 'l Re non ci voleva rendere Pisa, e ch'e Pisani l'avevano donata al fighuolo del Re, che cosi dove essere, però che s'è veduto l'effetto che lui si partì e nolla rende: ed era obrigato sotto giuramento, in sull'altare di Dio.

---

[1] I Montepulcianesi, fino de'27 marzo, aiutati da Senesi, si erano ribellati a Firenze gridando *Libertà e Lupa*

E a dì 25 detto, si partì el Re da Lucca, e andò in verso Serezzana. E nostri anbasciadori, che erono andati al Re, tornorono sanza conclusione di riavere Pisa; in modo che ci fu che dire assai. E fecesi pensiero d'averla per forza a ogni modo. E'nimici del Frate: — Togli, fidati del Frate che dice avere Pisa in pugno!

E a dì 26 di giugno, si fece la Signoria, la prima fatta per elezione, secondo la nuova riforma, e come si fanno gli altri ufici grossi; e non fu più fatta da'Venti come prima, che già avevano rifitato, com'e detto. E fu gonfaloniere Lorenzo Lenzi; e parve contento tutto questo popolo di tal modo d'eleggere. Ognuno s'accordava che questo fussi el vero modo del vivere popolare fiorentino, più che fussi mai.

E a dì 27 di giugno 1495, ci fu come noi avano condotto in patti Montepulciano.

E a dì 29 detto, ci fu come el Re era in quel di Pietrasanta e Serezzana, e in que'paesi. Pensa come stavano!

E a dì 30 detto, ci fu come el Re aveva messo a sacco e a filo di spada un castelluccio presso a Pontriemoli.

E a dì primo di luglio 1495, ci fu comò el Re non poteva andare innanzi, e che vi piovova la giente di Lonbardia e di Bolognese e per tutto, sanza soldo, la maggior parte; e dubitavasi del Re che non capitassi male.

E a dì 2 detto, ci fu come e nostri avevano preso 50 uomini di que' di Cascina; e fuvvi un fighuolo del Capitano de'Pisani, de'Malvezzi.

E a dì 3 di luglio, ci fu come el Re di Francia era di là da Pontriemoli, in luogo che si morivano di fame. Erano stretti e avuto un poco di rotta dalla Lega.

E a dì 6 detto, mandorono e Fiorentini al Re inbasciadori, che fu messer Guido Antonio e Neri Capponi. [1]

E a dì 8 detto, ci fu come a dì 6 detto s'apiccorono la battaglia el Re di Francia colla Lega, in Parmigiano in sul Taro, a ore 16; e durò insino a notte, e funne morti dell'una parte e dell'altra, 3 mila. Uomini famosi sono suti morti e molti uomini di conto, presi molti prigioni da taglia. E' Franciosi ànno perduto la maggiore parte de'cariaggi e artiglierie. El Conte di Pitigliano si fuggì da'Franciosi e andò dalla Lega. E morti dal canto di là furono: el signore Ridolfo da Gonzaga, el signore Anton Maria, el signore Cararno, el conte Bernardo dal Monte, e messer Giovanni capitano del Marchese di Mantova. El Signore Rinuccio da Farnese rimase preso e ferito.

E a dì 9 di luglio, si vendevano a lo'ncanto le cose di Piero de'Medici, e così e panni; e penossi più dì, in Orto Sa' Michele.

E a dì 11 detto, ci fu come el Re di Napoli aveva riavuto Napoli, e morti molti Franciosi. E più c'era nuove che 'l Re di Francia se n'andava, e la Lega lo secondava, e lasciavalo andare; perchè nella Lega vi fu chi non andava in verità. Che se gli avessino voluto, e fussino stati d'accordo, e' non ne tornava in Francia testa di loro; nè anche el Re.

---

[1] Il 23 giugno il Re aveva scritto ai Fiorentini che avrebbe ricevuto i loro ambasciatori quando fosse giunto in Asti, e i due qui nominati sono appunto quelli che gli furono mandati Nei registri di *Deliberazioni de'Signori e Collegi* dell'anno 1495, si legge copia dei Capitoli fatti dal Re coi detti ambasciatori, a Torino, il 16 di agosto, e che dai Signori furono ratificati il dì 8 settembre.

E a dì 14, ci fu come gli avevano fatto un poco di
triegua, e ch'e Franciosi potessino passare un certo fiume
E per ventura de' Franciosi, come piaque a Dio, quel
fiume venne grosso, perchè piovve grandissima aqua, e'
nostri non poterno andargli a trovare, per non potere
passare el fiume, per modo ch'e Franciosi dettono a
ganbe.

E a dì 15 detto, ci fu come e Franciosi erano giunti
in Asti, e molto si disse che fu per miracolo di Dio. E
dissono ch'el Re giurò di volere tornare aquistare Milano,
e come gran nimico de'Viniziani e di chi era nella Lega

E a dì 18, ci fu come e Gienovesi avevano preso
l'armata del Re con molti legni e prigioni, per modo
che fu vituperato e rovinato di tale impresa, per modo
che Firenze potè dire che fussi ogni sua disgrazia per
peccato ch'egli aveva fatto a ronpere el giuramento
ch'egli aveva fatto in sull'altare di Santa Maria del
Fiore, che giurò di renderci Pisa, come gli aveva Napoli; e come uomo di poco intelletto non volle mai conoscere gli amici suoi. Vedeva chiaramente noi essere
soli a non volere entrare nella Lega controgli, e diven-
tàmo nimici di tutta l'Italia, per suo amore. Anzi ci a
fatto spendere un tesoro a volerla per forza. Ma secondo
che dice questo Frate (che noi stimiano profeta) che
presto gli a a'intervenire peggio ; e come e'sarà dato a
altri l'uficio dell'essere ministro di Dio a purgare l'Italia
de' peccati.

E a dì detto, fu finito el primo finestrato del palagio di Strozzi. E più si faceva nella Dogana e fondamenti per la sala grande ; [1] e tuttavolta el Frate confor-

---

[1] Doveva servire per le adunanze del Consiglio Generale. Il
disegno fu di Simone del Pollaiolo amico del Frate; e varie te-

tava si tirassi inanzi. Per suo consiglio si faceva detta
sala. E in questo tenpo tuttavolta si faceva giente per
a Pisa.

E a dì 29 di luglio 1495, ci fu come e Sanesi erano
in arme, e che s'amazavano, per volere rifare un certo
loro Monte de' Nove; chi voleva e chi no.

E a dì 31 di luglio 1495, ci fu come e nostri avevano preso el Ponte di Sacco e mandatolo a sacco. E
tuttavolta, qui non si faceva altro che mandare giente.

E a di primo d'agosto, ci fu come e Sanesi avevano
confinati molti cittadini, e rifatto el Monte de' Nove.

E a dì detto, al Ponte di Sacco avevano presi circa
70 Franciosi ch'erano pe'Pisani in detto castello. [1] E nostri, come uomini non Taliani ma barberi, e inparato da
loro, e perchè gli avevano in odio per più conti, si di-
lettorono d'amazzargli e tagliarli tutti a pezzi, perchè
de'Taliani si truova de' crudeli e tristi.

E a dì 3 d'agosto 1495, si dettono a patti parecchi
castellucci de' Pisani, Lari e altri.

E a dì 4 d'agosto, ci fu come lo 'Nperadore aveva
mandato un bando che niuno suo suddito non andassi
al soldo de' Viniziani nè del Duca, e che voleva citare
el Papa a' Concilio; e se non voleva passare di la, lo
voleva a Firenze. Nollo citò però.

E a dì 6 d'agosto 1495, andorono di qui al canpo
nostro di Pisa, ch'era al Ponte ad Era, e nostri com-

---

ste di marmo e di bronzo che erano nel palazzo de'Medici furono
destinate per adornarla Questa sala fu fatta rialzare e ornare da
Cosimo I, e ora chiamasi il Salone dei Cinquecento.

[1] Erano di quelli che aveva mandati nel maggio il Re, ed
i Fiorentini credevano che si fossero venduti a'Pisani contro la
volontà del loro Signore.

messari, che fu Francesco Valori, Pagolantonio Soderini, e portorono molti danari a'soldati, circa 20 mila fiorini.

E a dì 9 d'agosto, la domenica, quando si diceva el vespro, venne una saetta in sulla cupola. Non fece molto danno, ma grande paura chi era in coro, però che cadde alquanti calcinacci in coro, piccola cosa.

E a dì 11 detto e per tutti questi dì, si vendeva in Or Sa' Michele robe di Piero de'Medici a lo 'ncanto, che v'era coperte da letto di velluto e con ricami d'oro, e molte e varie cose, dipinture, quadri e molte belle cose; a mostrare quanto puo la fortuna in queste cose transitorie, ma diciano meglio, le permissioni divine, acciocche l'uomo riconosca da Dio ogni cosa, che le da e toglie a sua posta, e che l'uomo non debbe insuperbire per vedersi e trovarsi gran maestro e ricco; ma debbe l'uomo, quanto piu a ricevuto da Dio, tanto debbe essere piu umile e parègli essere più ingrato a Dio che gli altri; che la gravita de' peccati istà nella ingratitudine.

E a dì 12 d'agosto 1495, fu finita la volta della sala grande, quella parte che copriva la corte del Capitano.

E in questi dì, si diceva che 'l Duca di Milano non lasciava passare lettere che venissino dal Re di Francia.

E a dì 13 detto, si vinse in Consiglio Maggiore, che chi ragionava di fare Parlamento, ghien' andassi la vita e la roba. E in questi dì, si strigneva forte Palaia

E a dì 14 d'agosto 1495, s'ebbe Palaia a patti che fussino salvi l'avere e le persone, e dettono fiorini 400.

E a dì 18 detto, el canpo andò a Cascina, e presono la Badia di San Severino,[1] ma poi non v'andorono, m'an-

---

[1] Deve dire San Savino

dorono a Vico Pisano, e l'altro dì gli dettono battaglia
e morivi de'nostri assai. E ogni dì si conbateva, e fuvvi
morti più di 20 uomini.

E a dì 29 d'agosto, si levorono da canpo da Vico.

E a dì 31 detto, ognindì si diceva: El Re manda
a rendere Pisa, e che le lettere non possono passare.
Non era nulla.

E a dì primo di settenbre 1495, torno Piero mio
cognato, di canpo, ferito d'uno scoppietto nel tallone.
Stette male.

E a dì 4 detto, andò el canpo presso a Pisa.

E a dì 5 di settenbre 1495, e Franciosi ch'erano
nella cittadella di Pisa, avevano chiesto l'altra cittadella vecchia, e che l'avevano data loro. E dubitavasi
ch'e Pisani avessino soccorso dalla Lega

E a dì 7 di settenbre, ci fu come el canpo nostro
era nel borgo di San Marco di Pisa, e che gli avevano
avuta la rocca Stampace.

E a dì 8 detto, ci fu una patente e contrasegno del
Re di Francia per renderci Pisa; e non valse niente,
perchè erano sostenuti dalla Lega, e massimamente
da' Viniziani.

E a dì 10 di settenbre 1495, andorono al canpo a
Pisa 2 de' Dieci, 2 degli Otto, 2 de' Colegi, per fare forza
a Pisa.

E a dì 14 detto, ci fu come gli avevano preso la
bastia de'Pisani e alcuni prigioni Pisani. E se non fussi
che 'l Castellano de' Franciosi [1] conmciorono a trarre

---

1 Questo comandante, cui fu dal Re affidata la custodia della
fortezza di Pisa, era Roberto di Balzac, antico favorito di Luigi XI,
consigliere e ciamberlano del Re, siniscalco d'Agenois e di Gua-
scogna, barone d'Entragues e di Saint Amand Il COMINES nelle

spingarde a'nostri e amazzorono alcuni de' nostri; e fu
ferito quello de'Vitegli; [1] e non ci atennono quello avevano promesso, di renderci la forteza, come diceva le
lettere del Re.

E a dì 16 di settenbre, andò a Pisa Monsignore di
Lilla francioso, [2] ch' era qui in Firenze, per farci dare
la cittadella; perchè quello Francioso che v'era drento
nolla voleva dare. E andovvi in cataletto perch'era amalato, in servigio de'Fiorentini; e non giovò niente.

E a dì 18 detto, ci fu come el Fracassa [3] era entrato
in Pisa con poca giente, che si stimava era mandato
dalla Lega.

E a dì 20 di settenbre 1495, si fuggì di qui l'Alfonsina
donna di Piero, de' Medici e andonne a Siena, al marito.

E a dì 23 detto, andò un bando, che se un figliuolo
di Bernardo de'Medici [4] non conpariva agli Otto, avessi
bando di rubello perche l' aveva condotta lui a Siena.

E a dì 25 di settenbre 1495, mandorono un bando,
che chi amazzava Piero de'Medici avesse 4 milia ducati,
e l'arme a vita con due conpagni, e potere ribandire
uno, chi c' voleva; e colui che l'ammazza fussi rubello,
abbi 2 mila ducati d'oro e sia ribandito, e possa por-
tar l'arme a vita come gli altri. [5]

---

sue *Memorie* lo chiama « uomo di molta qualita, servitore del
Duca d'Orleans » La sua condotta parziale e insubordinata, mi
pare lo mostri di qualità molto cattiva.

    [1] Paolo Vitelli.

    [2] Giovanni Dumas signore di Lilla, consighere, ciamberlano
e maestro di casa del Re.

    [3] Gaspero di Roberto da San Severino capitano di giente d'
arme

    [4] Averardo di Bernardetto de' Medici

    [5] Si rinnuovarono le condanne in conseguenza degli sforzi
che faceva Piero per rientrare in Firenze.

E a dì 2 d'ottobre 1495, fu finito le volte della sala grande di Dogana, che sarà una magna cosa.

E a dì 3 detto, si comincio a dubitare di certa ragunata si faceva negli Agnoli, d'opra di Parlamento. E mandorono a pigliare don Guido e certi altri frati degli Agnoli. Si disse tenevano mano a questa congiura. Non s' intese che fussi vero

E a dì 4 d'ottobre, venne el canpo a Cascina.

E a dì 5 detto, tornò Monsignore di Lilla, e disse avere protestato al Castellano che, se non rendeva la cittadella, ch'egli era rubello del Re. Morì detto Monsignore.

E a dì 6 d'ottobre 1495, presso a Canpi, si scoperse una casa di morbo, e in casa Antonio di Bono morì un garzone e una fante; e in casa Andrea di Bono v'era amalati di morbo; e in casa di Iacopo di Piero Berardi, e un altra nella Via della Scala e più luoghi. Ci fece danno.

E a dì 15 d'ottobre 1495, si fece l'onoranza di Monsignore di Lilla, e fugli fatto un grande onore. Sotterrossi a'Servi. Ebbe 280 torchi, e predicossi sopra el corpo in sulla Piazza di Sa' Lorenzo.

E a dì detto, si vinse che chi amazzava Piero de'Medici, e fussi morto lui, l'erede sue avessino e 4 mila fiorini.

E a dì 17 detto, dettono bando a uno de' Ricasoli che trattava con Piero de'Medici di dargli Ricasoli. [1]

E a dì 18, predicava frate Girolamo e confortava tuttavolta a tenere fermo questo reggimento e 'l Consiglio Maggiore.

E a dì 27 d'ottobre 1495, venne un fante che recò

---

[1] Aveva nome Antonio di Bettino

nuove che 'l Re di Francia mandava un signore che ci rendessi Pisa per ogni modo; el quale era indietro; e toccò dalla Signoria 100 ducati, e nonne fu nulla.

E a dì 29 detto, cadde l' antenna del palagio degli Strozzi che tirava su le pietre, perche si ruppe un vento sopra la Loggia: e cadde in verso Santa Trinita, e ruppesi nel mezzo dov' era la commettitura; e non fece male a persona.

E a dì 3 di novenbre 1495, ci venne uno imbasciadore del Re di Francia, che si chiamava Lancia in pugno, e veniva per darci Pisa; e andò là e fu preso da' Pisani e poi lasciato. E a questo modo eravamo uccellati. E in questo tenpo la morìa ci facea un poco danno.

E a dì 14 detto, ci fu come Piero de' Medici era in quello di Perugia con molta giente.

E in questi dì, tuttavolta si vendeva e beni di Piero de' Medici a lo 'ncanto.

E a dì 24 di novembre 1495, si disfece un certo rialto che s' era fatto tra 'l Palagio de' Signori e la Loggia de' Signori, che s'era fatto di poco tenpo, che s'andava nella Loggia di Palagio al pari colla porta. [1]

E a dì 26 detto, si vinse in Palagio 3 pitizioni: la prima, una taglia dietro a Giuliano de' Medici, chi l'amazzava; e la seconda, vendere e beni della Torre; la terza, la riforma del trarre sanza chiamare. [2]

---

[1] Una deliberazione della Signoria del 22 novembre e così concepita: *Quod pavimentum saxis politis stratum ante portam Dominorum, paucis ante annis confectum, dictum* el Rialto, *removeatur et remaneat ut prius erat ad maiorem Palatii pulcritudinem, ne conspectus Palatii a lateribus deformatus videatur: et lapides illi dentur Operariis novae Salae ad Salam conficiendam.*

[2] Ecco in sostanza con più chiarezza il sunto di queste prov-

E a dì 3 di dicembre 1495, ci fu come Piero de'Medici fu per esser preso a Cortona. S'ebbe a fuggire.

E a dì 4 detto, ci fu come Ramazzotto, amico della Casa de'Medici, asaltorono la strada al Cavrenno, e tolsono muli carichi; e come poi, l'altro dì, el podestà di Firenzuola aveva preso alcuni di loro. E comandossi fanti in Mugiello in aiuto di Firenzuola.

E a dì 7 di dicembre 1495, si vinse in Palagio una gravezza a'preti di 50 mila fiorini [1] e alla roba di Piero de' Medici 30 mila.

E a dì 8 detto, ci fu come el Re di Napoli aveva preso el Castello Nuovo, e così raquistava ogni cosa.

E a dì 9 di dicembre 1495, si portò in Palagio de'Signori un Davitte ch'era in casa Piero de' Medici, e posesi in mezzo della corte del Palagio de' Signori [2]

---

visioni. Colla prima, si prometteva il premio di fiorini 2000 larghi d'oro e altri privilegi a chi uccidesse Giuliano colla seconda, si ordinava agli Ufficiali di Torre di vendere 48 botteghe sul Ponte Vecchio e 20 in Mercato Vecchio coll'ultima, s'ordinava l'imborsazione dei cittadini per trarre a sorte quelli che dovessero occupare certi ufizi o magistrati, che allora si facevano per elezione e come dicevasi, a *mano* nel Consiglio Maggiore E questo e *il trarre sanza chiamare*

[1] La provvisione intitolata *Officialium Presbiterorum Ordinatio* e del giorno successivo Dovevano essere cinque cittadini da eleggersi dal Consiglio Maggiore, e coll'autorità di « risquotere almeno insino alla somma di fiorini cinquantamila da qualunche non sopportante le gravezze ordinarie » La Signoria, il dì 30 del seguente mese di gennaio, ordinò agli *Officiali delle Grazie dei Contadini* di cedere a quelli, per loro residenza, parte del locale che occupavano nell'Arcivescovado

[2] Il dì 9 d'ottobre, i Signori ordinarono che le due statue di bronzo, il David e la Giuditta, esistenti il primo nel cortile del palazzo di Piero, e l'altra nell'orto del medesimo, venissero conse-

E a dì 10 detto, ci fu come el Re di Francia aveva
arso le case di quello Castellano ch'era in Pisa, per
non avere ubidito al Re di renderci la cittadella che
teneva.

E a dì 11, ci fu come el Papa mandò a comandare
a frate Girolamo che non predicassi; e così osservò
più dì.

E a dì 12 detto, si mandava comessari a tutti e
passi a provedere.

E a dì detto, ci fu nuove come a Roma era venuto
el Tevero sì grosso ch'egli alzò in Banchi insino al
primo solaio, e passò sopra 'l segno di tutte le volte più
braccia; e morivvi assai bestie e uomini e certi ch'erono
in prigione in fondi di torre, e più altri.

E a dì detto, si disse questa cosa poco credibile, che
nel Reame era aparita una donna a uno pecoraio e avevagli detto Dammi una di coteste pecore, e dandola gli
disse. Partila per mezzo E partendola, n'uscì fuori assai
serpe, scorzoni e serpenti e brutti animali. Di poi gli
disse: Richiudila e raccostala insieme, e ritornò viva
come prima, e disse al pecoraio: Va, di'al Papa che
sarà una grande pestilenzia; che faccino penitenzia e di-
giunino el primo sabato, e stieno 3 dì sanza mangiare
carne.

E a dì 12 di dicenbre 1495, ci fu un'altra cosa da
ridersene ; pure la dirò, poich'ella si diceva per tutto,
che gli aparì a Milano. Aparì nella via el Duca di Mi-

lano ch'era stato morto, e dette una lettera a uno e
dissegli · Porta questa al signore Lodovico. E portan-
dola, el cancelliere nolla pote aprire. E come el signore
Lodovico l'ebbe in mano, s'aprì; e leggiendola, inchinò
el capo e stette un pezzo amirato. E chiedendo la risposta el messo, el signore Lodovico disse: Ell'e fatta.
E immediate sparì el messo. Onde si diceva molte cose:
che sarebbe morìa, fame e massimamente guerre, come
fu veduto per processo.

E a dì 14 di dicenbre 1495, ci venne uno inbasciadore dal Re di Francia¹ Avàno buona speranza di Pisa;
e venne a Pistoia e non venne in Firenze, dicendo voleva andare a Pisa. E la fu vicitato da'nostri cittadini
e non giovò.

E a dì 15 detto, si tirava su e cavalletti della sala
di Dogana per porre el tetto.

E a dì 21 di dicenbre 1495, si pose in sulla ringhiera
del Palagio de'Signori, a lato alla porta, quella Giuletta
di bronzo, ch'era in casa Piero de' Medici.²

E a dì 26 di dicienbre 1495, s'arse in Palagio quel
resto delle polize³

---

¹ Monsignore di Gemel

² La Giuditta, opera di Donatello Le parole *Exemplum salutis
publicae cives posuere MCCCCXCV*, che leggonsi intorno alla
base, credo che si ponessero a ricordare l'abbattuta potenza di
Piero de'Medici e non la remota cacciata del Duca d'Atene, come
stampo il Moise Nel 1504, tolta dalla ringhiera per mettere nel
suo luogo il David di Michelangelo, fu posta in una nicchia nel
cortile dello stesso Palagio; nel 1560 poi fu collocata sotto l'arco
della Loggia dei Signori in faccia a Via della Ninna, dove *sta
tuttora*

³ Ciò era in ordine a quella provvisione del 26 novembre
che riformava ed estendeva il modo d'imborsare per gli uffici, e

E a dì primo di giennaio 1495, s'aspettava Pisa per
la venuta di quello inbasciadore; e fu tutto el contrario, perche l'altro di el Castellano dette le fortezze a' Pisani, e tutti e Franciosi che v' erano s' andorono con
Dio, a Lucca. [1] Onde si potè molto bene vedere che 'l Re
ci dileggiava, ne voleva si riavessi. E stavasi ogniuno
di mala voglia; e dove ci dovàno dolere del Re, alcuni
ignoranti volsono l'odio contro al Frate; andando di notte
intorno a San Marco, gridando e dicendo parole disoneste. *Questo porco di questo frataccio si ruole ar-
derlo in casa,* e simile parole. E fu chi volle mettere
fuoco nella porta di San Marco.

E a dì 4 detto, mandorono cavallari in Francia, vo-
lando, a dolersi dell'essere ucciellati. Niente giovò mai.

E a dì 9 di giennaio 1495, andò in sul carro due
contadini e furono inpiccati, che volevano dare Monte-
catini a Piero de' Medici. E in questo dì mandorono un
bando, che non si ragionassi di Stato, o di Re, o di
Frati, e non portare maschere; a pena di fiorini 25, o
dieci tratti di fune.

E a dì 17 detto, tornorono e cavallari di Francia,
e uno di loro si ruppe una coscia. E dissono, che gli
avevano dal Re, che fussi rimesso in Sa'Malò e fatti di
Pisa, di Sarzana e Pietrasanta; e che ci voleva rendere
ogni cosa, e che gli era di buona voglia. Non ne fu altro.

---

che ho citata nella nota 2 a p 118, e che tra le altre cose prescri-
veva che, fatta l'imborsazione, si ardessero le polizze di quelle
borse delle quali non accadeva farsi tratta. Il 30 dicembre, i Signori ordinarono al cancelliere delle Tratte che portasse loro
omnes registros scrutineorum preteritorum ut illos comburant.

[1] Questo fatto fu, com'e naturale, di grande allegrezza a'Pisani,
i quali ebbero premura di darne subito notizia per mezzo d'ambasciatori al Duca di Milano, al Comune di Genova, al Papa, al

E a dì 19 di giennaio, ci fu lettere dal Re di Napoli, che chiedeva aiuto, altrimenti farebbe cose che l'Italia piagnerebe.

E in questi dì, c'era disputa si doveva entrare nella Lega o no. Chi diceva che passerebbe un'altra volta di qua el Re, chi diceva no; perche già gli era morto el figliuolo e stavasi in molte parte e dispute.

E a dì 26 di giennaio 1495, si partirono di Firenze gli usciti di Siena e andorono a Siena colla forza de'Fiorentini, co'molta giente e 'l nostro capitano Conte d'Urbino, con tutti e nostri caporali E così vennono e Perugini con molta giente, e col resto degli usciti, e fuvvi in un dì o due 8 mila persone, e rimissogli in Siena Partissi di Siena alquanti cittadini e venono a Colle. [1]

E a dì 29 di giennaio 1495, fu dato bando di rubello a un maestro Lodovico medico e altri, che vollono dare el Bucine a Piero de' Medici.

E a dì 7 di febraio 1495, e fanciugli levorono di capo una veliera a una fanciulla e fuvvi scandolo di sua giente, nella Via de' Martegli. E questo fu perch'e fanciugli avevano avuto animo di frate Girolamo, che dovessino correggiere le disoneste portature e' giucatori, per modochè quando si diceva: Ecco e fanciugli del Frate, ogni giucatore, quantunche bravo fussi, ognuno si fuggiva, e le donne andavano con ogni onestà. Erano ve-

---

Signore di Piombino, a Siena e ad altri « La corporale et actuale possessione della cittadella nuova con tutte le rócche et fortezze », da essi riputata come il vero acquisto della bramata libertà, fu presa il primo di gennaio 1496, « a hore 18 » *Lettere degli Anziani di Pisa*

[1] Il MALAVOLTI, nella sua *Storia* dice anzi che non poterono entrare in Siena, e che « fatta una sanguinosa fattione », tornarono indietro

nuti in tanta reverenzia e fanciugli che ognuno si guar-
dava delle cose disoneste e massimamente del vizio inominabile. Non si sarebbe sentito ragionare di tal cosa
nè da' giovani nè da' vecchi in questo santo tenpo, ma
fu piccolo. Anno potuto più e tristi ch' e buoni. Sia
laldato Idio da poi ch' i' vidi quel piccolo tenpo santo.
Onde i' priego Iddio che ce lo renda quel santo vivere
e pudico. E che sia stato un tenpo benedetto, vedi e
pensa bene le cose che si feciono in tal tenpo.

E a dì 16 di febraio 1495, fu el Carnasciale. E avendo
predicato fra' Girolamo, piu giorni inanzi, ch'e fanciugli
dovessino in luogo di pazzie, del gittare e sassi [1] e fare
cappanucci, dovessino accattare e fare limosine a'poveri
vergognosi; e come piaque alla divina grazia, fu fatta
tale comutazione, che in luogo di pazzie, accattorono
molti dì inanzi; e in luogo di stili, trovavi su per tutti
canti Crocifissi nelle mani della purità santa. Per modo
tale, che in questo dì del Carnasciale, detto vespro, si
ragunorono le schiere in 4 quartieri di Firenze, ogni
quartiere ebbe la sua bandiera. La prima fu un Crocifisso, la seconda una Nostra Donna, e così l'altre; colle
tronbe e co'pifferi di Palagio, co' mazzieri e ministri di
Palagio, cantando delle lalde, sempre gridando: *Viva
Cristo e la Vergine Maria nostra regina;* tutti con

---

[1] IACOPO NARDI lasciò scritto nelle sue *Istorie*: « Tra le altre
cose questa parve molto notabile, che in quel tempo fu dismessa
e lasciata volontariamente quella stolta e bestiale consuetudine
del giuoco de'sassi, che ne'giorni carnevaleschi s'usava di fare
tanto radicata per la sua antichità che eziandio dai severi spaventevoli bandi de'magistrati non s'era mai potuto reprimere, non
che diradicare ». Ma questa non fu che una sospensione, vedendosi tal barbaro costume in vigore anche nella seconda metà del
secolo XVI.

una ciocca d'ulivo in mano, che veramente pe'savi uomini e buoni lacrimavano teneramente dicendo · Veramente questa nuova commutazione è opera di Dio. Questi giovanetti son quegli ch'anno a godere le cose buone
ch'esso promesse. E ci pareva di vedere quelle turbe
di Gierusalem ch'andavano inanzi e dietro a Cristo la domenica d'ulivo, dicendo: *Benedetto sia tu che vieni nel
nome del Signore.* E ben si può dire le parole della
Scrittura *Infanzium e lattenzium perfecisti lalde.* E
note che furono stimati seimila fanciugli o più, tutti da
5 o 6 anni insino in 16. E tutti e quartieri si rauno-
rono a' Servi, nel portico de' Nocenti e sulla Piazza, e
tutti si partirono di quivi e passorono pella cappella
della Nunziata, e poi per San Marco. Poi feciono la via
che fanno le procissioni, passorono el Ponte a Santa
Trinita e poi in Piazza E poi in Santa Maria del Fiore
feciono l'oferta, la quale era calcata d'uomini e di donne,
divise, da l'un lato le donne e dall'altro gli uomini,
con tanta divozione e lacrime di dolcezza di spirito, che
non fu mai fatta tale. Fu stimata l'oferta parecchi centinaia di fiorini Vedevasi dato loro ne'bacini molti fiorini d'oro, e la maggior parte grossi e arienti. Chi dato
loro vehere, cucchiai d'ariento, fazzoletti, sciugatoi e
molte altre cose. Si dava sanza avarizia; pareva che
ognuno volessi dare ciò che gli aveva, e massime le
donne, pareva che ogniuno volessi offerire a Cristo e
alla sua Madre. Io ò scritte queste cose che sono vere,
e io l'ò vedute, e sentito di tal dolcezza, e de' mie'figliuoli furono in fralle benedette e pudiche schiere.

E a dì 17 di febraio, fu el primo dì di Quaresima,
vene alla predica di frate Girolamo in Santa Maria del
Fiore un grande numero di fanciugli. Fu fatto certi
gradi accosto al muro, dirinpetto al pergamo, per detti

fanciugli, dietro alle donne; e molti anche si stavano in
fralle donne; e tutti quegli che stavano in su'gradi cantavano inanzi alla predica dolci lalde; e poi venivano
e cherici in sul pergamo e cantavano le Tanie; e'fanciugli rispondevano. Per modo che facevano per dolceza
piagnere ogniuno, e massime gl'intelletti sani, dicendo:
Questa e cosa del Signore. E questo durava ogni mattina di Quaresima, inanzi che 'l Frate venissi. E nota
questa maraviglia, che non si poteva tenere nel letto
la mattina niuno fanciullo; tutti correvano inanzi alle
lor madre alla predica.

E a dì 25 di febraio 1495, si trasse la Signoria nella
sala nuova, la quale era fornita di coprire, e non era
ancora amattonata, ne fatto panche. Era fatto la porta
del Palagio ch'andava nella sala; era imbastito, e non
v'era ancora fornito nulla. [1] Nella qual sala fu posto due
epitaffi di marmo, l'uno era in volgare e in versi; l'altro in latino. El vulgare diceva una stanza d'otto versi:
in sentenzia diceva: Chi vuol fare parlamento vuol torre
al popolo c'reggimento. L'altro ch'era in latino diceva,
che tal Consiglio era da Dio, e chi lo cerca guastare
capiterà male.

E a dì 26 di febraio 1495, s'incamerò la gravezza
della Decima.

E a dì 27, e fanciugli furono confortati dal Frate,
che dovessino torre le zane de berlingozzi, e'tavolieri dei
giocatori e molte licenzie dell'usanze delle donne, per
modo che quando e giucatori sentivano che venivano e
fanciugli del Frate, ogniuno fuggiva, nè era donna che
avessi ardire d'andare fuori fuor dell'usanza.

---

[1] Tre giorni prima i Signori avevano data licenza al Pollaiuolo di rompere il muro per andare dal Palagio nella nuova sala

E a dì 28 di febraio 1495, ci fu nuove che Sarzana e Serzanello, el Castellano francioso l'aveva dato a'Gienovesi. [1] Chi non si sarebbe ribellato da'Re di Francia? Veramente si può dire, e Fiorentini essere al Re di Francia stati e piu fedeli e piu ubidienti uomini ch'abbia el mondo, e lui non pare che l'abbi mai conosciuto.

E a dì 29 di febraio 1495, e detti fanciugli andavano per tutto, lungo le mura, alle taverne, dove vedevano ragunate; e questo facevano ogni quartiere, e chi si fussi rivolto a loro, portava pericolo della vita, e'fussi chi vuole.

E in questo tenpo ci rinforzava la morìa. [2]

E a dì 8 di marzo 1495, predicando frate Girolamo, fece gridare quella mattina: *Viva Cristo* e simile cose spirituali, per modo che fu una grande comozione di spirito. E aveva, ogni dì di lavorare, 14 o 15 mila di persone, che la maggior parte lo teneva profeta.

E a dì 14 di marzo, si fece certe leggi contro a'notai, che chi volessi usare el notaio non potessi avere ufici nella citta. [3]

---

[1] Il PORTOVENERI dice che la tenuta di Sarzana, comprata dal Banco di San Giorgio, fu data il 26 dello stesso mese, e si ride dei Fiorentini, che per averla « aveano pagato ai Franciosi molte migliaia di ducati, e fu fatto loro come di Pisa ».

[2] Con una provvisione del 3 marzo, la Repubblica, « per ovviare a'pericoli che nascer potrebbono dalla contagione del morbo della quale nella futura estate molto si dubita, avendo gia in qualche luogo cominciato a dimostrarsi », ordinò che dal Consiglio maggiore si eleggessero quattro cittadini da durare il loro ufficio fino a tutto ottobre Dovevano avere piena balia per rimediare e ovviare al morbo e sovvenire i poveri ammorbati.

[3] La Provvisione, oltre all'imporre ai notai « di scegliere uno de'dua membri, non parendo giusto che uno notaio possa godere

E a dì 22 detto, venne gragniuola e neve grande ch'alzò mezzo braccio per tutto. Perdessi de'fiori e frutti.

E a dì 27 di marzo 1496, che fu la domenica d'ulivo, fece fare fra'Girolamo una procissione a tutti e fanciugli, coll'ulivo in mano e in capo, e piu portorono in mano ognuno una croce rossa, lunga circa una spanna o piu. Furono stimati 5 mila fanciugli, e poi grande numero di fanciule; tutti vestiti di bianco, e così le fanciulle, colle ✠ e coll'ulivo in mano e in capo; e di poi tutti gli Ufici di Firenze e tutte le Capitudini; dipoi tutti gli uomini di Firenze, dipoi le donne; che non fu mai fatta la maggiore processione. Non credo restassi nè uomo nè donna che non andassi a fare tale oferta. E ofersesi in Santa Maria del Fiore, in su'n uno altare per fare el Monte della Piatà. Fu fatta grande oferta. E andava manzi a detta procissone un tabernacolo al quale v'era dipinto Cristo in su l'asino, come gli andò in Gierusalem, la domenica d'ulivo E di sopra portavano l'onbrella, tutti gridando: *Viva Cristo ch'e 'l nostro Re;* per tutta la città

E a dì 28 detto, si diceva che'Re voleva passare. [1] E Viniziani facevano molta giente.

E a dì 4 d'aprile 1496, si portò una bonbarda alla Porta alla Giustizia, fatta di nuovo; e provandola, trasse e rovinò una casa alla Cappanaccia.

E a dì 7 detto, ci fu come a Siena era piovuto san-

---

gli ufici de' ciptadini et alsi gli ufici de' notai » , proibisce anche le sostituzioni negli uffici, e contiene altri provvedimenti per il regolare e disinteressato disimpegno delle attribuzioni dei medesimi

[1] « Se extima quasi certo, il Re di Fransa dover fare la impresa de Italia » Così scriveva da Milano, sin dal 11 gennaio, un oratore dei Pisani a quella Signoria *Lettere agli Anziani.*

gue sopra due porte di Siena;[1] e che a Viterbo era aparito una donna ch'aveva detto ch'a Firenze era el vero profeta. Le scrivo perchè si dice di queste pazie.

E a dì 10 di aprile 1496, fu asaltato el canpo nostro da' Pisani, di notte, e presono più di cento cavagli, e amazorono e cavorono gli occhi a due uomini d'arme. Non presono però el castello di Buti.[2]

E a dì 12 detto, el Signore Piero prese di loro e fece el simile, cavò gli occhi a loro.

E a dì 14 detto, ci fu come que'dì Faenza avevano cacciati di Faenza tutti chi v'era pe'Viniziani, e morto un loro mandatario.

E a dì 17 d'aprile 1496, predico frate Girolamo a Prato nella Chiesa di San Marco, e fuvvi tanto popolo di Firenze e del contado che pioveva là ognuno. E disse loro che sarebbono e secondi 'avere le filicita, dopo le tribulazioni.

E a dì 24 detto, ci fu come e Pisani avevano ingrossato el canpo, e ch'e nostri avevano el peggio, e che verrebbono a'danni nostri.

E a dì 26 d'aprile 1496, si ragunò el Consiglio nella sala grande, per fare la Signoria; e'frati di San Marco vi dissono la Messa; e dissela frate Domenico, e poi predicò un poco. E in questo tenpo che se ragunavano, fu trovato chi bucherava e dava polize; e quali gli Otto

---

[1] L'ALLEGRETTI nei suoi *Diari Sanesi (in Rer Ital. Script)*. registra questo fatto che impaurì molti in quella città. Anch'esso giudicava le cose come il nostro, concludendo con queste parole « *tamen* gli uomini di giudizio non lo credono ».

[2] « Siamo a dì 8, et abbiamo la nuova come li nostri hanno rotto il campo hostile, dove de'nimici sono morti Lta homini di arme, presi XXV, et cavalli 220 et certi muli, et ferito messer Francesco Secchio ». *Lettere degli Anziani di Pisa*

feciono pigliare. Fra gli altri fu un Giovani da Tignano ,
e mandorlo al Podesta, e feciogli dare 4 tratti di fune;
e poi presono Filippo Corbizi e Giovanni Benizi e altri,
e molti ne feciono sostenere in Palagio; e molti no' furono scoperti; in modo che 'l Consiglio stette fino alle
22 ore inanzi fussi fatto. E Signori poi feciono fare
la guardia per Firenze, la notte.

E a di 28 detto, fu confinato nelle Stinche in perpetuo Filippo Corbizi e Giovanni Benizi e Giovanni da
Tignano, per la detta intelligienzia. E piu fu amuniti 25
cittadini per detto intelligenzie.

E a dì 2 di maggio, mandorono e Fiorentini al Re
di Francia due homi in su due muli in gabbie di legname; nè ci giovo nulla mai co' lui [1]

E a dì 3 detto, ci fu lettere del Re di Francia ch'aveva
isbandeggiato Viniziani, Lombardi e Gienovesi, che non
potessino andare con mercatantie veruna nel suo tenitorio; e che gli 'aveva mandato a protestare ch'e Gienovesi e Lucchesi rendessino e Screzzana e Pietrasanta
a di chi ell'era. Fu da beffe.

E a dì 4 detto, ci fu come el Re di Napoli aveva
ripreso ogni cosa nel Reame ecetto che Gaeta, e morti
molti Franciosi.

---

[1] Il dì 9 del mese stesso, i Priori *deliberaverunt et precepe-
runt Romulo Bernardi Antonii de Monte Catino, famulo eorum
Camere armorum, quatenus vadat simul duobus leonibus, mucten-
dis per dictos Dominos ad Christianissimum Regem Francorum,
et dictos leones in itinere gubernet donec ad curiam dicti Regis
perveniat; et eos postea presentet oratoribus Florentinis 'penes
dictum Regem existentibus , ut executioni mandent in predictis
quod habent in mandatis. Et casu quo dictus Romulus in huiius-
modi itinere deficeret, tunc in eum locum famuli de te Camere,
et pro eius remuneratione, succedat Bernardus eiusdem Romuli
filius.*

E in questo tenpo non restava di piovere ed era durata questa piova circa a undici mesi, che mai fu una settimana che non piovessi.

E a dì 8, domenica, di maggio, sonò la canpana grossa di Palagio al Consiglio maggiore, e fu la prima volta ch'ella sonò a tal Consiglio; e fu dopo desinare. E quegli confinati nelle Stinche e amuniti appelorono al Consiglio maggiore, e fu cimentato e non si vinse. Bisogno che gli avessino pazienza. [1]

E a dì 11 di maggio 1496, fu finito d'amattonare la Sala grande del Consiglio.

E a dì 14 detto, la moria si risentì in più luoghi in Firenze.

E a dì 16 detto, ci fu come e nostri avevano rotti e Pisani e preso 40 uomini d'arme. Morì de' nostri un fante. [2]

---

[1] Il ricorso e il rigetto pel medesimo sono registrati nel libro di *Deliberazioni dei Signori e Collegi* ad an

[2] Pietro Popoleschi, uno dei commissari, scrisse da Bientina a'Dieci di Balìa, lo stesso giorno, a ore 16· « Questa mactina si sono abochate le genti nostre con le genti inimiche sotto Vico, e li nostri animosamente li hanno rocti et già ne è venuti prigioni, fra la Cecina et qui, circa 30 huomini d'arme, et la maggiore parte ad cavallo, et è preso Giannetto da Palaia nostro inimico. E ferito gravemente l'Illmo M. Francesco Secco in uno braccio da uno arcobuso, quale si porto virilmente » Il Landucci forse esagera mettendo la sola perdita d'un fante, mentre il PORTOVENERI, per detrarre al merito dei Fiorentini, dice che erano molti e che furono affrontati da pochi Veneziani; e benche rimanessero vincitori, « le artiglierie de' Pisani amassono circa sei omini d'arme e conduttieri de'Fiorentini, fra' quali fu pur uno messer Francesco Secco fuoruscito di Mantova e primo conduttieri de'Fiorentini ». Si possono accordare i documenti con i cronisti, riflettendo che il Secco, morì lo stesso giorno per la ferita riportata Quegli però che non si può mettere d'accordo è l'AMMIRATO, che fa morire questo capitano un mese prima.

E a dì 18 di maggio, venne un'aqua sì grande ch'ella menò via e seminati insino qui ne'piani, e qui a Rovezzano ruppe due muri intorno a una via.

E a dì 20 di maggio 1496, ci fu come el Duca di Milano s'era scoperto nimico de'Fiorentini. [1]

E a dì 22 detto, si battezò una fanciulla ebrea, ch'aveva circa 20 anni, che si fuggì da sua madre, ch' era figliuola di madonna Perla ebrea.

E a dì detto, ci venne uno inbasciadore francioso, ch'era Vescovo. [2] Aloggiò al Canto de'Pazzi

E a dì 24 di maggio 1496, andò in Palagio alla Signoria el detto Vescovo inbasciadore, e disse come era nostro amico, e come gli aveva conosciuto come e Fiorentini erano sua amici, e che de'danni nostri ci voleva ristorare e fare rendere le cose nostre, e anche avere dell'altre. E senpre da lui avemo di queste buone parole ma non fatti. Ci fu senpre molto ingrato. Ma Firenze si lasciò senpre ucciellare come gl'ignoranti. El detto inbasciadore andò a vicitare frate Girolamo a San Marco, e fu fatto. Pisa si stette a quel medesimo.

E a dì 28 di maggio 1496, ci cominciava una certa infermità, che le chiamavano bolle franciose, ch'erano come un vagiuolo grosso; e non si trova medicine, ma andavano senpre peggiorando. [3]

---

[1] Dovevano avere ben corta vista i Fiorentini di que' tempi Ho già osservato come fossero continuamente burlati da'Francesi e nondimeno sperassero sempre in loro ora viene il caso del Duca di Milano, ch'e'si accorgono a mezzo maggio che era loro nemico, mentre il PORTOVENERI dice che. fino dal 4 aprile, era arrivato a Pisa un soccorso dei suoi soldati

[2] Filippo Hebert d'Aussonvilliers, arcivescovo d'Aix, che fu molto onorato e regalato, come mostrano i libri dei Dieci.

[3] Forse sarà cominciata allora in Firenze, ma già questa malattia era in Italia, secondo alcuni scrittori, fino dal 1492

E a dì 30 detto, e figliuoli di Bartolomeo Pucci andorono a l'Arte della Lana e ruppono la prigione, e cavoronne lor padre. [1]

E a dì 31 detto, furono mandati al Bargiello.

E a dì 6 di giugno 1496, venne sì grande aque, che venne el fiume di Rifredi più grosso che mai. Fece di molto danno.

E in questo tenpo non pasò, in questo anno, soldi 34 lo staio del grano.

E a dì 10 di giugno 1496, ci fu come el Papa mandava con giente d'arme el figliuolo in verso Siena, e aveva seco Piero de' Medici [2]

E a dì 12 detto, ci fu come egli era giunto a Pisa molti Stradiotti mandati da' Viniziani; e, secondo me, qui sta el male nostro de' fatti di Pisa: sono quegli che gli sostengono e che possono durare alla spesa.

E a dì 17 detto, ci fu come quegli cavagli pisani scorsono in quel di Bibbona e feciono grande preda

E a dì 23 di giugnio, scorsono e Pisani in Valdinievole e arsono el Borgo a Buggiano. [3]

E a dì 24 detto, non si fece festa veruna se none la procissione e l'oferta di San Giovanni. [4]

---

[1] Era fallito e pero trovavasi in carcere. Litta *Famiglie celebri*

[2] Il figliuolo del Papa è il Duca di Candia Che queste voci corressero in quei giorni lo prova anche una lettera scritta il dì 8, di Roma, da Ricciardo Becchi, arrivata appunto il dì 10 all'Ufficio de' Dieci di Libertà e Balia

[3] L'espugnazione fu fatta « con faticha et morte » di soldatesche pisane e fiorentine *Lettere degli Anziani di Pisa.*

[4] Intendi forse che non si corse il Palio, perchè i panelli (o padelle) per l'illuminazione ebbe la privativa di provvederli un banditore dei Signori ; i quali altresì dettero licenza a tre ciurma-

E a dì 25 detto, si cominciò a fare e partiti colle pallottole d'oro come si fa a Vinegia. [1]

E in questo tenpo, ci era circa 20 case di morbo.

E a dì 5 di luglio, e Pisani scorsono in quel di Volterra; e nostri gli rinchiusono e ruppogli e presono 60 cavagli e morivvi 20 uomini. Fu a'Pisani una grande rotta.

E a dì 8 di luglio 1496, ci venne l'anbasceria Sanese, e feciono lega co'Fiorentini per due anni.

E in questo tenpo si comincio apriare quelle dette bolle chiamate franciose, che gia n'era piena la città di maschi e femmine, quasi tutti d'età grandi

E a dì 16, fece la mostra u'nostro condottiere chiamato el signore Rinuccio da Farnese, con 400 cavagli; e andò in quel di Pisa, al campo nostro. [2]

E a dì 23 di luglio 1496, si vinse in Consiglio grande

tori di potere in quel giorno cavar denti, ciurmare, esercitare infine la loro arte E ciò mostra che dove esservi anco questa volta numeroso concorso, almeno di gente del contado

[1] Con provvisione de' 22 giugno, si ordinò che nella sala grande del Consiglio fossero certi cappelli o vasi di rame o di ottone o d'altra materia, stretti alla bocca e tanto alti che non vi si potesse vedere dentro; nei quali dovevano essere delle « ballocte di rame », parte « gialle o dorate », parte « danentate o altrimenti bianchite ». Quando vi era da eleggere a qualche uficio, i Consiglieri, entrando nella sala, dovevano estrarre una pallottola; e se veniva gialla, erano elezionari e dovevano passare al *segreto* per nominare a « quell' uficio che accadessi farsi la nominatione ».

[2] Non trovando in questo tempo agli stipendi dei Fiorentini questo Farnese, credo che il Landucci volesse invece scrivere del conte Rinuccio da Marciana, che certamente trovavasi in Firenze, due giorni prima, come resulta dalla licenza data dalla Signoria ai Suonatori del Comune di andare a onorarlo *(Libro di Deliberazioni de' Signori* ad an).

uno balzello a'preti, di 50 mila fiorini; [1] e vinsono di levare la metà de' salari degl' ufici di Firenze drento, e
un terzo a quegli di fuori, per uno anno

E a dì 24 di luglio 1496, ci fu come 'l campo de'
Pisani era venuto a Bientina. Ogniuno n' aveva maraviglia che gl'avessino tanto animo. Ogni cosa nascieva
dall'aiuto de' Viniziani in secreto.

E a dì 28 di luglio 1496, e nostri feciono una spianata presso a Cascina, per fare fatti d'arme; e' Pisani
non accettorono.

E a dì 29 di luglio 1496, ci fu come e nostri erano
scorso tanto che presono el Marchese di Fivizano e 'l
castello [2] Che varie cose fanno le guerre! Or paiono al
di sotto, ora al disopra, per modo ch'e Pisani s'erano
recati in luogo forte per paura.

E a dì 31 di luglio, ci fu come e Franciosi ch'erano
in certe fortezze nel Reame, le tenevano pe'Re, avevano chiesti patti al Re di Napoli, insino a dì 23 d'agosto avere soccorso, da ind'i' la si volevano dare, salvo
le persone, e posti in Provenza

E a dì 2 d'agosto 1496, s'aperse per la prima volta
el Monte della Piata, nella casa di Francesco Nori. [3]

---

[1] Si delibeio di fatto in questo giorno che il Consiglio eleg-
gesse cinque cittadini i quali, insieme con due religiosi deputati dal
clero, imponessero tale accatto alle persone religiose e luoghi più
non sopportanti le gravezze ordinarie Anco questa volta quell' uf-
cio risedè nell'Arcivescovado

[2] Fivizzano in questo tempo apparteneva a Gabbriello Malaspina Quello che fu preso prigione, anch'esso dei Malaspina, fu
Tommaso marchese di Villafranca. I Dieci pagarono fiorini 25
d'oro a quelli che lo presero e lo condussero a Firenze

[3] Fino dal 28 dicembre, la Repubblica aveva ordinata l'elezione di otto riformatori del *Monte della Carità,* da cominciare

E a dì 4 d'agosto 1496, si vinse che si pagassi le gabelle e 'l sale co' quattrini bianchi, che fu trista giornata pel povero populo, secondo alcuni. [1] Fu gonfaloniere Tomaso Antinori.

E in questo tenpo la morìa era quasi terminata.

E a dì 8 d'agosto 1496, fu morto u' nostro comessario in verso Firenzuola ch' era de' Canigiani. Dissesi perche gli aveva fatto tagliare la testa a'lor fratello.

E a dì 10 d'agosto 1496. valse lo staio del grano più di soldi 40. Era cattiva ricolta in ogni luogo.

E a dì 15 detto, predico frate Girolamo in Santa Maria del Fiore e, per la gran giente, rovinò uno di que' gradi de' fanciugli, di verso la porta di San Giovanni, e non si fece male persona. Fu tenuto un miracolo. E sappi che gli erano 4 gradi, 2 n'era accostato al muro dirinpetto al pergamo, gli altri due n'era uno di sopra, dagli uomini e uno di sotto dalle donne, nel mezo della chiesa. Tanto erano multiprieato e fanciugli, fu di bisogno fargli. E nota, che in quel tenpo era tanto spirito in quella chiesa, e tanta dolcezza a udire que' figliuoli

il loro ufficio il primo gennaio 1496; i quali dovessero avere la cura, e pensare il modo del detto Monte Con la stessa provvisione si fecero vari ordini contro gli Ebrei, che da 60 anni straniavano il popolo coll'usura, leggendosi nel preambolo che, per esempio, in 50 anni, 100 fiorini divenivano 49,792,556, grossi 7 e danari 7 Con altra provvisione del 21 aprile 1496, si stabilirono i capitoli e le regole del detto Monte

[1] Se questo provvedimento fu molesto, buona pero era la cagione che lo mosse; perchè i danari che si ritraevano dall'aumento di queste gabelle furono destinati per gli Officiali del-l'Abbondanza, creati colla stessa provvisione, onde provvedessero, per quanto era possibile, che in questa carestia, « nella citta e contado, il grano si mantenga in tal pregio che ciascuno che ne ara di bisogno possa comodamente comprarne »

cantare, quando di sopra, quando di sotto e quando da
lato, cantando a parte con ogni modestia e silenzio, che
non pareva cosa da fanciugli. Io lo scrivo perchè mi trovai
presente e vidi molte volte, e sentii tale dolceza spirituale. Veramente era piena la chiesa d'angioli.

E a dì 19 d'agosto, venne in Firenze uno inbasciadore di Massimiano imperadore, e a dì 20, andò in Palagio alla Signoria, e protestò e disse, che si dovessi
levare l'offesa a' Pisani, e che noi entrassino nella lega,
e lasciare el Re di Francia, dicendo che non è della
stirpe reale. [1]

E a dì 22 d'agosto 1496, venne una tenpesta qua
su da Quinto e insino a Fiesole e Montereggi, che cavò
delle barbe molti noci e frutti, e portò via ulivi; e fu
tanta e tale gragniuola che tolse vino e olio e ogni
cosa.

E a dì 24, si partì detto inbasciadore dello 'Nperadore.

E a dì 2 di settenbre 1496, ci fu una lettera del
Duca di Milano e letta in Palagio, la quale diceva che
'l Frate scriveva al Re che venissi, che non poteva più
sostenere. E ancora lo 'nbasciadore di Francia andò
su alla Signoria a dire che questo Frate era quello

---

[1] Non uno ma due furono gli ambasciatori; *Gualterus de
Stadio* castellano, e *Lodovicus Brunus* dottore Alla loro orazione
brevemente replicò il Gonfaloniere, e preso tempo per consultare,
gli oratori furono nuovamente ricevuti due giorni dopo; e allora
fece la risposta con bellissime parole il cancelliere Bartolommeo
Scala, dicendo cha su tal proposito manderebbero ambasciatori
all'Imperatore. A ciò furono eletti il vescovo Cosimo de'Pazzi e
Francesco Pepi giureconsulto. Il 30 agosto fu loro intimato dai
Signori di partire da Firenze dentro tre giorni, l'istruzioni però
furono date loro il 7 settembre.

che guastava Firenze. El povero Frate aveva tanti nimici! [1]

E a dì 5 di settenbre 1496, fu fornita di volgiere la cupoletta della sacrestìa di Santo Spirito.

E a dì 9 di settenbre 1496, ci fu come el canpo nostro aveva dato una rotta a' Pisani e morto 80 uomini. [2]

E a dì 19 detto, ci fu come el Re di Francia aveva avuto un figliuolo maschio.

E in questo tenpo non restava di piovere ogni settimana, come l'anno passato, per modo che non era ancora battuto in molti luoghi, e non si maturava le biade ne l'uve n'e fichi: ogni cosa mancava dalla sua perfezione.

E a dì 24 di settenbre 1496, ci fu come e Pisani avevano preso 30 muli carichi di zucchero e coiami nostri.

E a dì 26 di settenbre 1496, ci fu come Piero Capponi era stato morto in canpo da uno arcobuso. E a dì 27 si fece la sua onoranza in Firenze. [3]

E a dì 8 d'ottobre, sabato, valse el grano soldi 50 o più.

---

[1] Maggiori particolari su questi fatti vedili nei documenti XI e XII relativi al Savonarola, pubblicati dal Prof. Isidoro Del Lungo nell'*Archivio Storico Italiano*, Nuova Serie, Vol. XVIII.

[2] Dall'AMMIRATO abbiamo essere seguito questo combattimento in quel di Bientina

[3] Gli Anziani di Pisa così ne scrivevano a un loro ambasciatore, il 26 di settembre « Li inimici hyeri andonno a campo a Soiana che si tiene per noi.... et li denno una crudel battaglia, et durò più d'ore 4, in la quale morì molte persone et fra gli altri Piero Capponi commissario generale del campo hostile, el quale fu morto da uno archobugio; e stanotte li nostri sono iti a soccorrella, et *tandem* s'è levato l'assedio. Tornansi tutti li campi al loco loro. » *(Lett. degli Anziani,* I, 135).

E a dì 13 d'ottobre, ci fu come 'l Re di Napoli era morto, e che don Federigo s'era fatto Re e aveva rotto le bandiere del Re di Francia.

E a dì 14 d'ottobre, ci fu come lo 'Nperadore si partiva da Gienova e veniva a' Pisani.

E a dì 16 d'ottobre 1496, andò un bando, chi sapessi chi avessi gittato una fanciulla di circa a 22 anni in una sepoltura di Santa Maria Novella, morta, legata in due sacca, la quale non si conosceva; e non si trovo di chi si fussi.

E a dì 24 d'ottobre, ci fu come lo 'Nuperadore era giunto in Pisa, [1] e come gli aveva scritto qui, come voleva che noi entrassino nella lega; altrimenti anderebbe a' danni nostri, e anderebbe a canpo a Livorno e a tutto el Contado, e metterebbe a filo di spada ognuno.

E a dì 30 d'ottobre, facemo venire la Tavola di Nostra Donna di Santa Maria Inpruneta. E quando giunse in Firenze, giunse nuove da Livorno, come era giunto 12 nave di grano, ch'era l'armata del Re di Francia; e quegli di Livorno usciron fuori e ruppono el canpo dello 'Nperadore e de' Pisani, e amazzorono circa 40 uomini, e tolsono loro l'artiglierie che fu opera di Dio, per la gran divozione che fu di Nostra Donna. Giunse tal novella apunto quando giunse lei in Firenze. E ancora si trovò, che quando fu diliberato di mandare per lei, che

---

1 « Venerdì notte sopra il sabbato, che fumo a dì XXII a hore sei di notte, giunse qui la Maestà Cesarea, il Conte di Caiazzo et tutti li oratori della Santissima Lega et altri Signori et Baroni; et li demmo la stantia sua in la casa che fu de' Medici lungo Arno. Ricevemmolo con quello honore di bonbarde, fuochi, torchi, campane et grida et lieto cuore che a noi fu possibile » (Lett. degli Anziani, I, 150).

in quel dì si mossono le navi da Marsilia; e quando fu
disposta, giunsono in poito di Livorno. E fu tenuto che
veramente la Vergine Maria voleva aiutare Firenze, e
che quello fussi un saggio. E videsi chiaramente el miracolo espresso. [1]

E in questo tenpo valeva el grano, 58, [2] e, alcune
cime, lire 3.

E a dì 10 di novembre 1496, rovinò la cupoletta
della sacrestia di Santo Spirito, quando si spuntellò.

E a dì 17 di novembre 1496, ci fu come l'armata
de'Viniziani e de' Gienovesi andò a traverso nel Porto
di Livorno, e afogò molti uomini. E que' di Livorno
guadagnorono molto tesoro. Ed era nell'armata una
certa navetta di grano che ci avevano tolta, che si
riebbe. E più v'era una nave aparecchiata per lo 'Nperadore, che v'era su sue veste e argenterie (era sceso
in terra di poco quando venne la fortuna), la quale era
intorno a Livorno per asediarlo co' Pisani. E di fatto
levorono el canpo, e lo 'Nperadore perdette la sua nave
e pressochè la vita. Veduto tale segno e miracolo, l'aiuto
di Dio a' Fiorentini, inmediato s'andò con Dio e lasciò
tale inpresa, ch'era venuto insino della Magna per insignorirsi di Pisa, ch' e Pisani gliene davano. E in un
dì fu spento un tale fuoco. Che non manco fu questo
miracolo che quegli del Testamento Vecchio. Ma molti
ingrati Fiorentini non l'anno stimato, ma bene è vero
che una buona parte d'uomini buoni e savi, che senton
bene delle grazie e maraviglie di Dio, lo stimano asai
e danno lalde a Dio.

----

[1] La venuta di questo tabernacolo fu ordinata con deliberazione de'Signori e Collegi de' 26 ottobre.

[2] Cioè, soldi.

E a dì 21 detto, andandosene con gran vergogna, Iddio gli volle ancora mostrare la 'npresa sua ingiusta, che, passando da Lucca e chiedendo vettuvaglia, e Lucchesi feciono pena la 'testa chi gli dava niente, per modo ch' io mi credo che dubitò più volte di tornare nella Magna.

E a dì 27 detto, ci fu come lo 'Nperadore era passato in Lonbardia e caminava quant' e' poteva.

E a dì 30 detto, venne l'armata del Re di Francia a Livorno, con certe galee di Brettagna, e di que'Brettoni ne scese in terra. E andavano a' danni de' Pisani, e feciono gran danno pel paese loro.

E in questo dì, valeva lo staio del grano lire 3, e tuttavolta.

E a dì 5 di dicenbre 1496, ci rinovò una casa di morbo, ch' era stato mesi che non c'era stato nulla. [1]

E in questo tenpo c'era già pieno di bolle franciose Firenze e 'l contado, ed erane in ogni città per tutta Italia e duravano assai. Chi le medicava e ristrigneva, davano doglie assai per tutte le giunture, e finalmente ritornavano. E questo modo non si trovava medicine; e no' ne periva molti, ma stentavano con molte doglie e schifezza.

E a dì 12 di dicenbre 1496, mandamo el canpo a Cascina.

E a dì 15, ci fu come e nostri avevano preso Tremoleto, che l'avevano messo a sacco e a filo di spade e

---

[1] Non cessando la peste, ed essendo finito l'ufficio dei cittadini chiamati a fare le provvisioni necessarie contro la medesima, la Repubblica, il 23 novembre, ordinò la creazione di due altri ufficiali per sei mesi, colla stessa autorità che avevano i precedenti

morto ogniuno che v' era drento. E la cagione fu che
trattando l'accordo, che si volevano dare e dare statichi,
e apressandosi alla porta, uno sciocco (che sono quegli
che fanno capitare male e popoli che voghono ben vivere) trasse, dalle mura, trasse un passatoio, e dètte
nella testa a uno conestavole francioso che si chiamava
el Pitetto, e cascò morto. Onde vedendo e Franciosi
ch'erano nel campo nostro, fecìono fare indietro gli altri
e dissono: E' tocca a noi a fare la vendetta, e fecìono
forza e entrorono drento, e amazzorono ogniuno e sac-
cheggiorono tutto. E in questo caso, e nostri non dovevano lasciare fare a quegli uomini barberi, che godono
d'inbrodolarsi nel sangue umano. [1]

E a dì 17 di dicenbre 1496, rinvilio lo staio del
grano soldi 5, e tutta volta mandavano assai muli per
grano a Livorno.

E a dì 21 detto, ci fu come avevano preso Soiano
per forza, e inpiccorono parecchi uomini e amazzoronne,
e spoghorono tutti soldati e donne e fanciulle e tutti
gli mandorono in camicia.

E a dì 23 detto, ci fu da'nostri inbasciadori di Francia, come e' non se gli poteva dare a intendere che
noi fussino sua amici del Re. E intesesi, come gli erano
e cittadini di qui ch'ordinavano tutto; e fu grande romore
infra gli Ottanta che si dovessi fare giustizia e punire
chi e peccatore, e non fu altro.

E a dì 3 di giennaio 1496, ci fu come a Livorno
era giunto due navette di grano di certi mercatanti.

---

[1] Anche ne'documenti pisani si rammenta « la strage grande
di Ceuli, Sancta Luce et Tremuleto, et la perdita di Colognole,
Terricciuola, Sancto Regulo » e di altri castelli delle colline
(Lett. degli Anziani I, 173 t)

E a dì 5 detto, si vinse di porre una gravezza di 200 migliaia di fiorini e fussi posta da 20 uomini. [1]

E a dì 11 di gennaio 1496, giunse in Firenze Monsignore Begnì, che veniva da Napoli, con forse 50 cavagli, ed era amalato. Aveva le bolle franciose. Venne nelle coste. Aloggiò in casa di messer Iacopo de' Pazzi. Fecesegli onore, e 'l presente grande.

E a dì 20 detto, si vinse ch' e quatrini bianchi si spendessino per le gabelle e sale, per due altri mesi. [2]

E più vinsono, che s' arogiessi al Consiglio giovani, bisognando, da 24 anni in su. [3]

E in questo tenpo valse la farina lire 3 e soldi 10 lo staio.

E a dì 23 di gennaio 1496, si partì di Firenze el signore Begnì e andossene in Francia, ch' aveva perduto tutto el Reame, che non passò sanza vergogna del Re, che non mandò mai soccorso. Aveva aquistato sì grande regno in pochi dì, e in pochi perduto.

E a dì 25 di gennaio 1497, valse el grano lire 3 soldi 14 lo staio. E in questo dì, morì una donna nella calca alla Piazza del Grano, dove si vendeva el pane e 'l

---

[1] Dovevano essere scelti al più presto possibile dal Consiglio Maggiore, fra i cittadini abili agli uffici, e d'età d'anni 40 almeno. La distribuzione doveva esser fatta dentro 60 giorni, che tanto durava quell' ufficio.

[2] È una proroga per altri due anni, e non mesi, della provvisione del 4 agosto citata a pag. 136 nota 1, essendo peggiorate assai le condizioni, specialmente per l'assedio di Livorno ec. Si accrebbe inoltre di altri cinque il numero degli Ufficiali dell'Abbondanza.

[3] L'Ammirato dà molti ragguagli su questo provvedimento preso per aver sempre nel Consiglio il numero di 1000; per cui era necessario avere 2200 cittadini netti di specchio, che cioè non fossero scritti tra i debitori del Comune.

grano del Comune. E più ci fu, come un povero contadino, che veniva a Firenze per accattare del pane, e'
lasciò a casa 3 banbolini sanza pane, e ritornando a
casa trovò que'fanciugli che morivano, e no' gli potendo
confortare, tolse un capresto e inpiccossi.

E a dì 28, sabato, rinviliò el grano 12 o 15 soldi
lo staio; e dettesi el piu debole a soldi 54 lo staio.

E a dì 3 di febraio 1496, fu mandato via un predicatore de' Frati Minori che predicava in San Lorenzo.

E a dì 6 detto, afogo nella calca piu donne alla
Piazza del Grano, e chi ne usciva mezze morte, ch'era
una cosa incredibile, ma fu vera perch'io la vidi.

E a dì 10 detto, afogò un' altra donna e uno uomo,
al detto pane del Comune.

E a dì 11 detto, sabato, valse lo staio lire 4. la cima.

E a dì 19 detto, ando la Piazza del Grano a sacco.

E a dì 20, ci fu come l'armata del Re, ch'era a Livorno, aveva preso due navette di grano nel Porto di
Pionbino e condotto a Livorno. Stava a nostra stanza. [1]

E a dì 28 di febraio 1496, valse e' grano quel medesimo.

E di 10 di marzo 1496, s'incamerò la gravezza detta
Ventina.

E a dì 12 di marzo 1496, ci fu com'egli era giunto
in Porto Pisano 3 nave di grano per nostro conto.

E a dì 13 detto, ci fu come el Papa aveva riavuto
Ostia da' Franciosi, per danari.

E a dì 15 detto, avemo el perdono in Santa Maria
del Fiore.

---

[1] Le « due navi cariche di grani, prese sopra Piombino dalle
cinque barce fransese », erano de'Pisani *(Lett dejli Anziani di
Pisa)*

E a dì 19 di marzo 1496, fu trovato per Firenze fanciugli morti di fame, e più d'uno.

E a dì 20 detto, fu confinata la suocera di Piero de' Medici, e detto dì andò via. [1]

E a dì 21 detto, ci fu sospetto di trattato di Piero de' Medici, che si diceva che voleva entrare in Firenzuola, e dare grano e farina al popolo, e fare gridare *Palle*. E no' ne fu nulla.

E a dì 24 di marzo, Venerdì santo, predicava un frate in Santo Spirito, che diceva contro a frate Girolamo, e tutta Quaresima diceva ch'el Frate c'ingannava e che non era profeta. [2] Diceva cose da fanciugli, e a frate Girolamo gli cresceva tutta volta el populo. Aveva alla predica continuamente 15 mila persone, ognindì di lavorare.

E a dì 27 di marzo 1497, tuttavolta ci cascava uomini e donne e fanciugli per la fame, e alcuni ne moriva, e molti ne moriva allo spedale, ch'erano venuti meno per la fame.

E a dì 2 d'aprile 1497, intervenne fuor della Porta di San Piero Gattolino questo oribile caso a un sevaiuolo, che se gli appiccò el fuoco in casa e arse ogni cosa e le persone: che furono 4 tra donne e fanciulle, e tre maschi, che v'era un garzone grande; che furono sette persone. No' ne canpò niuno se none un lor padre che si trovava 'Arezzo in quel dì.

---

[1] Era la contessa Caterina da San Severino, cui gli Otto di Guardia e Balìa avevano ordinato, fino de' 17 marze, *pro bono reipublice*, di uscire dentro tre giorni dalla città e territorio fiorentino. Il 20 poi comandarono a due cittadini di accompagnarla fino a Siena. Libro di *Partiti* e *Deliberazioni* di detti Ufficiali *ad annum*.

[2] Sarà quel frate Leonardo rammentato più avanti a pag. 153.

E a dì 4 d'aprile 1497, isvenne molte donne alla Piazza del Grano, e morivene due.

E a dì 5, ci venne una certa monaca di verso el Ponte a Rignano, la quale era un poco in oppinione di santità, e cominciò a parlare e dire contro a frate Girolamo. E presto si spense. [1]

E a dì 8 d'aprile 1497, valse el grano lire 4, soldi 10.

E a dì 12 detto, valse el grano lire 5. E io lo vendetti, un poco che m'avanzava, lire 4, soldi 13. Di ciò mi chiamo ingrato.

E a dì 14 d'aprile 1497, ci fu come a Livorno era giunto una nave di grano ch'era 2500 moggia.

E a dì 16 detto, ci fu come e nostri avevano tolto a' Pisani e preso el bastione del Ponte a Stagno.

E dì 18 detto, si levò un romore per Firenze, che venne di Piazza de' Signori e del Grano. Furono cierte povere donne ch'andorono alla porta del Palagio e chiedevano misericordia del pane, in modo corse per Firenze, che si cominciò a gridare *serra, serra;* in modo che ognuno tirò drento e rastregli, e chi serrò la bottega.

E a dì 19 detto, mercoledì, rinviliò el grano soldi 8 lo staio.

E a dì 21, fu fornito di porre quelle colonne di marmo a l'andito che va di Palagio nella Sala grande, di verso la Mercatantia. [2]

---

[1] Il Savonarola le mandò a dire che attendesse a filare e a fare esercizi da monaca. BURLAMACCHI, *Vita di Fra Girolamo*. Nella *Storia fiorentina Ms.* di PIERO PARENTI leggesi che si chiamava Suora Maddalena, ed era del Convento di Santa Maria a Casignano.

[2] Fino de' 9 dicembre 1495, la Signoria aveva ordinato ai

E a dì 25 d'aprile, ci fu come Piero de' Medici era a Siena con giente assai, i'modo che si faceva le guardi la notte.

E a dì 27 detto, ci fu come Piero de' Medici era a Staggia.

E a dì 28 detto, ci fu com' egli era alla Castellina; e più rinfrescava. egli è a Certosa. E in effetto, non fu 20 ore che fu insino alle Fonti di San Gaggio, con dumila persone tra piede e cavallo. Onde, in sull'otta di desinare, s'armorono e gonfaloni e molti cittadini e tutti e principali, e andorono alla Porta di San Piero Gattolino. E circa a ore 21 si partì, vedendo non avere seguito di Firenze E fu tenuto la più sciocca cosa mettersi in tanto pericolo, che, se gli avessino voluto, lo potevano pigliare. sonare a martello di fuori, sarebbe stato rinchiuso. Tornossi a Siena e non sanza paura. [1]

E a dì primo di maggio 1497, ci fu come Giuliano de' Medici faceva giente qua in quel di Bruscoli.

E a dì 4 di maggio 1497, l'Ascensione, c' predicò frate Girolamo in Santa Maria del Fiore; e certi uomini sua nimici di poca coscienza feciono una grande isceleranza La notte, per dispetto, entrorono in chiesa e per forza, spezzando la porta ch'e dal canpanile, e entrorono in sul pergamo e quello vituperosamente inbrattorono di sporcizie; in modo s'ebbe a piallare quando ebbe a montare in pergamo. E predicando questa mattina, aveva detto e due terzi, [2] fu fatto certo romore in

Sindaci dei beni de'Medici di consegnare al Provveditore degli Operai di Palazzo le colonne della cappella di Piero de' Medici; ut illa deputent in Palatio ec.

[1] Gli Anziani di Pisa scrivevano il 10 maggio: « La 'mpresa di Piero de'Medici tornò in aqua e fumo »

[2] Intendi che era a'due terzi della predica quando fu fatto ec.

verso el coro, che dettono co' na mazza in una cassetta.
Crediamo fussi fatto a arte da' medesimi. E si levò inmediate un romore, gridando tutti *Giesù*. E questo fu
che 'l popolo stava sollevato, aspettando scandoli da'cattivi. E pure quietato el popolo per un poco di tenpo,
un'altra volta si gridò *Giesù;* perchè all'uscio del pergamo, sendo alcuni ch'avevano arme sotto in difensione
del Frate, cavoro fuori l'arme. E vedendo alcuni, di chi
avevano sospetto, apressare al pergamo; uno ch'aveva
nome Lando Sassolini menò di piatto a uno ch'aveva
nome Bartolomeo Giugni. E per ventura era degli Otto,
onde e detti Otto dettono bando al detto Lando di rubello, non conparendo, ma conparì. E funne scandolo
assai.

E a dì 5 detto, feciono e Signori un partito, che non
fussi niuna regola di Frati che potessi predicare sanza
loro licenzia, e feciono levare tutti panche e gradi de'fanciugli di Santa Maria del Fiore. [1] E questo fu fatto per
grande invidia che aveva questo povero Frate, che
disse inanzi: Io intendo che voi non vuole' che si pre-
dichi; nol fate che voi capiterete male. E nollo vol-

---

[1] La Signoria, con deliberazione de' 3 maggio, considerando
che s'appressava l'estate e che la riunione di molte persone portava pericolo di morbo, per questo ed altri motivi, proibì di predicare per l'avvenire, durante quel priorato, in qualunque chiesa
di Firenze, permettendolo solamente per il giorno successivo che
fu l'Ascensione Ordinò pure che dentro il 5 fossero tolte le scranne,
panche, panchette ec. poste nelle chiese per ascoltare la predica.
Questi provvedimenti non furono dunque presi in conseguenza dei
disordini accaduti alla predica dell'Ascensione. La deliberazione
e pubblicata nel T. II della *Storia di Girolamo Savonarola e dei
suoi tempi*, pregevolissimo lavoro del Prof PASQUALE VILLARI,
che può essere con grande utilità consultato dai lettori di questo
Diario che vogliano riscontrare i fatti del Frate qui narrati.

lono ubidire. Onde gli omini di spirito, aspettando grande
novita, stimandolo el vero profeta, e disse cose grandi
raffermando le cose dette, e che si dovessi scrivere per
tutto e tra gl'infedeli, che gli era in Firenze un Frate
che diceva la novazione della Chiesa, e disse: Scrivete
ancora questo, che lo dice Iddio: Onde a questo tenpo,
di questi Signori e Otto, si dette ognuno a' giuochi e
a 'largare la vita a ogni male, e aprire el Frascato [1]
e taverne

E a dì 6 detto, rinvilio el grano soldi 20 lo staio;
tornò a lire 3.

E a dì 8 detto, frate Girolamo fece una pistola e
gittossi di fatto in forma, la quale confortava a stare
fermi nella fede, e mostrando come e tristi e gli Ara-
biati s'avevano dato la sentenzia contro, a fare tale scelleranza, a violare el tenpio di Dio.

E a dì 11 di maggio, la Signoria, ch'era gonfaloniere Piero degli Alberti, feciono disfare e scarpellare
tutte l'arme delle palle nel palagio de'Medici e in Sa'
Lorenzo e altrove. [2]

---

[1] *Frascato* chiamavasi, da remotissimo tempo, un luogo presso
alla Piazza de'Succhiellinai e vicino a Mercato Vecchio Ora è incorporato nel Ghetto. Vi era una antica e rinomata taverna, un
postribolo, e vi si andava a giuocare E quel luogo che FRANCO
SACCHETTI rammenta nella novella 187 Nell'edizione di esse *No-
relle*, Firenze 1857, questa parola è stata così spiegata. *Pergola
di frasche davanti all'osterie di campagna* E questo gianchio
o prese il Borghini!

[2] Il partito è del dì 8, ed ordina che in ogni luogo, dove il
Comune di Firenze ha giurisdizione, si distruggano le armi e
insegne di Lorenzo de'Medici e dei suoi figli ed eredi; e che in
luogo di quelle (dove si potesse fare comodamente), si ponga
l'insegna del popolo fiorentino, cioè la croce rossa in campo bianco,
tutto questo a spese degli Ufficiali dei Ribelli e Sindaci dei sud-
detti eredi, come fu decretato con altro partito del dì 13.

E a di 12 detto, vinsono nel Consiglio ch' a fare
certi ufici grandi si facessi a 'lezione come prima, e gli
ufici piccoli si traessi sei, e chi vinceva s' inborsassi e
traessi. [1]

E a dì 13 detto, sabato, rincaro el grano e valse lire
4, soldi 15.

E a di 18 di maggio 1497, in questi tenpi, ci moriva di febre molta giente per la terra e agli spedali;
la quale febre faceva farneticare e uscire quasi di se:
e anche veniva loro uscita, e morivano in due o 3 di.
Andavane a Santa Maria Nuova 12 per dì. Ordinorono
di mettere e poveri a 'bergo nelle stalle del Papa, e dare
a ogniuno un pane per sera. [2]

E a dì 24, si diceva che 'l Papa mandava a citare
frate Girolamo.

E a dì 25 di maggio 1497, fu el Corpo di Cristo. E
andando la processione, e andando molti fanciugli alla
processione, e' portavano in mano crocelline rosse; e

---

[1] Questa provvisione che riforma il modo delle elezioni contiene altri ordini su quel soggetto, oltre quello dei sei elezionari
Dovevano osservarsi fino a tutto dicembre 1498, salvochè in seguito non si disponesse altrimenti.

[2] Il decreto della Signoria de' 21 maggio ordina che si con-
segnino *illis de Sancto Martino, videlicet Societatis de Vergognosi, Stabula quae nuncupantur* del Papa, *posita in* Via della
Scala, *ut in eis hospitentur pauperi et mendicantes existentes
in civitate Florentie, non habentes domicilium vel hospitium in
quo possint hospitari* Si assegnarono ancora per lo stesso oggetto *omnia loca et mansiones hospitalium peregrinantium exi-
stentia in civitate Florentie* Il giorno appresso, questa cura
di ricettare i poveri fu affidata ai *Collegi,* cioè ai Gonfalonieri di
Compagnia e ai XII Buonomini, ai quali gli Ufficiali dell'Abbondanza dovevano dare ogni giorno sei staia di grano, *ut possint
eosdem pauperes in aliqua parte alere.*

perche gli era ordine di frate Girolamo quel portare
quelle croci così rosse, el povero frate Girolamo era in
odio molto agl'uomini; e'giovani comunemente piu cattivi che gli altri. Però chè senpre troverai, che chi a
in odio le cose che sono di loro natura bene e non
vede nè sa altra verità, cului senpre erra e pecca. Ma
questa mattina fu fatto questa scelleranza e infedelità,
che, passando la detta processione in sul Ponte di Santa
Trinita, alcuni giovani stavano a vedere passare a lato
a una chiesolina ch'è in sul ponte a man ritta a 'ndare
verso Santo Spirito. [1] Vedendo que' fanciugli con quelle
croci dissono Ecco e fanciugli di fra Girolamo. E ac-
costandosi uno di loro, prese una di quelle crocelline e,
strappandola di mano a quello fanciullo, la spezzò e
gittò in Arno, come fussi uno infedele; e tutto faceva
per odio del ·Frate. Si vendicò con Cristo. Or questo fu
tenuto molto tristo caso per gli uomini intendenti e
savi. Gli sciocchi si ridono del male come de' bene

E a dì 27 di maggio, sabato, valse el grano lire 4,
soldi 10 lo staio, e quello del Comune lo davano a soldi
52 lo staio, e lire 3 lo staio, ma con grande dificultà se
ne poteva avere.

E in questo tenpo eravamo privati del verbo di Dio.
Non lasciavano predicare in chiesa veruna.

E in questo tenpo fu cavato fuori certe pistole molto
vituperose contro a frate Girolamo, di mano d'un frate
di Santo Spirito

E a dì 31 di maggio 1497, valse el grano lire 5 lo

---

[1] Forse quell'oratorio di San Michele rammentato dal MANNI
nel T VII dei *Sigilli*, e che sara caduto col ponte per la piena
del 1557.

staio, e io lo vendetti lire 4, soldi 16. Arène avuto piu
di lire 5, s'i'avessi voluto, bench'io n'avessi da vendere poco.

E a dì primo di giugno 1497, ci moriva di febre
molta giente in pochi dì, chi in otto e chi in dieci dì,
e chi in quatro dì, ci fu un cittadino. E dissesi che in
questo fondo di luna che faceva questo dì, n'andò 120
tra gli spedali e la citta. E anche si disse che c'era
qualche cosa di morbo allo spedale. N'andava, per dì,
dieci o dodici. E in questo dì ne morì, a Santa Maria
Nuova, 24.

E tuttavolta avano quest'altro dispiacere, ch'avano
la carestia spirituale e corporale, in modo che poco de-
leva la moite a'poveri, e tuttavolta ci moriva assai.
Ognuno diceva: Quest'e una moria onesta.

E a dì 10 di giugno, ci fu in Piazza, del grano nuovo
e rinvilò qualche cosa.

E a dì 11 di giugno, si corse el palio di Santo Bar-
naba, che s'era stato anni che non se n'era'corsi in Firenze più, per le prediche del Profeta. E a questa Signoria, deliberonno di correre e no'stare più al detto
del Frate dicendo. Risucitiano un poco questo populo,
abiano noi a diventare tutti frati? E nondimeno ci levavano el verbo di Dio.

E a dì 13 di giugno, ci morì, in un dì, circa a cento,
tra spedali e la citta, ch'era nella quintadecima la luna.

E a dì 16 di giugno 1497, cadde uno canpanuzzo di
que'di Santa Maria del Fiore, di quegli che si suonano
a'levare del Signore, e dette in sulla testa a uno cierto
Dino, in mentre si leva el Signore, e stette per morire
Si cavò più pezzi d'osso.

E a dì 18 di giugno 1497, venne dal Papa una scomunica che scomunicava frate Girolamo, la quale si gittò

in questa mattina a Santo Spirito, in Santa Maria Novella, in Santa ✠, nella Badia e ne' Servi La quale
sentii io leggierla e gittarla in Santo Spirito, nel pergamo di coro, infra due torchi accesi e più frati, e letta
e gittata per le mani d'un fraté Lionardo, loro predicatore e aversario di detto Frate Girolamo. La quale
conteneva che 'l detto frate non aveva ubidito a un
certo brieve a lui mandato insino di novenbre 1496
che lo citava in santa ubidienza ch'andassi al Papa; e
non volendo ubidire lo scomunica, e che non sia chi gli
dia auto o sussidio, e che non si possa andare a udire,
nè andare a luogo dove sia, sotto pena di scomunicazione. [1]

E a dì 19 di giugno 1497, ci fu come un figliuolo
del Papa era stato morto e gittato in Tevere. [2]

E a dì 20, mando fuori una pistola frate Girolamo
in difensione della scomunica, la quale si difendeva, secondo alcuni. [3]

---

[1] E stato ripetutamente stampato che questa scomunica, cioè
il Breve del 12 o 13 maggio, fu pubblicata in Santa Maria del Fiore,
il 22 giugno Credo però sia da attenersi senz'altro alla data
che registra il Landucci, che e quella che leggesi anche nella
rammentata *Storia* del Parenti Infatti, doveva leggersi in giorno
festivo, e il 18 giugno 1497 cadde appunto in domenica. Il Parenti si accorda anche col nostro nell'indicare le cinque chiese
dove fu pronunziata, e solo nel luogo di Santa Croce pone quella di
San Francesco del Monte, indicata pure dal Nardi Doverono ne-
cessariamente farsi vari originali del Breve, per mandarne uno a
ciascuno dei Conventi rammentati, e per conseguenza è vero
così quello ripubblicato dal Villari e diretto ai Serviti, come
quello edito dal prof Del Lungo e indirizzato ai Monaci della
Badia Fiorentina

[2] Il Duca di Candia, fatto uccidere dal Valentino

[3] Portando al giorno 18 la pubblicazione della Scomunica,
ecco che questa lettera fu veramente scritta per difesa e non

E a dì 23 di giugno 1497, cadde un fanciullo dalla campana grossa di Palagio in sul ballatoio, e in pochi dì morì.

E a dì 24 detto, sabato, valse el grano in Piazza lire 3.

E a dì 28 detto, ci moriva pure di febre, si disse, 60 per dì.

E a dì 30, si scoprì più case di morbo per la terra, ed era nel borgo di Ricorboli bene 8 case. .

E a dì primo di luglio 1497, fu gonfaloniere Domenico Bartoli.

E a dì 2 detto, ci moriva assai di febre e di morbo e morinne solo in un dì, a Santa Maria Nuova, 25 el dì.

E a dì 3 detto, ci si scoprì più case di morbo, in modo che ognuno faceva pensiero di fuggire. E in questo tempo valeva un paio di pollastre lire 3, e un paio di capponi 7 o 8 lire; tanti c'era l'infermi.

E a dì 8 di luglio 1497, gli Uficiali dell'Abondanza missono in Piazza el grano a soldi 35.

E a dì 9 di luglio 1497, si scoprì morbo in San Marco, e uscissene di molti frati e andavano alle ville de'loro padri e loro parenti e amici. E frate Girolamo rimase in San Marco con alquanti frati. E in questi dì, c'era in Firenze circa 34 case di morbo e anche di febre.

E a dì 11 di luglio 1497, ci fu come el Signore di Mantova andò a Vinegia, e Viniziani, gli vollono mozzare la testa, o veramente lui n'ebbe sospetto; e calossi d'una camera dov'egli era, con teli di lenzuoli, e fug-

---

per mettere le mani avanti, come alcuni han pensato, non trovando naturalmente altro modo di accordarla colla creduta pubblicazione del 22.

gissì a Mantova E questo perchè si diceva ch'egli era
fatto capitano del Re di Francia.

E a dì 12 detto, mercoledì, valse e'grano nuovo e
bello, soldi 45

E a dì 16 detto, era in Firenze circa a 30 case di
morbo, e morivane anche assai di febre E nota che
moriva tutti capi di case, da'20 anni in su insino in 50,
e non fanciugli Pareva si verificasse el detto del Frate,
della novazione della Chiesa e del mondo.

E a dì 20 di luglio 1497, ci moriva assai poveri
per le vie, di stento, e a ogn'ora per la città n'era ri-
colti da chi era sopra ciò, co'cataletti, e portati allo
spedale, e là morivano.

E a dì 23 di luglio 1497, fu preso un prete ch'ufi-
ciava in Santa Maria Maggiore, dagli Otto, el quale
confessò avere tamburato frate Girolamo e frate Dome-
menico e tutti Frati di San Marco, com'erono soddomiti,
per certi isdegni e passioni. E questa mattina fu mandato dagli Otto a rendere loro la fama. E andò in su
'n uno pergamo posto in sulle scalee di Santa Maria
del Fiore, in sulla Piazza, apoggiato al canpanile, e
in presenzia di tutto 'l popolo disse avere detto le bu-
gie, e confessò pubricamente avere errato, E di poi nondimeno gli Otto lo mandorono alle Stinche e in gabbia

E a dì 29 di luglio 1497, scurò el sole e morivaci
di peste e di febre, in modo che la città si votava di
cittadini, ch'andavano alle ville, chi poteva.

E a dì 5 d'agosto 1497, fu preso uno di quegli del-
l'Antella [1] ed ebbe della colla, e confessò certo trattato
con Piero de'Medici, e abominò molti, e quali fu man-

---

[1] La confessione di questo dell'Antella, ch'avea nome Lam-
berto, fu pubblicata dal VILLARI, tra i documenti della sua *Storia*

dato per loro e sostenuti in Palagio e al Bargiello, e dato fine. Fra'quali fu Lorenzo Tornabuoni, Gianozzo Pucci, Bernardo Del Nero, Niccolò Ridolfi, e altri che si fuggirono, che fu Piero di Filippo Tornabuoni, el Butte de'Medici [1] e altri.

E a dì 6, mandorono pe'Signore Rinuccio e per certi caporali, e feciono fanti in Piazza.

E a dì 10 d'agosto 1497, molto si parlava per la città che sarà di loro. Chi diceva: e' non anno errato, chi diceva sì

E a dì 13, si disse ch'e Tornabuoni avevano spacciato una staffetta al Re di Francia, e chiedere Lorenzo.

E a dì 15 d'agosto 1497, intervenne questo, che alla chiesa di San Pagolo, al carnaio ch'e fuori della chiesa, e beccamorti seppellivano uno, e cadde a uno di loro certe chiavi là giù e andò per elle; e fu tanto el puzzo, che vi morì di fatto inanzi lo potessino tirare su.

E a dì 16, andò el grano in sù insino a lire 3.

E a dì 17 d'agosto 1497, si ragunò la Pratica, e stettono in Palagio dalla mattina insino a mezza notte. E furono più di 180 uomini. E fu determinato a voce viva, che fussino morti e confiscati e beni secondo che dice la leggie. E fu giudicato questi 5 uomini, che fu el primo Bernardo Del Nero, e Niccolò Ridolfi, Giovanni Canbi, Gianozzo Pucci e Lorenzo Tornabuoni, de'quali ne 'nerebbe a tutto el popolo. Ognuno si maravigliò che fussi fatto tal cosa, nè a fatica si poteva credere. E feciogli morire la notte medesima, [2] che non fu sanza la-

---

[1] Andrea de'Medici, soprannominato il Butta

[2] Furono giustiziati la notte del 21, giorno nel quale era stato respinto l'appello e si era tenuta una seconda pratica

cime di me, quando vidi passare a'Tornaquinci, in una bara, quel giovanetto Lorenzo, inanzi di poco.

E benchè chiedessino l'appello, e che fusse consigliato da'dottori che si poteva dare, e massimamente messer Guido Antonio Vespucci, non fu voluto dare loro; che parve troppa crudeltà a simili uomini. Pure e posta nella volontà di Dio ogni cosa. Sia sempre a sua lalde ogni cosa.

E più mandorono un bando chi avessi beni di questi 5. [1]

E a dì 24 d'agosto, corfinorono una buona quantità el Tinca Marteglì e Iacopo di messere Bongianni, Tomasino Corbinegli, Lionardo Bartolini, Francesco Dini.

E a dì 17 di settenbre, andorono e fanciugli alla Signoria, a chiedere che frate Girolamo predicassi, e racconciassino e gradi in Santa Maria del Fiore.

E a dì primo d'ottobre 1497, predicò un Frate del Carmino a quella Vergine Maria ch'e nel canto delle mura, dalla Porta a San Friano; e afermava molto la dottrina di frate Girolamo, dicendo: E'm'a detto Iddio che gli e santo uomo e che la dottrina sua è vera, e chiunche gli a fatto risistenza e detto male della divina opera, sieno signori, sieno religiosi, o gran maestri, gli sarà cavato la lingua e dato a'cani, e simile pazzie. E fu mandato per lui, esaminato al Vescovado, e fugli comandato che non predicassi

E a dì 5 d'ottobre 1497, venne in Firenze un figliuolo[2] di messer Giovanni Bentivogli, al soldo dei fiorentini, e aveva 100 elmetti. Era molto bene a ordine e andò a Pisa.

---

[1] Supplisci per il senso « fosse obbligato a denunziarli »

[2] Alessandro, e appunto in quel giorno i suonatori della Signoria ebbero la solita licenza di andare ad onorarlo *Deliberazioni de'Signori e Collegi* ad an.

E a dì 16, lunedì, confinorono molti cittadini per un medesimo peccato. Fu cavato di prigione quel Filippo dell'Antella e Sforzo Bettini, e confinati infra 'l terreno nostro. E più, fu confinati quegli ch'erono citati e non conpariti; che fu messer Piero Alamanni, Messer Tommaso Minerbetti, messer Luigi Tornabuoni e Piero suo fratello.

E a dì 18 d'ottobre, ci moriva di febri assai capi di casa e di buoni cittadini, e non moriva nè donne nè fanciugli.

E a dì 19 d'ottobre 1497, e in questo tenpo si scoperse la moria a molte case, in modo che fermò in villa e cittadini.

E a dì 28, fu in Mercato Nuovo, in su'n uno moricciuolo tra que' banchi, standosi a sedere uno uomo di circa 50 anni, si pose la gota in sulla mano, come si volessi riposare per sonno; e così stando, passò di questa vita, che niuno se n'avide de' circustanti. Non fece atto veruno. Ma poi vedendolo interriato e toccandolo, vidono ch'era morto. E così stette ore morto con quella gota in sulla mano, e ognuno stava discosto, credendo fussi amorbato, perchè la moria ci faceva danno.

E a dì primo di novenbre 1497, finì la triegua co' Pisani e tutta Toscana, [1] e tuttavolta si faceva giente perchè si diceva ch'e Viniziani mandavano giente a Pisa; [2]

---

[1] La tregua stabilita tra Spagna e Francia, nella quale i Pisani furono compresi, considerandosi come aderenti a Spagna. Pero le ostilità non ricominciarono subito. Infatti, gli Anziani di Pisa scrivevano il 12 novembre: « Li innimici si stanno et noi alsi »

[2] « Qui la Ill.ma Signoria di Venegia ha mandato il Mag.co M Marco Martanengo, con 600 cavalli bene a ordine, et apresso a lui manda 200 Stradiotti, Grechi et Albanesi » (Archivio pisano Lettere degli Anziani ad annum, c 218. t).

e noi stavàno tuttavolta in sulla spesa, aspettando el Re che si diceva: E'passa di quà.

E a dì 3 di novenbre 1497, ci fu come a Roma cadde una saetta in sul Castello Sant'Agnolo, insino a dì 29 d'ottobre 1497, in domenica, a ore 14. La quale fece cose grandi: dette in sull'Angielo e gittollo giuso per terra, e casco giuso nella munizione, e appiccossi el fuoco, e scoppiò la torre, e fece andare pietre e legni, balestre, corazze di là dal Tevere; e morivvi uomini. Fu una cosa spaventevole.

E a dì 6, ci venne Pisani per accordo; e no' ne fu nulla.

E a dì 7, cominciò la moria a Dicomano.

E a dì 9 di novenbre 1497, tornò lo Studio a Firenze che leggieva a Prato, e leggievano forse 40 lettori. [1]

E a dì 13 detto, venne cavagli a Pisa mandati da Viniziani, e qui si faceva giente tuttavolta, aspettando di roppere guerra. [2]

E a dì 15 di novenbre 1497, si trovò sotto el portico dello Spedale di San Pagolo di Firenze, fu trovato, una mattina, una fanciulla morta, la mattina in sul dì, la quale fu scoperta da quegli che governavano gli ammorbati, e giudicato non era ammorbata ma più tosto strangolata. E inteso gli Otto el caso, mandorono un bando a pena della testa chi lo sapessi e non lo rivelassi.

---

[1] Vi era siato portato nel 1495 in conseguenza della ribellione di Pisa Il *Parenti*, che appunto trovavasi allora tra gli Officiali dello Studio, scrisse che fu ridotto a Firenze « sendo a Prato il morbo, et contendendosi tra i Pistolesi et Aretini, de'quali ciascuno sforzo facea d'haverlo »

[2] Qui incomincia la lacuna nel Codice autografo, e quel che segue l'ho supplito valendomi del Codice Marucelliano

E a dì 18 di novenbre 1497, rinvilò el grano, tornò a soldì 50, e l'Abbondanza lo mise a soldi 40.

E a dì 19 di novenbre 1497, gli Otto fero bando a frate Mariano da Ghignazzano e altri sua compagni, che non potessino venire in quello de'Fiorentini a pena della testa perche si dicevano che tenevano mano che Piero de'Medici tornassi a Firenze. [1]

E a dì 26 di novembre 1497, ci fu come e'Pisani avevano fatto una preda in sul nostro insino a Bibbona, di bestiame.

E a dì 29 detto, si levò el Crocifisso dell'altare di Santa Maria del Fiore, e posesi quaggiu di sotto, dove seggono e Calonaci, e posono in su l'altare maggiore un tabernacolo di legname per el Corpo di Cristo, che non era ancora dorato, a vedere se piaceva.

E a dì 2 di dicenbre, venne in Firenze un Cardinale figliuolo del Duca di Ferrara, ch'andava a Roma a vicitare el Papa che l'aveva fatto Cardinale di nuovo. Era giovanetto di circa 22 anni. Fugli fatto assai onore; andogli incontro assai cittadini [2]

E a dì 14 di dicenbre, ci fu come e nostri avevano corso insino a Pisa, e predato in Val di Calci. [3]

E a dì 16 detto, taglionno la testa al Cegino, nella

---

[1] La deliberazione degli *Otto* del giorno 17 lo chiama *Magister Marianus de Ghinazano*, frate nella chiesa di San Gallo fuori delle mura, dell'Ordine di Sant'Agostino Per suoi compagni non deve intendersi Frati dello stesso Ordine, dei quali non tròvasi condannato che un altro, ma sibbene i suoi complici in quelle trame, tra i quali era anche un converso Certosino

[2] Ippolito d'Este.

[3] Una lettera scritta dagli Anziani di Pisa, dà molti particolari di questa scorreria, tra i quali quello che i Pisani fecero una sortita e ripresero parte della preda, che era stata molta

corte del Capitano, per quel medesimo peccato, d'avere
fatto e fatti de'Medici. [1]

E a dì 6 di gennaio 1497, andò la Signoria di Firenze a offerire a San Marco, e baciorono la mano a
frate Girolamo all'altare, e non sanza grande maraviglia
de'più intendenti, e non tanto degli avversari, quanto
degli amici del Frate. Fu el dì della Pifania. [2]

E in questi dì fu grandi freddi; ghiaccio Arno.

E a dì 11 di febraio 1497, cominciò a predicare frate
Girolamo in Santa Maria del Fiore, e rifecesi e gradi
come prima, [3] e andovvi molta giente, e molto si parlava

---

[1] Gli *Otto* fino de' dì 14 novembre avevano condannato a
morte Francesco d'Agostino Ciegia e Luca Speranzini come fau-
tori di Piero de' Medici Di questo Agostino Ciegia nell' Archivio
di Stato di Firenze trovasi un libro, appartenuto già alla libreria
del senator Carlo Strozzi, ed è intitolato *Libretto sagreto* segnato
A piccola Nella prima carta leggesi « Ricordo ogi, questo di
14 di marzo sopradetto (1495 st c) ch'io o chomunciato detto libretto sagreto per rispetto delle novità e mutatione di Stato grande
che nella nostra città sono istate, e massimo a dì 9 di novembre
passato »; e narrata la cacciata de'Medici seguita· « e io partito
che fu Piero, m'ebbi a nascondere perch' ero suo servidore, istetti
la domenica notte in chasa di Franceschio Guardi, e dipoi lunedì,
martedì, mercoledì in chasa Silamo barbiere in Via di San Ghallo,
e 'l giovedì mi rapresentai alla Signoria perchè, sotto pena del
chapo, ebi a chonparire Istetti sostenuto di x, e nel detto tenpo eb-
grandissime paure fui liberato per l'amore di Dio e de' Re di Frani
cia ».

[2] In quel giorno ricorreva la festa principale, della dedicazione
di quella chiesa, e la Signoria per antica consuetudine vi andava
ad offerta. Meraviglio molti il vedere anco in quest'anno compiere
quell'atto, senza aver rispetto alla scomunica dalla quale era col-
pito il Frate.

[3] I gradi e le panche gli avevano fatti rifare in gran fretta
gli amici del Savonarola negli ultimi di gennaio, perchè tenevano
per sicuro che egli avrebbe predicato il giorno della Candelara.

11

di lui ch'era scomunicato, e molti mancorono d'andarvi per temenza della scomunica dicendo: *giusta vel ingiusta, timenda est*. Io fui di quegli che non vi andavo

E in questo tenpo poco si ragionava di moria, se c'era in una casa o in due, non c'era in piu.

E a dì 15 di febraio 1497, predicò frate Girolamo in San Marco, e non volle se non preti e religiosi, e scoperse loro le loro magagne, secondo che mi fu riferito da uno.

E in questi dì la guerra di Pisa s'era un poco quietata per la vernata cruda.

E a dì 17, sabato, valse el grano da 49 a 50 soldi lo staio.

E a dì 18 di febraio 1497, predicò frate Girolamo in Santa Maria del Fiore e manconne ancora più giente.

E in questo tenpo fu grandi freddi, in modo che stette ghiacciato più di due mesi, che si dubitò non si perdessi el grano e la ricolta ne'luoghi freddi.

E a dì 24 di febraio, sabato, valse el grano quel medesimo, da 49 a 50 soldi lo staio.

E a dì 25 di febraio 1497, predicò frate Girolamo in Santa Maria del Fiore, senpre provando la scomunica non valere nè tenere; e nota che tutte le dette prediche sono state scritte e gittate in forma da un giovane notaio ch'à nome ser Lorenzo Vivuoli, se si può dire, stato più ch'uomo, avere scritto ciò che à mai detto questo Frate in pergamo, e pistole e altre cose dette in molti anni: non si può trovare maggiore meraviglia al mondo, e non bisogna altro miracolo in questa opera, avere scritto ogni minimo atto e parola come l'à dette apunto, che non ne manca un iota, ch'è inpossibile; ma è stata permissione divina a qualche buon fine, e così è giudicato dagli uomini che fanno bene.

E dì 27 di febraio, fu Carnasciale, e fecesi in su
la Piazza de' Signori un capannuccio di cose vane, di
figure ignude e di tavolieri, libri eretici, Morganti, spec-
chi e molte cose vane e di gran valuta, stimate migliaia di fiorini. Come e' feciono anno la processione
de'fanciugli, così feciono al presente. ragunati in 4 quartieri, colle croci e ulivi in mano, ogni quartiere ordinati
con tabernacoli innanzi, andorono dopo desinare a ardere detto capannuccio; e benchè fussi dato noia da
certi tiepidi, gittando gatte morte e simile lordura, non
di meno vi misono el fuoco, e arse ogni cosa, perchè
v'era stipa assai. E nota che 'l capannuccio non era
cosa da fanciugli, ch'era un certo quadro di legname di
più di 12 braccia per ogni verso, fatto da legnaiuoli in
più dì, e molte opere; per modo che fu necessario la
notte dinanzi tenere la guardia di molti armati a guardare, perche certi tiepidi lo volevano guastare, di certi
giovani che chiamavano Conpagnacci. E nota che 'l Frate
era in tanta reverenza a chi gli credeva, che questa
mattina, ancora che fussi Carnasciale, frate Girolamo disse
la messa in San Marco e comunicò di sua mano tutti
e sua frati, e poi parecchi migliaia d'uomini e di donne;
e dipoi venne col Corpo di Cristo in su un pergamo in
sulla porta della chiesa così di fuori, e, mostrandolo, be-
nedisse el popolo con molte orazioni: *Fac salvum po-
pulum tuum Domine,* e certe altre orazioni. Eravi venuto grande popolo, stimando vedere segni: e tiepidi si
ridevano e facevano beffe e dicevano. Egli e scomunicato
e comunica altri. E benchè a me c'pareva errore, ancora
che gli credessi; ma non volli mettermi mai a pericolo
andare a udirlo, poiche fu scomunicato.

E a dì 28 di febraio 1497, che fu el primo dì di
Quaresima, predicò e disse ch'e tristi avevano pieno el

sacco e fatto ogni male; e massime la notte si fece una
certa cena di Conpagnacci, tutti tiepidi che vorrebbono
vedere le cose un poco più larghe, e non tanto riprendere e peccati, e avere licenza di vivere all'epicura

E a dì primo di marzo 1497, predicò frate Girolamo
in Santa Maria del Fiore, e prese licenza, e disse pre-
dicherebbe in San Marco, perche e c'era venuto una
aggravatoria del Papa e sendolo, prese licenza da li, e
predicava in San Marco, [1] e un frate de'sua predicava in
Santa Maria del Fiore la sera: e seguitando in San
Marco, gli cresceva el popolo, e dissesi ch' egli aveva
scritto al Papa che si correggessi, altrimenti capiterebbe
male, e aspettassi gran flagello, e presto.

E a dì 11 di marzo 1497, predicando pure in San
Marco, alluminando la città, che volevano fare un ti-
ranno e già si vedeva per molti certi segni.

E a dì 14 detto, si fece richiesti e pratica per pigliare modo di questo Frate, e finalmente s'andò in bi-
goncia molti cittadini: chi voleva levarlo dal predicare, e
chi no; e fuvvi grande controversia d'anbizione di Stato;
non di meno tutta volta predicava, e 'l Papa minacciava d'interdire la città. Pareva cosa maravigliosa che
'l Papa nollo potessi fare star cheto e cessare dal predicare; e molto maggiore era che lui stessi pure forte
e non cessassi dal predicare.

E a dì 17 di marzo, la Signoria mandò 5 cittadini
a frate Girolamo, la sera di notte, a pregarlo che non pre-
dicasse per qualche dì; [2] e lui rispose che voleva prima

---

[1] Il Papa mandò un Breve ai Canonici del Duomo, col qual-
ordinava che vietassero al Savonarola di predicare in quel tempo.
VILLARI op. cit. Vol. II, p 90

[2] In questo giorno si era radunata nuovamente la Pratica
attesoche il dì 14 non si fosse concluso nulla

dimandarne colui che lo mando a predicare: e nondimeno pure predicò in San Marco, e chiese licenzia, minacciando di gran cose a chi era cagione di questo.

E a dì 18 di marzo 1497, predicò in San Marco frate Domenico da Pescia, e in Santa Maria del Fiore predicava la sera uno de'frati loro di San Marco.

E a dì 21 di marzo 1497, ci fu nuove come 'l Papa era adirato co' Fiorentini, e che non si poteva quietare. Eraci lettere in molti mercatanti ch'avevano paura di andare a sacco Roma. E più c'era lettere come frate Mariano da Ghignazzano molto soffiava nel fuoco, e come gli aveva fatto una predica, infra l'altre, a Roma, e come chiamò sempre ubbriacone frate Girolamo; e più venne in tanta insania, che nella predica, dov'era più cardinali, ch'egli usò volgere el parlare e disse: *Alessandro; se non fussi la reverenza tua, io ti farei due fiche agli occhi;* e attualmente fece con mano simile lordura in pergamo, così si disse da chi veniva da Roma. Or vedete quanto può la invidia! e nota s'ella pare invidia, che innanzi che fussi scomunicato gli erano molto maggiori nimici, gli apponevano molti falsi: pareva sola invidia; forse che no.

E a dì 24 di marzo 1497, ci fu come el Duca di Milano era venuto a Genova e menato seco 200 cittadini per fuggire el sospetto ch' egli aveva.

E a dì 25 di marzo 1498, fu trovato certe scritte alla porta di Santa ✠ e d'Orto San Michele, che dicevano: *Popolo, e' non e il Frate la tua malattia, ma sono certi pinzocheroni;* ed eravi nominato Francesco Valori e Pagoloantonio Soderini, e dicevano: *Andate a casa loro col fuoco.* E nota che in questi tempi si facevano beffe di queste cose spirituali; si trovava per la terra tale infedele gente alla sfrenata, che toglieva moccoli e andava cercando così accesi, e dicevano: *Io cerco della chiavicina ch' ha perduto el Frate;* chi pigliava la giente e facevagli inginocchiare a una lanterna accesa, e diceva *Adora el vero lume;* chi ardeva finestre inpannate, e altri spregi: perchè el Frate aveva usate dette parole, *la chiavicina,* e che la novazione della Chiesa sarebbe *el vero lume.* E questi erano una gente di giovanaglia di poco spirito.

E a dì 26, ci fu chi diceva che la interdizione di Firenze era venuta, ma non era vero, e che la fu occultata; e nondimeno el Frate faceva in San Marco dentro, processioni e orazioni con un Crocifisso innanzi, in mano al Frate, con grande lacrime e divozione, con alquanti cittadini, che v'entravano dentro di nascosto dagli altri.

E a dì 27 di marzo 1498, frate Domenico da Pescia, frate pure di San Marco, invitò nella predica un predicatore che predicava in Santa ✠ a entrare nel fuoco per questa verità, el quale diceva contro a frate Girolamo: e andorono parecchi cittadini a Santa ✠ per ambasciadori. [1]

---

[1] Molta confusione trovasi negli antichi e moderni scrittori nel dichiarare da chi partisse la sfida, ed il Prof. VILLARI, rilevando la discordanza, crede doversi concludere che il primo fosse il predicatore di Santa Croce, frate Francesco da Puglia, il Landucci la fa muovere da fra Domenico A me pare che dal confronto dei libri e dei documenti resulti che due furono le sfide; prima il Francescano sfidò il Savonarola, ma questa non ebbe seguito perchè il Domenicano non tenne conto della provocazione Allora fra Domenico, per conto suo, mal soffrendo gli attacchi del Pugliese, formulò sei conclusioni della dottrina del suo maestro e invitò l'avversario a entrare nel fuoco per provarle Questi però si schermì dicendo che la sua disputa era col Savonarola e con lui sarebbe entrato nel fuoco. L'una parte e l'altra si erano

E a dì 28, predicava frate Domenico in San Marco
e dicendo di volere entrare nel fuoco; e più disse che
molti di questi miei Frati faranno el simile; e volgen-
dosi verso le donne, ancora di queste donne faranno
questo; e fu tanto l'empito dello spirito che molte si
levarono ritte dicendo *Io sono di quelle.*

E in questo medesimo dì, el predicatore di Santa
✠ disse in pergamo volere entrare nel fuoco, e accetto lo 'nvito, e disse: Io credo bene ardere, ma sono
contento per liberare questo popolo; e disse: se lui non
arde, credetegli come vero profeta.

E a dì 29 di marzo 1498, andarono in Palagio alquanti frati di San Marco e alquanti di Santa ✠, e
portorono le conclusioni e' capitoli in che modo si dovessi entrare; e rimasi dovessi entrare un frate di San
Francesco, de'Rondinegli, e per la parte di San Marco
frate Mariano Ughi. [1]

E a dì primo d'aprile 1498, predicava in Santa Maria del Fiore frate Mariano Ughi, frate di San Marco, el
quale s'era sottoscritto di volere entrare nel fuoco; e
più raffermò questa sera inginocchiato in pergamo innanzi al Crocifisso, promettendo per questa verità per
ogni modo entrare nel fuoco, pregando strettamente che
a chi toccava dovessi tirare innanzi questa opera. E queste cose disse pubricamente e in pergamo.

E a dì 2 d'aprile 1498, frate Girolamo fece dentro in

---

spinte tanto innanzi che non poteva retrocedersi senza scandalo,
per evitare il quale, fu convenuto che la prova con fra Domenico
l'avrebbe fatta frate Giuliano Rondinelli altro francescano.

[1] Intorno a questo fatto dell'esperimento del fuoco leggonsi
tra i documenti pubblicati dal VILLARI tre deliberazioni della Signoria

San Marco una processione con tutti e sua frati e molti
cittadini. uscirono per chiostro e girorono tutta la piazza
e ritornorono in chiesa; e frate Girolamo portava in mano
el Crocifisso e imponeva e salmi.

E a dì 6 d'aprile 1498, cominciò a predicare frate
Girolamo in San Marco, e predicò come era preparato a
mandare de' sua frati nel fuoco per questa verita pre-
dicata, e non tanto alcuni sua frati, ma tutti a voce viva
erano preparati, quanto parecchi migliaia di secolari e
di donne e fanciugli, per modo che nel mezzo della predica si rizzò tutto 'l popolo gridando e offerendo la vita
per quella verità.

E a dì 7 detto, fu ordinato in Piazza de' Signori un
palchetto lungo braccia 50 e largo braccia 10 e alto
braccia 4, e fu fondato in certe capre di legname, in sul
quale fu fatto da ogni sponda un muricciuolo di mattoni
crudi, alto braccia $1/2$, e nel mezzo missono ghiaia e calcinacci, e in effetto tutto coperto che 'l fuoco non potessi
trovare l'asse e 'l legname, e in su detto palchetto fu
fatto a ogni sponda legne grosse a uso di cataste, alte
braccia 2 $1/2$, tutto el palchetto quanto era lungo, lasciorono da ogni testa senza legne braccia 4, intanto che
le legne erano lunghe braccia 40 da ogni lato: e lasciorono in quel mezzo braccia 2 di spazio d'onde s'aveva
a passare: e di fuora e dentro a dette legne si rizzò
molte scope e frasconi in modo che restò un braccio di
luogo l'andito: e più vi fu gittato su olio, acqua ar-
zente e altre ragie perchè meglio ardessi. E dato l'ora
in detto dì a ore 17 si dovessino appresentare in Piazza
detti Frati di San Marco e di San Francesco, e quali dovessino fare lo sperimento del fuoco, come s'erano pat-
teggiati e soscritti; che dalla parte di San Marco dovessi
entrar fra Domenico da Pescia, e dalla parte di San Fran-

cesco dovessi entrare fra Giuliano de' Rondinegli del-
l'Osservanzia. E a l'ora data giunse quei di San Francesco
e entrorono nella Loggia dei Signori, la quale avevano
diviso per mezzo collo steccato, e stettono in verso San
Piero Scaraggio sanza dir niente. E poi venne quei di
San Marco con grandissima divozione, grande numero di
frati, circa 250, a coppie a coppie; e poi frate Domenico
con uno Crocifisso in mano; e di poi frate Girolamo con
il Corpo di Cristo in mano: e aveva dietro un gran popolo con molti torchi e lumi, cantando e salmeggiando
con grande divozione. entrati nella Loggia, avevano parato uno altare e cantoronvi una Messa; dipoi el popolo
aspettava questo grande spettacolo. E stando piu ore, si
maravigliava el popolo, e la cagione era che avevano
differenzia: che quei di San Francesco vollono che frate
Domenico si cavasse insino alle mutande, dicendo che era
incantato, e lui fu contento; poi gli missono un'altra cosa,
che non v'andassi col Corpo di Cristo: per modo ch'e
Frati di San Francesco si vide che volevano farne fuora.
In modo ch'andò insino a sera questa controversia, fra
andare su in Palagio e tornare. onde si ruppe ch'e Frati
di San Francesco s'andorono via, e di poi si partirono
quei di San Marco, per modo che 'l popolo si conturbò
tutto, quasi perdendo la fede del Profeta. Molto si parlava di questo fatto; e massimamente quegli che erano
contro al Frate presono grande animo, ch'era una certa
compagnia che si diceva Compagnacci, e quali cominciorono a fulminare e a sparlare disonestamente e di-
leggiare tutti quelli che credevano questa opera del
Frate, chiamandogli Piagnoni e pinzocheroni e simili
ingiurie; per modo che non era niuno di quelli del Frate
che potessi parlare.

E a dì 8 aprile 1498, che fu la domenica d'ulivo,

cominciò a scoppiare questo fatto ordine, che, sendo in
Santa Maria del Fiore per cominciare el vespro, e la
giente era a sedere alla predica, un buon popolo d'uomini e di donc, e preti soprastavano a cominciare el
vespro, alcuni dissono perchè non s'avessi a predicare,
e forse a stanza di questi Compagnacci, e quali cominciarono a dare in quelle spalliere delle donne, e usando
parole e dicendo: *Andatevi con Dio piagnonacci* e
simile parole, in modo che molte si levarono da sedere, e fu fatto un tumulto grande per chiesa; e beato
chi poteva trovare la porta: e se alcuni garrivano, loro
volevano dare con ogni arroganza, e appicca'la quistione; e tratto fuori arme addosso alquanti di quelli
del Frate, fuggendo verso la Via del Cocomero, fu dato
e feriti alcuni in modo che in poche ore fu in arme tutta
la citta, tutti di quegli contro al Frate, e questa compagnia de' Compagnacci, e fulminando verso San Marco
gridando: *A' frati, a' frati, a San Marco;* e tutto il popolo e' fanciugli corrono co' sassi; intanto che molti uomini e donne ch'erano in San Marco non potevano uscire
fuora pe'sassi. E io mi trovai; e se non fussi che del
chiostro usci e andane in verso la Porta di San Gallo,
rimanevo forse morto. E in effetto ognuno s'armava:
di Palagio venne bandi, chi pigliava o menava preso
frate Girolamo avessi 1000 ducati. Fu commota tutta la
città, e niuno fu ardito di parlare, di quegli del Frate,
che sarebbe stato morto. E innanzi che fussi ore 22,
venne in Piazza qualche Gonfalone armati, gridando *popolo,* ch'erano quasi tutti Compagnacci, e cominciorono
a dire e gridare: *A casa Francesco Valori, a sacco;*
e corsono là e missono fuoco nella porta, e andò a
sacco ogni cosa E in questo tempo Francesco Valori
usci di San Marco sconosciuto, dietro per l'orto è lungo

le mura: fu preso da due uomini vili e menato a casa
sua: dipoi la sera fu cacciato fuori da' mazzieri de' Signori e fugli promesso la vita, e menanvanlo in Palagio:
e quando fu presso a San Procolo, in sul canto da quella
Vergine Maria, venne uno di dietro, e detteli in su la testa con una roncola due o vero tre volte, e morì quivi
di fatto. E nell'andare a sacco la casa sua fedirono la
donna sua e mori, e fedirono figlie e balie, e ruborono
ogni cosa.

E piu andò a sacco Andrea Cambini; [1] e una casa
nella Via Larga d'un povero uomo, che gittò parecchi
tegoli nella via dalle finestre. E in questo tempo si com-
batteva San Marco, e tuttavolta vi cresceva popolo; e
portoronvi circa 3 passavolanti, nella Via Larga e Via del
Cocomero, e fuvvi feriti e morti alcuni. Dissesi che n'era
morti di qua e di la 15 o 20 persone, e feriti circa 100.

E circa alle 6 ore di notte arsono la porta di San
Marco della chiesa e del chiostro, e entrati in chiesa si
combattè; e finalmente il Frate era in coro a cantare
ufizio, e vennero fuori due frati, e dissono: *Noi vi da-
remo el Frate, se voi lo volete dar salvo in Palagio*, e
così fu promesso: e alle 7 ore gli detto' el Frate e frate
Domenico e frate Salvestro, e menoronlo in Palagio con
molte ingiurie per la via. E dissesi che gli davano de'
calci, e dicevano: *Va la, tristo;* e fugli messo e ferri
in gamba e le manette, e tenuto molto stretto come un
grande malfattore, e dettogli molti improperi e ingiurie.

E a dì 9 di aprile 1498, non si fece altro, si posò
l'arme ma non la lingua, pareva aperto l'inferno; non
si potevano isfamare di dire e *ladro* e *traditore*. E non

---

[1] Uno dei più caldi seguaci del Savonarola.

si poteva per niente parlare per la parte del Frate, che
sarebbe stato morto, e dileggiavano e cittadini Piagnoni
e pinzocheroni.

E a dì 10 d'aprile 1498, a ore 21, el Frate fu portato al Bargello a predelline, perche era co'ferri in gamba
colle manette, e ancora frate Domenico; e missono mano
e dettongli 3 tratti di fune, e a frate Domenico ne dettono 4; e disse frate Girolamo: *posatemi che io vi scri-
rerò tutta la vita mia* E pensa quando fu udito, quande
egli aveva avuto la colla, dagli uomini che voghono ben
vivere e che gli credevano, che non fu sanza lacrime
perchè aveva insegnato questa orazione: *Fac bene bonis
et rectis corde*. Non fu sanza lacrime e dolore e forte
orazioni a Dio.

E a dì 13 di aprile 1498, ci fu come el Re di Francia
era morto, e morì a dì 7 detto, [1] quando venne un grande
tuono e un brusco tempo, pareva l'aria molto crucciata
e piovve; e io lo so che mi immollai molto per vedere
l'esperimento del fuoco, perche fu in tal dì circa a ore 20.
E in detto dì ci fu come lo 'Nperadore s'aveva rotto una
coscia da un cavallo che gli cadde addosso. E in tal dì
venne il Turco a Otranto. E in tal dì fu tagliato la
testa a due gentiluomini che volevano avvelenare el
Duca di Milano.

E a dì 15 di aprile 1498, che fu la Santa Pasqua,
ai sono dentro le Murate più refettori, e fece loro grande
danno e massime di robe di cittadini; e dissesi che non
si sapeva in che modo si fusse acceso questo fuoco.

_____

[1] 1 Pisani scrivevano a Venezia: « La morte del Re di Francia ci parve buona nuova quando la 'ntendemmo, hora ci pare
optima, poiche cotesta Signoria se ne ralegra per li rispecti che
intendete »

E a dì 17 d'aprile 1498, ci fu come el Duca d'Or-
liens era stato fatto Re di Francia.

E a dì 19 d'aprile 1498, si lesse in Consiglio, nella
sala grande, el processo di frate Girolamo, ch'egli aveva
scritto di sua mano, el quale noi tenevamo che fussi
profeta, el quale confessava no' essere profeta, e non
aveva da Dio le cose che predicava, e confessò molti
casi occorsi nel processo delle sue predicazioni essere
el contrario di quello ci dava ad intendere. E io mi
trovai a udire leggere tale processo; onde mi maravi-
gliavo e stavo stupefatto e in ammirazione. E dolore
sentiva l'anima mia, vedere andare per terra uno sì
fatto edificio per avere fatto tristo fondamento d'una sola
bugia. Aspettavo Firenze una nuova Gierusalemme donde
avessi a uscire le leggi e lo splendore e l'esempio della
buona vita, e vedere la novazione della Chiesa, la conversione degl'infedeli, e la consolazione de'buoni; e io
sentii el suo contrario, e di fatto presi la medicina ·
In voluntate tua Domine omnia sunt posita.

E a dì 21 d'aprile 1498, si scoperse la moria in molte
case, di nuovo nella Via della Scala circa quattro case,
e qui intorno a San Brancazio, insino alla ✠ al Trebbio, altre quattro case. Faceva in due dì assai, perchè
faceva la luna. Fece un poco isbigottire el popolo cir-
cunstante.

E a dì 22 d'aprile 1498, si prese el perdono in Santa
Maria del Fiore, del Giubileo che ci aveva concesso
el Papa; e concesse penitenziali che, potessino assolvere
da ogni e qualunche caso, e massime in queste scomuniche che ci aveva fatto incorrere questo Frate, per
le sue prediche: e per la gran fede che gli portava el
popolo, in mentre ch'egli era scomunicato c'era assai
che l'andavano a udire.

E a dì 23 d'aprile 1498, dettono martirio al Frate;
e fu sostenuto certi cittadini, che fu Domenico Maz-
zinghi e altri.

E a dì 24 d'aprile 1498, s'intese come Pagoloantonio
Soderini se n'era andato a Lucca per sospetto del Frate. [1]

E a dì 26 d'aprile 1498, ci fu un mandatario del
Papa, e un breve che dava licenza che facessino del
Frate quanto paressi al suo mandatario.

E a dì 27 d'aprile, si dette colla a tutti e cittadini
presi per tal caso, in modo che, dalle 15 ore insino a
sera, si sentì sempre gridare al Bargello.

E a dì 28 d'aprile 1498, si fece pratica sopra Frati
e sopra cittadini ch'erano nominati da'Frati, e stettono
insino alle 7 ore, e non fecioro conclusione; e fu molto
contradetto a manomettere e cittadini.

E a dì 30 d'aprile 1498, si ragunò el Consiglio e
fecioro e gonfalonieri, e vinsono di restituire certi confinati nelle Stinche, e certe altre provisioni: e de'cittadini ch'avevano errato nello Stato, vinsono pagassino
danari, e del Frate non si ragionò. Furono condannati
circa 23 cittadini in danari e ammuniti, chi in cento,
chi in dugento, e chi in mille, che fu una somma di
12 mila fiorini.

E a dì primo di maggio, furono rimandati tutti e
cittadini a casa; e rimase e 3 poveri Frati.

E a dì 2 di maggio 1498, si levò quel tabernacolo
ch'era stato posto in Santa Maria del Fiore all'altare
maggiore, per tenere el *Corpus Domini*, e riposesi el
Crocifisso com'era prima.

---

[1] Paolo Somenzi cancelliere del Duca di Milano scriveva a
quello· « Paulo Antonio Soderino ha hauto gran ventura ch'el non
fu ritrovato hieri, perchè el saria stato tagliato a peze come fu
Francesco Valori ».

E a dì 5 di maggio 1498, valse el grano soldi 35, e così lo dava el Comune.

E a dì 7 di maggio, ci fu come a Pescia era scorso e Pisani e predorono. Dissesi che v'era trattato di un francioso, ma non riuscì. [1]

E a dì 8 di maggio 1498, ci fu come frate Girolamo aveva isposto el *Miserere mei* in prigione in Palagio, nell'*Alberghetto*. [2]

E a dì 9 di maggio 1498, si vinse negli Ottanta che gli Ebrei potessero prestare. Se fu lecito lo sa el Signore, e nel Consiglio maggiore non si vinse che prestassino.

E a dì 12 di maggio 1498, gli Uficiali del morbo andorono per gli spedali, cacciavano e poveri, e dove ne trovavano per la città tutti gli mandavano fuori di Firenze; e feciono ancora più crudele cosa, che posono all'arte de'Corazzai un canapo colla carrucola per dare colla a chi tornava dentro. Fu tenuta cosa crudele e una medicina contraria.

E a dì 13 detto, ci fu come el Papa mandava un mandatario e 'l Generale di San Marco per giudicare frate Girolamo; e più ch'egli aveva dato licenzia a'Fiorentini che potessino porre a'preti e religiosi tre Decime. Alcuni pure amici del Frate, interpretavano e dicevano: *Questo frate è stato venduto 30 danari come 'l Salvatore, perche tre vie dieci fa trenta*. E nota che molti preti si rallegravano del male del Frate, e tornò sopra loro.

---

[1] Le lettere pisane non fanno parola di questa scorreria, ma parlano invece della scalata al castello di Buti fatta senza profitto dai Fiorentini, e della rotta che ebbero pochi giorni appresso nelle parti di Maremma, tutte cose che lo scrittore non accenna (*Lett* cit. 1499 maggio 4, c. 4, e 1499 maggio 19 c. 15 t.).

[2] Nome di una prigione nel Palazzo della Signoria.

E a dì 14 di maggio 1498, si tirò su due campane
grosse in su uno campanile, così alla salvatica, sopra la
porta di San Lorenzo di Firenze.

E a dì 18 detto, fu finito el secondo finestrato di
Filippo Strozzi.

E a dì 19 detto, venne in Firenze un mandatario
del Papa e el Generale di San Marco per esaminar frate
Girolamo. [1]

E a dì 20 di maggio, domenica, quello mandatario
lo pose alla colla, e innanzi lo tirassi su, questo dimandò, s'egli era vero le cose ch'egli aveva confessate,
e lui rispose e disse di no, e come egli era messo e
mandato da Dio, e lui allora lo fece collare, e confessò
quel medesimo, ch'era peccatore, come disse prima.

E a dì 22 di maggio 1498, determinorono di fargli
morire; e fu determinato d'ardergli vivi, e finalmente
la sera fu fatto un palchetto, el quale copriva tutta la
ringhiera del Palagio de'Signori, e poi si partiva un
palchetto dalla ringhiera allato al lione e veniva in
mezzo della Piazza, verso el tetto de'Pisani: e quivi fu
ritto un legno grosso e alto molte braccia, e intorno.
al detto legno un palchetto tondo e grande: e al sopradetto legno fu posto un legno a traverso a uso d'una
croce; e vedendo gli uomini dicevano: *E'gli vogliono
crucifiggere;* e sentendo mormorare della croce, andorono a segare di quel legno, in modo che non paressi
croce.

E a dì 23 di maggio 1498, mercoledì mattina, si fece
questo sacrifizio di questi tre Frati. Gli trassono di Palagio e feciongli venire in su quel palchetto della rin-

---

[1] Il primo era Francesco Romolino vescovo d'Ilerda e poi
cardinale, l'altro fra Girolamo Turriano da Venezia.

ghiera; e quivi furono gli Otto c'Collegi e 'l mandatario del Papa e 'l Generale, e molti calonaci e preti e
frati di diverse regole, e 'l vescovo de' Pagagliotti, al
quale fu commesso digradare detti 3 Frati: e qui in su
la ringhiera fu fatto dette cerimonie. Furono vestiti di
tutti i paramenti, e poi cavati a uno a uno, colle parole
accomodate al digradare, affermando sempre frate Girolamo eretico e scismatico, per questo essere condannato
al fuoco; radendo loro el capo e mani, come si usa al detto
digradare. E fatto questo, lasciorono e detti Frati nelle
mani degli Otto, e quali feciono immediate el partito
che fussino inpiccati e arsi; e di fatto furono menati
in sul palchetto allo stile della ☩. Dove el primo fu
frate Silvestro, e fu inpiccato al detto stile a uno de' corni
della croce; e non avendo molto la tratta, stento buon
pezzo, dicendo *Giesu* molte volte in mentre ch'era impiccato, perche el capestro non stringeva forte ne scorse
bene. El secondo fu frate Domenico da Pescia, senpre
dicendo *Giesu*; e 'l terzo fu el Frate detto eretico, il quale
non parlava forte ma piano, e così fu inpiccato Sanza
parlare mai niuno di loro, che fu tenuto grande miracolo, massime che ognuno stimava di vedere segni, e
ch'egli avessi confessato la verità in quel caso al popolo; massime la buona gente, la quale disiderava la
grolia di Dio e 'l principio del ben vivere, la novazione
della Chiesa, la conversione degli infedeli: onde non fu
sanza loro amaritudine: nè fece scusa veruna, nè niuno
di loro. Molti caddono dalla lor fede. E come furono
inpiccati tutti a tre, in mezzo frate Girolamo, e volti
verso el Palagio; e finalmente levorono del palchetto
della ringhiera, e fattovi el capannuccio in su quello
tondo, in sul quale era polvere da bonbarda, e'dettono
fuoco alla detta polvere, e così s'arse detto capannuccio

con fracasso di razzi e scoppietti, e in poche ore furono
arsi, in modo che cascava loro le gambe e braccia a
poco a poco: e restato parte de busti appiccato alle
catene, fu gittato loro molti sassi per fargli cadere, in
modo che gli ebbono paura che non fussino tolti dal
popolo; e 'l manigoldo, e chi lo aveva a fare, feciono
cadere lo stile e ardere in terra, facendo arrecare legne assai: e attizzando sopra detti corpi, feciono consumare ogni cosa e ogni reliquia: dipoi feciono venire
carrette e portare ad Arno ogni minima polvere, acciò
non fussi trovato di loro niente, accompagnati da' mazzieri insino ad Arno, al Ponte Vecchio. E non dimeno
fu chi riprese di quei carboni ch'andavano a galla, tanta
fede era in alcuni buone genti; ma molto segretamente
e anche con paura, perchè non se ne poteva ragionare
nè dire niente, sanza paura della vita, perchè volevano
spegnere ogni reliquia di lui.

E a dì 26 di maggio detto, fu trovato in Piazza certe
donne per divozione inginocchiate dove furono arsi.

E a dì 27 detto, quel mandatario del Papa fece fare
un' annunzione che chi avessi scritture del Frate le dovessi portare a lui in San Piero Scaraggio, dove stava,
per arderle, sotto pena di scomunicazione, e così le croci
rosse. E fuvvene portate molte, e dipoi se ne fece
beffe ognuno, perche non si truova eresia in tutte sue
cose.

E Signori e Otto, che si trovorono a dare e giudicare 'questi tre frati, fu Piero di Niccolò Popoleschi
gonfaloniere, Chimenti Ciarpelloni, Filippo Cappegli,
Alessandro Alessandri, Lionardo di Giuliano Gondi, Antonio Berlinghieri, Lanfredino Lanfredini; e gli Otto che
renderono tal partito, Piero Parenti, Antonio di Domenico Giugni, Francesco Pucci, Domenico Fagiuoli,

Doffo d'Agnolo Spini Ruberto di Giovanni Corsini, Francesco di Cino, Gabbriello Becchi.

E a dì 29 di maggio 1498, se n'andò quello mandatario.

E a dì primo di giugno 1498, feciono un capitano della guerra e fu Pagolo Vitegli, e dettongli el bastone.

E a dì 4 di giugno, fu veduto una fiamma di fuoco andare per aria, grande, e sfavillava e lasciava la via d'onde passava buon pezzo, ed era bassa bassa.

E a dì 5 di giugno 1498, andò el nuovo Capitano a Pisa. E in questo dì corsono e Pisani sino a San Miniato al Tedesco e feciono una grande preda e presono prigioni e arsono una osteria sotto San Miniato alla via di Stibbio.

E a dì 7 detto, e Pisani posono el canpo a Ponte di Sacco, e l'altro dì si fuggirono perchè 'l nostro s'appressò e ingrossava. [1]

E a dì 10 detto, venne in sul prato de'Servi e dal Tiratoio certi bruchi neri a mangiare quei prati, in modo che quelli ispruneggioli rimanevano tutti bianchi e mondi; e innanzi che n'andassi quattro dì, quei bruchi diventorono che parevano d'oro; e' fanciugli gli pigliavano e gridando: *questi sono e bruchi del frate Girolamo ;* e quale pareva d'oro e quale d'ariento. E quali avevano queste condizioni: un viso umano con gli occhi e 'l

---

[1] « Stamani haviamo lettere da Cascina come, essendo li nostri in ordine per ire al campo al Ponte di Sacco e fare qualche factione, s'è inteso ad Montopoli essere arrivato Paulo Vitelli con 200 balestrieri bene ad cavallo et bene armati, et presso di questo venire Vitellozo con tucte le genti d'arme loro, onde per tale rispecto le cose si sono posate et levate quasi il pensieri non fare altra inpresa ». *Lett cit.*, 1499, giugno 7, stile pisano.

naso, pareva avessino una corona in testa, e intorno
al viso come una diadema, come si soleva fare all'antica, e tra la corona e la testa si vedeva una crocellina, col busto giù tutta pareva oro; e di dietro con
una coda nera, piccola e sottile, colla quale mangiavano
quei pruni. Parve 'alcuni cosa miracolosa non se n'essere veduti mai più, e che dovessino significare qualche cosa; e parve ad alcuni che dovessino significare
che la vita del Frate fussi stata d'oro, e che dietro a
lui, s'avessi a sterpare le male erbe; e 'l pruno, di quella
ragione, pare e più tristo e disutile e spiacevole; che la
coda, cioe el dirieto, dovessi consumare le più cattive
erbe.

E a dì 19 di giugno 1498, gli Otto ammunirono 28
cittadini tutti di quegli del Frate. [1]

E a dì detto, fece la Signoria 50 uomini che avessino a prestare 1000 fiorini per uno a dodici per cento,
all'assegnamento.

E a dì 24 di giugno 1498 fu San Giovanni, e feciono una girandola, in su la quale posono un porco e
giganti e cani, e un gigante morto; e dicevasi che l'avevano fatto in dispregio del Frate: e dicevano el porco
essere el Frate, e 'l gigante morto Francesco Valori; e
simili pazzie E strascinando quel gigante, che cadde,
sempre dicendo: *quel porco del Fiate*, e simili cose da
sciocchi.

E a dì 26 di giugno 1498, fu morto un cittadino,

---

[1] Il PARENTI, che appunto si trovò allora a sedere degli *Otto
di Guardia e Balia*, da nella sua Storia le cagioni di quella am-
monizione, colle seguenti parole « Parendo che la parte fratesca
risurgessi, si penso di nuovo abbatterli Pure a' mezani uomini
toccò avere delle busse, e admunironsi più cittadini entrati in Consiglio al tempo di Francesco Valori ».

che era uscito di Siena, da uno, per guadagnare una
taglia di fiorini 1000, e fu nel mezzo di Mercato Vecchio, in su la terza dirimpetto allo speziale del Re. [1] E
più fu feriti altri giovani la notte dinanzi. E la causa
era che ognuno avèva allargato la vita, e vedevasi la
notte pieno d'arme in aste e spade ignude per tutta la
città, e co' lumi giucare in Mercato Nuovo e per tutto,
sanza freno. Pareva aperto l'inferno; e tristo a quello
che riprendeva e vizii.

E a dì 27 di giugno 1498, fu inpiccato quello che
ammazzò ieri quello in Mercato Vecchio, in quello luogo
proprio dove fece el male, e fu attanagliato per tutta
la città in su uno carro. Fu fatto una bella giustizia e
presto.

E a dì 28 di giugno 1498, fece la mostra uno figliuolo
della Madonna d'Imola, che a nome Ottaviano, [2] che
venne condottiere de' Fiorentini, con 100 uomini d'arme
e 50 balestrieri a cavallo; venne molto a ordine.

E a dì 30 detto, tolsono a San Marco la canpana
loro e mandossi all'Osservanza a San Miniato. [3]

E a dì 4 di luglio 1498, s'aperse San Marco.

E a dì 7, sabato, valse el grano soldi 26.

E a dì 18 di luglio 1498, ci fu come Montepulciano
aveva cacciato fuori e fanti forestieri e gridato *Marzocco*.

---

[1] L'ucciso fu Lodovico Luti nemico di Pandolfo Petrucci; e
il sicario Tiberto di Francescone Masotti da Brisighella

[2] Ottaviano Riario figliuolo di Caterina Sforza.

[3] Il VILLARI ha pubblicate le deliberazioni della Signoria del
29 giugno, che ordinano la consegna di questa campana, prima
alla chiesa di San Lorenzo e poi a quella dei Frati di San Francesco fuori di Porta a San Miniato

E a dì 26 di luglio 1498, vinsono in Palagio, in Consiglio maggiore, di fare una imborsazione di tutti gli ufìci da 600 lire in giù, tutti chi à benefìcio dal padre o dall'avo o dall'arcavo, da 50 anni in su per 3 polizze, e da 40 a 50 per due, da 30 a 40 per una e da indi in giù insino a 25.

E a dì 27 di luglio 1498, ci fu come el nostro Capitano aveva preso 150 cavagli e 'l cariaggio e vettovaglia ch'andavano in Cascina, e morti molti fanti e morto un fratello del Governatore di Pisa, ch'era gentile uomo di Vinegia·[1] e dissesi che 'l Capitano l'aveva fatto per iscaltri modi, che gli aveva mandati alcuni a predare per cavare fuori quei di Cascina, e così fu, che, uscendo fuora, el Capitano gli tramezzò e da più luoghi gli mise in mezzo; e non ne scampò niuno di quegli ch'uscirono di Cascina.

E in questo anno fu una abbondanzia di frutte, la maggiore.

E a dì 6 d'agosto 1498, mandorono due ambasciadori a Vinegia, che fu messer Guidantonio Vespucci e Bernardo Rucellai.[2]

---

[1] Gli Anziani di Pisa scrivevano· « Intenderete l'assauto factoci li inimici et la morte del mag. messer Iohanni Diedo, il corpo del quale essendo stato la sera medesima a hore 2 di nocte reso da' nemici, ordinammo venisse qua a Pisa dove hieri a hore 20, con tutte le Regule, Capitulo et Conpagnia, lo levammo di San Martino dove s'era posato venendo da Cascina, et lo deponemmo in Campo Sancto. Andò all'exequie quattro di noi et quasi tutti li nostri cittadini Et facemmo interim stare serrato le botteghe et fare uno sermone in Duomo in sua laude, tutto con più honore che ci fu possibile. Iddio lo abbi reducto in loco di salute E doluto extremamente a tutta questa terra ». *Lett. cit*, 1499, luglio 28, s. p

[2] Si mandarono per trattare un accomodamento delle cose di Pisa, ma la loro commissione non ebbe esito felice, avendo il Doge

E a dì 21 detto, ci fu come e nostri avevano preso Buti a patti, a discrezione, e mozzo le mani a 5 bombardieri.[1] E tuttavolta si faceva spingarde nuove e mandav' i' giù. E impicco uno, e presono a' prigioni 33 uomini che ci erano, infra loro ci era de' fanciulli. Vennono in Firenze legati.

E a dì 31 d'agosto 1498, ci fu come e nostri avevano preso el bastione di Vico, e morti tanti quanti ve n' era dentro; e anche de' nostri ne morì e feriti assai.[2]

E a dì 3 di settenbre 1498, si bombardava Vico Pisano, e sentivasi di su' ponti tale ch' annoverò 150 colpi.

E a dì 5 di settenbre, ci fu come gli avevano avuto Vico a patti, salvo l' avere e le persone.[3]

E a dì 10 di settenbre 1498, ci fu come e nostri avevano rotto e Pisani, e preso 200 cavagli e morto centinaia di uomini, e anche de' nostri morì. E questo

---

dichiarato di voler continuare a dare aiuto ai Pisani, sebbene gli altri gli avessero abbandonati.

[1] « Hyeri li nimici nostri expugnarono per forsa il castello di Buti, nel quale usorono quella crudelta che è solita la inhumana loro sevitia et iniquita, ritenendo prigione et stratiando con diverse torture li homini di quel loco, repulse le donne, et quale strupata, et taghorono le mani a tucti li bonbardieri con tanta crudelta che poca piu ne porriano usare li barbari et Turchi » Lett cit, 1499, agosto 22, s p

[2] Dai documenti pisani resulta invece che il 30 si bombardava il bastione di Vico, il quale poco potea tenere perchè era vecchio, e che il 31 era già preso perche rovinato dall'artiglierie e abbandonato dai difensori, « a'quali crediamo ch'entrasse paura per la crudelta facta dagli inimici a Buti » Sicchè non sembra vero quello che dice il Cronista dei morti fatti nei bastioni

[3] Era tale lo sgomento della Signoria Pisana in questi giorni, che Vico l'avevano fatto perduto fino del 31 agosto e, dopo Vico, il resto, « adeo che vediamo la ruina nostra totale senza potercene aiutare di cosa alcuna » Lett. cit., 31 agosto 1499, s. p.

fu a Pietra Dolorosa, a un nostro bastione che loro volevano pigliare ch' e presso alla Verrucola; e 'l Capitano, avendone sentore, cavalcò per piano e girò el
monte verso Pisa e rinchiusegli.

E a dì 11 di settenbre 1498, ci fu come Siena era
in arme e come quello de'Petrucci aveva preso el Palagio e la piazza e teneva la parte nostra; e noi gli
mandammo aiuto e mandammo el conte Rinuccio nostro soldato, e prese una porta di Siena e aiutò que'
de' Petrucci.

E a dì 11 di settenbre 1498, ci fu come el Conte
d'Urbino veniva con giente in aiuto alla contraria parte
a Siena; uscirono di Perugia e Baglioni e assaltorongli
e non gli lasciarono passare [1]

E più ci fu, come e Viniziani avevano avuto una
rotta da' nostri in Val di Lamona e presi di molti uomini d'arme : queste quattro nuove in manco di 24 ore.

E piu venne in Firenze 12 prigioni Pisani, e tutti
dicevano ch' erano connestaboli. [2]

E a dì 13 detto, si fece l'accordo tra' Sanesi [3]

---

[1] Nell'agosto i Veneziani avevano portate le loro armi contro
Forlì città della contessa Caterina Sforza, al doppio fine di far
dispetto al Duca di Milano, del quale era sorella, e di fare una
diversione alla guerra di Pisa passando ai danni dei Fiorentini
tenendo la via alla volta di Siena Firenze fu sollecita a spedir
le sue genti in aiuto della Contessa, perchè questa non dovesse
richiamare il figliuolo che era andato al campo di Pisa. Guido-
baldo della Rovere duca d'Urbino era stato condotto al soldo dei
Veneziani insieme con Bartolommeo d'Alviano, Astorre Baglioni,
i Signori di Camerino, di Rimini, di Faenza ed uno degli Orsini

[2] Di un capitano e quattro connestabili fanno menzione anche
le lettere citate (10 settembre 1499), s. p.

[3] Fu fatta una tregua di cinque anni, obbligandosi i Fiorentini di disfare il bastione del Ponte a Valiano, e facendo ai Senesi altre concessioni

E a dì 23, sonò a martello tutta la valle di Dicomano, perche giente de' Viniziani avevano preso el Borgo
di Marradi. Era co' loro Giuliano de' Medici. Ebbono el
passo da Faenza, ch'andava co' Viniziani e lasciò noi; du-
bitossi non passassino in Mugello, e posono el campo a
Castiglione di Marradi.

E a dì 24 di settenbre 1498, lunedì, alloggiò a Dicomano el signor Rinuccio con otto isquadre di cavagli
e molti balestrieri a cavallo, e l'altro dì andò in Mugello. E in questi dì si faceva in Firenze molta fanteria,
e mandava in Mugello e in Romagna 4 o 5 migliaia di
persone; e anche si diceva che v'era venuto Piero
de' Medici nel campo de'Viniziani. E questo facevano e
Viniziani per levarci da Pisa; e loro furono sempre
quegli che sostenevano e Pisani, e quali non potevano
durare alla spesa se non fussi e Viniziani e quali facevano contro a ogni dovere. ma non sanno quello abbia
a intervenire a loro.[1]

E a dì 27 di settenbre 1498, ci fu come s'ebbe certe
bastie di Librafatta. Pensa che c'era da fare assai, avere
a riparare in più luoghi. Iddio ci à sempre aiutati perchè le nostre guerre sono lecite, ma non così quelle
degli ambiziosi e invidiosi Viniziani.

E a dì 28 di settembre 1498, passò per Firenze el
Signore di Piombino, con molte squadre di cavagli a
cavallo e fanti assai, condotto al nostro soldo, e andò
in Mugello dall' Uccellatoio; e dicevasi che in Faenza
vi era garbuglio, chi voleva Firenze e chi Vinegia.

E in questo dì valeva el grano soldi 22 lo staio.

---

[1] Un veneziano venuto colle galere assicurava i Pisani che
la Signoria veneta aveva a cuore la impresa di Pisa come il proprio Stato. *Lett. cit.*, 10 settembre 1499, s. p.

E a dì 30 di settenbre 1498, tuttavolta si soldava giente; chiunque veniva toccava danari e andava via.

E a dì 3 d'ottobre, bonbardavano Marradi e Viniziani, ma pure vi si mise vettovaglia per forza, che fu un bel fatto.

E a dì 4 d'ottobre 1498, ci fu come e nostri avevano avuto Librafatta, che s'ebbe ieri a ore 22.

E a dì 5 detto, tuttavolta strignevano Marradi con bonbarde.

E a dì 6 d'ottobre 1498, ci fu come el campo nostro è ito in Casaglia, presso a Marradi, et è ben provveduto: stimasi s'andranno a trovare tra pochi dì, e dicesi che s'andranno con Dio se potranno; s'aspetta gli rinchiugghino e nostri. E in detto dì avvenne questo miracolo da Dio, che sendo assediati d'acqua quegli della ròcca di Marradi e stati più dì sanza acqua e non potevano più stare, si botorono alla Vergine Maria di fare un castello d'ariento, se pioveva; e fatto el boto, intanto si raccoglieva e danari, in un tratto rannugolo e piovve tanto che raccolsono 50 barili d'acqua.

E in questo anno fu una ricolta grande e d'ogni e qualunche cosa, e di frutte e d'olio, vino e grano. Fu ogni cosa a buona derrata. Iddio non abbandona e poveri

E a dì 11 d'ottobre 1498, Marradi si stava pure così e non aveva più paura, ch'avevano avuto l'acqua miracolosamente.

E a dì 12 d'ottobre 1498, mandarono a Pisa al Capitano, che gli aveva chiesti, quanti scarpellini era in Firenze; di poi tornorono indietro e non andorono.[1]

---

[1] Forse perchè quelli del campo si trovavano altrove, poichè molti scalpellini furono dall'oste fiorentina adoperati a disfare Santa Maria in Castello

E a dì 13 d'ottobre 1498, ci fu come el Capitano nostro aveva due porte di Pisa, e che vi si gridava *Marzocco*.[1]

E a dì 14 detto, ci fu come el Capitano aveva avuto la torre di Foce e dato al Castellano 2000 ducati e l'abitazione in sul nostro dove voleva, e che gli aveva trattato accordo co' Pisani e presto sarebbe, e ch'egli aveva mandato un bando che tutti e contadini pisani potessino uscire fuori a seminare sicuramente e feciono le viste di volere accordo, ma feciono perchè potessino andare a seminare.[2]

E a dì 17, uscì di Pisa certi che chiamano Ghingheri, che corsono insino a Montetopoli e predorono 120 capi di bestie e buoi e bifolchi, e furono assaltati dal paese e tolti loro tutta la preda e presono uno di loro.

E a dì 21 d'ottobre, entrò in Firenze el Capitano di Firenze e non quello della guerra; e levossi il Bargello, ch'eravamo stati buon tempo sanza Capitano, avàmo fatto col Bargello Era romano, stette nella medesima casa del Capitano.[3]

E a dì 24 d'ottobre 1498, ci fu come Piero de'Medici era passato la Pieve Santo Stefano, ed era presso a Bibbiena, e poi preso, col campo ch'era a Marradi de' Viniziani; e fecionsi forti a Bibbiena, e dissesi che Piero vi aveva degli amici.

E a dì 27 d'ottobre 1498, questo campo de' Vini-

---

[1] Ne'documenti pisani non si fa menzione di questa cosa, ed altrove se ne ricordano altre che la mostrano inverosimile

[2] In Val di Serchio, agli 8 di novembre, non si era fatta alcuna sementa, con dispiacere de'Pisani che di là ricavavano il pane per sei mesi *Lett cit*, 8 novembre 1499, s p.

[3] Il Capitano del Popolo, che fu un messer Mario Salamoni degli Alberteschi, patrizio romano.

ziani, ch'era con Piero de' Medici in Bibbiena, presono
uno altro castelluccio che si chiama Fronzoli.

E dicevasi per ognuno ch'e nostri, se si voleva, che
gli erano rinchiusi e che non se ne potevano andare; e
già vi era giunto el Signore di Piombino co'sua cavagli,
e potevano esservi tutti e nostri caporali e pigliavano
ognuno. Donde si venisse, non seguitoron la vittoria;
mandorono alle stanze e soldati.

E a dì 5 di novenbre 1498, passò di qua el Fracassa che veniva di San Benedetto, e alloggio a Dicomano con 400 cavagli e poi al Ponte a Sieve e per
Valdarno, e andò a Arezzo.

E a dì 6 detto, alloggiò a Dicomano uno altro Conte
con 300 cavagli, tutti di quegli del Duca di Milano, e
andò per la medesima via.

E a dì 8 di novenbre 1498, passò el conte Rinuccio
a Dicomano con 400 cavagli, e andò alloggiare per Val
di Sieve e non s'appresentò in Casentino dov'era il Signore di Piombino; e però si partì da Pratovecchio el
Signore di Piombino, con la sua giente, e venne alloggiare a San Lorino e a Caiano e insino a Londa, e feciono spaventare tutto 'l paese stimando fussino e nimici, poi andorono alloggiare a Dicomano.

E a dì 24 di novenbre 1498, venne Arno molto
grosso e fece danno assai, e fece rovinare un ponte che
era tra la Porta al Prato e la Porticciuola, in sul Mu-
gnione; el quale Mugnone venne molto grosso e entrò
per Borgo di fuori e affogò un mugnaio col cavallo e
la farina, e una donna ch'era in su detto ponte e fece
molti danni.

E a dì detto, intervenne ch'a Ricorboli, essendo
alloggiati vetturali con 10 muli carichi di polvere da
bombarda e artiglierie, alcuni giovani volendo provare

uno scoppietto, s'appiccò el fuoco a quella polvere e
arse la casa e muli; e' vetturali ne fu guasti dal fuoco
cinque in modo che furono portati allo spedale. Credo
ne morissi alcuni.

E a dì 25 di novenbre, el Capitano nostro alloggiò
in questi piani del Poggio a Caiano, che si partì di quel
di Pisa, e mandavanlo in Casentino

E a dì 27 detto, ci fu come e nimici in Casentino
avevano preso un castelluccio che si chiama Santerma,
nel quale era fuggito molto grano e robe, e missonlo a
sacco, ammazzorono ogniuno.

E a dì 30 detto, e nimici avevano posto el campo a
Pratovecchio. E in questo tempo pioveva assai, e bisognò andassino alle stanze per tutto insino a Vicchio,
consumando tutto 'l paese E dubitavasi tuttavolta d'un
trattato, e non si vinceva più danari e avevasi gran sospetto Chi ci lasciava, de'soldati, e chi minacciava, e
massime chi era alla guardia delle castella e massime
le castella di Pisa

E a dì 20 di dicenbre 1498, ci fu come e nimici
in Casentino avevano fatto una preda, e' nostri di Camaldoli la tolsono loro e presono di loro. Era piovuto
molti dì e neve in su l'Alpe. Stimava fussi per noi,
perche la neve serrava loro el passo. Per gli intendenti si stimava avergli tutti prigioni, e così era; ma
dove si fussi el male, e' non vollono una grande vittoria avere vituperato e Viniziani

E a dì 18 di dicenbre 1498, ci fu come e nostri
avevano ripreso Marciano e preso 70 o 80 uomini d'arme
e molti fanti e preso tutti e passi; e tutti quegli del paese
gridavano. *lasciate fare a noi che non ànno rimedio.*
Ognuno si disperava qui a Firenze. Perchè non vogliono
costoro, e che vuol dire? E vedevasi la cosa chiara sanza

dubbio e nondimeno assediorono Bibbiena, e preso di
nuovo assai cavagli e fanti, in modo che si facevano
tuttavolta spacciati, e pensavano in che modo se ne potessino andare.

E a dì 23 di dicenbre 1498, si diceva ch'e nostri
non volevano guastare l'arte loro, e non vollono fare
quello che potevano, ch'erano vincitori sanza dubbio.

E a dì 25 di dicenbre 1498, la notte della Pasqua,
fu fatto questa isceleranza nel popolo di Dio e in Firenze e in Santa Maria del Fiore: la notte quando si
diceva la prima messa della mezza notte, certi, non so
s'io mi dico uomini o demoni, che missono in detto tempio un certo cavallaccio facendolo correre per la chiesa
con molte grida, vituperando e facendo cose innominabile nel postribolo, ferendo con arme il cavallo, e co'
bastoni, mettendo e bastoni nelle parte di dietro, facendo
ogni iniquità, facendolo cadere per terra in chiesa, in-
sanguinando e imbrattando el tempio del Signore; e per
modo guasto e straziato detto cavallo caduto quasi morto
a terra delle scalee di Santa Maria del Fiore, e quivi
stette tutto il dì, che ognuno potè vedere, così come
morto e lacerato. Per la qual cosa e buoni e savi uomini tremavano di paura di giudizio di Dio grande, ri-
cordandosi anco di quello fu fatto pochi anni innanzi
che furono aperte sepolture a Santa Maria Novella,
fuori della chiesa, in dispregio della resurrezione in nella
notte della Resurrezione; e più fu messo inchiostro in
sulle acque benedette in Santa Maria del Fiore, e ch'è
peggio, fu rotta la porta della chiesa di notte, e salito
in pergamo e imbrattato el pergamo e violato innanzi
a Cristo dove si dice la parola di Dio, e molte altre
iniquità sanza timore di Dio. E dissesi che gli era stato
tolto la corona alla Nostra Donna di San Marco e dato

a una meretrice: non ebbi la verità di questo della corona, ma per molti si disse. E più in questa notte della Nativita, missono in su' foconi, per le chiese, in molte, azafetica in luogo d'incenso e feciono correre capre per Santa Maria Novella. [1]

E a dì 27 di dicembre 1498, in questi dì, el nostro Capitano prese per forza un castello di là dalla Vernia che chiama Monte Fatucchio, ch'e di la dalla Vernia 7 miglia, e morivvi molte persone eravi fuggito El meglioramento de' nemici, ch'erano in sul passo, restorno come assediati, avevano fuggito qui per andarsene a'lor posti.

E a dì 28 di dicenbre 1498, e nimici di Pisa avevano avuto per forza Montetopoli, e saccheggiato e preso prigioni e arse molte case. [2]

E a dì 11 di gennaio 1498, el Capitano nostro attendeva tutta volta a serrare e passi a nimici di là da la Vernia, e dicevasi che faceva una bastia a Monte Lione.

E a dì 14 di gennaio 1498, ci fu come e nimici di Casentino avevano messo in Bibbiena 1000 fanti e quali

---

[1] Anche Giovanni Cambi nelle sue *Istorie*, narra questi fatti, aggiungendo: « E tutto facievano, perche sendo morto el Frate pareva fussi lecito fare ogni male in tal notte, perche lui col predicare aveva levato via tali peccati » ecc

[2] « Li nostri soldati (scrivevano gli Anziani di Pisa al loro ambasciatore a Venezia) andando l'autra nocte, coè govedi, in cavalcata, la mattina al far del giorno asaltorono quelli di Montopori et tandem preseno et missono a sacco il castello et parte n'abrugionno. Vero e che si salvo molta gente et etiam robbe manesche, le quali si rinchiuseno nella iòcha, alla quale non denno battaglia perche, avendo saccheggiato il castello, erano tucti charichi di robbe Fuvi feriti alchuni de'nostri et se ne tornonno la nocte seguente» *Lett cit*, 28 dicembre 1499, s p

erano venuti secreti e arrecorono uno staio di farina in
collo per uno. Così si disse, che fu lo scampo loro.

E a dì 19 di giennaio 1498, ci fu come el nostro
Capitano aveva preso circa 70 muli carichi d'artiglierie
e vettovaglia che veniva a Bibbiena e circa a 60 cavagli leggieri e molti fanti, e un Commissario Viniziano
che portava buona somma di danari a Bibbiena Fu tenuta una grande novella Erano i nimici per ogni modo
ispacciati, e non seguitorono la vittoria Donde si venisse
si diceva da'nostri cittadini E quali chi fussi, fece gra-
vissimo peccato, perocche Firenze aveva el maggiore
onore ch' ella avessi mai, a vituperare e Viniziani, ma
non è la prima volta che l'hanno fatto e Fiorentini [1]

E a dì 21 di giennaio 1498, ci fu come e Pisani
erano corsi in Valdinievole e predato bestiame assai E
a questo modo n'avamo una calda e una fredda, avàmo
a riparare in due luoghi.

E a dì 26 di giennaio 1498, ci fu come e nostri
avevano presi in Casentino, a Montefatucchio, circa 200
cavagli leggieri che si fuggivano. E così di Montalone
si fuggì giente e arsono el castello; e funne anche presi
e dicevano che in Bibbiena non era più vettovaglia di
niuna ragione e che gli stavano male.

E a dì 13 di febraio 1498, ci fu come egl'avevano
lasciato andare el Duca d' Urbino e Giuliano de' Medici,
con 40 cavagli e lasciato forse 400 fanti a guardia. [2]

E a dì 15 di febraio 1498, ci fu che feciono amba-

---

[1] Queste censure facevansi egualmente che al Capitano de'Fiorentini anche a quello de'Veneziani, che era il Conte di Pitigliano.

[2] Il duca d' Urbino, essendo ammalato ebbe il salvacondotto
dal Vitelli senza consenso dei Commissari, e Giuliano se n'andò
col Duca.

sciadori a Vinegia, che fu Pagoloantonio Soderini e Giovan
Battista Ridolfi, e uno ne feciono a Roma che fu messere Antonio Malegonnelle Stimavasi si dovessi far pace.

E a di 17 di febraio 1498, ci feciono venire la Tavola di Nostra Donna di Santa Maria Inpruneta, per
pigliare buon partito di lega e di lasciare el Re di
Francia. [1]

E a di 19 di febraio 1198, ci fu come el Conte di
Pitigliano, mandato da' Viniziani, scorse e predò in Ga-
leata e quivi si fermò. E qui si stava pure a vedere, e
non si poneva el campo a Bibbiena, che non si poteva
tenere un' ora; in modo ch' ognuno mormorava e dicevasi che gli era qui chi non voleva che si vincessi. E
sarebbe paruto a ognuno, a vedere non seguitare la
vittoria certa Insino a' contadini del paese venivano a
dire *E' sono in prigione*, *lasciate fare a noi*. E qui
non si dava mai licenza, in modo che ognuno si maravigliava.

E a dì 5 d'aprile 1499, ci fu lettere dagli ambasciadori di Vinegia, e lessonsi in Consiglio; e quali avisavano
che le chieste de'Viniziani erano disoneste e perdevasi
la speranza dello accordo. E 'l Re di Francia scrive, che
noi abbiam tempo pochi dì a entrare in lega con lui. E
molto si diceva sopra pigliare partito di lasciare el Re
o 'l Duca, e mostrossi molti pericoli per l'una parte e per
l'altra

E a dì 8 d'aprile 1499, venne el cavallaro coll'ulivo
da Vinegia, dell'accordo fatto co'Viniziani e Pisani in

---

[1] Vuol dire per essere inspirati, se dovessero entrare nella
Lega o stare col Re Il PARENTI, contrario ai Piagnoni, attribuisce
a questi l'aver procurato tale venuta, col segreto scopo di « fare
piu risurgere la loro secta e farsi risentire »

questa forma· che noi abbiamo a dare a'Viniziani, in dieci anni, fiorini 180 migliaia, e ch'e Pisani tenghino certe fortezze di Pisa e abbino a chiamare un podestà a lor modo, di nostra giurisdizione. E questo dispiacque assai al popolo, perche dovevano dare a noi, ch'erano in prigione a Bibbiena e vituperati; e furono molto biasimati gli ambasciadori.[1]

E a dì 12 d'aprile 1499, ci fu come fu morto e tagliato a pezzi, a San Benedetto, un garzone che aveva nome Ottaviano, che s'apparteneva la signoria di Faenza Era stato qui in Firenze. Era un poco guercio. E dissesi che l'aveva fatto morire messer Giovanni Bentivogli; e forse che non fu vero.[2]

E a dì 14 d'aprile 1499, venne qui el cavallaro da Vinegia, e arrecò la retificazione dell'accordo. E fucci come in Pisa s'era fatto rumore per alcuni che non piaceva l'accordo, e per modo che 'l Commissario Viniziano fu di bisogno andassi a Pisa, e fece morire da 5 uomini, di tale discordia.[3]

---

[1] Fiorentini e Veneziani avevano fatto compromesso nel Duca di Ferrara, e in questo giorno venne la notizia del lodo da esso proferito, come ne abbiamo anche la testimonianza nel CAMBI, il quale aggiunge, che fu dato « benche asente e nostri oratori che non si vollono trovare » il che non s'accorda col biasimo che da loro il Landucci.

[2] Ottaviano Manfredi sopraccennato, figliuolo di Carlo II, che era al soldo di Firenze, fu assaltato ed ucciso sull'Alpe di San Godenzo da'suoi nemici di Val di Lamona Ved. PARENTI cit

[3] Per il lodo sopraccitato, i Veneziani dovevano, dentro il 24 di aprile, ritirare le genti che tenevano contro i Fiorentini; ma i Pisani scontenti della sentenza, appena conosciutala, rimossero le genti dei Veneziani dalla guardia delle loro porte e fortezze GUICCIARDINI, Storia d'Italia, Libro IV E questo e il rumore di cui qui si parla.

E a dì 17 di aprile 1499, ci fu come e Pisani avevano ritte le bandiere del Re di Francia, e che a gnun modo non volevano tale accordo, nè stare mai sotto e Fiorentini; e come e' s' erano deliberati di disfare gli arienti delle chiese e aiutarsi, e mettere la vita prima che darsi a' Fiorentini; e non vollono l' accordo ch' avevano fatto e Viniziani

E a dì 23 d' aprile 1499, gli Otto dettono bando a Simone Tornabuoni e al Grasso de' Medici, e più di fa dettono bando a uno Marcuccio Salviati el quale andò al soldo de' Viniziani e tenne pratica con Piero de' Medici; e per questo medesimo errore lo dettono al detto Simone e al Grasso. [1]

E a dì 24 d'aprile, si riebbe Bibbiena tutta disfatta.

E a dì 26 d'aprile 1499, ci fu come el Duca di Ferrara aveva giudicato e dato la sentenza dell' accordo in favore de' Pisani, e che gli avessino a tenere, oltre le cose dette, ancora le torre delle porte, e che riscotessino le gabelle. E finalmente fu consultato nel Consiglio degli Ottanta, che per niun modo non si accetti; e a questo modo non se ne fece nulla. [2]

E a dì 3 di maggio 1499, ci fu come e Pistolesi avevano fatto scandolo, le parte dentro; e morivvi circa 16 uomini, e feriti più di 40, con artiglierie e altro.

_____

[1] Sotto questa data riscontrasi nel _Libro di Partiti degli Otto di Guardia e Balia_ la sentenza contro il Tornabuoni e contro Andrea d'Alamanno de' Medici soprannominato il _Grasso;_ e 15 giorni prima vi si legge l'altra di Marco di Bernardo di Marco di Forese Salviati chiamato _Marcuccio_

[2] Neanche i Pisani, non ostante che il Duca riducesse anche più favorevoli per loro le condizioni dell'accordo, non vollero mai accettarlo; e a questo credo voglia riferirsi quel « non se ne fece nulla ».

Arsono due porte per mettere dentro le lor parte de'contadini. [1]

E in questi dì valse el grano soldi 15 in 16 lo staio.

E in questi dì facevano e Fiorentini disfare le mura di Bibbiena.

E a dì 15 di maggio 1499, ci fu come gli era morto el Soldano, e morinne quattro innanzi che fussi fatto la lezione. E andò a sacco e magazzini de' Viniziani.

E a dì 19 di maggio 1499, ci fu come el Duca di Milano mandava a dire di renderci Pisa; ma voleva che ci obbrigassimo, al suo bisogno, pagargli [2] uomini d'arme..

E a dì 2 di giugno 1499, mandorono pe' Capitano in Casentino per mandarlo a Pisa [3]

E a dì 3 di giugno 1499, fu un fornaciaio di mattoni, a Settimo, che in questo dì prese due sue figliuoli, uno di 3 anni, uno di 7, e sì gli scannò con un coltellino, come si fa un caveretto.

E a dì 5 di giugno 1499, passò di qui el Capitano e 'l signor Rinuccio, e andorono in quel dì Pisa. Non entrò in Firenze. Andorono guastatori di questi piani per dare el guasto a' Pisani

E a dì 12 detto, dettono el guasto a' grani, e 'l campo era tra Cascina e Pisa.

E in questo dì vinsono una gravezza che la chiamarono la *Graziosa*, e feciono danari. [4]

---

[1] Questi disordini, tra le antiche fazioni de'Cancellieri e Panciatichi, erano incominciati anco avanti, e sono estesamente narrati dal SALVI, *Historia di Pistoia*, T. III

[2] A questo punto e un bianco nel codice, il GUICCIARDINI, pero da il numero di 300 uomini d'arme e 2000 fanti

[3] Cessata la guerra in Casentino, il Vitell. era andato a Città di Castello, e il Conte Rinuccio nel contado d'Arezzo. A chiamare il Vitelli fu inviato Piero Corsini.

[4] « Per fare qualche provvedimento di danari; per dar fine

E in questi tempi apparì in Firenze moltitudine di bruchi neri e piccoli e pilosi; entravano per le case e mordevano le persone e facevano male e enfiava dove mordevano. Mostravano d'aver veleno.

E a dì 17 di giugno 1499, caricorono bombarde per a Pisa, e mandaronle in su le scafe per Arno.

E a dì 21 di giugno 1499, piantarono le bombarde a Cascina.

E a dì 26 di giugno 1499, ci fu il cavallaro coll'ulivo dell'avuta di Cascina. Giunse alle 20 ore, ed ebbesi a ore 17 a discrezione della Signoria e del Capitano. E vennci molti prigioni di Cascina, e missongli in sul ballatoio, in Palagio.

E a dì 2 di luglio 1499, ci fu come el Turco era corso insino a Zara, per terra, e predato 200 anime e bestiame, e arso e dibruciato tutto el paese; e che la persona del Turco era per terra e veniva verso Raugia, e coll'armata sua era fuori dello stretto, nell'Arcipelago. E fucci lettere da Vinegia, che parevano tutti smarriti e Viniziani. E più ci fu come el Re di Francia passava di qua, e che gli aveva in Turino molte gran rote d'artiglierie e tuttavolta ne faceva gittare.

E a dì 12 di luglio 1499, tornorono quì l'artiglierie ch'andorono in Casentino, per mandarle a Pisa.

E a dì 13 di luglio 1499, passò di qui sconosciuto messer Ascanio cardinale,[1] e andava a Milano al Duca; che cominciavano a credere che 'l Re veniva a'danni loro.

---

alla presente guerra et expedire la impresa della Città di Pisa », fu imposta, con provvisione dell'11 giugno, *una Quintina e mezzo* ai cittadini fiorentini. Da un'altra provvisione del 21 gennaio 1500 abbiamo che detta gravezza fu chiamata volgarmente *el Piacente,* e credo sia la stessa che il Landucci, errando, chiama la *Graziosa.*

[1] Ascanio Sforza, fratello di Lodovico il Moro.

E a dì 18 di luglio 1499, andorono in campo a Pisa due Collegi con 30,000 fiorini numerati

E a dì 19 di luglio 1499, ci fu da Roma, come 'l Duca di Milano rimetteva Piero de'Medici in punto, e davagli 10,000 fiorini, e che venissi a'danni nostri, perche Pisa non s'abbia.

E a dì 31 di luglio 1499, si pose el campo a Pisa, la sera a ore 3, con ordine grande e forza.

E a dì primo d'agosto 1499, presono una torre che si chiama Asciano, e mozzo le mane a 6 uomini ch'erano dentro, e che non si vollono dare.[1] Aspettorono le bombarde.

E a dì 3 d'agosto 1499, ci fu come avevano rotto un pezzo di muro di più di 40 braccia, colle bombarde, e entrorono dentro molti fanti, e furono ripinti fuori con morte d'uomini, perche facevano la guerra disperata.

E a dì 5 d'agosto 1499, venne di Pisa un contadino che avisò come gli avevano fatto dentro fosse cieche, e come saettavano medicame. Credo venissi in benefizio de' Pisani, per mettere più paura a chi volessi entrare dentro.

E a dì 7 d'agosto 1499, ci fu come el Capitano aveva preso la Porta a Mare e la Torre Stampace.

E a dì 11 d'agosto, si partì di qui uno ambasciadore lucchese, di furia, perche s'intese qui com' e Lucchesi avevano mandato soccorso a'Pisani, perchè fu trovato dal nostro Capitano uno ch'aveva una lettera in una

---

[1] Anche il PORTOVENERI, col quale s'accorda mirabilmente il presente Diario, registra questa crudeltà, e aggiunge che per detta cagione furono tagliate dai Pisani le mani a uno dei fiorentini che avevano prigioni

palla di cera, che mandavano e Lucchesi a proferire
danari a' Pisani.

E a dì 15 d'agosto 1499, ci fu come el Capitano
aveva preso, dentro, la chiesa di San Pagolo.

E a dì 19 d'agosto 1499, si vinse, tra'Signori e Collegi, che Pisa andassi a sacco, e di poi non si vinse in
Consiglio. E in questi dì ci tornava molti amalati e feriti di campo, e non tanto soldati quanto cittadini che
erano andati a vedere; e molti ne moriva, e feriti quasi
tutti, ch'erano feriti dal medicame. E fu bisogno mandare altri Commessari.

E a dì 24 d'agosto 1499, feciono venire in Firenze
la Tavola di Nostra Donna di Santa Maria Imprunieta,
e fecesi molti doni. [1] E intervenne questo che passando,
nel venire, sotto uno ulivo, s'appiccò un ramicino di quello
ulivo a una stella del mantello di Nostra Donna e rimase appiccato alla detta stella; e alcuni di quegli che
portavano vollono con una canna farlo cadere, e provan-
dosi più volte, nollo potè spiccare; onde chi era da lato,
vedendo, giudicorono che fussi per miracolo (perchè fu
deliberata perche noi avessimo vettoria di Pisa, che se
gli dava tuttavolta la battaglia), dicendo. questo e buono
pronostico, ella porta l'ulivo a Firenze. E molto fu di-
vulgato per la città. E quando giunse a San Felice, gli
levorono quel mantello e spiccorono l'ulivo, e appicco-
ronlo in quel luogo medesimo ch'era, in su la spalla ritta,
chè ognuno lo pote vedere nel venire e nell'andare.

---

[1] Il 19 agosto la Signoria ordinò che il dì 25 si conducesse
in Firenze il Tabernacolo, ma avendo il Vitelli chiesto che si facesse venire il 24, perchè in tal giorno voleva dar battaglia a Pisa,
si trova un'altra deliberazione del 21 che ordina di anticipare di
un giorno quella venuta.

Era una forchettina di dua ramicini, lunga circa una spanna.

E a dì 27 d'agosto, ci fu come el Re di Francia aveva preso 7 castella, che fu Tortona, Razza, Nori, Valenza, Castelnuovo, Pontecorona e Bovera, e andava a Pavia. [1]

E a dì 29 d'agosto 1499, venne un nostro commissario da Pisa in furia per staffetta Si dubitava di tradimento.

E a dì primo di settembre 1499, ci fu come el Re di Francia aveva avuto Alessandria. Aveva di fatto, dove egli andava, ogni cosa

E a dì 2 di settenbre 1499, passo per Firenze un Cardinale legato, ambasciadore del Papa al Re di Francia.

E a dì 3 di settenbre 1499. ci fu come 'l Duca di Milano s'era andato con Dio e lasciato Milano, e dentro si gridava *Traù* [2] e *Francia*. Lasciò el Castelletto fornito d'uomini e di vettovaglia per 6 anni o più. El Cardinale Ascanio aveva portato via el tesoro verso la Magna. E più ci fu, come e Gienovesi avevano levato la bandiera di Francia.

E a dì 5 di settenbre, si levò el campo da Pisa, e fu grande mormorio per Firenze: ognuno si maravigliava.

E in detto dì, si dirizzò la croce in su la Cupola. ch'era stata torta molti anni per gran venti.

E a dì 12 di settenbre 1499, ci fu come el Duca e' figliuoli era stato preso, e tolto el tesoro: e che si

---

[1] *Razza* e *Borera* sono *Rocca d'Arazzo* e *Voghera*

[2] Giovanniacopo Trivulzio ribelle del Duca di Milano e comandante dell'armi francesi in quella guerra Quel cognome si storpiava malamente in quel tempo il RINUCCINI nei *Ricordi* lo dice *da Treuzo* ed il PORTOVENERI *da Treussi.*

compilò lega tra el Re, e Viniziani, el Papa, e' Fiorentini Non fu vero

E a dì 13, el Capitano volle mandare le bombarde
a Livorno, e misele in mare, e affondonne due grosse
e uno altro dragonetto, che fu una perdita grande.

E a dì 17 di settenbre 1499, ci fu come e Pisani
avevano ripescato quel dragonetto che cascò in mare
di nostro, e che gl'era entrato in Pisa Franciosi

E a dì 19 di settenbre 1499, ci fu come el Re di
Francia aveva avuto el Castelletto di Milano e insigno-
ritosi di tutto 'l Ducato; e giunse qui alle 22 ore el
cavallaro, e immediate si sonò a gloria e fecesi fuochi
per la città, e fecesi e panegli in Palagio e per tutto.
Fu grandissima allegrezza per la città.

E a dì 21 di settenbre 1499, si mandò al Re di
Francia 3 ambasciadori, che fu messer Francesco Gual-
terotti e Lorenzo Lenzi e Alamanno Salviati, per rallegrarsi col Re

E a dì 26 di settenbre 1499, ci fu come 'l Turco
aveva preso Corfu e che faceva gran patti a' Cristiani:
la prima, chi si dava d'accordo, non toccava la Fede, lasciava credere ognuno a suo modo, e non voleva da
loro se non la meta di quello pagavano a' Viniziani l'anno;
e faccevagli esenti per 5 anni, e da 5 anni in la voleva
la detta metà

E a dì 27 di settenbre 1499, ci fu come el Re di
Napoli aveva mandato al Papa, dicendogli che se non
riparava che 'l Re di Francia non venissi a' danni sua,
che metterebbe il Turco in Italia. E sarebbe riuscito
se 'l Re di Francia voleva andare piu innanzi verso e
danni suoi ed era da credere, perche el Turco aveva
preso un modo d'acquistare, al non toccare la Fede Iddio
non volle tanto male alla povera Italia.

E a dì 29 di settenbre 1499, ci fu come noi avamo
preso el nostro Capitano in Cascina come traditore della
patria. E l'altro dì venne preso in Firenze e giunse
alle due ore e tre quarti di notte, con molti torchi. E
questo fu el Re di Francia ch'avvisò la Signoria che
fussi preso, s'egli era traditore. E più fu avisato la
Signoria da quello de'Trau, che prese un cavallaro del
Duca, el quale rivelo come el Duca era d'accordo col
nostro Capitano, e come el Duca spendeva lui in Pisa.
E fucci, come un nostro cittadino, essendo a Milano col
Re e dicendo come avevano levato el campo da Pisa,
el Re dimandò perchè, e lui gli disse. noi siamo ingannati dal nostro Capitano, allora disse: fatelo pighare.
E venne qui per staffetta a recare questa nuova, che
fu un pignere la pedina a torgli la vita.

E a dì primo d'ottobre 1499, in martedì, fu tagliato
la testa al Capitano, cioè Pagolo Vitegli, in Palagio
de'Signori, su alto, in sul ballatoio; e fu alle 23 ore e
tre quarti, ch'era la Piazza molto piena di popolo. Aspettavano lo gittassino giu a terra del Palagio; nollo gittorono, ma mostrorono la testa alle finestre del ballatoio, con un torchio acceso, mostrandolo al popolo in
su'n una mazza. Allora el popolo si parti, giudicando che
si fussi fatto giustizia e grande onore alla città. Ebbe
prima molta colla, e prima gli dettono bando di rubello,
innanzi 2 ore, e mandarono el bando per la città.[1] E
nota ch'egli era gonfaloniere Giovacchino Guasconi, el

---

[1] Nel PARENTI leggesi questo ternale, pubblicato in quella
occasione

« Paolo sono che venni, vidi e finsi
Di dar Pisa al Marzocco et exaltailo,
Ma quel di gloria e me di fama extinsi »

quale seppe molto segretamente mettere le mani addosso a questo Capitano. Fu molto commendato da questo popolo per uomo savio e buono e di grande animo.

E tuttavolta facevano confessare certi cancellieri del Capitano, per avere la verita.

E a dì 11 d'ottobre 1499, fu impiccato alle finestre del Podestà un messer Cherubino, ch'era dal Borgo, che teneva le mani col Capitano del tradimento voleva fare. [1]

E a dì 19 d'ottobre, ci fu da Vinegia come el Turco era scorso presso a Vinegia a 20 miglia, e arsono circa 17 ville e presono 8 mila anime e altrettante n'ammazzorono: per modo che tutti paesi fuggivano a Vinegia insino alle vicine terre. E perchè certi loro commissari e capitani de'Viniziani non feciono el dovere a resistere a'Turchi, n'andorono così presi e detti commissari. N'andarono presi a Vinegia; che vi fu un messer Bartolomeo da Lutiano e un Carlo Orsini, che ci feciono contro a Bibbiena. E fu, questa preda, el dì di San Girolamo.

E a dì 22 d'ottobre 1499, ci fu e capitoli della Lega tra noi e 'l Re di Francia e' Viniziani e 'l Papa e' Sanesi. Fecesi gran festa e fuochi e panegli. [2]

E a dì 23 d'ottobre, si bandì detta Lega, e come prometteva bene a'Fiorentini, e come volevano che noi riavessimo le cose nostre innanzi che noi fussimo obbrigati a pagare niente. E poi voleva che noi l'aiutassimo di giente d'arme, quando passassi all'acquisto di Napoli.

---

[1] Il Parenti chiama questo Cherubino dal Borgo a San Sepolcro, « capo di parte e connestabile del Vitelli », ed aggiunge che furono presi Cerbone del Monte Santa Maria uno dei suoi cancellieri, messer Antonio da Castello suo confederato, e il medico

[2] La convenzione tra il Re di Francia e i Fiorentini fu pubblicata dal Molini, nel T. I dei *Documenti di Storia Italiana*, a pag. 32.

E a dì 25 d'ottobre, ci fu come era alla Velona 20 mila Turchi; e chi diceva ch'egli erano in Puglia.

E a dì primo di novenbre 1499, la Madonna d'Imola isgombrava la roba sua e mandavala a Firenze, e mandò suo fanciulle e missele nelle Murate; perche 'l Papa, co'caldo del Re di Francia, voleva torgli la signoria e darla a un suo fighuolo. Onde la Madonna diliberò di stare lei a difendersi

E a dì 10 di novenbre 1499, ci fu come 'l Re di Francia s'era partito da Milano e ritornava in Francia, e dimandava 30 mila fiorini che 'l Duca diceva ci aveva prestati, come suo ereda. E non dimeno Pisa non ci rendeva.

E a dì 27 di novenbre 1499, ci fu come el fighuolo del Papa aveva preso Imola, ma non aveva avuto la ròcca; e bombardava la ròcca in modo che io sentivo le bombarde insino da Dicomano, al mio luogo, che strignevano la fortezza; e que'della fortezza travano per la terra e disfacevano tutte le case. La Madonna s'era partita e andata a Furlì, e quivi s'affortificava; e dissesi ch'ella aveva lasciato nella fortezza uno che gli aveva dato per statichi e fighuoli e la sua donna, se dava mai la fortezza, che Lei ammazzassi la detta donna e fighuoli.

E a dì 29 di novenbre 1499, si vinse in Consiglio di cavare di prigione ser Giovanni, ch'era in prigione a Volterra [1]

---

[1] Per questo Giovanni di ser Bartolommeo Guidi, rammentato anche a pag. 76 e 96, fu chiesta grazia di uscire dal fondo della ròcca vecchia di Volterra, dove stava fino dal 1494 Nella petizione dice di essere di anni 65, « infermo, si per la stanza ha facto in decto luogo, si etiam pe'molti tormenti et afflictioni di corpo ebbe innanzi fusse mandato in detta prigione » Con prov-

E a dì 2 di dicenbre, si cominciò a cavar el campanile di San Miniato, per dirizzarlo, da un maestro di
murare.

E a dì 10 di dicenbre 1499, ci fu come [1] aveva avuto
la fortezza d'Imola e morti molti uomini.

E a dì 13 di dicenbre 1499, ci fu come el campo
era a Furlì.

E a dì 16 di dicenbre 1499, ci fu come la Madonna
d'Imola s'era accordata col Papa di dargli Furlì, e che
'l Papa gli facessi cardinale un figliuolo, e anche dargli
danari.

E a dì 21 di dicenbre 1499, ci fu come Furlì s'era
perduta, e non restava se non la ròcca, che v'era dentro la Madonna.

E a dì 25 di dicenbre 1499, fu la santa Pasqua; e
cominciò el giubileo a Roma, e passava assai Tramontani.

E a dì 9 di giennaio 1499, ci fu come la Madonna
chiedeva la sua dota al Papa, e come la Regina di
Francia voleva ch'ella l'avessi

E a dì 13 di giennaio, ci fu come la Madonna aveva
perduto la fortezza di Furlì, dove ella era, ed era rimasta
prigione. E morivvi circa 500 uomini, e ammazzorono
tutti quegli della ròcca, eccetto lei ch'era ferita.

E a dì 14 di giennaio 1499, fu rotta la strada presso
a Viterbo da certi Còrsi, e ruborono un oste con un
carriaggio d'un certo signore ch'egli aveva alloggiato,
ch'aveva bene 16 muli, e andava al Perdono. E fuggendo l'oste e gridando, fu corso dietro a'detti Còrsi e
tolto loro la preda, e presono di loro 8, e giunti in Vi-

---

visione de'6 dicembre, ebbe permutata la pena nel confine perpetuo
nel Vicariato di Mugello.
  [1] Intendi il Valentino

terbo gli impiccorono di fatto, e tuttavolta correva la strada.

E a dì 16 di giennaio 1499, ci fu come la Madonna era mandata al Papa, e poi fu ritolta da' Franciosi; e cavorono fuora detti Franciosi, come el Papa aveva fatto la lega co'Viniziani e col Duca, e ch'egli era contro al Re; e non volevano dare le fortezze al figliuolo del Papa.

E a dì 5 di febraio 1499, ci fu come messer Ascanio e 'l Cardinale di San Soverino, erano entrati in Milano; e 'l Duca era indietro con molta giente Tedeschi, e come el popolo lo chiamava, e che gli avevano preso la città; e 'l castelletto si teneva pe' Franciosi. E entrorono in Milano a dì 3, il dì di San Biagio.

E a dì 6 di febraio 1499, ci fu che 'l Papa s'era fuggito in Castello Sant'Agnolo, che Roma era in arme, erano rotte le strade.

E a dì 9 di febraio 1499, ci fu come el Duca di Milano era entrato in Milano, a dì 5 detto, alle 16 ore.

E a dì 12 di febraio 1499, ci fu come e Franciosi che si partirono di Romagna, passando da Tortona, essendo assaltati per isvaligiarli, si strinsono insieme e missono a sacco la terra e ammazzarono insino a' fanciugli, e feciono gran crudeltà come sono usi.

E a dì 15 di febraio 1499, ci fu come 'l Duca s'era partito di Milano, che 'l Castelletto traeva per la terra e faceva danno.

E più si disse, che l'ambasceria del Turco era venuta a Napoli, e che 'l Re gli aveva fatto grande onore e giostre.

E a dì 16 di febraio 1499, venne in Firenze la Duchessa di Milano che se andava a Napoli, la quale fu donna del Duca giovanetto che fu avvelenato; e lei era figliuola del Duca di Calavria; e menonne seco due figliuole

femmine; e 'l figliuolo maschio gli tolse el Re di Francia
e mandollo in Francia. E a dì 19 detto si partì di qui:
e facemole le spese per tutto el nostro territorio [1]

E in questi tempi era cessato il morbo e non se ne
ragionava.

E a dì 25 di febraio 1499, ci fu come el Duca aveva
acquistato molte terre, Bergamo e altre.

E a dì 27 di febraio 1499, ci fu come l'ambasceria
del Turco era venuta a Roma al Papa, a chiedere el passo
per andare a Milano contro al Re di Francia. Non l'ebbe.

E a dì 11 di marzo 1499, ci fu come el Re di
Francia era già giunto a Lione, e veniva con molta giente

E a dì 12 di marzo 1499, fu impiccato due da Bruscoli, e quali avevano morto quel commissario de' Canigiani che n'e ricordo indietro E andorono in sul carro
e furono attanagliati per tutta la città, e uno di loro fu
isquartato e appiccati e quarti in su le forche.[2] Furono
presi alla Castellina ch'andavano al Giubileo

E a dì 25 di marzo 1500, ci fu come el Re di Francia
aveva mandato di qua 1500 lancie, e appressavi forte.

E a dì 26 di marzo 1500, ci fu come el Duca aveva
avuto Novara e morto molta giente, e non aveva avuto
la fortezza.

E a dì 3 d'aprile 1500, ci fu come s'era fatto una
lega. el Re d'Ungheria, el Re di Napoli, el Papa e 'l Vi-

---

[1] Lo stesso giorno 16, i Priori deliberarono che si prestassero
i loro argenti a Stefano Parenti massaio della Camera dell'Armi
per onorare la Duchessa

[2] Carlo di Piero di Carlo Canigiani fu ucciso, come si è letto
a pag. 136. I suoi uccisori, che furono Lodovico di Santi di Vico
alias Vico da Bruscoli, Michele di Antonio del Chierico e altri,
non si fecero prendere allora, e solo dopo tre anni e mezzo
caddero nelle mani della giustizia questi due, il primo de' quali, in
esecuzione della sentenza degli Otto, del 10 marzo 1500, fu squartato.

niziani e Ferrara, e lasciato lo spazio a noi. E non vo-
lemo mai lasciare el Re, che doverrebbe conoscere la
grande fedeltà de' Fiorentini, che siamo diventati nimici
di tutta la Italia e con grandissimi pericoli.

E a dì 12 di aprile 1500, ci fu come 'l Duca di Milano era stato preso dal Re di Francia; e fucci alle 4
ore di notte E dissesi che quegli del Duca l'avevano
dato preso, e che non si trovava di quegli del Duca
che volessino andare più innanzi alla guerra per paura;
e anche dicevano, ch'e soldati non erano pagati

E a dì 14 d'aprile, ci fu el vero com'era stato preso,
e come vi era stato morto 12 mila persone. E qui si
fece una gran festa; serrossi le botteghe, arsesi panegli
e molti gran fuochi e colpi d'artiglieria, e posesi le spalliere in su la ringhiera, e la corona al Lione; [1] e posesi
alla porta de' Signori un Cristo di rilievo molto bello,
come parve che noi volessimo dire *Non abbiamo altro
re che Cristo*. Credo fussi una permissione divina, come
più volte aveva detto frate Girolamo, che Firenze non
aveva altro re che Cristo E in questa sera, andando
un fabbro a porre e panegli alle porte di Firenze, quando
fu in sulla Porta a Pinti per acconciare e detti panegli,

---

[1] Riguardo a questo costume di coronare il Marzocco reputo
opportuno riportare l'appresso notizia estratta dal *Diario d'Agostino Lapini* che fiorì nel secolo XVI « 1561, a dì 5 di marzo, in
lunedì mattina circa a ore 7 1|2, si levò il Leone di Piazza di sul
canto della Ringhiera a dove oggi è la fontana, che fu il lunedì
del carnevale, dove detto Leone era stato dimolti anni Messesi in
verso il gigante David un 20 braccia, e lì sta e forse stara sempre Solevasi per l'allegrezze e per le festività grande mettere in
capo a detto Leone una corona; ma adesso si e dimessa detta
usanza Messesi a dove egli è oggi a dì 6 detto, il dì proprio del
carnevale, di veduta »

e non s'avedendo d'una certa piombatoia, casco per quella insino in terra, e sfracellossi e morì di fatto.

E a dì 18 d'aprile 1500, ci fu da'nostri ambasciadori al Re, come el Re scriveva che le gienti sua e la sua artiglieria era messa a nostra posta e nostra stanza, per andare a Pisa.

E a dì 23 d'aprile 1500, vinsono un balzello aperto a chi non aveva stato,[1] che fu tenuta una cosa tirannesca.

E a dì 25 d'aprile 1500, venne in Firenze un mandatario dal Re di Francia, el quale veniva per andare a Siena a farci rendere Montepulciano, e andare a Pisa per farcela rendere, e a Lucca a notificare che ci fussi renduto le cose nostre; e benchè gli andassi per tutto, non giovò niente [2]

E dì 26 d'aprile 1500, fecione venire la Nostra Donna di Santa Maria Impruneta, e fecesi grande onore perch'ella ci aiutassi. [3]

E a dì 9 di maggio 1500, ci fu che 'l Turco aveva messo in terra in Puglia molta giente; e come e Viniziani, per paura e per fare piacere, gli mandorono messer Ascanio e molti altri cittadini milanesi fuggiti a Vinegia, e avevano da loro salvacondotto; e nondimeno

---

[1] Cioè a coloro che non erano abili agli Uffici Nel *Registro di Provvisioni* ad an trovasi, sotto questa data, una provvisione che impone « a qualunque descripto o compreso nelle graveze de'cittadini fiorentini o matricolati, o che exercitassino alchuna delle XXI Arti nella citta o ne'sobborghi della citta di Firenze, uno achatto o vero imposittione che getti almeno la somma di fiorini 40 mila larghi »

[2] Dal partito della Signoria per onorare, secondo il solito, questo mandatario resulta che era già arrivato il dì 24

[3] Fu fatta venire in Firenze questa immagine, per riavere Pisa, insieme colle cose perdute nella venuta di Carlo VIII La deliberazione della Signoria che vi si riferisce, e del dì 20

14

feciono questa infideltà, che furono molto biasimati da chi lo intese.

E a dì 10 di maggio 1500, ci fu come e nostri ambasciadori di Francia avevano fatto col Re di Francia, che lui ci facessi rendere Pisa, Pietrasanta, Serezzana, Montepulciano, e che gli avesse avere da noi 30 mila fiorini.

E a dì 19 di maggio 1500, ci fu da Roma come gli era venuto da Napoli una processione, con un tabernacolo el quale dicevano aver fatto molti miracoli per la via, ralluminare ciechi, rattratti e molte altre infermità; e venne con gran divozione, e molti battuti che s'avevano tutte le reni insanguinate dalle discipline.

E a dì 23 di maggio 1500, ci fu come Lucca s'era levata in arme, e ch'el popolo era contro a'grandi, perchè e grandi avevano preso per partito di renderci le cose nostre, e facevano per obidire al Re che gli aveva minacciati; e non volle ubidire loro ambasciadori. E finalmente non fu mai ubidito per nostro conto; credo pure ch'egli arebbe voluto, ma non potè mandare giente perch' ebbe da fare.

E a dì 24 dì maggio, noi Speziali di Firenze ci ragunammo, circa 40 maestri, in San Gilio, per risuscitare una nostra Compagnia, cominciata insino 1477, e avànla abbandonata; e facemo certi uomini che facessino el bisogno.

E a dì 6 di giugno 1500, ci fu come in Mugiello, alla Collina, fu un contadino ch'ammazzò 4 fanciugli da otto anni in giù, ch'erano sua nipoti, e fedì un vecchio a morte. El Podestà lassù lo prese.

E a dì 8 detto, ci fu com' e Pisani s'erano dati al Re di Francia e levate le sue bandiere; e in questo venne un mandatario del Re e disse loro se si volevano dare:

dissono che sì, al Re, ma non volevano essere sotto i
Fiorentini Rispose che non aveva quella commissione,
ma che si dessino liberi; e così si dettono liberi, e nondimeno non ne fu nulla.

E a dì 10 di giugno 1500, mandamo ambasciadori
incontro a'Franciosi inverso Librafatta, che ne cominciava
a venire, che fu uno degli ambasciadori Luca degli Albizi. [1] E fucci come Pietrasanta avea ritto le bandiere
del Re, e che vi si gridava anche *Marzocco;* e questi
Franciosi venivano per farci riavere Pisa e Pietrasanta [2]
e Serezzana. E fucci com' e Pisani si volevano difendersi
e stavano duri, e fu anche un dondolo.

E in questi dì, ci fu come a Bologna era cascato in
un dì 5 saette, una in San Michele e una ne'Servi, una
a' Crociati e due per la terra, e feciono gran danno.

E a dì 20 di giugno, ci fu come Montepulciano gridava *Marzocco.*

E a dì 21 di giugno 1500, ci fu come e Franciosi
erano andati co'nostri a campo a Pisa, e come e Pisani
traevano a'Franciosi, e morto parecchi uomini. E venne
qui el Capitano de'Franciosi, e dicevasi che Franciosi
andavano e uscivano di Pisa a lor posta. Dubitavasi non
c' ingannassimo, e così fu.

E in questi dì ci era delle case di morbo e delle
bolle assai.

E a dì 2 di luglio 1500, ci fu come a Roma era
venuta una gragniuola che alzò due braccia, con tanto
empito di vento e tempesta che fece rovinare el palazzo

---

[1] L'altro fu Giovan Batista Ridolfi AMMIRATO.

[2] Il Beaumont, comandante francese, si fece dai Lucchesi restituire Pietrasanta, ma la ritenne per il Re e non la rese ai Fiorentini. AMMIRATO

del Papa, dove era certa parte d'una sala dove era el
Papa in sedia, e cascogli addosso; e come piacque a
Dio, rimase sotto un legno che s'appoggiò al muro e
sostenne el resto del palco per modo che non vi morì.
Fecesi un poco di male al capo e a una mano e alla
gota; e morivvi 12 o 13 persone ch'erano in quella sala.
E fu el dì di San Piero, circa a ore 20. E al Papa feciono cavare un poco di sangue. Fu tenuto un grande
segno e pronostico per detto Papa. [1]

E in questi dì si mandava al campo di Pisa quanto
pane si poteva fare in Firenze; pigliavano quante bestie
venivano in Firenze e caricavanle di pane. E mandorono
loro 8 mila fiorini d'oro. Avevasi buona speranza di
Pisa.

E in detto dì usciva certe donne di Pisa in camicia,
c'nostri le presano; e dubitando non portassino amba-
sciate, deliberorono di cercarle; e furono tanto disonesti
e soldati che vollono cercarle insino nella natura a
quelle donne, e finalmente fu trovato loro in detto
luogo lettere ch'andavano al figliuolo del Papa. Pensa
quello che fanno le guerre c'casi che intervengono innumerabili, e 'l peccato di chi l'ordina.

E in questi dì si scoprì in Firenze da 15 case di
morbo.

E a dì 8 di luglio 1500, ci fu come nel campo nostro di Pisa v'era venuti con que' Guasconi insieme co'
Franciosi, e come quei Guasconi cominciorono a mettere
a sacco la vettovaglia del campo, e 'l Capitano loro
dette loro licenza, e loro andorono per la Val Nievole
e missono a sacco qualche casa pel paese, onde qui si

_____

[1] Il Tomasi, nella *Vita del Duca Valentino*, dà i particolari ·
di questo fatto avvenuto il 29 giugno.

fece romore assai, parendo che noi fussimo dondolati da questo Capitano francioso.

E a dì 9 di luglio 1500, ci fu come Luca degli Albizi, commissario in campo, fu preso dal Capitano francioso nostro in campo, ch'avàmo condotto con 700 fanti; in modo che si scrisse di fatto al Re e modi di questi bestiali e pazzi Franciosi, in modo che se n'andavano da loro, parendo loro avere servito male. [1]

E a dì 12 di luglio 1500, si levò il campo e andorono in quello di Lucca, e missono a sacco certe castella di quelle di Lucca. [2]

E 'l Re di Francia scriveva a' suoi Franciosi che facessino d'avere Pisa in ogni modo e che poi tornassino indietro. E scrissono e nostri ambasciadori di Francia che 'l Re aveva avuto per male che 'l campo si fussi levato da Pisa, e che voleva s'avessi in ogni modo, e ch'e sua Franciosi tornassino, [3] a pena di bando di rubello. E a questo modo ogni dì era quel medesimo.

E in questi dì ci fu come Perugia aveva romoreggiato e mandato fuori e Baglioni, colla morte di 100 uomini E più ci fu com' e Sanesi erano in arme; e fu morto un suocero del Petruccio. [4]

E in questi dì si fornì di porre le mensole del cornicione del Palagio delli Strozzi, cioè la metà del Palagio, di verso Mercato vecchio.

---

[1] L'Albizzi fu preso dagli Svizzeri che erano nel campo, e dove pagare 1300 scudi di taglia. E vero però che si era anche opposto al Beaumont per la levata del campo. AMMIRATO

[2] Sotto questo stesso giorno scrive: il PORTOVENERI « E Franzesi passano sul contado di Lucca, e' Luchesi danno loro la vittovaria, e per paura sopportano da loro grande ingiuria ».

[3] Tornassero indietro, come dice sopra, cioè all' impresa di Pisa.

[4] Niccolò Borghesi.

E in questo tempo valse el grano manco di soldi 20
lo staio.

E a dì 9 d'agosto, non s'acquistava nulla, e sanza
danari e anche con poca prudenzia. Ognuno si maravigliava che nostri ambasciadori sempre dietro al Re, e
che non abbino mai veduto se 'l Re va di buone gambe
o no all'aiuto nostro.

E a dì 11 d'agosto 1500, Pistoia si levò in arme
per loro differenze.

E in questi tempi si stava qui di mala voglia tutto
'l popolo, e massime pe'balzello ch'era stato molto aspro,
e per vedere non acquistare nulla e stare in sulla spesa
grande.[1] E Pisani vennono a saccheggiare l'Altopascio,
e come gli avevano preso Librafatta.

E a dì 17 d'agosto 1500, ci fu come e Pistolesi
erano in arme, e come v'era morti 150 uomini, e ardevano le case, e arsono San Domenico ; e come v'era
corso tutto il contado e la montagna. E più si disse che
messer Giovanni Bentivogli aveva mandato giente a piè
e a cavallo.

E a dì 19 d'agosto 1500, ci fu come e Pisani avevano avuto la bastìa e morto ognuno che v'era, e come
gli erano a campo a Rosignano; e nostri non soccorre-
vano nulla, e pareva ch'ognuno fussi sbigottito. Ci tro-
vavamo senza soldati, o veramente con pochi che non

_____

[1] Il RINUCCINI, nei citati *Ricordi* scrive in proposito « Questi
Signori si portorono molto male, in questo loro magistrato, perchè
non attesono mai se non a fare denari, sforzando disonestissima-
mente i cittadini a prestar denari al Comune, e facendo loro per
forza pagare molte gravezze innanzi al tempo, che uscirono con
disgrazia di tutto questo popolo dal detto magistrato, il quale ten-
nono questi due mesi (luglio e agosto), con poca anzi con nulla
reputazione ».

erono sofficienti a potere soccorrere el bisogno, in modo
che ci pareva essere tra 'l monte e 'l mare. Era molto
affannoso tempo e pericoloso, in modo che a dì 20 detto,
el dì di san Bernardo, non lasciorono sonare campane
in Palagio per sospetti dentro e di fuori:[1] pure Iddio
ha sempre aiutato questa città.

E a dì 30 d'agosto 1500, si faceva giente e mandavasi a Pistoia e a Livorno e alle castella.

E a dì primo di settenbre 1500, ci passava molta
giente al Giubileo.

E a dì 5 di settenbre 1500, ci fu come 'l Turco aveva
preso Corfù e Modone e morto ognuno, e spianato Modone. E più si disse che 'l Turco aveva rotto l'armata
de'Viniziani e presa, e morto 30 mila persone tra l'armata, e le città e'Turchi.

E a dì 15 di settenbre 1500, fu finito di porre el
cornicione del palagio degli Strozzi della metà del palagio verso Mercato.

E a dì 18 di settenbre 1500, ci fu come e Pistolesi
s'erano azzuffati di nuovo e morti assai, e come e Panciatichi ebbono el meglio.

E a dì 19 di settenbre 1500, piovve tanto forte e
continuo che c'venne grosso Arno, e fece molto danno
per questi piani; ma ove fu la gran piova fu a Dicomano, e in Mugello venne la Sieve più grossa che mai,
ma maggiore cose fece el Dicomano e la Moscia, la quale

---

[1] Nel nome di S. Bernardo era intitolata la cappella del Palazzo della Signoria, ed in questo giorno vi offerivano tutti gli
anni un censo di cera i monaci della Badia fiorentina, e lo Spedale
degli Innocenti, e vi si faceva una bellissima festa. Era ancora costume di suonare per tutto quel giorno le campane del Palazzo,
costume che durò anche sotto il governo dei Lorenesi.

Moscia rovinò el ponte di Londa e quanti difici era in sul fiume. E in Turicchi menorono giù quei fossati montagne di sassi alla riva della Sieve, e fece per tutti quei paesi rovinare le terre e mondare e campi insino in sul masso. E possolo dire perchè a me toccò, che guastai molti campi, fra gli altri un mio chiamato *Chiassaia* m'andò per un mezzo una certa chiassaiuola che ne menò insino al masso, che lo peggiorò 25 ducati

E a dì 8 d'ottobre 1500, ci fu come Valentino partiva di Roma con molta giente e artiglierie, e andava alla volta di Faenza o di Pesero.

E a dì 13 d'ottobre 1500, ci fu come Valentino era colla sua giente verso el Borgo, e aveva seco Vitellozzo e dubitavasi che non andassi a'danni nostri.

E a dì 15 d'ottobre 1500, ci fu come Rimine s'era dato a Valentino, e che 'l popolo aveva dato 10mila ducati al Signore e che lui se n'andassi.

E a dì 16 d'ottobre 1500, ci fu come Pesero aveva fatto el simile, e che 'l Signore se ne veniva qui.

E a dì 29 d'ottobre 1500, ci fu da Murano lettere che ci era su disegnato un bue come gli era stato trovato sotterra, di rame, ch'aveva queste condizioni: aveva in capo una città, dalla zampa ritta aveva una testa d'uomo, che la teneva colla zampa, dalla manca aveva una banderuola colla croce, e allato aveva tre campane a rovescio; nel mezzo del corpo uno uomo, e sotto le parte di dietro un calice con una ostia; dal lato manco del corpo aveva un Cristo molto strano, aveva più lettere, una giù dal corpo che diceva: *quarto luce.* Era interpretato in molti modi, ma, perchè era l'arme del Papa, si dava a lui. questo sa el Signore. Tanto e che 'l mondo ò troppo gravido de'peccati. N'ò fatto memoria perchè io vidi la lettera così disegnata.

E a dì 9 di novenbre 1500, Valentino aveva preso Berzighella ed era colle sue giente in quel di Furlì.

E a dì 16 di novenbre 1500, si pose le lumiere al palagio degli Strozzi, che furono 4, a ogni canto una, che costò l'una, la manifattura sola, fiorini 100 d'oro.

E a dì 21 di novenbre 1500, sabato, e a dì 22 domenica, e a dì 23 lunedì, e a dì 24 martedì, e a dì 25 mercoledì, nevicò continuamente in Firenze, e ghiacciò, che stette insino alla domenica che non gocciolò mai tetti, che non fu mai veduto in Firenze la maggiore neve e stare più. Fecesi molti lioni e cose per Firenze.

E a dì 29 di novenbre 1500, noi Speziali ridirizzammo la nostra Compagnia, ch'era quasi dimenticata, che fu fondata insino 1477, e rifacemo e Capitoli, e facemo Capitani e ciò che bisogno.

E a dì 15 di dicenbre 1500, fu sostenuto qui un Frate di san Francesco, osservante, e vicario della Provincia ch'aveva predicato a Pisa in questi tempi della guerra e avevagli molto confortati che stessino forti, che Iddio gli aveva liberati, e tenevanlo per intendere se gli aveva errato, o aveva secreto veruno. Non s'intese altro: lascioronlo.

E a dì 29 di dicenbre 1500, tagliorono la testa a due uomini da Castiglione Aretino, capi di parte. ch'avevano disubidito alla Signoria [1]

---

[1] Il 28 dicembre i Signori, *iuxtis ut dixerunt causis moti et pro conservatione eorum regiminis*, deliberano di scrivere agli *Otto* di Guardia e Balia un *Bullettino* perche, omesse tutte le solennita e sostanzialita della legge e degli statuti, subito condannino alla pena del taglio della testa Dino di Tonio di Giovanni dell'Agnello e Mariotto, *alias* Totto di Matteo di Francesco, tutti e due di Castiglion Fiorentino, *tamquam omicidas et homines male conditionis* Castiglione Arentino divento Castiglion Fiorentino dopo l'acquisto d'Arezzo nel 1384

E a dì 30 di dicenbre 1500, la sera circa a ore tre, rovinò l'albergo delle Bertucce, e rovinò la volta di sotto, prima, e poi una altra volta di sopra, e venne dietro poi el tetto e coprì molte persone ch'erano a bere, circa di 16 uomini. Funne trovati tre morti e molti pericolati, trovati sotto certi cantucci dove si sostenne certe alie di volte. Perdette tutto el vino e le botte. Fu una grande rovina. Fu tenuto un miracolo che non ne morissi se non tre di 16.

E a dì 2 di giennaio 1500, si bandì qui un Giubileo che mandò el Papa per chi non potessi andare a Roma; e dettelo con questo si facessi visitazioni in Santa Maria del Fiore e in Santo Spirito e in Santa Croce e in Santa Maria Novella, co'penitenzieri ch'avevano la medesima autorità ch'è come andare a Roma, d'ogni quelunche caso, e comunemente dicevano che, chi poteva, dessi la limosina di tanto quanto uno logorassi la settimana, e piu v'era dispensazioni di boti, che v'era una cassetta secondo e penitenzieri.

E a dì 6 di giennaio 1500, ci fu come e Pisani predorono insino al Ponte ad Era; e presono circa 27 uomini, e 5 n'affogò che si giettorono in Arno; e menoronne bestiame assai.

E a dì 14 di giennaio 1500, andorono di notte per la città certi nostri giovani de'principali con arme, e riscontrandosi col cavaliere del Podestà, si ferirono e morì due birri, e furono fediti parecchi de'nostri, e andorono insino al Palagio del Podestà per tòrre e prigioni. Fu tenuta cosa mal fatta e superba.

E a dì 16 di giennaio 1500, ci fu come Faenza aveva dato una rotta a Valentino.

E a dì 7 di febbraio 1500, ci fu come e Pistolesi s'erano affrontati di fuori, e morivvi 200 uomini. Ave-

vano e Cancellieri 1600 uomini, e' Panciatichi n'avevano
800 e nondimeno vi morì manco de' Panciatichi che de'
Cancellieri. Furono al di sopra e Panciatichi, si disse.

E a dì 24 di febbraio 1500, fu morto un Sanese,
ch'era medico, del casato de' Belanti, di Siena, da tre
mandati da Pandolfo Petrucci, si disse, e quali gli dettono dal beccaio ch'è in sul canto di Via Ghibellina, dalle
Stinche; e funne preso uno dal popolo, allora, e poi la
sera ne fu preso uno altro che fu trovato di verso Sant'
Ambruogio, l'altro si fuggì e scampò, perchè si disse che
l'aveva fatto con grande astuzia, che fu el primo che gli
dette, poi disse agli altri: dategli; e dètte a gambe e
lasciò loro, in modo ch'el popolo badò a loro, e lasciorono andare colui. Si disse che gli aveva ingannati. [1]

E a dì 26 detto, furono impiccati in sul Canto delle
Stinche, dove feciono el male. Andorono in sul carro,
attanagliati per tutta la terra molto crudelmente; e qui
a' Tornaquinci si spezzò el caldano dove affocava le ta-
naglie. E non v'essendo molto fuoco, che non isfavillava,
el cavaliere, minacciando il manigoldo, fece fermare el
carro, e 'l manigoldo scese del carro e andò pe' carboni
al calderaio, e per fuoco al Malcinto fornaio, e tolse un
paiuolo per caldano, onde fece grande fuoco. El Cavaliere
gridava sempre: falle roventi; e così tutto 'l popolo disiderava fare loro grande male sanza compassione. E
fanciugli volevano assassinare el manigoldo se non gli
toccava bene, onde gli fece molto gridare terribilissima-
mente. E tutto questo vidi qui a' Tornaquinci.

---

[1] L'ucciso fu Luzio Bellanti, « uomo letterato e di stima » (come
lo chiama il PARENTI); e gli uccisori, come rilevasi dalla sentenza pro-
ferita dagli Otto il dì 25 febbraio, furono Guasparri di Batista da
Modena, Giampietro di Conte d'Astolfo chiamato Bagone da Carpi,
e un certo Giorgio pure da Carpi Quest'ultimo si salvó colla fuga.

E a dì 2 di gicnnaio 1500,[1] ci fu come e Pisani gittorono a terra delle finestre de' Signori due uomini ch' erano uomini d' un loro caporale che si chiamava el Bianchino, perche andarono a rammaricarsegli di certe ingiustizie che gli avevano ricevute. Furono sempre uomini crudeli. E per questo el detto Bianchino si partì da loro e venne dal nostro, benche molti non se ne fidavano.

E a dì 5 di marzo 1500, ci fu come certi Pistolesi Cancellieri vennono dietro a tre Panciatichi che si partirono da Pistoia e venivano quì, e quando furono a San Piero a Ponte, e detti Cancellieri gli assaltorono, e loro si fuggirono in una casa, e loro ruppono l'uscio e presongli e menorongli discosto un miglio, e qui gli ammazzorono. Tanto possono le passioni delle parti in una città! Io sono sanza passione di parte o di stati, e non desidero se non la volontà di Dio.

E in questo tempo ci ritoccò la moria. Era in Firenze in piu di 10 case.

E a dì 10 di marzo, ci fu come e Pistolesi s'ardevano le case l'una parte all'altra, per il contado, e come s'affrontorono, a dì 12 detto, e ammazzorono del una parte e dell'altra, assai pur piu de' Cancellieri, secondo si diceva.

E a dì 9 di marzo 1500, la moria ci ritoccava forte, in questo fondo della luna, e scopersesi in piu luoghi molte case, e massime nella Via della Scala vi si scoprì in un dì in 4 case, che vi fu tal casa che in una notte vi morì tre persone, che non vi rimase niuno vivo. Ebbesi a rompere l'uscio di fuori e cavarne detti morti.

---

[1] La cronologia confusa, e il vedere che questo fatto trovasi registrato nelle *Istorie* di GIOVANNI CAMBI e in quelle di PIETRO PARENTI, come avvenuto a Pistoia nel febbraio, c' inducono a credere che qui abbia errato lo scrittore del Cod Marucelhano.

E a dì 24 di marzo 1500, e Pistolesi ammazzorono un capo di parte che si chiamava el Zavaglia. [1]

E a dì 2 d'aprile 1501, s'azzufforono i Pistolesi, e morivvi 64 uomini; e a questo modo si disfacevano l'uno l'altro, e non si rimediava a nulla de' casi loro. Non si trovava rimedio. pure ne incresceva a ognuno.

E a dì 13 d'aprile 1501, ci fu come Valentino aveva gittato a terra delle mura di Faenza. Stimavasi l'arebbe.

E a dì 15 d'aprile 1501, venne in Firenze dieci cittadini di Pistoia, de' principali, a dire e tristi casi loro E quivi si mandò un nostro commissario: entrò in Pistoia e impiccò certi disubidienti; e nondimeno presono l'arme e non vollono ubidire. [2]

E a dì 21 d'aprile 1501, ci fu come Faenza aveva morti dimolti Franciosi, circa 400, e come Valentino era entrato dentro, e fu ripinto fuori con vergogna.

E a dì 23 d'aprile 1501, ci fu nuove che 'l Re di Francia aveva licenziati e nostri ambasciadori, e dubitavasi che non fussi nimico.

E a dì 26 d'aprile 1501, ci fu come Valentino aveva messo a sacco Faenza; ma la terra si ricomperò e dette 40 mila fiorini e non andare a sacco.

E a dì 27 d'aprile 1501, non s'era preso altro partito di Pistoia: stavasi così. La morìa ci era in assai case, el grano valeva soldi 40 lo staio, e qui non si lavorava, e massime di seta, e massime e poveri stentavano e dolevansi.

E a dì 29 d'aprile 1501, ci fu come messer Giovanni Bentivogli s'era fuggito di Bologna per paura di Va-

---

[1] Il Salvi cit. lo dice de' Gherardini.

[2] Il Commissario mandato dalla Signoria fu Niccolò di Tommaso Antinori.

lentino, e poi ci fu come s'era accordato con Valentino, e così fu.

E a dì 2 di maggio 1501, ci fu come Valentino era a campo a Firenzuola, in modo tale che si sgomberava insino qui presso alle porte, in Firenze; e qui si stava con sospetto di romoreggiare la città.

E a dì 3 di maggio 1501, si mandò al Re di Francia 20 mila fiorini; che v'andò Lorenzo di Pierfrancesco.

E a dì 6 di maggio 1501, ci fu come Valentino chiedeva el passo, e 'l Papa ci mandò un mandatario e fugli concesso.

E a dì 8 di maggio 1501, feciono venire in Firenze l'artiglierie ch'erano in Empoli, che furono 90 paia di buoi.

E a dì 9 di maggio 1501, si mandò Piero Soderini e Benedetto de' Nerli come ambasciadori a Valentino. E in questi dì isgombrava tutti questi piani Vedevasi tutte le povertà de' poveri contadini, tutte calcate le strade di carri e di bestie cariche.

E a dì 12 di maggio 1501, ci fu come Valentino era giunto a Barberino di Mugello, e faceva ogni danno, e ardeva e rubava, e tagliava grano. E in queste notte per Firenze si faceva guardie; lumi su per le finestre. [1]

E a dì 13 di maggio 1501, giunse la giente di Valentino a Carmignano, e scorse insino a Peretola e a Sesto. E questa mattina, circa a ora di desinare, e Signori mandorono un bando che quando e' facessino quegli segni cioè due colpi d'artiglierie e sei tocchi di campana, in due volte, ognuno atto a portare arme vadi al suo gonfalone; e che niuno porti arme fuori del gonfa-

---

[1] Con un bando della Signoria di questo giorno fu comandato che tutti tenessero la notte il lume acceso sulle finestre.

lone, a pena d'essere rubello. [1] Onde ognuno serrava le
botteghe e isgomberava e portava a casa, stimando questa cosa grande pericolo; e ognuno di fuori s'ingegnava
di mettere dentro in Firenze.

E a dì detto, alloggiorono a Campi, e quivi intorno
e feciono assai danno: alcuni contadini ne presono di loro
parecchi a cavallo e menorogli in Firenze. E in questo dì
andorono ambasciadori a Valentino, a Campi, che fu el
Vescovo de' Pazzi e Francesco de' Nerli, e tornorono; e
nel passare dissono che le cose andrebbono bene, e ognuno
si maravigliava, e dicevasi: che abbiamo noi a fare con
Valentino? non abbiamo guerra con lui. E ognuno de-
siderava di andarlo a isvaligiare, che non era per uno
asciolvere solo a' contadini; chè non fu mai la semplice
cosa e cattiva a lasciargli guastare el nostro contado
con tante iniquità, ch'è da vergognarsi d'essere fiorentino, avere a fare compromesso delle cose sue in uno
che non valeva tre quattrini. Ebbe tanto animo che
disse volere Campi; e aveva dato tempo insino alle 18
ore a darsi se none lo saccheggerebbono, onde qui s'accordorono di dargli 300 uomini d'arme, e non gli dare
noia all'acquisto di Piombino.

E a dì 15 di maggio 1501,[2] si fece l'accordo che se
gli dovesse dare 36 migliaia di fiorini l'anno, per tre
anni, e che fussi nostro Capitano, cominciando questo

---

[1] I colpi d'artiglierie dovevano tirarsi dal ballatoio del Palazzo; e gli armati dei Gonfaloni dovevano con quelli *ire*, come
dice la Deliberazione della Signoria, *contra inimicos Reipublice
Florentine et ad tuendam civitatem ab hostibus eam opprimere
volentibus.*

[2] La Signoria questo giorno dètte licenza ai suoi suonatori
d'andare ad onorare il Duca Valentino ch'era allora presso Firenze
(Delib. ad ann.)

dì primo dì maggio 1501, e che se gli dovessi dare al
presente 9 mila fiorini, e lui voleva che non si conoscessi
niuno ch'avessi fatto contro allo Stato dal dì che lui si
partì d'Imola in qua; e questo perchè si diceva per molti,
che c'erano alcuni cittadini ch'avevano ordinato che venissi a lor proposito, che forse erano cascati in tale errore.[1]
E in questo dì intervenne più cose uno di loro volendo
entrare in Firenze per forza, per la Porta a Faenza, colla
spada ignuda in mano, le guardie ch'erano poste alla
porta lo passarono da l'uno lato all'altro con una lancia
e morì di fatto E molti altri intorno alle porti e intorno al campo gli spogliavano e toglievano loro e cavagli, e chi uno e chi quattro, in modo che non potevano andare punto spicciolati ; e loro facevano el simile
rubando e facendo ogni male.

E a dì 16 di maggio 1501, mandò la Signoria due
mazzieri e due comandatori a dire che si partissino, e
ordinare che gli avessino e buoi che gli aveva chiesti,
bene 80 paia ; ed ebbono tanto animo che gli spogliorono
e tolsono loro le mazze e ferirono uno loro di molto male,
e non si vollono partire dicendo che volevano danari

E a dì 17 di maggio 1501, si mutò el campo e passorono a Signa e alloggiorono di la d'Arno verso Ugnano
e al luogo de' Pandolfini, e scorrendo insino a Montelupo,
rubando e facendo ogni gran male. A chi arrandella-
vano la testa, e chi impiccavano pe' testicoli, quando potevano, qualcuno, perchè insegnassi la roba, perche molto
trovorono le case vuote. E qui si diceva tutto il con-

---

[1] Sono di concorde parere gli storici, nel dichiarare che vi
fossero in Firenze alcuni che tenevano segrete intelligenze col Valentino; e nel biasimare la condotta pusillanime dei magistrati, che
il NARDI chiama « pazienza asinina ».

trarıo Se glı dètte e buoi ch'eglı aveva di bisogno, cioe
se gli prestarono; e più si mandu un bando che niuno
facessı danno a lui, e chı lo avessi fatto lo debba rendere a pena delle forche. E piu si condussono andare
glı Otto in persona, questa mattina, per tutti questi pıani;
e pıgliavano chi stava alla strada.

E a dı 17 dı maggio 1501, ci fu lettere dal Re di
Francıa, come e'non era volere del Re che questo Va-
lentıno ci facessı danno e ponessi taglie, e che si man-
dassı via; e se non sı partıssı, ordınava a Mılano [1] che
ci fossi mandato aıuto; per modo che sı pensava di non
gli osservar quello che glı era stato promesso.

E a dı 18 dı maggio 1501, s'intendeva tutta mat-
tına le inıquıta di costoro: infra l'altre, missono Carmignano a sacco e menoronne quante fancıulle vı trovorono, ch'erano ragunate in una chıesa, di tutto 'l
paese. E piu si disse che furono parecchi. peggıorı che
'l diavolo dell'inferno, e qualı trovando una donna con
un suo fratello dı circa 17 anni. (Non so se mi potrò
scrıvere questa iscelerauza, che al sentirla dıre tremavo
del timore di Dıo Un tal peccato merita la dıssoluzıone
d'una città; e ben si legge nel Testamento vecchıo, per
tal peccato fu distrutta una cıtta, dısfatta insıno ne'fon-
damentı. Guai a coloro che ne sono statı cagione, e anche a quegli che non anno punıto un tal eccesso, a chi
poteva; che si poteva struggere Valentino con piu giente
che non aveva tre volte Ma a me non e nuovo quello
sanno fare e nostri cittadını; non sı curano d'ogni gran
male per un lor commodo. E questo s'e veduto piu volte,
poterę vincere e avere un grande onore, non avere vo-

---

[1] Cıoe alle sue gentı che erano ın Lombaıdıa

luto, solo per discordia) El quale peccato fu questo: trovato quella donna e quel fanciullo di 17 anni, come e
detto, e isforzando e l'una e l'altro disonestamente, e
più di loro guastando el fanciullo, e lei lasciando come
morta. Alcuni altri trovando la donna e 'l marito giovani, legando el marito a una colonna, e in presenza sua
vituperare la donna da più ribaldi, e bastonare. E così
si sentiva a ogn'ora cose che non si sentiron più. Quando
ci passò el Re di Francia, non si sentì pure un caso
di donne ben piccolo; anzi stettono insieme colle gen-
tildonne, in molte case de' cittadini, e non feciono mai un
cattivo cenno.

E in questo dì ci fu come Pisani avevano preso Ponte
di Sacco e che gli scorrevano per tutto; e tuttavolta si
diceva che venivano 4mila Guasconi di dietro a questo
serpente. E in questo dì andò a romore tre volte la
Piazza de' Signori. La prima volta el Cavaliere volle pigliare uno isbandito, e ponendogli le mani addosso, fu
aiutato da certi bravi, e fedito un famiglio d'Otto; e
fedito quello isbandito, fuggissi e passò di qui da' Tornaquinci fuggendo, tutto sangue el viso. Si cominciò a
serrare per tutto. Una altra volta uno de' Baroncegli
dètte a uno de' Cambi una coltellata in su la testa e
mandogli giù uno orecchio e un pezzo di capo; e questo
fu perchè questo de' Cambi si trovo degli Otto quando
fu fatto morire un figliuolo di questo de' Baroncegli; che
dicevano ch'era un certo bravo che faceva ogni male
per contado. [1] e questo caso fece serrare una altra volta
le botteghe per tutto. Un'altra volta si levò sanza altro
caso, ch'era sollevata la città.

---

[1] Anche il PARENTI narra questo caso di Piero Cambi e Giovanni Baroncelli, al quale fu dato bando di ribelle

E in questo di Valentino chiedeva l'artiglierie nostre ch'erano in Empoli, in prestanza; e danari. Fugli risposto che non volevamo fare nè l'uno nè l'altro: ch'e danari, gli avevamo a dare per tutto agosto, e così volevamo osservare, e che dovessi partire.

E a dì 19 di maggio 1501, si partì Valentino da Signa e andò tra Montelupo e Empoli, sempre predando e faciendo ogni iniquita; e in questa sera se gli mandò Piero Soderini ambasciadore.

E a dì 20 di maggio 1501, e poveri contadini colle loro famiglie e loro povertà si ritornavano difuori, e in su la sera si levò el romore di verso Malmantile che Valentino tornava indietro, e corse el romore fino a Firenze; per modo che quei contadini ch'erano tornati difuori, fu di bisogno ritornassino in Firenze, con molti pianti e affanni. E crebbe tanto el sospetto di tornare indietro, che per tutti questi piani rifuggivano dentro; e più ancora crescevano perche Vitellozzo aveva menato e nostri buoi a Pisa per artiglierie, e non gli vollono rendere. E stimavasi non volessino porre el campo a Empoli. Parevano gli uomini ismarriti, non vedendo pigliare niuno partito alla Signoria. Facevano come e Turchi, mettevano a fuoco e fiamma tutti e paesi, e pigliavano fanciulle e donne; e fu chi trovo per la via di Roma le some di fanciulle che mandavano a Roma a presentarle, e forse venderle, come fanno e Turchi de' Cristiani. E non mi pare maraviglia, che gli era condotto quel campo da due uomini crudeli, Valentino e Vitellozzo. Se Vitellozzo somiglio suo padre fu troppo crudele, che venendogli innanzi un fanciullo della parte contraria, mandato dalla sua madre, e gittandosi ginocchioni chiedendo perdonanza e misericordia, si cavò da lato un coltello e ammazzollo di sua mano: e arse le torri piene di donne

e di fanciugli e molte gienti colla roba, che non vi campo
niente vivi, con grandissime urla e strida.[1] E questo suo
fighuolo imparò da suo padre, che non anno temuto
Iddio, anno mandato accattando le centinaia di contadini per vendicare le loro passioni, e sonsi vendicati con
chi non a fatto loro male veruno, come uomini vili che
non temono la mano del Signore, nè conoscono come ella
è grande, e come è presso a loro.

E a dì 22 di maggio 1501, si stavano intorno a
Empoli alloggiati e scorrevano per tutto la Valdelsa e
paesi, rubando e predando Non si sentiva se non crudelta E tuttavolta si vedeva empiere quì la città di poveri
contadini colle loro povertà e loro famiglie, piccoli e
grandi, con molta amaritudine.

E a dì 23 di maggio 1501, si partì Valentino da
Empoli e andonne inverso Castello Fiorentino colle artiglierie; e tuttavolta si diceva che tornerebbe indietro,
e questo sospetto nasceva dalle intelligenzie che ci erano.
E che sia el vero, ognuno attendeva a mettersi in casa
pane, per modo che in questa sera non si trovava pane
a'fornai; e andò el grano a soldi 53 lo staio.[2] Firenze
era ripiena di maninconia e pareva s'affogassi in un
bicchiere d'acqua

E a dì 24 di maggio 1501, Valentino mandava a
dire non si volere partire se non gli era dato almeno
8mila fiorini. Ogni dì si sentiva cose crudeli de'fatti sua

---

[1] Il LITTA pure registra questa crudeltà Il fanciullo era della
famiglia Fucci di Città di Castello, della quale Niccolo Vitelli, padre
di Vitellozzo, voleva l'estermino

[2] La Signoria prendeva straordinarie disposizioni per provvedere il pane, e quietare il popolo tumultuante per la mancanza
di esso

E missono a sacco Castel Fiorentino e poi Barbialla, che
v'ammazzorono più di 60 uomini e 6 donne, e ruborono
ogni cosa. Dicevasi di loro cose più non sentite; e nondimeno gli era mandato di qui vettovaglia, e tutti e nostri
Commissari tuttavolta comandavano che non si offendes-
sino di nulla, e facevano rendere a chi toglieva loro nulla,
e facevano disperare ogni nostro suddito: e chi era rubato e morto s'aveva el danno. [1]

E a dì 26 di maggio 1501, ci fu come el Re di
Francia mandava 30mila persone per a Napoli, e che gli
erano mezzi di verso Pontremoli, e mezzi venivano di
quassù di Romagna, e questa sera erano a Castrocaro,
ch'era con loro el Signore Begnì.

E a dì 27 di maggio 1501, si partì Valentino e andò
verso Colle, e que' di Colle gli feciono resistenza e ammazzorono di loro una brigata; e l'altro dì andorono
verso Casoli di Volterra, disfeciono tutto el paese. Dove
egli andorono andò male mezza la ricolta; segavano el
grano a' cavagli; e per ristoro s'aspettava e Franciosi di
sotto e di sopra, di dì in dì.

E a dì 2 di giugno 1501, ci fu come e nostri di Pisa
avevano preso tre Pisani, e balestrieri del Prefetto. [2]

E a dì 3 detto, vennono in Firenze, che v'era un
messer Piero Gambacorti e altri cittadini. [3]

---

[1] Non son queste esagerazioni dello scrittore, ma la pura verità, come si rileva dai bandi allora pubblicati, e dalle sdegnose
parole colle quali tutti gli scrittori fiorentini contemporanei stigma-
tizzano quel vile procedere dei governanti

[2] I Pisani si fecero arditi di scorrere vicino a Cascina credendola
sguernita, ma vi erano tornate le genti di Giovanni Della Rovere
Prefetto di Roma, signore di Sinigaglia e condottiere dei fiorentini

[3] Molto caso si fece della cattura del Gambacorti che si de-
siderava avere nelle mani per esaminarlo e intendere da lui molti

E a dì 4 di giugno 1501, ci fu come certi nostri contadini da Ronta avevano morto un francioso per la strada di Ronta, el quale era parente del Signore Begnì; che fu tenuta mala nuova, perchè passava di qua col campo, ed era religioso. Fu poi seppellito a' Servi e fecesi grande onore, perchè el Signore Begnì non l'avessi preso da noi tale maleficio; e fugli fatto grande scusa. [1] Sempre qualche bestiuolo mette a pericolo una citta; ma, secondo molti, quello era un uomo savio, buono e un bello uomo; ognuno l'amava, e non riprese tal cosa per odio.

E dì 6 di giugno 1501, giunse a Dicomano la fanteria de' Franciosi col Signore Begnì; portaronsi bene assai. E in questo medesimo tempo passavano di quaggiù da Empoli e per la Valdelsa molto più numero, in modo che dissono di 30mila tra di quassù e di quaggiù, e dicevasi che ne veniva di nuovo.

E a dì 10 di giugno 1501, giunse a Dicomano 4mila

---

segreti appartenenti alla città. La Signoria ne scriveva il 2 giugno al Commissario Vespucci rallegrandosi e ordinandogli di mandarlo a Firenze con buona scorta. Il Valentino con lettera del 3 lo raccomandava, scrivendo che gli si facessero *graziosi trattamenti*, potendo servire d'intermediario per far la pace con Vitellozzo che gli era molto benevolo.

[1] Il Magistrato degli Otto scrisse subito al Vicario di Scarperia e al Capitano di Marradi di cercare con ogni diligenza i rei. Il di 11 la Repubblica ordinava al Tosinghi commissario presso l'esercito francese di mostrare l'innocenza dei Fiorentini circa a questi assassinamenti che non erano punto rari sui confini, e di significare « che al corpo di quello prelato che si dice nipote di Monsignore d'Ubigni, si feciono quelli onori a pubbliche spese che parvono convenienti in questi tempi ». Un altro documento lo chiama *il Protonotario di Scozia*. Finalmente la Repubblica scriveva ancora all'Aubigny condolendosi.

cavagli e quali feciono el contrario che la fanteria. Feciono ogni male: segorono e grani pe' cavagli per tutto
dove passorono, e missono a sacco le canove, dando bastonate; nè stimavano Commissari nè persona. E in sul-
l'Alpe vollono tor polli a certi contadini, e loro rivolgen-
dosi e' non se gli lascio torre, in modo che l'ammazzorono E levandosi su altri contadini si fece una mischia
e morivvi 20 uomini. [1]

E a dì 11 di giugno 1501, vennono in Valdisieve
insino al Ponte a Sieve, e poi si andarono per Valdarno.

E a dì 14 di giugno 1501, ci fu come erano entrati
in Siena e che se n'erano insignoriti; e mandoronne e
Signori a casa, e Pandolfo Petrucci si nascose.

E a dì 18 di giugno 1501, ci fu come era presso a
Roma, [2] e come di quaggiù n'era venuti per mare, e che
gli smontavono a Livorno per andare per terra, e che
veniva in Firenze el Cardinale di Roana, che veniva da
Milano; e dicevasi che 'l Re di Francia era di pensiero
di farlo Papa; era così in oppinione. E più ci fu come
el Papa s'era partito di Roma e andato a Orvieto.

E a dì 19 di giugno 1501, ci fu come Federigo re di
Napoli aveva fatto, el dì del Corpo di Cristo, una processione molto grande e divota, e che lui andò dietro
scalzo, e quando fu in chiesa fece una orazione a tutto
'l popolo, e disse che credeva a Cristo e al Sagramento;
e che così voleva. E testificò a tutto il popolo che non

---

[1] Di questo fatto pure si scriveva al Commissario che facesse
le scuse, ordinandogli di provvedere ai Francesi più vettovaglie che
fosse possibile perchè non dovessero cercarle, e si aggiungeva che
facesse di tutto per procurare che uscissero presto dal territorio
fiorentino

[2] Parla sempre dell'esercito Francese.

metteva in Italia Turchi per fare contro alla fede, ma per aiutarsi; e che se 'l popolo non lo volevano per Signore, che se ne andrebbe, e se lo volevano aiutare, che rispondessino. E tutti a una boce, el popolo, gridorono volerlo aiutare; per modo che si dice che venne verso Roma.

E a dì 22 di giugno 1501, ci fu come a Modona era venuti tremuoti grandi in modo ch'era caduto molte case e morti molti uomini, e infra l'altre una chiesa profondata.

E in detto dì 22 di giugno 1501, qui in Firenze, tirando su le tende di San Giovanni, e intraversando canapi, s'appiccorono alla croce ch'era in su la colonna di San Giovanni, che rappresenta el miracolo di San Zanobi, e tirolla in terra; e più si ravvilupporono e detti canapi e feciono cadere embrici da un tetto e ammazzorono uno uomo; e a un fanciullo ruppono una gamba. Fu tenuto tristo pronostico.

E a dì 24 di giugno 1501, ci fu come el Signore Begnì colle sua giente era entrato in Roma, e ognindì pigliavano l'armi que' Romani: pensa come stava Roma!

E a dì 3 di luglio 1501, e Franciosi erano passati Roma e affrontatosi con don Federigo, e morti ben 5mila persone.

E a dì 4 di luglio 1501, e Pistolesi s'erano di nuovo affrontati, e morti bene 200 uomini; e furono quasi tutti soldati forestieri. E l'altro dì si raffrontorono e morivvene 100; e andò dentro nella povera e isventurata città forse 12 teste d'uomini in su le lancie; e facevano alla palla co' capi degli uomini di fuora e dentro. [1]

---

[1] Anche il PARENTI dà questi particolari, cioè che furono portate in Pistoia sulle lance le teste dei Panciatichi uccisi nei combattimenti seguiti nel contado.

E a dì 7 di luglio 1501, ci fu come e Franciosi
avevano trovato certe botte di vino sotterrate e avve-
lenate, e avevanle beute.

E in questo tempo valeva el grano soldi 36, e non
ci era quasi nulla di moria.

E a dì 13 di luglio 1501, ci fu come a Piombino era
venuto 60 vele di Turchi. [1]

E a dì 14 di luglio 1501, ci fu come e Franciosi
avevano avuto un poco di rotta, e nondimeno c'era come
gli erano passati Capova e seguitavano.

E a dì 21 di luglio 1501, fu preso uno che à nome
Rinaldo, fiorentino, ch'era giucatore; [2] el quale, perche
aveva perduto, gittò sterco di cavallo a una Vergine
Maria ch'è dal Canto de' Ricci in uno chiassolino da
quella Chiesa ch'e in su una piazzuola di dietro alle
case; e dettegli nella diadema. E vedendolo un fanciullo
disse come egli era stato un uomo; e fugli andato dietro
e codiato, e fu preso all'Osservanza di San Miniato, e
quando e famigli degli Otto gli furono presso si dètte
d'un coltellino nella poppa manca, e loro lo presono
e menoronlo al Podestà, e confessò averlo gittato per
passione d'avere perduto, e la notte lo impiccorono alle
finestre del Podestà, e fu la mattina di Santa Maria Maddalena, che fu una festa doppia. [3] Vi venne tutto Firenze

---

[1] Questa flotta turca era comandata dal Capitano Camallo, e
venne per impedire l'armate francese e spagnuola che andavano
contro al Re di Napoli

[2] Qui lo scrittore ha confuso il cognome col nome: l'autore
del delitto qui narrato si chiamava Antonio di Giovanni Rinaldeschi come rilevasi dalla sentenza dei Signori Otto pronunziata
lo stesso giorno 21.

[3] Per intendere il significato delle parole *fu una festa doppia*,
giova avvertire che la cappella del palazzo del Potestà era inti-

a vedere, per modo che venendo el Vescovo a vedere
questa Vergine Maria, levò detto sterco da lei, in modo
che non fu sera che vi fu appiccato molte libbre di cera,
e tutta volta crescendo la divozione. E in pochi dì vi
venne tante immagini come si vedrà col tempo

E a dì 22 di luglio 1501, si ripose su quella croce
in su la colonna da San Giovanni, che fece cadere el
canapo.

E a dì 24 di luglio 1501, ci fu come Franciosi si
avevano avuto rotta presso a Napoli: pure seguitavano
la vittoria animosamente.

E a dì 25 di luglio 1501, venne qui a Castello la
Madonna d'Imola, che si partì da Roma; che la chiese
al Papa Monsignore Begni, e lei se ne venne a stare qui. [1]

E a dì 28 di luglio 1501, ci fu come Franciosi avevano preso Capova e messo a sacco e a fil di spada
ognuno. E fu a'24, la vilia di Sant'Jacopo.

E a dì detto, ci fu come e Pistolesi s'erono appic-

---

tolata a S Maria Maddalena penitente, e che quel Magistrato so-
steneva la spesa delle feste così sacre come profane che in tal
giorno faceva fare Quando poi al medesimo fu sostituito il Tribunale della Rota, che in appresso si trasferì nel palazzo dei Ca-
stellani detto già Altafronte, la festa si faceva nella cappella della
nuova residenza di quei Giudici, continuandosi a suonare in quel
giorno le campane dell'antico palazzo, e a correre un palio di
cavalli, dall'Opera del Duomo all'Arno Dell'altra *festa*, che fu l'esecuzione del Rinaldeschi, si è conservata la memoria fino ai moderni tempi, esponendosi tutti gli anni in quel giorno, sotto le loggie
della Chiesa della Madonna de' Ricci, un' antica tavola rappresen-
tante il fatto.

[1] Caterina Sforza (liberata secondo altri per favore di Mon-
signor d'Allegri), rimasta vedova di Girolamo Riario, sposo Giovanni di Pier Francesco de' Medici, al quale appunto apparteneva
la villa di Castello

cati, e' Panciatichi avevano avuto el peggio, e che n'avevano impiccati parecchi Panciatichi in Pistoia alle finestre, e che gli feciono impiccare a un prete, e poi vollono che 'l prete s' impiccassi da se; e furono circa 7 Panciatichi.

E a dì 2 d'agosto, ci fu come Franciosi avevano avuto Napoli per primo fante.

E a dì 4 d'agosto 1501, si vinse in Consiglio che 'l detto Consiglio grande tornassi, e bastassi almeno 600 uomini. [1]

E a dì 6 d'agosto 1501, ci fu el vero come el Re di Napoli aveva perduto lo Stato e prese pel Re di Francia. E qui, in questo dì, si fece gran festa, sonossi a gloria, e arsesi e panegli e molte scope per la terra, con molti colpi d'artiglierie. Ebbe Napoli insino a dì detto, entrorono e Franciosi in Napoli; che 'l Re don Federigo, e chi si voleva partire, potessi portarne la roba; avessi tempo due dì.

E a dì 21 d'agosto 1501, venne in Firenze un francioso con molti cavagli, el quale andava a Napoli in luogotenente per Re di Francia.

E a dì 29 d'agosto 1501, ci fu come e Pistolesi avevano fatto la pace, e fatto la Signoria, 4 d'una parte e 4 dall'altra, e 'l Gonfaloniere s'imborsò due dell'una e due dell'altra, e trarre; e così rimasono in pace dopo la morte di tanti e tanti uomini: e fussi almeno fine!

E in questi dì e Pisani presono de' nostri soldati. [2]

---

[1] Questo provvedimento fu preso perchè quel Consiglio, attesa la difficolta del ragunarsi un gran numero di cittadini, teneva addietro tutte le faccende.

[2] Presero di quelli che erano andati a predare a Limone. PORTOVENERI.

E a dì 5 di settenbre 1501, e Pistolesi ammazzorono 2 o 3 di loro.

E a dì 7 di settenbre 1501, e Pistolesi ammazzorono uno altro de' Cancellieri, qui alla Porta al Prato di Firenze. Vegga ognuno la bella pace che gli ànno fatto.

E a dì 8 di settenbre 1501, ci fu come Piombino era in pace dalle giente di Valentino, e lui era ammalato in Roma.[1]

E a dì 9 di settenbre 1501, ci fu come lo' mperadore era in sul Lago maggiore, ch'aveva preso Navarra con molta crudelta, et altri castelli.

E a dì 11 di settenbre 1501, ci passava assai Tedeschi di quelli che erano col Re a Napoli, perchè l' Imperadore aveva mandato un bando che tutti e Tedeschi ch'erano al soldo tornassino a lui, a pena d' essere rubello.

E a dì 17 di settenbre, passò per Firenze forse mille fanti e forse 600 cavagli, che venivano da Napoli e andavano in Lombardia per il Re di Francia.

E a dì 18 di settenbre 1501, ci fu come Piombino s'era dato al Papa liberamente.

E in questi tempi non c'era infermità di corpo, ma bene era inferma la città e impoverita; non si rendeva Monte di niuna ragione, nè dote, nè guasti; ognuno si doleva. Valeva el grano soldi 33 lo staio, el vino un ducato la soma, l'olio lire 16 el barile, e non si lavorava molto.

E a dì 9 d'ottobre 1501, noi Speziali facemo all'Arte degli speziali che noi non potessimo fare più candele di due danari.

---

[1] Il Signore di Piombino essendo fuggito già da del tempo, gli uomini della terra si dettero alle genti del Valentino il 3 settembre

E a dì 10 d'ottobre 1501, fu un tempo molto brusco
d'acqua, di tuoni, e venne molte saette, infra le quali ne
venne una in sul campanile della chiesa da Legri, la
mattina quando el popolo era in chiesa; e fu in domenica, e il prete apunto parato per andare all'altare, e
fece cadere una parte del campanile in su la chiesa e
morivvi 5 persone, e più di 40 se ne fece gran male

E a dì 14 d'ottobre 1501, venne in Firenze un tremuoto alle 2 ore di notte, e non fece rovinar nulla.

E a dì 25 d'ottobre 1501, si vinse in Palagio che
si dovessi mercatare a Fiorini d'oro e Lire. [1]

E a dì 2 d'ottobre 1501, si bandì la pace de' Pistolesi con sodamento: chi la rompessi, pena assai. [2]

E a dì 3 di novenbre 1501, e nostri di quel di Pisa
presono 57 cavagli e prigioni, ch'erano scorsi in verso
Volterra, di quei Pisani: e' nostri gli tramezzorono.

E a dì 14 di dicenbre 1501, venne in Firenze il
Cardinale di Ferrara con molti cavagli, che andava a
Roma per la figliola del Papa, e menarla a marito al
fratello a Ferrara; e aveva 150 muli di carriaggio. Fu-

---

[1] 1501, 14 ottobre La Provvisione dice che « Inteso i Priori ec
quanto disordine sia nato et continuamente sia per nascere nella
citta per la varieta delle monete, et per essere quelle tose et di
cattiva lega, et desiderando a tale cosa porre qualche conveniente
rimedio; ordinano, che tutti e mercati, etiandio di qualunque Monte,
Cambi, et ogni contratto o obbligho di qualunque ragione o qualita
si sia, che per l'advenire si faranno, excepto i contratti delle con-
fessioni delle dote, si debbono fare a fiorini larghi d'oro in oro,
buoni, et di peso come batte la Zecha del Comune di Firenze, o
a lire di quattrini fiorentini, bianchi o neri, et non altrimenti ».

[2] Questa data del 2 ottobre è evidentemente sbagliata, forse
dallo scrittore del codice Marucelliano Il SALVI scrive che i capitoli della pace furono pubblicati il 21 di detto mese

gli fatto un grande onore; molti giovani di Firenze gli
andorono [incontro]. E alloggiò in casa sua al Canto
de' Pazzi, [1] e i cavagli alle stalle del Papa. E a dì 15 si
partì.

E a dì 27 di dicenbre 1501, venne in Firenze la tavola di Nostra Donna di Santa Maria Impruneta, e fecesi
solenne precessione e grande onore; e dissesi per cagione
che 'l Re di Francia chiedeva cose ineneste, di volere
rimettere usciti e governatori a suo modo.

E a dì primo di giennaio 1501, molto si ragionava
dello Imperadore che voleva passar qua con gran giente.

E a dì 23 di giennaio 1501, mandò la Signoria ambasciatori a presentare la figliola del Papa ch'era giunta
a marito a Ferrara, e mandorono gran presente. [2] Non
ritorno da Firenze quando andò a marito.

E a dì 11 di febbraio 1501, venne in Firenze l'ambasciatore dell'Imperatore; alloggio in casa i Portinari.
Andò alla Signoria [3]

E a dì 23 di febbraio 1501, ci fu come e Pistolesi
s'erano azzuffati, come e Cancellieri avevano cacciati
fuori tutti e Panciatichi e arse loro le case, con la morte
di molti uomini. Ora si può dire che a'casi loro non v'a
più riparo: non giova sodare la pace, nè altra medicina.
Firenze e scusata, perchè non può far bene a chi non
vuole: bisogna lasciar rompersi il capo da loro e' sono
vaghi del sangue.

_____

[1] Il Duca di Ferrara aveva in Firenze la casa che era appar-
tenuta ai discendenti di messer Piero de' Pazzi

[2] A questa ambasceria fu deputato Tommaso Soderini, e porto
un donativo di drappi d'oro e d'argento per il valore di 800 ducati
BONACCORSI, _Diario._

[3] Due furono gli ambasciatori inviati dall'Imperatore: il marchese Ermes Sforza e Giovanni Graismer.

E a dì 10 di marzo 1501, ci fu come el Turco era nel Golfo con grande armata, e come e Viniziani gli avevano affrontati con danno dell'una parte e l'altra.

E a dì 15 di marzo 1501, andò di qui a Pistoia nostri commissari, e impiccorono una brigata di quei capi.

E a dì 23 di marzo 1501, ci fu come e Pisani avevano preso la terra di Vico Pisano, e poi s'intese che gli avevano avuto la ròcca, che l'aveva data el nostro Commissario ch'era de' Pucci, e 'l Castellano ch'era de' Ceffi, e uno certo conestabile di Piamonte.

E a dì 4 d'aprile 1502, dettono bando di rubello al sopradetto Commissario e al Castellano di Vico, e confiscato lor beni. E in questa sera venne preso un certo Francesco di mona Tarsìa, ch'era stato in detta ròcca di Vico.

E a dì 23 d'aprile 1502, si vinse di dare el guasto a' Pisani; e valeva el grano in questo tempo soldi 25 lo staio.

E a dì 30 d'aprile 1502, mandarono a Pisa l'artiglierie e bombarde assai, e facevano tuttavolta giente per Pisa, e fu fatto commessario Antonio Giacomini. [1]

E a dì 10 di maggio 1502, si cominciò a dare el guasto a' Pisani, di grano e di vigne e frutti e ciò che si trovava; e feciono che contadini pisani fussino esenti, (chi veniva dal nostro), e non fussi dato el guasto a lui.

E a dì 15 di maggio 1502, cadde una pietra dalla casa dell'Arte della Lana, in sul canto di quel chiassolino dirimpetto a Orto San Michele, che si spiccò da se

---

[1] Giovanni CAMBI così lo descrive: « Uomo popolano spiciolato e non di molta riputazione appresso agli uomini grandi, ma di credito e fede grande inverso el popolo; e mai non volle il popolo fidarsi d'altri che di lui in tale impresa del guasto ».

ch'era fessa e cadde in sulla testa d'un povero uomo e morì. [1]

E a dì 16 di maggio 1502, ci fu dal Re di Francia mandatari, e quali andavano al Papa, e a tutte potenzie, che non fussi chi facessi contro a' Fiorentini, sotto la sua disgrazia, e mostrocci grande amore e amico.

E a dì 17 di maggio 1502, ci fu come e Pisani avevano presi certi contadini marraiuoli, e avevangli impiccati e isquartati e scorticati.

E a dì 18 di maggio 1502, venne in Firenze certi prigioni pisani, e quali mandò Giovacchino Guasconi da Volterra, che portavano lettere inverso Roma.

E a dì 19 di maggio 1502, ci fu come e nostri ci mandorono una brigata di prigioni pisani, che ci era un capo de' principali el quale era ferito e non poteva andare; e que' di Vicopisano davano el guasto anche a noi in quel di Bientina: e a questo modo andava male ogni cosa.

E a dì 20 di maggio 1502, ci fu come quei di Barga avevano preso el Fracassa con molti compagni ch'andavano in Pisa.

E a dì 22 di maggio 1502, ci fu come e nostri avevano presi 28 pisani e impiccatigli tutti. [2]

E a dì 26 di maggio 1502, ci fu come e nostri avevano fatto una preda di 100 muli carichi di robe, e 130 pisani co'cavagli loro.

---

[1] Quando nel 1569 fu istituito l'Archivio dei contratti gli fu destinato il posto sopra la loggia d'Or S Michele, e colla nuova scala per accedervi si occupo questo chiassolino, che nel 1571 fu serrato totalmente colla costruzione di una bottega in faccia alla loggia stessa

[2] Il PORTOVENERI ne da 24, che furono di quelli di Vicopisano, usciti a predare tra Pontedera e Cascina

E a dì 29 di maggio 1502, venne preso el Fracassa con molti fanti, ed era preso con lui el figliuolo del conte Jacopo.[1] E in questo dì venne qui Antonio Giacomini ch'era commessario, e andò alla Signoria.

E in detto dì, ci fu come e nostri avevano in patti Vicopisano e la ròcca per tutto dì d'oggi.

E a dì 2 di giugno 1502, uno maestro Lorenzo Lorenzi medico, che leggeva in Studio, e stimato assai, stigato dal dimonio, si gittò in un pozzo e morì.

E a dì 5 di giugno 1502, ci fu come Arezzo s'era ribellato.[2]

E a dì 6 detto, ci fu come non s'era perduto la cittadella, e che gli erano in tutto 12 o 14 case che s'erano levate in arme; e di fatto costoro levorono il campo da Vico e mandarono 'Arezzo, e passarono di qui questo dì detto.

_____

[1] La Signoria, in questo stesso giorno, deputò Piero Popoleschi e Luca di Maso degli Albizi perchè esaminassero il Fracassa e gli altri prigioni condotti dagli uomini di Barga; e del loro esame le rendessero conto. Il 4 giugno ordinò la liberazione di Alessandro camarlingo del suddetto, del barbiere e di due famigli; il medesimo capitano fu poi rilasciato (purchè non uscisse dalla città) il primo luglio, e il 4 fu liberato del tutto, previo giuramento di non fare contro la Repubblica per due anni. Il figliuolo del conte Iacopo, che era Niccolò Piccinino, fu sostenuto in Palazzo fino al 7 giugno _Deliberazioni_ ad an

[2] Secondo quello che scrisse IACOPO PITTI nella sua _Istoria Fiorentina_, la nuova di questa ribellione giunse a Firenze a ore 5 la notte del dì 4. Per i particolari vedi il _Racconto_ di ARCANGELO VISDOMINI pubblicato nel 1755 in aggiunta alla _Relazione_ di GIOVANNI RONDINELLI _sopra lo stato antico e moderno della città di Arezzo_, il _Diario_ di FRANCESCO PEZZATI edito nell'_Archivio Storico Italiano_, T. I, e la _Vita del Giacomini_ scritta da I. PITTI, e pubblicata nell'_Archivio_ detto, T. IV, parte II.

E a dì 8 di giugno, si partì di quì Antonio Giacomini, che l'avevano fatto governatore del campo, e andò
'Arezzo.

E a dì 9 di giugno 1502, ci fu come gli avevano
preso Guglielmo de' Pazzi, [1] e come Vitellozzo s'accostava
'Arezzo, e come e contadini loro stavano sospesi per vedere come le cose andavano, e se v' era fondamento. E
più ci fu, come s'era ribellata Rassina.

E a dì 10 di giugno 1502, ci fu come Vitellozzo era
entrato in Arezzo con molti fanti e artiglierie, e come
Valentino veniva con molta giente; era di là da Siena
Onde parve quì ismarrito el popolo, dubitando avessi
maggior fondamento; e pareva che fussi questo male,
come egli era, in su la ricolta.

E in detti dì, e Pisani iscorrevano e predavano e
ammazzavano, chè pareva loro avere el campo libero:
e così avàno el fuoco di intorno intorno, benchè a' più
intendenti parve leggierezza rimuovere el campo sì di
leggiero. E in questo dì, si vinse gravezze assai, decime
e condizioni di paghe.[2]

E a dì 11 di giugno 1502, ci fu come non era vero
di Vitellozzo fussi entrato in Arezzo, nè di Valentino:
che feciono per vincere danari.

E a dì 12 di giugno 1502, ci fu come e Pisani erano
a campo a Bientina, benchè fussino da' nostri ributtati.

----

[1] Commissario generale in Arezzo.

[2] Il proemio della Provvisione di questo giorno, colla quale
si ordinavano le gravezze di cui qui si parla, ne dichiara la ragione, che fu di provvedere danari pei bisogni della città, e « alli
imminenti e repentini pericoli che si veggono soprastare », e la
parola *condizioni* è posta a significare i vari modi d'imporre e
di pagare che furono stabiliti

E a dì 13 di giugno 1502, ci fu come Vitellozzo aveva preso un certo monte ch'e nostri non potevano soccorrere la cittadella.

E a dì 15 di giugno 1502, ci fu come Castiglione Aretino avevano preso 40 muli carichi di farina ch'andavano 'Arezzo, e come e nostri avevano guaste le mulina d'Arezzo.

E a dì 16 di giugno 1502, andò Piero Soderini a Milano per la giente del Re di Francia.

E a dì 18 di giugno 1502, ci fu come Arezzo avevano preso la cittadella e mozzo el capo al Vescovo de' Pazzi[1] e certi altri uficiali ch'erano in Arezzo; ma non fu vero del mozzare le teste, ma bene gli mandarono prigioni in Città di Castello, Guglielmo de'Pazzi e 'l Vescovo e alcuni altri; e gli altri fu salvo l'avere e le persone.

E a dì 19 di giugno 1502, ci fu come el campo nostro si tornò indietro a Montevarchi.

E a dì 20 di giugno 1502, ci fu come Piero de' Medici era entrato in Arezzo, e che vi si gridava *Marzocco* e *Palle*.

E a dì detto, si fece qui in Firenze 50 uomini per gonfalone che stessino qui a' Tornaquinci, un gonfaloniere, a guardia della città; in modo entrò la paura, che di sotto e di sopra ognuno isgomberava, che fu cosa spaventevole.[2]

---

1 Cosimo de' Pazzi figliuolo del Commissario. Dopo che il padre fu preso dagli Aretini, si ritirò nella cittadella e ne diresse la valorosa difesa

2 Il Landucci aveva la sua bottega di speziale al Canto dei Tornaquinci Circa a questi provvedimenti il PARENTI scrive: « Si raddoppiorono le guardie in Firenze, mutoronsi le toppe alle porte,

E a dì 21 di giugno 1502, ci fu come Valentino aveva morto el garzone ch'era signore di Faenza, ch'egli aveva a Roma, e tre altri tali; fecegli strangolare e gittare nel Tevere, e fecelo quando e' giucava alla palla con altri giovanetti come lui, ch'era ancora fanciullo.[1] Credo che si mosse perchè lo vedeva troppo amato dal popolo, per gelosia della signoria, come un uomo diabolico.

E a dì 22 di giugno 1502, ci fu come el Re di Francia aveva mandato un suo mandatario a protestare, come gli era rubello a tutti quegli che facevano contro a' Fiorentini.

E a dì 23 di giugno 1502, ci fu come Valentino aveva preso Urbino e poi Città di Castello; e più, questo dì giugnevano e Franciosi in Mugiello, che venivano in nostro aiuto;[2] e più si disse che Vitellozzo aveva preso Cortona. Andava tante cose attorno.

E a dì 24 di giugno 1502, non si corse palio per non ragunare giente, per sospetto.

E a dì 26 di giugno 1502, ci fu come Valentino

---

fermoronsi 50 fanti forestieri per quartiere e' quali obbedissino ai Gonfalonieri delle compagnie del popolo. Giudicossi fatto così per non fare armare i popolani acciò non si volgessino verso i grandi, stimando da loro essere male condotti in prova per mutare il governo e trarlo dalle mani dell'universale »

[1] La morte di Astorre III Manfredi, di Giovanni Evangelista suo fratello naturale e di altri loro aderenti è con diversi particolari narrata dagli storici, il nostro ha di più il momento nel quale furono strangolati. Antonio Giustinian, ambasciatore veneto a Roma, fino del 6 di quel mese scriveva al Doge. « E stato detto che zuoba, de notte, sono stati buttati in Tevere et annegati quelli due signorotti de Faenza, insieme con el loro mastro di casa » *Dispacci di A. Giustinian*, pubblicati dal prof. Pasquale Villari (Firenze, 1876), T. I, pag. 18.

[2] Gli aiuti sollecitati a Milano da Piero Soderini. Era lor capitano Monsignore d'Imbault

aveva mandato a dire che voleva fare lega con noi, altrimenti verrebbe a' danni nostri · davaci tempo 4 dì [1]

E a dì 27 di giugno 1502, si serrò 5 porte di Firenze, che fu San Giorgio, San Miniato, la Giustizia, Pinti e la Porticciuola al Prato delle mulina; e fecionlo per sospetto che non entrassi giente e lettere. E comandarono alle case lungo Arno che non porgessino scale a niuno in Arno.

E a dì 2 di luglio 1502, ci fu, el Borgo s'era ribellato,[2] e Anghiari s'era dato a patti, e la Pieve stava male.[3] E così pareva ch' e Fiorentini avessi le budella in un catino. Ognuno vicino si rideva de' Fiorentini.

E a dì detto, giunsono qui e Franciosi e alloggiorono da Sesto insino qui alla Porta a San Gallo e a Faenza.[4]

E a dì 3 luglio 1502, ci fu come Cortona era tornata sotto e Fiorentini.

---

[1] Su questo proposito può non essere inutile il sapere che quattro giorni innanzi, il 22, la Signoria aveva decretate pene severissime contro quei cittadini che, intervenendo alla pratica, avessero rivelato qualche cosa circa alle lettere del Duca Valentino. Anche il 25 fu imposto il segreto sulle lettere venute nella notte

[2] Il Borgo a San Sepolcro

[3] Castel della Pieve.

[4] Per avere un'idea del modo col quale si provvedeva allora agli alloggiamenti di queste genti di passaggio, dirò come la Signoria fino del 29 giugno ordinò ad un tavolaccino di andare fuori della Porta a Faenza, con Bernardo Portinari commissario deputato per preparare le vettovaglie ai Francesi che erano per giungere; e il dì primo luglio ordinò a molti cittadini di riporre nelle loro ville fuori delle Porte a San Gallo e Faenza le masserizie che per timore avevano sgomberate, affinchè i detti Francesi potessero dormire e mangiare. Il dì 3 poi dette licenza ai suoi sonatori di andare a onorare il Capitano francese, e il dì appresso si ordinò che un trombetto andasse seco a servirlo in campo. *Delib* ad an

E a dì 4 di luglio 1502, feciono la mostra de' fanti avevano fatti quì in pochi dì, che furono 250. E ordinarono tutta questa settimana processioni e predicare ogni mattina in ogni Quartiere.

E a dì detto, la notte alle 7 ore, andarono via le gienti de' Franciosi inverso l'Ancisa, che furono 100 uomini d'arme e fanteria assai.

E in detta notte fu fatto alla casa del Gonfaloniere e alla casa di Piero Soderini, e madonna Selvaggia Strozzi, dipinto forche e cose disoneste, da uomini che non temano Iddio, che non sanno che sono ubrigati alla ristituzione della fama, altrimenti sono dannati. Iddio ne gli guardi.[1]

E a dì 5 di luglio 1502, ci fu come e nimici erano a campo a Poppi e a Chiusi: pareva che noi fussimo in preda.

E a dì 6 di luglio 1502, ci fu come el Re di Francia aveva giurato sopra la sua corona di vendicare tutte le ingiurie fatte a' Fiorentini e farci gran bene, e come veniva in Italia ed era già a' confini.

E a dì 7 di luglio 1502, ci fu come el campo de' nimici s'era partito da Poppi e tiratosi indietro, e 'l nostro campo era venuto al Ponte a Sieve per andare in Ca-

---

[1] Il PARENTI vide la cagione di questi insulti nella diffidenza che era tra la parte che propendeva agli accordi col Valentino, la quale comprendeva il forte dei primati, e quella dei popolani, che si assicurava con l'esser gran numero e confidarsi in Dio e aver ragione Questa egli scrive, « minacciava i primati latentemente, non potendo alla scoperta, et già di notte furon dipinte forche et capresti alli usci di Piero Soderini et de' Salviati, benchè ancora fu fatto il simile a casa di Francesco d'Antonio di Taddeo uscito gonfaloniere di giustizia, il quale mirabilmente aveva tenuta la parte popolare »

sentino, e come quei Franciosi pareva loro mille anni
d'affrontare e nimici

E in questi dì, e Pistolesi andavano rubando per tutti
questi piani insino a Campi

E a dì 11 di luglio 1502, tornarono in Firenze e prigioni che noi avàmo 'Arezzo, che si scambiorono con quegli che noi avàmo quì di loro, che fu fatto el baratto
a Siena, infra 'quali vi fu Guglielmo de' Pazzi, e 'l Vescovo suo fighuolo, e rimandossi 'Arezzo un certo aretino genero di Bernardino d'Arezzo.[1]

E a dì 14 di luglio 1502, ci fu come el Re di Francia
avea soldati tutti e signori d'Italia e gli usciti di Romagna, e 'l Marchese di Mantova e messer Giovanni.[2] E
dissesi che Valentino s'aveva rotto una coscia, che gli
era caduto un cavallo addosso.

E a dì 15 di luglio 1502, feciono costoro quì un bargello per Pistoia e uno altro per Valdinievole, con molti
balestrieri a cavallo E in questa notte, venne un tremuoto
in Firenze alle 3 ore di notte: non fu molto grande.

E a dì 16 di luglio 1502, venne in Firenze el Capitano della giente franciosa con pochi cavagli; e la
giente d'arme ch'era ancora con lui andorono per Mugiello ed a Dicomano. El Capitano alloggiò in casa
e Pazzi, e 'l dì dopo desinare andò a vicitare la Signoria.[3]

---

[1] La Signoria deliberò il dì 4 di consegnare tutti i prigionieri
aretini al Vescovo d'Arezzo e a Guglielmo de' Pazzi, affinchè si
scambiassero con quelli di Firenze che erano in mano degli Aretini *Delib*. ad an

[2] Il Bentivogli

[3] In questo stesso giorno, per onorarlo, i Signori ordinarono
al loro Canovaio di prestare ai Pazzi quegli argenti che avessero
voluto. *Delib* citate.

E in questo dì, ci fu come Vitellozzo s'era fuggito.

E a dì 17 di luglio 1502, giunsono la giente de' Franciosi al Ponte a Sieve all'altro campo.

E a dì 18 di luglio 1502, si partì di quì el Capitano de' Franciosi, e caricoronsi l'artiglierie, e mandavansi su in campo in Valdarno.

E a dì 21 di luglio 1502, ci fu come el Capitano era andato in Arezzo e parlato con loro

E a dì 25 di luglio 1502, ci fu come el Capitano de' Franciosi aveva fatto che noi riavessimo tutte le cose di là, eccetto ch'Arezzo. Parve al popolo non molta buona novella: pareva una cosa fuori d'ogni ragione.

E a dì 28 di luglio 1502, ci fu come el Re di Francia aveva citato tre uomini, Vitellozzo, Valentino e Pandolfo Petrucci di Siena.

E a dì 29 di luglio 1502, s'ammazzorono 150 Pistolesi fra uomini, donne e fanciugli. Non è mai giovato nulla con loro.

E a dì 30 di luglio 1502, ci fu come Vitellozzo aveva messo a sacco Arezzo.[1]

E a dì 31 di luglio 1502, ci fu come Valentino contro a Vitellozzo.

E a dì 7 d'agosto 1502, s'impiccò un fanciullo da se, in casa sua, ch'era de' Vettori.

E a dì 9 d'agosto 1502, mandorono commessari 'Arezzo che pigliassino le cose nostre ch'erano smarrite.[2]

E a dì 11 d'agosto 1502, mandorono un bando che comparissi quì 50 Pistolesi d'una parte e 50 dell'altra,

---

[1] Il Parenti invece racconta che Vitellozzo porto seco le campane della cittadella e parte delle robe del Monte di Pietà, per pagarsi di quello che erano tenuti di dargli gli Aretini.

[2] Piero Soderini e Luca degli Albizi.

sotto pena di rubello e d'essere confiscati e beni loro,
fra quattro dì [1]

E a dì 12 d'agosto 1502, e Franciosi ch'erano in
Arezzo e in quelle altre terre, facevano molte avanie,
e in Arezzo tolsono loro l'arme e comandorono loro che
non si partissino d'Arezzo sanza loro licenzia, e chi si
volessi partire pagassi 200 fiorini. E fuvvi chi gli pagò
e caricò 9 some e andavansene; e quando fu alla porta
gli tolsono otto some e mandaronlo via con una sola
Vedi se le loro pazzie sono per esempio d'altri [1]

E a dì 15 d'agosto 1502, comparirono qui 100 Pistolesi e mandavasi la nostri fanti, e loro non avevano
licenzia di partirsi di qui. Valeva el grano, in questo
tempo, soldi 40.

E a dì 22 d'agosto 1502, ci venne un francioso
mandatario del Re di Francia, per farci rendere le nostre
cose; e a dì 24 andorono insieme co' nostri commessari. [2]

E a dì 26 d'agosto, ci fu come gli avevano ripreso
Arezzo, e come quegli principali aretini s'erano andati
con Dio a Siena e altrove

E a dì 26 d'agosto 1502, si vinse in Consiglio Maggiore si facessi un Doge a uso viniziano. [3]

E a dì 27 d'agosto, s'accordorono e Pistolesi e tolsonsi
loro le gabelle; e questo guadagnarono delle lor pazzie.

---

[1] Questo bando, dove sono i nomi dei citati, leggesi nel solito
Libro di *Deliberazioni dei Signori e Collegi* ad an

[2] Il 23 i Signori promessero di pagare franchi mille a Mon-
signor di Melun, se facesse rendere alla Repubblica le artiglierie,
munizioni, campane ecc , che avevano portate via da Arezzo, Cortona
e Borgo San Sepolcro il Vitelli, il Baglioni, l'Orsini e Piero
de' Medici *Delib* citate.

[3] Cioè il Gonfaloniere a vita, affine d'evitare i molti inconvenienti che portava seco la spessa mutazione dei magistrati.

E a dì 2 di settenbre, venne una saetta in villa mia in su uno cerro, allato alla mia casa a 50 passi; e mondollo tutto e seccossi insino nelle barbe, ne mai rimisse.

E a dì 8 di settenbre 1502, si partirono e Franciosi d'Arezzo e andorono per la Valdelsa facendo danno assai.

E a dì 20 di settenbre, a questi dì e Franciosi erano ancora a San Miniato al Tedesco, e disfacevano per tutto dove passavano e non pareva che volessino uscire del nostro.[1]

E a dì 21 di settenbre, ci fecion venire la Tavola di Nostra Donna di Santa Maria Impruneta a fine che Dio ci concedessi un Doge buono e savio.

E a dì 22 di settenbre 1502, si ragunò el Consiglio, e fecion un Gonfaloniere a vita, che fu Piero di messer Tommaso Soderini; andò a partito più di 150, e vinsono solo tre, che fu messer Antonio Malegonnelle, e Giovacchino Guasconi e 'l detto Piero, e nell'ultimo partito rimase Piero di messer Tommaso Soderini detto, a laude di Dio; e di fatto mandorono per lui ch'era 'Arezzo e statovi tutta la guerra. Fu quello ch'andò a Milano per la giente del Re e condussela lui di quà, come uomo valente e buono. E quanto bene fu assunto a questa degnità, e quanto bene giudicò el magno Consiglio! Veramente fu da Dio tale opera.

---

[1] I Dieci scrivevano l'11 settembre ai Commissari fiorentini in Arezzo « La Maestà del Re è contenta che Monsignore di Lancre con la sua compagnia, insieme con quella di Meslun e Fois, rimanghino quà alli servizi nostri per 15 dì o 3 settimane ». Essendo questa cosa trattata con grande segreto, è naturale che il Landucci, non conoscendolo, pensasse a male dei Francesi per questo ritardo Vedi *Scritti inediti di Niccolo Machiavelli risguardanti la storia e la milizia, illustrati da G. Canestrini*, Firenze, 1857

E a dì 7 d'ottobre 1502, venne in Firenze Piero Soderini ch'era stato 'Arezzo, come è detto.

E a dì 12 d'ottobre 1502, in questi dì ci fu come 'l Papa a Roma era in discordia cogli Orsini e que' casati, in modo che 'l Papa s'era fuggito in Castel Sant' Agnolo; e a Bologna faceva giente per sospetto del Papa; e' Viniziani ne facevano a Ravenna.

E a dì 16 d'ottobre 1502, si fece certa lega contro al Papa e a Valentino, che fu messer Giovanni Bentivoglio e Vitellozzo e gli Orsini.[1] E ripresono Urbino e sua castella.

E a dì 24 d'ottobre 1502, ci fu come molte castella di Romagna s'erano ribellate da Valentino, che fu Camerino e altre castella.

E a dì 31 d'ottobre, entrò el Cardinale di San Severino con molti cavagli; fugli fatto onore assai.

E a dì primo di novenbre 1502, in martedì, entrò Piero Soderini, gonfaloniere a vita, in Palagio insieme colla nuova Signoria. Fu in piazza tutto Firenze, come cosa nuova, mai più non fatta a Firenze. Parve che ognuno avessi speranza d'avere a vivere bene.

E a dì 13 di dicembre 1502, la notte, arse el tetto e' deschi de' beccai in Mercato Vecchio, e non fece danno alle botteghe.

E a dì 29 di dicembre 1502, fu riformato certe sante leggi contro al vizio innominabile e contro alla bestemmia; e altre buone leggi. E feciono che quando non fussino conosciute o punite dagli Otto o Conservadori, in

---

[1] Gli storici parlano dell'accordo stabilito fra questi ed altri Signori nella dieta tenuta alla Magione in quel di Perugia, ma i Fiorentini si astennero dal prendervi parte.

tal caso si debba andare innanzi a' Signori e Collegi e
Dodici.[1]

E a dì 3 di giennaio 1502, ci fu come Vitellozzo era
stato morto in Città di Castello, e che Valentino' aveva
preso Sinigaglia; e più, che gli avisava quì di certi trattati.

E a dì 5 di giennaio 1502, ci fu come Valentino
aveva preso Città di Castello e aveva morto Vitellozzo
e un suo fratello ch'era prete notaio, e altri sua amici
e parenti di Vitellozzo. Guarda come la divina giustizia
paga alle volte el Sabato! vedi lo sterminio di questa
casa: Pagolo quì tagliatogli la testa, e ora tutto el resto
de' frategli. Non vi maravigliate: e'mi ricordo che messer
Niccolò loro padre, essendo el principale della città e
avendo vinto tutti e sua aversi della parte contraria,
v'era restata una povera madre co' un fanciullo, la quale
disse a questo suo figliuolo: Io voglio che tu vada innanzi a messer Niccolò e che tu ti getti ginocchioni e
chiedigli perdonanza e misericordia, credendo che gli
avessi misericordia alla purità del fanciullo; e fu tanto
crudele e scelerato che si cavò da lato un coltello e di
sua mano sì lo scannò e ammazzò. E più si disse che,
essendo fuggiti in certe fortezze suoi nimici, che v'arse
dentro donne e fanciugli e molta giente, che non volle
n'uscissi persona.[2] Guai a chi è crudele e non teme Dio.

E a dì 5 di giennaio 1502, ci fu come a Siena s'era
scoperto trattato, e che Pandolfo aveva mozzo la testa a
due cittadini, a uno de' Tagliacci, e preso uno degli Sci-

---

[1] Con una Provvisione di questo giorno si fissò il modo di
giudicare sollecitamente chi fosse tamburato, accusato o inquisito
presso il Magistrato degli Otto o i Conservatori di Legge; e con
altra si stabilì l'apertura di un terzo Monte di Pietà. Libro di *Provvisioni* ad an Queste sono le *buone leggi* cui accenna il Landucci.

[2] Sono gli stessi fatti che si leggono a pag. 227.

pioni. A questo modo fanno le maladette parte che non
temono Iddio e credono avere a vivere sempre e essere
loro quegli che ànno a redare el mondo : quest'è la
maggiore ignoranza che sia, che pensano contro allo sperimento che non ànno bisogno di fede, e forse che n'e
in Italia uno di questa ragione!

E a dì detto, ci fu come el Papa aveva preso el
Cardinale Orsino e'l Vescovo di Firenze ch'è degli Orsini.[1]

E a dì 11 di gennaio 1502, ci fu ambasceria Sanese
alla Signoria, a dimandare aiuto perchè Valentino veniva a' danni loro; e fu risposto che noi non possiamo
muovere contro al Re, e che noi siamo in un medesimo
caso di loro.

E a dì 15 di gennaio 1502, ci fu come Pandolfo
s'era partito di Siena e' suoi figliuoli.

E a dì 22 di gennaio 1502, ci fu come Valentino
era in quel dì Siena presso a Buonconvento.

E a dì 30 di gennaio 1502, si bandì una processione che si dovessi fare per reverenza della Cappa di
San Francesco che s'era avuta dal castello di Monte
Aguto, perchè se gli era tolto el castello e disfatto da' Fiorentini perchè ci fu contro ne' casi d'Arezzo. Onde, venendo nelle mani de' Frati Osservanti di San Miniato,
s'ordinò detta processione per Firenze, innanzi detta
Cappa la quale era molto vecchia e consumata. Fu fatta
con grande divozione, gli andò dietro tutto Firenze, e
poi si portò all'Osservanza di San Francesco di San Miniato, e qui sta.[2]

---

[1] Rinaldo di Iacopo Orsini.

[2] Quest'abito del Santo lo aveva ricevuto da lui medesimo nel
XIII secolo, il conte Alberto signore del castello, e i suoi discen-

E a dì 30 di giennaio 1502, ci fu come Pandolfo Petrucci se n'era andato a Lucca, e che Valentino stava fermo alla 'mpresa di Siena, benchè, con disagio di vettovaglia, a disagio.

E a dì 2 di febbraio 1502, ci passò 400 fanti di quei di Valentino ch'erano tedeschi, ch'erano licenziati da lui: e lui aveva rimessi in Siena usciti e fatto accordo, e che lui se n'andava alla volta di Roma

E a dì 3 di febbraio 1502, andò a processione la Cappa di San Fancesco; fugli fatto grande onore, tutte le compagnie e regole di Firenze; e fu posata alla Piazza de' Mozzi e fatto quivi un palco con colonne grandi come si fa a San Felice quando viene Nostra Donna di Santa Maria Impruneta. E quivi gli andò incontro la processione; e portata a San Miniato all'Osservanza, dove si debbe riposare e stare.

E a dì 8 di febbraio 1502, fu fornito el tetto de' beccai di Mercato Vecchio, e fattovi intorno le botteguzze.

E a dì 19 di febbraio 1502, andò la donna del Gonfaloniere, ch'a nome madonna Argentina,[1] in Palagio de' Signori, albergo e per stanza, la prima volta. E parve cosa molto nuova vedere abitare donne in Palagio

E a dì primo di marzo, arsono tutte le scritture de' Cinque del Contado. fu grande danno e scandolo. Valeva el grano soldi 35 lo staio. In questi tempi fu gran piove, che durò 4 mesi alla fila.

---

denti lo conservarono religiosamente fino a quest'anno, nel quale fu dai Fiorentini rovinato Monte Acuto, perchè il conte Francesco aveva aiutato gli Aretini ribelli Tal reliquia conservasi oggi nella chiesa di Ognissanti di Firenze, dove fu portata nel 1571. *Compendio delle divozioni e maraviglie del Sacro Monte della Verna* Firenze, 1756

[1] Argentina di Gabbriello Malaspina

E a dì 7 di marzo 1502, ci fu la lega fatta tra 'l re di Francia e di Spagna e Imperatore e Papa; e fecesi festa.[1]

E a dì 11 di marzo 1502, ci fu come Valentino aveva preso un castelluccio degli Orsini, che v'ammazzò parecchi Signori con una artiglieria che fece rovinare una casa. e morironvi sotto.

E a dì primo di maggio 1503, qui si faceva giente per Pisa.

E a dì 7 di maggio 1503, ci fu come gli Spagniuoli avevano ripreso nel Reame ogni cosa, che non restava se non Napoli.

E a dì 13 di maggio 1503, si faceva qui molta giente per a Pisa; e questa mattina fece la mostra in piazza Giampagolo Baglioni con 40 uomini d'arme, e andarono a Pisa. E tuttavolta mandavano fanti assai e facevano la mostra molti conestaboli, e più mandavano molti guastatori. El grano se n'andò in lire 3.

E a dì 24 di maggio 1503, ci fu come la Badia a San Savino era rovinata addosso a circa 60 guastatori, e dissesi ch'e Pisani l'avevano messa in puntegli a questo fine per giugnere questi alla schiaccia.

E a dì 29 di maggio 1503, fu morto el manigoldo dal popolo co' sassi al luogo della giustizia. Intervenne questo, che un certo banderaio, giovanetto, avendo morto un altro banderaio per una certa invidia, andò questa mattina a giustizia, e questo manigoldo non gli tagliò el capo ne al primo nè al secondo nè al terzo colpo; el cavaliere che gli era a lato gli dette due bastonate; e perchè egli

---

[1] E certo un errore del copiatore l'avere scritta sotto questa data la notizia della Lega che è probabilmente quella del 1501 Vedi MURATORI, *Annali* ad an.

era un giovanetto di circa 20 anni quello che moriva,
venne al popolo sì grande compassione che si levò un
tumulto fra 'l popolo · *A' sassi, a' sassi*; per modo ch'e
Battuti ebbono alquanti colpi di sassi, e 'l cavaliere e chi
v'era ebbe delle fatiche di scampare a gittarsi a terra
del muro, in modo tale fu la furia del popolo che lo
ammazzorono, e poi e fanciugli lo stracinorono insino a
Santa ✠. Alcuni vollono dire che gli era intervenuto
perchè gli impiccò e arse quei 3 Frati. [1]

E a dì 30 di maggio 1503, si vinse in Palagio che
'l sale si comperassi 7 quattrini la libbra, bianchi, che
dolse a' poveri assai : pure anno pazienzia perchè si fusse
men gravezze.

E a dì primo di giugno 1503, ci fu come el Vescovo
de' Soderini era fatto cardinale,[2] e fecesi gran festa e
fuochi, panegli. E fecene el Papa circa 9 Cardinali.

E a dì 3 di giugno, passò di quaggiù da Campi la
giente del Marchese di Mantova condotte da noi per a
Pisa, che furono 100 uomini d'arme.

E a dì 4 di giugno 1503, ci fu come e Franciosi
erano giunti a Pisa in nostro aiuto per modo ch'e Pisani stavano male. Valeva el grano in Pisa lire 4,
soldi 15 lo staio, e non avevano potuto ricorne ch'era
stato loro guasto.

E a dì 14 di giugno 1503, ci fu come avàmo Vico
a patti.

E a dì 19 di giugno 1503, ci fu come avevàno preso
la Verrucola.

---

[1] Nella *Vita del Savonaiola* scritta dal Burlamacchi e pubblicata dal Baluzio nel T. I della sua *Miscellanea* a p. 576, si
trova notato questo fatto.

[2] Francesco, vescovo di Volterra, fratello del Gonfaloniere.

E a dì 25 di giugno 1503, in sul correre del palio di Santo Lò,[1] venne una acqua con tanta gragniuola in Firenze, e massime di là d'Arno, e ruppe tutte le tende di San Giovanni ed e canapi: fece gran danno.

E a dì primo di luglio 1503, rompemo e Pisani ch' avevano fatto una preda, e tolsonla loro. E poveretti stavano male.

E a dì 15 di luglio 1503, si mandò el cappello al Cardinale de' Soderini alla Badia di Fiesole, con molti cavagli e giovani; e a dì 16 entrò el Cardinale in Firenze, e dissesi la messa in Santa Maria del Fiore molto adornato, e divota.[2]

E a dì 19 di luglio 1503, si cominciò a battere quattrini bianchi, e grossoni di 20 quattrini.[3]

E a dì 28 di luglio 1503, ci fu come in Roma fu

---

1 Il 26 giugno si celebra la festa di Sant'Eligio vescovo, in Firenze detto volgarmente S. Lò, protettore degli Orefici, Calderai e Manescalchi, che posero la sua statua in una nicchia d'Or San Michele In questo di facevasi una corsa di cavalli, e premio al vincitore era il palio che la città d'Arezzo offeriva il giorno del Battista. Una deliberazione della Repubblica ordinò all'Arte dei Mercatanti di consegnarlo alla Camera del Comune, nonostante le proteste ch'essa fece per la perdita che ne veniva all'Oratorio di di S Giovanni da lei amministrato, ed a profitto del quale andavano i palii portati ad offerta

2 Tornava di Francia dove era ambasciatore, e si posò alla Badia per indi muovere con pompa verso la città per farvi solenne ingresso, che è minutamente descritto dal CAMBI.

3 Per queste nuove monete vedi ORSINI, *Storia delle monete della repubblica fiorentina* a pag. 279, dove si legge la Provvisione del 22 giugno 1503 che ordina siano coniate, per rimediare all'inconveniente dello spendersi da qualche tempo « diverse monete « d'ariento false et tose, et quattrini di qualità che ne va lire 12 « o più per un fiorino largo d'oro »

assaltato el Cardinale di San Severino e lo Ambasciadore del Re di Francia da circa 40 travestiti colle maschere, e fu morto uno staffiere del Cardinale e ferito la mula del Cardinale.[1]

E a dì 30 di luglio 1503, levorono la giente da quello di Pisa e mandoronle in quello d'Arezzo, perchè si diceva che Valentino veniva in qua. Furono troppo leggieri a muovere.

E a dì 4 d'agosto 1503, giunse e Franciosi in quello di Pescia, e poi qui a San Donnino, ch'erano Franciosi, Mantovani e Ferraresi, mandati dal Re a soccorrere el Reame.

E a dì 13 d'agosto 1503, giunse a Dicomano 4mila cavagli franciosi per andare nel Reame: alloggiorono per le ville, e io n'ebbi al luogo mio; avemo tra me e al Moro 24 cavagli, ch'ebbi a dare le spese a tutti Andovvi Benedetto, e fece loro onore el meglio che potette, con pericolo della vita a sopportargli: gli vollono dare più volte.[2]

E a dì 14 d'agosto, si partirono e alloggiorono al Ponte a Sieve. Andavano via presto, chè bisognava loro.

E a dì 19 d'agosto 1503, ci fu come el Papa era morto alle 23 ore; e a dì 20 si sonò le campane per la sua morte.

E a dì 21 d'agosto 1503, ci fu come Valentino era morto con 4 Cardinali. Non fu vero, non morì se none

---

[1] Federigo Sanseverino cardinale del titolo di S Teodoro Secondo quello che racconta il NARDI, furono assaltati alcuni gentiluomini francesi che uscivano da casa del cardinale

[2] Il Landucci possedeva nella potesteria di Dicomano e precisamente nel popolo di S Martino a Poggio Una parte di questi beni gli aveva comprati da una famiglia di quel luogo denominata Dal Moro Benedetto è un fighuolo dello stesso Landucci

un Cardinale; e dissesi che Valentino aveva avvelenato fiaschi di vino, e che quello Cardinale morì di quello: e più s'è detto, che 'l Papa n'aveva bevuto anche lui, in iscambio d'altri fiaschi. Per avvelenare e Cardinali, avvelenò el suo padre. Se fu vero o no, lo sa Iddio; tant'è, che fu un dì o dua da l'uno all'altro a morire. Vedi questo Valentino dove si truova al presente, con tanti nimici che gli verranno addosso!

E a dì 26 d'agosto 1503, ci passava più Cardinali ch'andavano via a Roma per staffetta: infra gli altri, uno gli cadde un cavallo addosso, e ruppesi una gamba a Montebuoni, e rimase qui in Firenze a medicarsi.

E a dì 29 d'agosto 1503, giunse qui 4 mila fanti Svizzeri, e alloggiorono alle porte, di fuori; mandati dal Re di Francia per soccorrere el Reame: e ogni dì passava giente del Re di Francia pe' reame.

E a dì 31 d'agosto 1503, ci fu come el Signiore di Piombino[1] aveva ripreso Piombino.

E a dì primo di settenbre 1503, ci venne el Signiore di Mantova,[2] e alloggiò in casa quegli del Tovaglia, soldato dal Re. E a dì dua si partì, e andò verso el Reame di ... Faceva el Re grande isforzo di giente, che mandava ogni dì.

E a dì 4 di settenbre 1503, ci passò el Cardinale di San Giorgio, e non si fermò in Firenze: andava via in furia.[3]

E a dì 5 di settenbre 1503, giunse qui monsignore della Tramoia; alloggiò in casa e Salviati. Andava via con furia nel Reame, mandato dal Re.

---

[1] Jacopo IV Appiani, richiamato dal popolo.

[2] Gianfrancesco Gonzaga

[3] Giovanni Antonio Sangiorgio milanese, vescovo Alessandrino, cardinale del titolo dei SS. Nereo ed Achilleo.

E a dì 7 di settenbre 1503, giunse qui tre Cardinali ;
che fu Ascanio, Roano e Aragona: alloggiorono in casa
Giovanni Tornabuoni, e desinato, cavalcorono via [1]

E a dì 12 di settenbre 1503, venne in Firenze, in
manco di mezz'ora, 6 o 7 saette: infra l'altre, ne venne
una in su la Porta di San Piero Gattolino, e dètte in
su uno San Giovanni e mandogli la croce per terra, e
in Via Gora ne venne un'altra, e in più luoghi della
citta; e non tanto dentro, quanto ancora di fuori. A Peretola, sendo per la strada uno Bartolommeo Nelli, a cavallo, gli cadde addosso la saetta, e ammazzò lui e 'l cavallo; e uno altro cavallo, che gli era un poco adietro,
isbalordì; e 'l cavallo diventò zoppo · e dissesi di due altri
morti, uno al Poggio a Caiano, e uno a Calenzano; e in
Mugiello, in una casa, uno uomo e una donna e fanciugli morì

E a dì 16 di settenbre 1503, entrorono e Cardinali in
conclave; e prima disse una messa dello Spirito Santo
un Cardinale innanzi al corpo di San Piero; e fatto un
bello sermone si rinchiusono; e furono 38 Cardinali.

E a dì 23 di settenbre 1503, fu fatto el Papa el
Cardinale di Siena.[2] Fu creato a dì 21 a ore 14, e chiamossi Papa Clemente, poi si disse Papa Pio terzo.

---

[1] Questi tre cardinali sono lo Sforza ricordato; Giorgio d'Amboise arcivescovo di Rouen, cardinale di S. Sisto, legato pontificio
in Francia, che veniva a Roma con grande speranza di divenir
papa, l'ultimo è Luigi d'Aragona dei reali di Sicilia, diacono cardinale di S. Maria in Cosmedin Prima s'invio ad incontrarli Francesco Pepi, e il dì 6 la Signoria comandò ad alcuni cittadini di
cavalcare la mattina susseguente *ad honorandum R mos Cardina-
les Florentiam proxime venturos*, sotto pena della relegazione
per un mese nella città, a chi mancasse, ma nessuno manco.

[2] Francesco Todeschini Piccolomini senese

E a dì primo d'ottobre, ci fu come e Franciosi erano
passati Roma, e come Valentino aveva dato a' Franciosi
200 uomini d'arme, e altrettanti se n'aveva serbati El
canpo degli Spagniuoli si faceva incontro, ed erano
appresso. Aspettavasi ogni dì sentire qualche grande
rotta.

E a dì 6 d'ottobre 1503, venne Valentino in Roma,
ammalato in cataletto, col resto di sua giente.[1]

E in questo tempo valeva el grano soldi 36 lo staio,
e 'l vino valeva di fuori soldi 15 el barile

E a dì 15 d'ottobre 1503, ci fu come gli Orsini avevano voluto ammazzare Valentino in Roma; e che presono uno Raffaellino de' Pazzi, ch'era con lui, fiorentino,
ch'era a cavallo armato, e legatolo in sul cavallo, lo
gittorono nel Tevere. Valentino fu avisato e messo in
Castello Sant'Agnolo.[2] E dicevasi che tutti e romani Orsini erano dagli Spagniuoli, e che 'l Marchese di Mantova s'era tornato indietro in Roma; e come e Franciosi
si morivano di fame, e chi si fuggiva di qua e chi di
là: el canpo loro indeboliva, e gli Spagniuoli pigliavano
animo assai. Pensa dove si trovavano e Franciosi!

_____

[1] Il Valentino bramava di ritirarsi in Roma per paura del-
l'Alviano che faceva di tutto per averlo nelle mani, e vi giunse
la sera del 3 ottobre Il Papa consentì il suo ritorno forse per compassione (come scrive il GIUSTINIAN), ma più per la speranza che,
essendo ammalato, vi morisse, e così « metter man ne la robba e
« denari che lui ha portati fora de Roma »

[2] Tentando il Duca di fuggirsene dalla città, gli Orsini si
prepararono per inseguirlo; ma abbandonato, appena uscito di
casa, dalla maggior parte dei suoi, fu costretto, per assicurarsi, ad
entrare in Vaticano da dove fu portato in Castel Sant'Angelo
Della morte del Pazzi non fu vero· nel giugno 1504 era a Napoli.
GIUSTINIAN, tom. II, a pag. 244, e tom. III, a pag 521.

E a dì 20 d'ottobre 1503, ci fu come Papa Pio era morto. e morì ieri a dì 19 a ore 18; e in detto dì si sonò le campane. Visse manco d'un mese.

E a dì 24 d'ottobre 1503, andò Antonio mio figliuolo a Studio a Bologna per farsi dottore in medicina.

E a dì 30 d'ottobre 1503, entrorono e Cardinali in conclavi per fare el Papa.

E a dì 2 di novenbre 1503, ci fu come 'l Papa era fatto, e fu San Piero in Vincola gienovese.[1] Fu qui le nuove a ore 18, e sonossi le campane all'ave maria, e fu fatto ieri a ore 3, e chiamossi Papa Giulio II. Fecesi gran festa.

E a dì 14 di novenbre 1503, ci fu come e Viniziani avevano preso tutta Val di Lamona, e come gli avevano una ròcca di Faenza.

E a dì 17 di novenbre 1503, ci fu come e Franciosi s'erano appiccati cogli Spagniuoli, e come v'era morta molta giente, ma più de' Franciosi.

E a dì 21 di novenbre 1503, ci fu come e Viniziani avevano avuto Faenza, e feciono loro questi patti: esenti 10 anni la citta, e 20 anni el contado.

E a dì 28 di novenbre 1503, ci fu come Valentino era stato preso ad Ostia e mózzogli la testa; e dicevasi che voleva dare la Romagna a' Viniziani, e passare di qua colla sua giente, perchè si vedeva spacciato, sanza aiuto, e nimico d'ogniuno. Non fu vero che fussi morto. [2]

---

[1] Giuliano della Rovere, d'Albizzola presso Savona, arcivescovo e legato d'Avignone e cardinale di S. Pietro in Vincoli.

[2] Non volendo il Borgia consegnare i contrassegni delle fortezze di Cesena e Forlì che il papa richiedeva, questi ordinò al comandante delle navi in Ostia di ritenerlo prigione. Altri scrittori oltre il Landucci registrarono la voce della sua morte corse in quei giorni. VILLARI, N Machiavelli e i suoi tempi, tom. I, a pag. 465.

E a dì 29 di novenbre 1503, ci fu come don Michele, conduttore delle gienti di Valentino, era stato preso
qua in verso Città di Castello e 'l Borgo, e svaligiato
tutta sua giente d'arme.[1]

E a dì 5 di dicenbre 1503, venne don Michele
preso in Firenze. Vedi se Valentino rovinava affatto!
e se gli era pagato del lume e de' dadi delle sue crudeltà.

E più c'era ch'e Viniziani avevano preso Imola, e
così gli toglievano ogni cosa di Romagna. Halla goduta
manco del conte Girolamo. Queste povere città della
Chiesa, di Romagna, ogni dì anno queste rivoluzioni, e
non si possono riposare.

E a dì 9 di dicenbre 1503, venne in Firenze el
Marchese di Mantova, che veniva del Reame: aveva
lasciati e Franciosi, perchè vedeva gran pericolo nella
fame e aspra guerra; e andossene a Mantova l'altro
dì. Dicevano ch'avevano fatto tregua el Re e gli Spagniuoli.

E a dì 18 di dicenbre 1503, venne in Firenze el Cardinale di Roano,[2] con un suo nipote fatto cavaliere di

---

1 Don Michele Coriglia spagnuolo condottiere di fanterie al
servizio del Valentino e « strumento fidatissimo in tutte le sue
« azioni come che fatte si fussero ». Così lo qualifica il NARDI Il
Machiavelli scrivendo da Roma il 18 novembre avvisava del passaggio per la Toscana delle genti condotte da don Michele, e con-
sigliava di svaligiarle.

2 Per mostrarsi amici del Re di Francia, e per rivestire questo
Cardinale il grado di legato pontificio, i Fiorentini gli resero onori
specialissimi. Prima gli si mandò incontro a San Casciano Giovanni
Tornabuoni con un tavolaccino della Signoria; quindi fu ordinato
agli operai di S. Maria del Fiore di ornare quel tempio con drappelloni ed altro, come si costumava fare per la venuta dei Legati
pontifici, successivamente furono eletti, sempre per onorarlo nel

nuovo: alloggiorono in casa Giovanni Tornabuoni; e quali
se n'andavano in Francia: e più si tornava a Ferrara
el Cardinale di Ferrara.[1]

E a dì 28 di dicembre 1503, si partirono di qui e
nostri Ambasciadori ch'andavano a Roma al Papa nuovo,
che furono, el Vescovo de' Pazzi, el Maggiore dell'Altopascio, e Matteo Strozzi, e Tommaso Soderini, uno
de' Girolami, e messer Antonio Malegonnelle.[2]

E a dì detto, ci fu come a Roma avevano isquartati due uomini ch'erano stati avelenare quel Cardinale.
E così s'era fuggito dua Cardinali, che fu uno quel mandatario che venne qui ammazzare quei tre Frati e ardergli. E così Valentino era stato collato a Roma.[3] E
qui si teneva ancora don Michele.

---

suo passaggio per il territorio della repubblica, Francesco Man-
nelli, Girolamo Bettini e Giovanni Gondi, tutti accompagnati o da
un tavolaccino o da un famiglio del Rotellino Non si mancò di
mettere, al solito, a sua disposizione le argenterie della Signor,a.
Deliberazioni dei Signori e Collegi ad an.

[1] Ippolito d'Este, dei Duchi di Ferrara, cardinale del titolo di
S. Lucia in Selci, chiamato anche il Cardinale d'Este.

[2] Questi ambasciatori furono eletti il 4 e 6 di novembre nel
Consiglio degli Ottanta, ed il 29 furono dalla Signoria date loro
le istruzioni Il Maggiore dell'Altopascio è Guglielmo Capponi;
quello de' Girolami, Francesco di Zanobi.

[3] I carteggi degli ambasciatori veneto e fiorentino a Roma ci
agevolano l'intelligenza di questo punto. Da quelli rilevasi essere,
nella notte dall'11 al 12 aprile, morto di veleno Giovanni Michiel
veneto cardinale del titolo di Santa Maria in Septifolio, vescovo
Portuense, chiamato comunemente il Cardinale di Sant'Angelo. Il
Papa ne procurò la morte per impadronirsi delle sue ricchezze.
Nel dicembre, l'avvelenatore, Asquino da Colloredo nel Friuli,
segretario del cardinale, fu imprigionato e processato: due suoi
compagni, il cuoco e il cameriere, si salvarono colla fuga La notte
del 19 di detto mese il Romolino catalano, cardinale del titolo

E a dì 5 di giennaio 1503, ci fu come e Franciosi erano stati rotti e morti gran quantità, e perduto Gaieta, che l'ebbono per forza.

E in detto dì, affogò Piero di Lorenzo de' Medici con molti baroni franciosi, nel fuggire di Gaieta, ch'era in Gaieta, e capitorono male tutti e Franciosi.[1]

E a dì 7 di giennaio 1503, venne in Firenze 50 cavagli mandati dal Papa per menarne don Michele: e alli 9 ne lo menorono, el detto don Michele, a Roma. E più si disse ch'era preso quel Cardinale, che si chiamava Niccoletto, el quale venne qui innanzi fussi cardinale, mandato da Papa Alessandro a giustiziare quei tre Frati di San Marco, dell'Ordine di San Domenico, che fu fra Girolamo da Ferrara, e frate Domenico da Pescia, e uno altro fra Salvestro; e fecegli ardere. E dissesi che per avere fatto tal benefizio al Papa diventò cardinale; e forse non fu vero.

E a dì 10 di giennaio 1503, ci fu come e Pisani presono una brigata di fanti, di quegli di Livorno, e fuvvi un Borgo Rinaldi fiorentino; e questo fu che gli andorono aizzare tanto gli trassono fuori, e, rinculando, gli missono in mezzo; e furono tutti presi.

E in questi tempi freddi, s'era fuggiti del Reame molti Franciosi, chi aveva potuto, tutti isvaligiati e ignudi: n'era in quel di Roma molte migliaia che mo-

---

dei SS Giovanni e Paolo, e arcivescovo di Sorrento; e Lodovico, chiamato anche Pierluigi, Borgia nipote di papa Alessandro *arripuerunt fugam*, scrive il Giustinian, e si credè ciò facessero in conseguenza delle rivelazioni dell'Asquino che nominò alcuni cardinali consenzienti a quel misfatto.

[1] E noto avere il Medici trovata la morte nell'acque del Garigliano dopo la celebre battaglia combattuta sulle rive di quel fiume; e come i Fiorentini si rallegrassero molto di questa morte.

rivano per le fosse di fame e di freddo, che non trovavano chi gli aiutassi, per le loro crudeltà che gli avevano
fatto di mettere le città a filo di spada e saccheggiare
ogni cosa; e per permissione divina morivano in Roma
ne'monti del letame; ignudi entravano nel letame per
freddo: e se non fussi che 'l Papa fece fare 300 o 400 sal-
tambarca, e dettene a ognuno uno, e dètte loro danari e
misegli in galea che passavano di là in Francia, sarebbono tutti morti. A ogni modo, ci fu come n'era morti più
di 500 di freddo: ne'monti del letame ignudi si trovavano
morti la mattina. Per Roma entravano nelle case, quando
ne trovavano una aperta, e non se ne potevano cavare:
davano loro delle mazzate, non ne gli potevano cavare;
dicevano: ammazzaci. Non fu mai fatto tale sterminio. E
nondimeno el Re non gli mandava aiutare, s'era dimen-
ticato di loro; perchè così fa la giustizia di Dio, perchè
vanno per ammazzare altri e rubare; e sono tutti bestemmiatori con tutti e vizi, sanza fede o timore di Iddio.[1]

E a dì 4 di febbraio 1503, ci fu come e Viniziani
avevano preso Furlì, e così non v'era contradizione.

E a dì 7 di febbraio 1503, ghiacciò Arno; fu gran freddo.

E a dì 12 di febbraio 1503, venne un Cardinale in
Firenze, ch'era nipote del Papa, ch'aveva avuto el suo
cappello; e alloggiò in casa Guglielmo de'Pazzi.[2]

---

[1] I dispacci del GIUSTINIAN de'6 e 8 gennaio confermano la
narrazione del Landucci così per i soccorsi del Papa, che « in
« questa rotta si ha scoperto tutto per loro », come per le mole-
stie che ricevevano dalle popolazioni della città e del contado
memori dei danni che fecero quelle soldatesche quando andavano
nel Reame; e del ricoverarsi in fine nei monti del letame, per
cagione del gran freddo che li prendeva, giungendo a Roma spogliati « anzi nudi ».

[2] Galeotto Della Rovere cardinale di S. Pietro in Vincoli
creato da Giulio II il 29 novembre 1503.

E a dì primo di marzo 1503, ci fu come la lega del Re di Francia col Re di Napoli era rotta.

E a dì 14 di marzo 1503, andò a giustizia una fanciulla che stava per fante con uno miniatore; la quale ingravidò e fece una fanciulla femmina, e ammazzolla e gittolla giù per un cesso. El votacesso, che fu Bardoccio, trovò questa bambina e portolla agli Otto; e di fatto fu presa detta fanticella: e colui ch'aveva usato con lei si fuggì; e la detta fanciulla andò in su uno carro, e fulle tagliata la testa.[1]

E a dì 31 di marzo 1504, si vinse che le robbe che venivano di quel di Lucca pagassino 20 per cento.[2]

E a dì 21 d'aprile 1504, si consecrò la chiesa di San Francesco da San Miniato, ch'era fornita di tutto.[3]

E a dì 28 d'aprile 1504, ci passò una ambasceria del Re d'Inghilterra ch'andava al Papa.[4]

---

[1] La sentenza degli Otto di Guardia e Balìa del 13 marzo ci dà i nomi della disgraziata fanciulla e del seduttore. Quella si chiamava Ginevra di Nardo di Piero del Prete della Piacentina, questi Luigi di Mariotto Biffoli, ed era miniatore come rilevasi da alcuni documenti veduti dal ch. cav. Gaetano Milanesi.

[2] Dal generale aumento di gabelle fatto con questa provvisione, che doveva andare in vigore due mesi dopo, furono eccettuati solamente i sali e i ferri.

[3] A carte 27 del *Libro di Deliberazioni e Partiti* dell'Arte de' Mercatanti che soprintendeva alla fabbrica di questa chiesa e convento leggesi· *Nota qualiter hac presenti suprascripta die ecclesia Sancti Salvatoris de Observantia fratrum Minorum Sancti Francisci, sita prope januam sancti Miniatis ad Montem, cum massima solempnitate et devotione et per epischopum de Pagangnottis, fuit consecrata, et similiter altare maius de novo hedificatum in dicta ecclesia fuit consecratum, et cappa serafici Sancti Francisci fuit missa in dicto altari.*

[4] Giunsero a Roma il 13 maggio, ed erano mandati da En-

E a dì 3 di maggio 1504, giunse qui molti cavagli romani, ch'avevano soldati costoro, e facievano molti fanti per a Pisa.

E a dì 11 di maggio 1504, fece la mostra Giampa-golo Baglioni con 100 uomini d'arme e molti balestrieri a cavallo: e ghindoli[1] e bella compagnia; e andò via a Pisa.

E a dì 14 di maggio 1504, si trasse dell'Opera el gigante di marmo;[1] uscì fuori alle 24 ore, e ruppono el muro sopra la porta tanto che ne potessi uscire. E in questa notte fu gittato certi sassi al gigante per far male; bisognò fare la guardia la notte· e andava molto adagio, così ritto legato che ispenzolava, che non toccava co' piedi; con fortissimi legni, e con grande ingegno; e penò 4 dì a giugnere in Piazza, giunse a dì 18 in su la Piazza a ore 12. aveva più di 40 uomini a farlo andare· aveva sotto 14 legni unti, e quali si mutavano di mano in mano; e penossi insino a dì 8 di giugno 1504 a posarlo in su la ringhiera, dov'era la Giuditta, la quale s'ebbe a le-vare e porre in Palagio in terra. El detto gigante aveva fatto Michelagnolo Buonarroti.

E a dì 23 di maggio 1504, venne in Firenze una in-fluenza d'una tossa con freddo, che, de' cento, e novanta dentro e di fuori tossivano ed avàno la febbre: pochi ne mori. bastò più mesi. Non si trovava medicina che la guarissi, se non col tempo.[2]

E a dì 30 di maggio 1504, ci fu come noi avemo Librafratta a patti, salvo l'avere e le persone; e Pisani

rico VII a prestare obbedienza al Pontefice, e a portare l'ordine della *Giarrettiera* al Duca d'Urbino

[1] Intendi il *David* che Michelangiolo lavoro in una stanza del-l'Opera di S Maria del Fiore

[2] Dal CAMBI abbiamo che quella influenza di tosse incominciò n Roma, e si diffuse per tutta Italia e fuori.

che v'erano drento rimasono nostri prigioni, con patto di scambiare quegli avevano in Pisa de'nostri

E a dì primo di giugno 1504, si pose a la colonna di Mercato Vecchio un ferro da mettere in gogna e tristi, che non v'era piu stato.

E a dì 16 di giugno 1504, fu finito questo palagio degli Strozzi, questa mezza parte; e menovvi moglie dentro Lorenzo di Filippo Strozzi, e fece molte belle nozze e begli apparati.[1]

E a dì 29 di giugno 1504, ci fu come e nostri di Pisa avevano fatto una preda a'Pisani, e presi 35 cavagli ch'erano usciti di Pisa, e fu preso loro uomini di capo, che fu el Berzighella; e ferito Rinieri della Sassetta e altri.[2]

E a dì primo di luglio 1504, e nostri di Pisa feciono una grande preda in quello di Lucca, e morti molti uomini lucchesi; e tolsono loro una preda di vettovaglia che portavano a'Pisani, e corsono a'magazzini de'Lucchesi a Viareggio, e ruborono e arsono tutti, e feciono una preda di 25 migliaia di fiorini.[3]

E a dì 3 di luglio 1504, venne in Firenze 5 prigioni de'Pisani; e ve ne fu uno che si chiamava el Berzighella che dètte avviso come stavano e Pisani.

---

[1] Cioè quella parte rispondente sulla piazza degli Strozzi, la sola compiuta, mancando all'altra il cornicione. Che le nozze di Lorenzo colla Lucrezia di Bernardo Rucellai fossero festeggiatissime lo mostra il vedere che in quella occasione i suonatori e gli argenti della Signoria furono messi dai Priori a sua disposizione. LUIGI PASSERINI, spesse volte inesatto, nella sua *Genealogia e storia della famiglia Rucellai* pone questo matrimonio erroneamente all'anno 1508

[2] Rinieri della Sassetta era capitano a servigio dei Pisani

[3] I Lucchesi in quel tempo davano grandi aiuti ai Pisani, e il commissario fiorentino Antonio Giacomini fece, per punirli, varie scorrerie nel loro territorio.

E a dì 3 di luglio 1504, giunse a Livorno 3 galee, che venivano di Francia in nostro benefizio.[1]

E a dì 7 di luglio 1504, venne in Firenze el Duca di Ferrara e alloggiò in casa sua.[2] Veniva alla Nunziata, e non volle presenti; e a dì 8 detto se n'andò.

E a dì 19 di luglio 1504, ci fu come le nostre galee di Livorno avevano combattuto co'navili gienovesi che portavano grano in Pisa, e ruppongli in modo che non vi andorono, eccetto ch'un brigantino che portò biscotto ch'era fracido. E poverini stavano male, perchè valeva qui el grano soldi 48 lo staio; loro l'avevano a lire 4.

E a dì 28 di luglio 1504, ci fu come e Pisani mandavano a paseere loro bestiame un poco di fuori, e come e nostri lo tolsono loro Stavano male; e nondimeno più ostinati che mai; e non potevano uscire di fuori a fare nulla, nè poterono ricorre e loro grani.

E a dì 29 di luglio 1504, ci fu una cosa da non la scrivere, pure si diceva espressamente molti dì, tanto e da molti, ch'i'la dirò; e quest'è, che gli era veduto da molti apparire in sun un prato presso a Bologna molta giente d'arme; e mandando messer Giovanni a sapere quello che volevano, uno andò a loro e lasciò gli altri. Fu veduto, come giunse, tagliarlo a pezzi; e poco stante colui tornare, e dire non avere veduto nulla. E chi vedeva, vedevano d'un bosco uscire prima un trombetto e poi la fanteria, e poi la giente d'arme; e giunti in sul

---

[1] Dal NARDI sappiamo che furono condotte « tre galee sottili, « ch'erano in Provenza, del Re Federigo gia re di Napoli, per « capitano delle quali venne un suo uomo fidatissimo e eccellente « in mare chiamato don Dimas Richasene, le quali giunsero a « dì 2 di luglio del 1504 »

[2] Questa casa era in Borgo degli Albizzi al principio, e confinava col palazzo Pazzi Vedi nota 1 a pag. 238

prato s'azzuffavano e morivavi molta giente· di poi tornavano nel bosco; di poi uscire di quel bosco molte carrette e ricoglievano e morti e portavangli al bosco. Questo vedeva molta giente discosto una occhiata; e come andavano presso, non vedevano nulla: e questo fu veduto più volte. Si disse che significava grande uccisione di coltello.

E a dì 22 d'agosto 1504, si mise mano a volgere Arno a Livorno, poi si lasciò stare. [1]

E a dì 8 di settenbre ·1504, fu fornito el gigante in Piazza, e scoperto di tutto.

E a dì 28 di settenbre, valse el grano lire 3 lo staio.

E a dì 19 d'ottobre 1504, andava una bella sementa; tornò el grano a soldi 50.

E a dì 21 d'ottobre 1504, ci fu come costoro levavano la giente da Pisa, e Pisani attendevano a' ripari.

E a dì primo di novenbre 1504, venne a Bibbiena un tremuoto sì grande che fece rovinare più case, e morivvi due uomini e molti ne guastò; e disse, alcuni che vi si trovorono, che in sul mercato che si rompevano l'uova e le stoviglie.

E a dì 12 d'ottobre 1505, ci fu come quegli di Barga dettono una rotta a' Pisani, e presono di loro molti cavagli e molti uomini pisani

E a dì 20 di novenbre 1505, si pose una Santa Caterina con una ruota in capo in su la porta ch'è a mezzo la scala nel palagio del Podestà, che va su nel palagio, partendosi della corte; in memoria dell'ordine avevano

---

[1] Il Gonfaloniere e il Machiavelli si messero in testa di deviare l'Arno presso Pisa gettandolo in uno stagno vicino a Livorno per lasciare a secco quella città e toglierle ogni comunicazione col mare Questa impresa, alla quale le persone competenti si erano mostrate contrarie, non riuscì

di tenere 4 dottori a giudicare e casi del palagio del Podestà, che si chiamavano la Ruota: e in questo dì si
cominciò un tale ordine.

E a dì 20 di dicenbre 1505, dètti a Simone del Pollaiuolo un ricordo e un disegno, perchè egli era archi-
tettore, e parvemi che lui fussi atto a conducere questa
mia invenzione; e questo fu, che in quello luogo dov'è
San Giovanni Evangelista in Firenze,[1] si dovessi fare un
bello tempio e una bella cupola a onore di San Giovanni
Vangiolista, e per gloria di Dio e della nostra citta, dandogli questo disegno, che levando tutte le case e botteghe, quanto tiene la Piazza di San Lorenzo, ch'è un
quadro di circa 100 braccia per ogni verso, si farebbe
un bello tempio che arebbe queste condizioni: dirimpetto
a San Lorenzo e in su la strada, e che noi avessimo un
avvocato in paradiso con San Giovanni Batista che fu el
diletto di Cristo e suo fratello, secondo la carne, che in
vita eterna non è manco. E così gli dètti ad intendere
tutta mia fantasia, onde gli piacque assai e dissemi piu
volte non aver mai avuto più bella invenzione; e disse
come credeva di poterla mettere innanzi a chi potessi:
gli pareva mille anni.

E a dì 9 di giennaio 1505, cadde una colonna di sul
campanile di Santa Maria del Fiore da una finestra delle
più basse di verso la cupola, e presso non dette a uno
cittadino; dissono avergli tocco e panni.

E a dì 14 di giennaio 1505, ghiacciò Arno in modo
che vi si fece su alla palla, e giovani.

E a dì 24 detto, andò a giustizia un giovane, e fu
inpiccato; e medici e scolari dello Studio, che c'era
molto copioso di dottori e valentuomini, lo chiesano agli

---

[1] Ora detto S Giovannino degli Scolopi.

Otto per fare una notomia, e fu conceduto loro; e fecionla in Santa ✠ in certe loro stanze, e durò insino a dì primo di febbraio 1505, ogni dì due volte. Vi furono e medici e fuvvi anche il mio maestro Antonio, ogni dì, a vedere.[1]

E a dì 24 di giennaio 1505, si scoprì la gravezza.

E a dì 15 di febbraio 1505, fece la mostra in Piazza 400 fanti e quali aveva ordinati el Gonfaloniere, di nostri contadini, e dava loro a ogniuno un farsetto bianco, un paio di calze alla divisa, bianche e rosse, e una berretta bianca, e le scarpette e un petto di ferro e le lance, e a chi scoppietti; e questi si chiamorono battaglioni; e dava loro un conestabole che gli guidassi e insegnassi adoperare l'arme. E questi erano soldati e stavansi a casa loro obrigati, quando bisognassi che sieno mossi; e a questo modo ordinava di farne molte migliaia per tutto el contado in modo che non bisognassi avere de' forestieri. E così fu tenuto la più bella cosa che si ordinassi mai per la città di Firenze.[2]

E in questo tempo si fece e muricciuoli intorno alla piazza di Mercato Vecchio; benche non piacessi a molti. Tornò el grano a soldi 28 lo staio.

E a dì 17 di marzo 1505, gli Otto dettono bando della testa a uno ch'aveva fatto questa sceleranza, e furono piu, se non compariva, e quali ebbono animo a mi-

---

[1] Con deliberazione di questo giorno gli Otto di guardia e balìa *concesserunt Medicis et Artium et Medicine doctoribus corpus et seu cadaver Bernardonis Belledonne, qui pro fure fuit laqueo suspensus, quod de eo possint facere notomiam, cum hoc quod dici faciant et celebrari, pro ipsius Bernardonis anima, missam et alia divina officia et consueta in predictis, eorum sumptibus.*

[2] E la milizia ordinata dal Machiavelli.

nacciare un padre se non dava loro el figliuolo. Non altrimenti feciono e giovani di Soddoma a Lotto, che chiedevano gli angeli a Lotto. E anche a questo meriterebbono quel medesimo che seguitò loro. Mal volentieri n' ò fatto ricordo, perch' e 'l vizio innominabile. Dio mi perdoni.[1]

E a dì 18 di marzo 1505, si bandì el perdono di Santa Maria del Fiore, raffermato da papa Giulio Secondo, come fu di prima, 1481, di colpa e pena. [2]

E a dì primo d'aprile 1506, tolsono al soldo don Michele, che fu condottiere di Valentino, e fu qui in prigione.

E a dì 10 d'aprile 1506, fu el giubileo a' Servi, alla Nunziata. e cominciò a dì detto, el Venerdì Santo, a vespro, insino a vespro del Sabato Santo.

E a dì 11 detto, cominciò el giubileo anche a Santa ✠, el Sabato Santo, e dura tre dì, insino a lunedì al tramontare del sole; pure da papa Giulio. [3]

---

[1] Nel *Libro di Partiti* di quel magistrato, sotto questa data, si trova che fu pubblicamente bandita la deliberazione presa il giorno precedente colla quale condannavansi nel capo Piero di Felice rivenditore, Andrea di Lodovico Martini, Girolamo di Lorenzo d'Angelo Biliotti e Giovanni di Guglielmo di Paolo *alias* il Nano Altoviti. Credo che il Landucci voglia qui appunto indicare l'Altoviti che gli scrittori dipingono come uomo malvagio, terribile ed astutissimo. I primi tre, essendosi presentati, furono sciolti dalla condanna e forse piu tardi sarà stato assoluto anco l'ultimo.

[2] Vedi addietro a pag. 37.

[3] Il 26 marzo la Signoria ordinò che un suo banditore nei luoghi pubblici della citta bandisse questo giubbileo concesso dal Papa alla chiesa di S Maria de' Servi. Con altre deliberazioni dell' 8 e 10 aprile si dette licenza a due mazzieri e a due tavolaccini di andare alla chiesa predetta e all'altra di S. Croce, *ad standum et serviendum indulgentiis*, appunto per i giorni 10, 11 e 12 di quel mese

E a dì 19 d'aprile 1506, fece la mostra don Michele con 100 fanti e 50 cavagli, di balestrieri e stradiotti.

E a dì primo di maggio, lo mandorono in Casentino e arse case; e più lo mandorono a Dicomano per certe brighe, e arse le case e rovinò a que' dalla Nave. [1]

E a dì 2 di maggio 1506, valse el grano soldi 20.

E a dì 18 di maggio 1506, fece la mostra qui Luzio Savelli con 50 uomini d'arme e altri cavagli leggieri per andare a Pisa a dare el guasto.

E a dì 4 di giugno 1506, feciono la mostra e fanti da Dicomano e dal Ponte a Sieve, che furono 800.

E a dì 4 di detto, andorono e fanti da Dicomano a Pisa.

---

[1] La Repubblica il 15 aprile dette a don Michele la commissione in iscritto di cavalcare quanto prima con la sua compagnia per tutte le provincie per correggere quei sudditi che rendevano poca obbedienza ai rettori, e farli ubbidire; e per purgarle dai ladri e da quelli che avevano bando delle forche, del capo, o di ribelle. Si avvertiva che i luoghi che avevano più bisogno dell'opera sua erano *parte del Mugello, cioè luoghi di montagna, et maxime la podesteria di Dicomano et la montagna di San Godenzo, dove ciascuno di sì fanno armate et homicidi*; doveva ancora *visitare le mostre delle bandiere*, cioe le compagnie della *Milizia*. Don Michele non intese a sordo, chè aveva fatte le pratiche con Cesare Borgia, ed aggravo la mano, sicchè il 5 maggio gli si scriveva· *Noi intendiamo havere nelle forze tue uno Nofri di Domenico dalla Nave, sia a Dicomano, el quale ci è facto intendere, per chi parla per lui, essere innocente, quando e' sia così in verità, non gli farai oltraggio alcuno Quando fusse delinquente, che farai d'intenderlo bene, lo punirai secondo el delicto suo, et secondo la iustitia richiede* E il dì 7 con altra lettera gli si comandava di mandare agli Otto, bene accompagnato e con gli atti del processo, il detto Nofii, maravigliandosi nello stesso tempo che avesse dato bando di ribelle ad altri cinque di quei dalla Nave, mentre non aveva tale autorità, ma solo quella di *punire chi fussi in bando di ribelle* ecc

E in questo dì, mi venne al luogo mio a Vegna [1] una saetta appresso alla casa, e passò in su una quercia molto grande, la quale non se n'avide persona, nè gli fece graffio veruno; non si vide. E in fra pochi dì si cominciò a vedere le cime di sopra, ch'era piena di ghiande, a diventare passe, e ogni dì si vedeva seccare più giu, in modo che in manco d'un mese si seccò insino nelle barbe, che mai più non à rimesso dal piede.

E a dì 10 di maggio 1506, fu finito di porre la Giuditta in sulla Loggia de' Signori, sotto el primo arco verso Vacchereccia. [2]

E a dì 22 di giugno, si stracciorono le tende di San Giovanni e rovinorono un tetto in su quel canto de' Cialdonai, per grandi venti

E a dì 24 di giugno, il dì di San Giovanni, si ruppe una ruota al carro del palio di San Giovanni, quando andava alle mosse; e la mattina, quando andò a offerire el palio in su la piazza, cadde la crocellina di mano a San Giovanni che sta in su la stanga del palio. Parve a molti cattivo segnio. [3]

E in questi dì fu novità in Gienova, el popolo ne mandò e ammazzorono molti de' grandi, e molti se ne fuggì.

---

[1] *Vegna* e il nome di uno dei poderi del Landucci, come ci mostrano i libri delle *Decime*.

[2] Tolta dalla ringhiera nel 1504 per porre nel suo luogo il *David*, come ho detto a pag 121, nota 2, fu qui collocata e poi rimossa nuovamente per far posto al *Ratto delle Sabine* di Gianbologna, e situata sotto l'arco della Loggia che guarda la via della Ninna

[3] Quest'anno il palio si corse con cavalli montati da fantini (ragazzi), come dice una deliberazione de' Priori del 10 dello stesso mese.

E a dì primo d'agosto 1506, valse el grano soldì 17 lo staio.

E a dì 5 d'agosto 1506, cì fu come e Pisanì furono rotti e presi di loro assaì, e ben 40 cavagli; e vennono in Firenze molti prigioni pisani.

E a dì 4 di settenbre 1506, ci fu come el Papa era giunto a Perugia con molti cardinali e giente d'arme; e mandò qui un suo mandatario a chiedere. [1]

E a dì 6 di settenbre 1506, si partì di qui el Cardinale di Roana ch'andava al Papa e veniva di Francia; alloggiò in casa Giovanni Tornabuoni.

E a dì 8 di settenbre 1506, s'ammazzò uno da sè, che si taglio el capo, perchè aveva perduto 18 ducati

E a dì 11 di settenbre 1506, si partì di qui nostri ambasciadori e andorono a Piombino a vicitare el Re di Napoli ch'andava a pigliare el regno. [2]

---

[1] Papa Giulio, inteso a rivendicare le terre occupate alla Santa Sede dai piccoli signori e dai Veneziani, incominciò da Perugia, e il 13 settembre vi entrò accompagnato da ventiquattro cardinali e da quattrocento uomini d'arme, dopo un accordo fatto col Baglioni che gli era andato incontro, conoscendosi inabile a resistergli I Fiorentini, che erano stati richiesti d'aiuti, presero tempo, e il 25 agosto dettero commissione al Machiavelli di recarsi alla corte pontificia; più tardi elessero quattro oratori per andare al Papa in Perugia, e furono Francesco Pepi, Antonio Strozzi, Guglielmo de' Pazzi e Alessandro Acciaioli, ma essendosene presto partito, la Signoria il 18 dello stesso mese revocò questa ambasceria.

[2] Gli ambasciatori mandati a visitare e onorare il re Ferdinando d'Aragona in questa sua passata furono Giovanvettorio Soderini, Giovanbattista Ridolfi, Niccolò del Nero e Alamanno Salviati I Fiorentini avevano fondate su questo re molte speranze, specialmente per le cose di Pisa, e perciò lo accarezzarono molto e gli mandarono « oltre alle confezioni di più sorti e varie « delicature, un grosso provvedimento di vitegli e castroni e sel-

E a dì detto, si riammattonò la chiesa della Nunziata
de'Servi, e misono le sepolture da lato per ordine, e nel
mezzo alzorono un poco, con certi compassi triangolati
missono per mezzo della chiesa. [1]

E in questi tenpi si faceva el cornicione intorno al
tetto della chiesa di Santa Maria del Fiore dal lato del
campanile, alto alla gronda del tetto.

E a dì 20 di settenbre 1506, ci fu come el Papa era
giunto a Urbino, e 'l Re di Napoli era giunto a Napoli. [2]

E a dì 24 di settenbre, si vinse in Palagio che le
gabelle di Dogana e de'Contratti pagassi più. [3]

E a dì primo d'ottobre 1506, ci fu come el Papa
era giunto a Cesena, e come gli aveva bandito la guerra
contro a' Viniziani. [4]

« vaggiumi, e molte botti di vino bianco e vermiglio di varie
« sorti, molte moggia di pan bianco, centoventi libbre di cera
« bianca e molte cantara di biscotto per le ciurme, e altre cose
« secondo l'opportunità. » (NARDI cit) Commissario sopra i provvedimenti fu Bartolommeo Bartolini.

[1] Fino dal 2 novembre 1501 i frati fecero una convenzione
con Tommaso e Valente Del Chiaro, i quali si obbligarono, con
certe condizioni, a fornire 700 o 800 *sesangholi* d'alberese per
questo pavimento (*Ricordanze* del Convento, a pag 98), com-
piuto il qual lavoro, certo Frate Angelo da Firenze scrisse nel 1506
un diligentissimo *Ricordo di tutte le sepolture che sono nella
Chiesa*, notando le iscrizioni, gli stemmi e le figure, quando ne
erano adornate (*Ricordanze* dette).

[2] Colle lettere che il Machiavelli scriveva ai Dieci di Libertà
possiamo stabilire l'itinerario del Papa, che é il seguente· il 21
di settembre giunse alla Fratta, il 22 a Gubbio, il 25 a Urbino,
il 29 a Macerata, il 2 di ottobre a Cesena, il 9 a Forlì, il 19 a
Palazzolo e il 20 a Imola.

[3] Questi aumenti di gravezze furono imposti colla provvisione
del 18 di questo mese, a fine di poter sicuramente pagare la gente
d'arme e i creditori del Comune.

[4] Vedi sopra, nota 2.

E a dì 29 d'ottobre 1506, ci fu come messer Giovanni Bentivogli fu cacciato da Bologna e andossene a Mantova, e fu preso da' Franciosi, sotto la fede del salvocondotto; si disse.

E a dì 3 di novenbre 1506, ci fu come el Papa era entrato in Bologna d'accordo. Non fu vero.

E a dì 4 di novenbre 1506, venne una saetta in sul monasterio di Santa Caterina e ammazzò una monaca, e due altre stettono per morire; e così uno cittadino che era alla porta sbalordì, cioè alla grata; e poi ne morì una altra di quelle monache, che fu una figliuola di Niccolò Michelozzi; e l'altra fu figliuola di Bartolommeo Ricciardi, le quali erano all'orazioni.

E a dì 11 di novenbre 1506, venne un tremuoto in Firenze alle 9 ore. Non fu molto grande.

E a dì detto, el dì di San Martino, entrò el Papa in Bologna d'accordo.

E a dì 12 di novenbre 1506, venne 2 altri tremuoti alle 9 o 10 ore.

E a dì 13 di novenbre 1506, cioè la sera circa a 24 ore, qui a San Michele Berteldi, una figura di Nostra Donna, ch'è sopra uno uscio, si cominciò a dire ch'ella aveva fatto miracoli e serrato gli occhi, ch'era dirimpetto all'uscio della stufa. Parve ch'ella dicessi non volere vedere le disonestà che e' vi si fa, in modo che non fu l'altro dì che vi si accese tante candele e venne in gran reverenza per modo che vi si fece un muro e come una chiesa; e se non fussi che 'l luogo di quella stufa è disonesto alle donne andarvi, sarebbe andato più donne; e nondimeno vi venne molte immagini di cera e dimolte vota.[1]

---

[1] Questa stufa era detta di Piazza Padella, o anche degli Obizzi dalla famiglia che la possedeva, e fu incorporata nel 1592 nel convento dei Teatini che allora si fabbricava. Le disonesta che si com-

E a dì 27 di novenbre 1506, fu inpiccato qui due
pisani alle finestre del Bargello, che v'era un certo capo
di Pisa degli Orlandi, ch'erano stati qui prigioni più
mesi; e perchè a Pisa presono un nostro caporale volterrano e fu tagliato a pezzi in Pisa e stracinato per la
città, e per questo si messono qui a inpiccare questi due.

E a dì 31 di dicenbre 1506, ci fu come gli usciti
di Gienova erano entrati dentro e morto molta giente popolani; a questo modo va el mondo.

E a dì primo di giennaio 1506, uscirono fuori e quattrini neri che gli avevano battuto di nuovo, e feciono
che non si potessi spendere niuna moneta forestiera eccetto ch' arienti di peso. [1]

E a dì 15 di febbraio 1506, el dì di carnasciale, alla
Piazza di Madonna, rizzando uno stile per cappannuccio,
cadde e ammazzò di fatto due garzonetti.

E a dì 17 di febbraio 1506, venne in Firenze cinque
pisani che furono presi in mare in su uno brigantino a
Livorno, de'principali di Pisa.

E a dì 22 di febbraio 1506, venne in Firenze el Cardinale de' Soderini che veniva da Bologna dalla Corte.
E in questi dì si partì el Papa da Bologna e andò per
la Romagna a vicitare l'altre terre della Chiesa.

E a dì 25 di febbraio 1506, venne in Firenze el Cardinale di San Giorgio, che veniva da Bologna; alloggiò

---

mettevano nelle stufe o bagni, sono in parte gaiamente rappresen-
tate in quella commedia del CECCHI che porta il titolo *Lo Stufaiolo*.

[1] Il citato libro dell'ORSINI non ci da notizie circa queste
monete coniate di nuovo, ma alle cose notate nel presente ricordo
si riferisce probabilmente la deliberazione de'Priori del 30 del
mese stesso, colla quale un famiglio del rotellino è posto a disposizione dei Signori della Zecca per il mese di febbraio, *solum pro
inveniendis pecuniis prohibitis*.

in Cestello. E l'altro dì venne due altri Cardinali che venivano da Bologna, che fu Santa Pressedia e Sanmalò. [1]

E a dì primo di marzo 1506, si mostro e scoperse la Nunziata de'Servi a questi 4 Cardinali, la sera alle 24 ore, con grande divozione e grida *misericordia*, perchè vi [era] piena la chiesa, ancora che si facessi molto secretamente, che se si sapessi per la terra, sarebbe cosa da affogarvi el popolo.

E a dì 22 di marzo 1506, venne in Firenze 2 prigioni pisani, e avevano preso dimolti altri prigioni e bestiame assai, e ogni dì ne pigliavano.

E a dì 29 d'aprile 1507, ci fu come el Re di Francia aveva preso Gienova per forza, con aiuto degli usciti di Gienova.

E in questi dì el Papa si partì da Viterbo e andò a Roma.

E a dì 29 d'aprile 1507, ci fu come e Pisani avevano avuto da'nostri una scorreria e preso molto bestiame, in modo ch'e poveretti stavano male.

E in detto dì, ci fu come el Re di Francia si partiva da Gienova e andava a Milano, e come pose a' Gienovesi 300 migliaia di fiorini di taglia e che dovessino fare un muro dal Castelletto alla marina, e alla marina una fortezza; e che lui vi avessi a mandare uno governatore pagato da loro, e pagare 200 provigionati continuamente, e come lasciava loro 100 mila ducati e non ne voleva se non 200 migliaia.

E a dì 18 di maggio 1507, ci passò uno Cardinale

---

[1] Antonio Pallavicini genovese, cardinale del titolo di S. Prassede, e Guglielmo Briçonnet, signore de la Touraine e vescovo di San Malo

che portava 3 cappegli al Re di Francia a Milano per dargli a' sua amici.[1]

E a dì 23 di maggio 1507, entrò el Re di Francia in Milano e fece fare giostre e feste, e andogli incontro mille giovani armati di tutte arme, eccetto che gli elmetti in testa, co' cavagli grossi.

E in questo dì si cominciò a mattonare la Piazza de' Signori, cioe a rammattonare.[2]

E in questo dì ci furono e capitoli dell'accordo de' Pisani, se sarà da dovero.

E a dì 15 di luglio 1507, andò el Re di Francia a Savona e quivi s'accozzorono insieme col Re di Napoli e intesonsi insieme; e dicevasi che lo 'mperadore passava di qua, e come e Viniziani facevano giente, e che gli avevano gran sospetto.

E a dì 15 di luglio 1507, ci fu come l'Imperadore aveva fatto una dieta e consiglio di molti Signori, e come

---

[1] Il 4 di gennaio in Bologna, per compiacere il cardinal Giorgio d'Amboise, il Papa promosse al cardinalato tre suoi nipoti che furono Giovanni visconte di Thourat de la Trémouille arcivescovo d'Auch, figliuolo di quel Luigi de la Trémouille che aveva comandata l'armata francese in Italia, e di Margherita d'Amboise; Renato o Reginaldo de Prie vescovo di Bayeux, figliuolo di Antonio barone di Busançais e di Maddalena d'Amboise; e Luigi di Carlo d'Amboise vescovo d'Albi, governatore di Bordeaux e di Guyenne. La promulgazione pero fu fatta in Roma il 17 di maggio.

[2] Di questo lavoro fa il CAMBI nelle sue *Istorie* l'appresso ricordo. « L'anno 1507 gli Operai di S Maria del Fiore, per ri-« cordo de' nostri magnifici Signori, feciono e cominciorono a ram-« mattonare la piazza del Palazzo de' magnifici Signori, e chomin-« ciorono da la porta del Palazzo di verso la Loggia de' magnifici « Signori, e feciesene ognanno dua quadri, perchè l'Opera di « S Maria del Fiore, a chi tocca per leggie acconciarla, aveva « male el modo ».

s'era fermo che per niente si mancassi che e' non venissi per la corona; e che quei Signori facevan 160 migliaia di combattenti e 22 migliaia di cavagli, e ch' e Viniziani e 'l Papa s'intendevano con lui, e ch' e Viniziani facevano molta giente.

E a dì 25 di luglio 1507, non si pote correre el palio delle navi perche non era quasi punto d'acqua in Arno. Era stato parecchi mesi sanza piovere, non si poteva macinare; e ricolsesi poche biade, e per il contado erano mancate molte fonte vive. [1]

E a dì 2 d'agosto 1507, come piacque a Dio mio, arse la casa mia dove abitavo, appresso alla bottega, che vi è in mezzo una casa, e perdetti tutte le mie camere, che v'avevo dentro ogni mia cose, che perdetti più di 250 ducati d'oro. Ebbi a rifare tutte le mie masserizie di panni e di legniame, 3 camere fornite di tutto, che toccò a perdere, solo a maestro Antonio mio, piu di 50 o 60 ducati; un mantello rosato, una cioppa pagonazza, nuovi, e tutti sua altri panni e farsetti di seta, e tutto el suo studio di tutti sua libri che valevano piu di 25 ducati. E io con tre altri mia fighuoli rimanemmo in camicia; e più forte, che Batista uscì del letto ignudo come nacque, perchè s'appiccò el fuoco nel letto dov'egli era a dormire, e andò fuori per la vicinanza a farsi dare una camicia. Non iscampai nulla senone quello ch'avevano le donne in villa e maestro Antonio ch'era con loro, e non si trovorono a vedere sì fatto dolore circa la nostra sensualità. Ma perche io accetto l'avversità come la prosperità, e così dico gran merce dell'una come dell'altra al

---

[1] Fin presso la fine del passato secolo continuò il costume di correre in Arno il palio dei navicelli, il giorno di S. Iacopo apostolo, e di farvi talvolta anche altri spettacoli.

Signiore; pertanto io prego che mi perdoni e miei peccati e mandimi tutte quelle cose che sono per sua gloria.
Sia sempre laudato Iddio da tutte le creature; e con
questa medicina ognuno può curare ogni infermità e pene;
si può imparare dal santo Giobbe che disse: quel medesimo Signiore che me le die, quel medesimo me l'à tolte:
sia laudato Iddio.

E a dì 18 d'agosto 1507, venne in Firenze el Cardinale di Santa ✠,[1] ch'era legato e andava ambasciadore
all'Imperatore: fugli fatto onore assai.

E a dì 24 d'agosto 1507, venne presi in Firenze
20 pisani e mettevangli nelle Stinche, e chi mandavano
a lavorare al Poggio Inperiale.[2]

E a dì 28 d'agosto 1507, ne venne presi altri 40 pisani e mandavangli legati insino al Poggio a lavorare.

E a dì 13 d'ottobre 1507, cadde la saetta in su la
Porta al Prato e cavò una pietra dell'arco della porta,

---

[1] È Bernardino Carvajal spagnuolo, cardinale di S. Croce in
Gerusalemme. Appena giunse la nuova a Firenze della spedizione
di questo ambasciatore, si mandò a Siena, da dove passava, Niccolò Machiavelli a fine di conoscere con che treno e seguito facesse il viaggio, e forse anche per saperne di più sul conto del
suo mandato.

[2] Questi e più altri prigioni pisani vennero in Firenze da Cascina, in questo e nei giorni precedenti e successivi; e per deliberazione dei Dieci erano prima rinchiusi nelle Stinche, poi mandati al Poggio Imperiale, cioè a Poggibonsi, ed altrove, a lavorare
a quelle fortificazioni. Alcuni si rendevano a istanza di parenti o
di amici; altri se n'andavano da sè. D'una ventina mandati ad
Arezzo il 25 agosto, « ad lavorare in quella muraglia », in calce
al relativo ordine dei Dieci si legge: « Fuggiti tutti a dì .. di
dicembre 1508 ». Vedi nell'Archivio di Stato di Firenze il libro
di *Deliberazioni dei Dieci di Balìa* dal 1506 al 1511 a c. 32 e
segg. passim.

che v'era scolpito dentro la croce, e appiccò el fuoco
nella porta, e fu poi spento.

E a dì 14 d'ottobre, cadde una casetta appresso a
Santa Trinita, e ammaccò tre persone, che ve ne fu uno
legnaiuolo, figliuolo del Cortopasso, che vi faceva bottega

E a dì primo di novenbre 1507, fu fornito el cornicione di marmo al tetto di Santa Maria del Fiore, verso
el campanile, ch'e lungo el tetto

E a dì 20 di febbraio 1507, ci fu come lo 'mperadore
aveva preso una terra de' Viniziani e messola a sacco e
a filo di spada, e ogni male.

E a dì 31 di marzo 1508, ci fu lettere alla Signoria
come, nelle montagne di Lucca e di Pistoia, s'era veduto
la sera fuochi, e che pareva che di quei fuochi uscissi
cavagli e giente d'arme. Non ci do fede a queste cose.[1]

E a dì primo d'aprile 1508, si bandì qui un giubileo
molto grande, che s'aveva a cominciare a dì 9 [2]

E a dì 2 d'aprile 1508, c'era molti predicatori, che
la maggior parte gridorno grande tribulazione, e la novazione della Chiesa, e molto si parlava dello 'mperadore.

E a dì 7 d'aprile 1508, ci fu come e Viniziani erano
stati rotti dallo 'mperadore, e morto 50 uomini d'arme
e 300 della fanteria.

---

[1] Abbiamo inutilmente cercato intorno a questo tempo queste
lettere; ma ciò non prova che la notizia sia falsa, attesoche sia
scarsissimo il carteggio rimastoci della Signoria in questo tempo.

[2] E addi 9 riparla della festa con la quale si comincio in Firenze il giubbileo Il di primo veramente fu bandito d'ordine dei
Signori questo giubbileo o indulgenza plenaria concessa dal Papa
*confessis et contritis visitantibus ecclesiam Sanctae Mariae Flo-
ris et Sancti Salvatoris extra portam Sancti Miniatis, et eis
ecclesiis offerentibus pro constructione Sancti Petri de Roma,* dal
dì 8 al 26 del mese Ved. *Deliberazioni dei Signori e Collegi* ad an.

E a dì 9 detto, ci mandò el Papa un giubileo di colpa e pena, e comincio detto dì. E fecesi uno altare in Piazza de' Signiori a piè delle scalee della Loggia, e uno in Santa Maria del Fiore, dove s' aveva a offerire e all' uno e all' altro; e fecesi una processione grande a vicitare detti altari. E fu di tanta autorità che conteneva ogni caso e di ristituzione e di chiese, chi l' avessi per simonia; e ancora, chi offeriva per e morti, valeva in forma di suffragio.

E a dì 22 d'aprile, passorono qui un condottiere di que' della Colonna[1] con giente d'arme, e andò a Pisa.

E a dì 5 di maggio 1508, si cominciò a mandare giù fanti di quegli del battaglione per dare el guasto.

E a dì 4 di giugno 1508, ci venne un Cardinale legato ch' andava a Bologna.[2]

E in questi dì fu disposto el Podestà di Firenze, e toltogli l' uficio, per certe cattività che gli aveva fatto.[3]

---

[1] Marcantonio.

[2] Francesco Alidosi, cardinale e vescovo di Pavia. Venne per le cose di Pisa e per ottenere aiuti di gente d'arme per il Papa. I Fiorentini cercarono dargli parole, come si rileva dal carteggio de'Dieci con Roberto Acciaioli loro oratore a Roma; facendogli in pari tempo una onoranza straordinaria. Il quaderno del *Massaio della Camera dell'Armi* ad an , nell'Archivio citato, è pieno per parecchie carte di spese fatte per lui, nei due giorni (4 e 5 giugno) ch' egli si trattenne in Firenze, e poi anche nell' accompagnarlo per il dominio della Repubblica.

[3] Era un messer Piero Lodovico Saraceni di Fano, uno dei cinque giudici del Consiglio di giustizia, e allora per turno potestà; e fu deposto con deliberazione de'Signori e Collegi del 30 maggio, sentito prima il parere di molti dottori e spettabili cittadini, tra' quali fu Francesco Guicciardini Le incolpazioni erano in genere di cattivi e disonesti costumi e di mala amministrazione della giustizia. *Delib.* cit. ad annum.

E a dì 5 di giugno 1508, quello Cardinale legato fece scoprire la Nunziata de' Servi; e fucci tanta giente che per la calca vi tramortì giente, e una donna partorì in San Bastiano, cavata della calca con grande difficultà.

E a dì 11 di giugno 1508, s'appiccò el fuoco nel Palagio de' Signiori, e fu la notte dello Spirito Santo. Fè danno; morivvi una guardia di fuoco.

E a dì 12 di giugno 1508, ci fu come e battaglioni si tornavano indietro, ch' avevano dato el guasto.

E a dì primo di luglio 1508, ci fu come a Bologna era stata novità, perchè quello Cardinale legato fece morire parecchi uomini.

E a dì 6 di luglio 1508, ci fu come el nostro Arcivescovo, ch' era a Roma, aveva rinunziato el vescovado di Firenze e datolo al Vescovo de' Pazzi, el quale rinunziò anche lui el Vescovado d'Arezzo e dettelo . . . . ;[1] e fecesi festa assai.

E a dì 13 di luglio 1508, ci fu come in Candia era venuti grandi tremuoti ch' avevano rovinato molte case; e, non so che luogo, profondato e fatto uno lago grande.

E in questi dì si cominciò e fondamenti della Nunziata da' Ricci, che si dice Santa Maria Alberighi, quella che si cominciò da quello che gli gittò nel viso bruttura e fu inpiccato.[2]

E a dì 22 d'agosto 1508, si cominciò a ronpere el

_____

[1] In questo punto è nel codice uno spazio vuoto. Da Rinaldo Orsini romano passò l'arcivescovado di Firenze in Cosimo de' Pazzi, cui successe, nel vescovado d'Arezzo, Raffaele Riario.

[2] L'immagine che fu lordata dal Rinaldeschi, come è detto in questo a pag. 233, rappresentava l'Annunziazione, e nel 1508 s'incominciò a murare un oratorio che poi fu ampliato e ridotto a chiesa parrocchiale detta tuttora la Madonna de' Ricci.

muro del Palagio de' Signori, per fare la porta ch'andava nella sala grande per la Dogana.

E a dì 24 d'agosto 1508, la notte che seguita dopo San Bartolommeo, venne Arno grosso in modo che gli affogò molte persone quaggiù a Brozzi, e a S. Donnino circa quattro uomini e muli; e in fra l'altre cose menò via un tesoro di lino e legname, perche venne che qui non c'era piovuto, e accozzossi la Sieve e Arno, e venne qui improvviso.

E in questi dì, si gittò dalle finestre una fanciulla in pruova, e morì di fatto.

E a dì 27 di settembre 1508, entrò in Firenze e in possessione l'Arcivescovo di Firenze fatto di nuovo, che fu figliuolo di Guglielmo de' Pazzi ed era vescovo d'Arezzo, prima. Fecesegli un grande onore e, per una preminenza, fu mandato una sella a Alfonso Strozzi, colle trombe innanzi. [1]

E in questi dì si murava una cappella in Santa Maria Novella, allato alla cappella maggiore, dal lato manco, cioe si faceva più bella di marmi e d'altre cose.

E a dì 12 di novembre 1508, ci fu come e nostri di Pisa avevano andato a' danni de' Lucchesi e predato Viareggio e arsono ciò che vi restò; che fu un bottino di diecimila fiorini, perchè è el porto di Lucca. E poi scorsono insino presso a Lucca, in modo che 'l popolo di

---

[1] Non che fosse mandata la sella a Alfonso Strozzi, ma egli stesso e il fratello Lorenzo, per vigore di un antico diritto della lor casa, la chiesero ed ottennero, insieme col freno, dallo stesso Arcivescovo, smontato che fu sulla piazza di S Pier Maggiore; come resulta da un pubblico istrumento quivi fatto in quello stesso dì 27 di settembre, pubblicato dall' UGHELLI, *Italia Sacra*, t. III, a pag. 182.

Lucca uscì fuori; e furono rotti e morti circa 40 uomini di·loro con grandissimo loro danno. E questo e poveretti si sono andati cercando el male, senpre tenendo la parte pisana e aiutatogli; dovevano pensare che Marzocco era atto a fare loro male: pigliavano la fallace.

E a dì 8 di dicenbre 1508, si disse d'uno acquisto ch'avea fatto el Re di Portogallo d'un'isola che gli aveva trovata di·là da l'Equinozio 34 gradi, dirinpetto Alessandria.

E a dì 14 di dicenbre 1508, ci passò el Cardinale di Santa Croce legato, che tornava dall'Inperatore a fare l'accordo; e qui si disse che l'Inperadore e 'l Re di Francia c 'l Re di Spagna e 'l Papa e ' Fiorentini e tutti gli aderenti avevano fatto lega e accordo.

E 'l detto Cardinale volle dire messa lui proprio in Santa Maria del Fiore questa mattina della Pasqua, e dètte l'indulgenza a tutti quegli ch'udirono la sua messa in detta chiesa. Fuvvi un grande popolo.

E a dì 6 di giennaio 1508, disse la messa in Santa Maria del Fiore l'Arcivescovo nostro, e dètte la 'ndulgenzia plenaria per tutto el detto dì dal levare di sole insino al coricare, con una autorità a lui concessa. [1]

E a dì 20 di giennaio 1508, si bandì la lega tra noi e ' Lucchesi per anni ....., che non dovessino porgere aiuto a' Pisani nè in palese ne in segreto. [2]

E a dì 20 di febraio 1508, ci fu come e Pisani avevano presi circa 87 de'nostri scoppiettieri.

_____

[1] Di queste due Messe solenni del Cardinale e dell'Arcivescovo e delle indulgenze da essi concesse si ha conferma per il bando mandato dalla Signoria, che assistè anche alla prima di dette Messe con tutti i magistrati.

[2] La lega fu fatta per tre anni; e l'atto, di cui un esemplare si conserva nell'Archivio Diplomatico fiorentino, è del 12 gennaio.

E a dì 2 di marzo 1508, si fece due commessari per a Pisa, che fu Alamanno Salviati e Iacopo suo fratello.[1]

E a dì 10 di marzo 1508, andorono e detti ambasciadori a Pisa; e ordinorono qui di mandar giù tutti e battaglioni. E in questi dì missono e piè ne'ceppi a tutti e prigioni che noi avàmo nelle Stinche, perchè s'intese ch'e Pisani facevano el simile a'nostri.

E a dì 21 di marzo 1508, ci fu come egli era arso l'arzana de'Viniziani e mortovi uomini, che fu loro cattivo segno, e massime sendo fuori della lega: vedevasi apparecchiare grande ruina sopra loro.

E a dì 5 di aprile 1509, ci fu come e Pisani, e'nostri, avevano presi circa 60 cavagli e morto e presi molti uomini che conducevano grano in Pisa · si disse l'avevano tratto di Lucca secretamente. E in detto dì ci giunsono 54 uomini di quei presi, legati a una fune tutti; e missongli nel palagio del Podestà, e dicevano che n'era morti circa 60. Andorono a mostra che gli potè vedere ognuno.

E a dì 9 di aprile 1509, ci fu come e' fu un certo Alfonso del Mutolo, che mandò a dire a'nostri Commessari che dava loro una porta a entrare dentro, e quando ebbe dentro un numero d'uomini che volle, lasciò cadere

---

[1] Nel Consiglio degli Ottanta furono veramente eletti, il 2 marzo, per commissari generali *in agro pisano*, Alamanno d'Averardo e Iacopo di Giovanni Salviati. Ma poiché una legge sui divieti, dell'anno 1444, proibiva che due della stessa famiglia si trovassero insieme in un medesimo ufficio, lo stesso giorno fu sostituito a Alamanno, che aveva ottenuto un minor numero di voti, Antonio da Filicaia. Poi, il 6 marzo, avendo Iacopo Salviati allegato certi suoi impedimenti, fu nel luogo suo rimesso Alamanno, che il 10 marzo, come appresso scrive il Landucci, partì difatti col Filicaia per la sua commissione. Vedi nell'Archivio di Stato Fiorentino il registro delle *Legazioni e Commissarie, Elez Istruz e Lettere* ad an.

la saracinesca e rimasono presi molti uomini; e in un
tratto dettono fuoco a molte artiglierie, a quelli che rimasono fuori, e ammazzaronne molti.

E a dì 21 d'aprile 1509, ci fu come el Papa aveva
posto el canpo a Faenza, e 'l Re di Francia l'aveva posto
a Cremona, e 'l Re di Spagna l'aveva posto alle terre
de' Viniziani in Puglia, e 'l Gran Maestro di Rodi l'aveva
posto in Cipri. O poveri Viniziani, che farete voi? avete
el canpo in quattro luoghi! Non credo vi ridiate più
de' Fiorentini quando ànno avuto le loro tribulazioni, e
anche pensiate più a sostenere Pisa, come avete fatto
insino a qui: bisogna adoperare la pecunia altrove. Non
sapevi voi che facevi contro a coscienza di fare contro a
chi non fa ingiuria a voi, e anche torre le terre al
Santo Padre? Vi doveva bastare avere Ravenna tenuta
tanto tenpo; ma così conducono e peccati, e chi fa contro
a coscienza e non teme Iddio. Siete stati cagione di tutti
e mali ch'ànno avuto e Pisani, perchè sarebbono tornati
el primo dì a noi se non fussino stati sostenuti dalle vo-
stre persuasioni; e così in Casentino, a Bibbiena, tutto
per vostra cagione: e tutta è stata stolta inpresa, chè,
se non fussi la discordia de' Fiorentini, rimanevi vituperati
affatto; benchè ve n'andassi con vergogna a ogni modo.

E a dì 6 di maggio 1509, ci feciono venire la tavola di
Madonna di Santa Maria Inpruneta, per essere stato buon
tenpo sanza piovere: e l'altro dì piovve, come piacque a Dio,
che ci fa grazia senpre pe' prieghi della Vergine benedetta.[1]

---

[1] Nel *Priorista* di IACOPO DE' ROSSI leggesi una più estesa relazione della venuta di questo tabernacolo, deliberata perchè era
stato cinque mesi sanza piovere, e quivi pure leggesi essersi ot-
tenuta subito la desiderata grazia CASOTTI G. B *Memorie istoriche della miracolosa immagine di S. M V dell'Impruneta.*
Firenze 1714, a pag. 141.

E a dì 8 di maggio 1509, la giente del Papa avevano
messo a sacco Berzighella, e preso e morto molti prigioni,
insino alle donne

E in questi dì Pisa era molto stretta dallo assedio e
stavano molto male; tuttodì si sentiva di loro cose molte
ostinate, e, infra l'altre, venne una donna di Pisa con due
sue figliuoli, e andò innanzi al Commissario dicendo che
si moriva di fame e aveva lasciata sua madre in Pisa
che stava male della fame; e 'l Commissario comandò che
le fussi dato del pane per sè e per la madre e figliuoli;
e tornando col pane in Pisa ne dette a sua madre che
stava già male, e quella vecchia vedendo quel pane bianco
disse: *Che pane e questo?* e la figliuola gli disse che
l'aveva avuto di fuori da' Fiorentini; ond'ella gridò e
disse: *portatelo via el pane de' maladetti Fiorentini,
voglio prima morire;* e non ne volle. Pensa quanto odio
portavano le povere persone a questa citta, trovandosi a
così dure sorte sanza lor colpa. O quanto gran peccato a
ordinare le guerre! Guai a chi la causa. Iddio ci perdoni;
benchè questa nostra impresa è presa lecitamente. pensa
che peccato fa chi la piglia illecitamente!

E a dì 16 di maggio 1509, ci fu come e Viniziani furono rotti dal Re di Francia, insino a dì 14 detto, presso
a Carafaggio nel piano dell'Alberello; e morivvi 12 mila
uomini, e così si raffermo molte volte di 12 mila E qui
si fece fuochi e festa assai Viniziani! di quattro canpi
n'avete già uno in poco tenpo al disotto.

E a dì 25 di maggio 1509, venne in Firenze otto
anbasciadori pisani,[1] e a dì 26 ebbono udienza; e a dì 28
ne tornò due a Pisa a fermare e capitoli.

---

[1] Anche dal Cambi è registrata la venuta di questi ambasciatori che furono accompagnati da Alamanno Salviati. Aggiunge che

E in questi dì ci fu come el Re di Francia aveva mandato a dire a' Viniziani che s'eleggessino un principe sopra loro, chi e' volevano; e tuttavolta acquistava tutte le terre di Lonbardia. Guarda se la superbia à el pagamento, che gli e mandato a dire che da loro si levino a cavallo !

E insino a questo dì el Papa aveva avuto Ravenna, Faenza e piu altre cose di Romagna, che toccano alla Chiesa, sanza difficultà.

E 'l Re di Spagna faceva in Puglia, con l'armata, la parte sua alle terre de' Viniziani.

E a dì 28 di maggio 1509, ci fu come el Turco aveva mandato fuori una grossa armata, e 'l Papa faceva processioni per pigliare partito di fare la crociata.

E in questo tenpo e Viniziani erano come balordi e isbigottiti vedendosi avere contro tutte le potenze.

El Marchese di Ferrara era andato a racquistare el Pulesine, e di fatto l'ebbe. E poveri Viniziani non potevano piu soccorrere nulla; non restava più nulla loro in terra, rimanevano solo col guscio in capo, presso ch'assettato la pecunia.

E a dì 2 di giugno 1509, e Pisani ratificorono all'accordo alle 14 ore: e come, quasi un miracolo, che alle dette 14 ore, entrò in Palagio una colonba per la porta del Palagio de'Signori, e girò per tutta la corte, e di poi

---

la Signoria « ordino non fussi loro parlato sanza loro licenzia, e « non andavano fuori, benchè non fu tanto la guardia, che uno di « detti inbasciadori pisani, per conto del contado, disse al uostro « magnifico Gonfaloniere. Auto ch'aiete Pisa vi voglio mostrare « lettere di più di 40 ciptadini che mi chonfortano che io ghuasti « l'achordo, et che io non dubiti di niente, ma voglio esser fedele ». Nel volume III dell' *Opere* del MACHIAVELLI (Firenze, 1876), si trovano alcune lettere del Salviati relative a questo fatto

volò sopra el capo d'una parte de'Dieci, che'erano per
l'androne del Palagio; e volendosi appiccare nel muro,
cadde giù a'piedi di detti Dieci, in modo che 'l proposto,
ch'era Giovacchino Guasconi, la prese in mano e nolla
tenne, ma rimasegli delle penne in mano. Fu giudicato
un buon segno, e massime che in quell'ora ch'avevano
ratificato l'accordo e Pisani, che fu segno che gli era da
dovero, e che s'era posto fine a tanto male, e ch'ella sarebbe buona pace: benchè molti dicono sono cose naturali.
Nondimeno fu pure gran cosa ch'andassi a'Dieci che facevano l'accordo, e, più forte, in mano al preposto; e non
è niuno che n'abbi veduto andare più in quel Palagio,
in quel modo. Gli uomini buoni dissono ch'era da Dio; e
che sia el vero, permesse Iddio ch'e Viniziani avessino
perdute tutte le forze; che come e Pisani viddono così
al disotto e Viniziani, di fatto vennono all'accordo, e di
qui si può vedere che loro gli tenevano così ostinati e
feciongli tanti anni pericolare.

E a dì 6 di giugno 1509, mandorono e Signori la canpana a San Marco, la quale canpana fu tolta a San Marco
insino al tenpo che fu preso frate Girolamo; perchè c'era
chi poteva, ch'aveva molto in odio San Marco, e volentieri arebbono disfatto quella chiesa per tanto odio ch'avevano conceputo per questo frate Girolamo: onde parve ad
alcuni di dover dar bando a questa canpana fuora di
Firenze, e mandoronla confinata all'Osservanza; e stette
quivi insino al dì d'oggi, e però la rimandorono da loro.[1]

---

[1] Non fu solamente levata da San Marco l'unica campana,
come è detto a pag. 181, ma fu per di più esiliata per cinquan-
t'anni dalla città, sotto pena a chi ve la riportasse di esser dichiarato ribelle. La deliberazione e stata pubblicata dal mio ca-
rissimo amico Alessandro Gherardi a pag. 205 dei *Nuovi documenti*

E a dì 7 di giugno 1509, el dì del Corpo di Cristo, s'aspettava l'avuta di Pisa. E venendo un cavallaro, circa a ore 21, e credendo la brigata ch'elle fussino buone, in modo tutte le chiese dove si diceva el Vespro fu una commozione che si lasciò el Vespro e andavasi in piazza; e quegli ch'erano nelle Stinche ronpevano forte, e in modo ruppono che non fu un'ora di notte che si usciron tutti; benchè ne cavassino alquanti prima di buone poste, come fu quel Podestà di Firenze ch'era in prigione nelle Stinche per mancamenti ch'egli aveva fatti: e fu da Fano, e fu molto vituperato da non tornare mai piu a casa sua: era vizioso, secondo che si disse. [1]

E a dì 8 di giugno 1509, in venerdì, circa a ore 18, giunse el cavallaro con l'ulivo dell'avuta di Pisa; e fecesi gran festa e serrossi le botteghe, e fecesi molti fuochi e panegli a tutte le torri e Palazzo. [2]

E a dì detto ci venne l'anbasciadore dello Inperadore, e a dì 10 gli fu dato udienza, e chiedeva 100 mila fiorini; e più tosto si disse che veniva per inpedire che noi non avessimo Pisa, come quegli ch'erano ricorsi la, vedendo e Viniziani che non gli potevano aiutare. Come piacque a Dio non giunse a tenpo, chè s'era avuta el dì medesimo.

---

e studi intorno a Girolomo Savonarola (Firenze 1878), insieme con un ricordo del cronista del Convento, e una lettera di fra Stefano da Castrocaro, dai quali documenti resulta il merito principale di questa restituzione appartenere al gonfaloniere Soderini e l'occasione esserne stata l'allegrezza pel riacquisto di Pisa.

[1] Quello stesso rammentato a pag. 286.

[2] Tutti gli ordini dei cittadini veramente festeggiarono questo fatto; in un libro del Convento della SS Annunziata leggo che « fecionsi feste grandi », e che quel Convento spese in quel giorno lire tre e soldi dieci « in polvere per fare razzi ».

E insino a questo dì 8 di giugno 1509, aveva avuto el Papa quattro città, che fu Faenza, Rimini, Cervia, Ravenna.

E 'l Re di Francia n'aveva avute, insino a questo dì 8 di giugno 1509, circa nove, che fu Crissale, Trevigi, Carafaggio, Cremona, Crema, Brescia, Bergamo, Peschiera, Estri.

E l'Imperadore n'aveva avute otto insino a detto dì 9 di giugno 1509, che fu Gorizia, Triesti, Fiume, Piacenza, Verona, Udine, Civitale, Padova.

E 'l Re di Spagna in Puglia n'aveva avute sette, insino a questo dì 8 di giugno 1509, che fu Otranto, Cuttone, Brandizio, Trani, Napoli, Fulignano, Nola.

E 'l Marchese di Ferrara n'aveva avute tre, insino a questo dì 8 di giugno 1509, che fu Rovico, el Pulesine, la Saliera.

Vedi dove si truovano e Viniziani! avere perduto tutte queste terre erano loro. Doveva cadere loro un poco di superbia.

E a dì 20 di giugno 1509, ci fu come l'Inperatore aveva venduto tutte le terre ch'egli aveva acquistate in Lonbardia a' Viniziani, e loro davano a lui 500 mila fiorini e ogni anno 50 mila fiorini, per 20 anni. Così s'è detto; se sarà vero, bisognerà loro la cava dell'oro. Fanno le faccende co' danari.

E a dì 4 di Luglio 1509, io Luca dètti una mia invenzione a Giovanni piffero di Palagio,[1] la quale dètti, più tenpo fa, a Simone del Pollaiuolo, che poi si morì, e al presente l'ho data al detto Giovanni perche la metta innanzi a chi la potrà mettere in opera, se piacerà a Dio.

---

[1] Giovanni Cellini padre di Benvenuto scultore, uomo non profano alle arti del disegno.

E questo è un disegno di fare un tenpio a San Giovanni
Vangiolista, in quel luogo dove egli è, dirinpetto a San Lorenzo; cioè pigliare un quadro quanto tiene la piazza di
Santo Lorenzo, ch'è circa cento ·braccia per ogni verso,
come per una scritta l'ò avisato.

E a dì 22 di luglio 1509, ci fu come Padova si levò
in arme, chi voleva Vinegia e chi l'Inperadore, in modo
ch'e Viniziani entrorono dentro e corsonla per loro e morivvi giente assai; e anche feciono morire di quegli par-
tigiani dell'imperio, da' Viniziani, e dissesi che facevano
un canpo di quarantamila persone.

E a dì 18 d'agosto 1509, ci fu come e Mori di Barberia avevano ripreso la città d'Orano, la quale s'acquistò
quando el Re di Spagna prese Granata.

E a dì 24 d'agosto 1509, l'Inperadore s'appressava
a Padova col canpo suo e colle giente del Re di Francia.

E a dì 4 di settenbre 1509, ci fu come l'Inperadore si ritirò indietro, perchè non gli parve essere bastante.

E a dì 10 di settenbre 1509, passò di qui 500 spagniuoli ch'andavano a Padova in aiuto dello 'Nperadore,
mandati dal Re di Spagna da Napoli. E più si diceva che
ne mandava ancora migliaia; e questo fu che fece tirare
indietro l'Inperadore per aspettare questa giente. E in
questo dì ci passò due Cardinali franciosi, ch'andavano a
Roma, che ve n'era uno ch'andava per il cappello.

E a dì 15 di settenbre 1509, ci fu come l'Inperadore
aveva dato la battaglia a Padova, ed eravi morto molta
giente dell'una parte e dell'altra, e tuttavolta giugneva
giente dell'Inperadore; e come el Papa aveva comandato a' Vescovi di Francia e della Magna che venissino
all'aiuto dello Inperadore, e chi non veniva gli era tolto
e benefizi e rimanevano scomunicati. E più si disse ch'egli

aveva levato el battesimo a' Viniziani. E tuttavolta ci
passava molti Spagniuoli ch' andavano all' Inperadore;
tanti che furono più di dumila.

E a dì 24 di settenbre 1509, ci fu come 'l canpo del-
l' Inperadore era molto ingrossato, e come gli avevano tolto
el fiume della Brenta a Padova, e come facevano molte
scorrerie per tutti quei paesi; in modo che e detti paesi
fuggivano in Vinegia colle robe e colle donne e figliuoli.

E a dì 15 d'ottobre 1509, l'Inperadore levò el canpo
da Padova e tirossi indietro. Pensa come facevano quei
paesi!

E a dì 28 di ottobre 1509, ci fu come in Gostantinopoli era stati tremuoti sì grandi ch'avevano rovinato
quattromila case ed eravi morto settemila persone, e fat-
tosi male innumerabile giente; e morivvi de' nostri fiorentini, che fu uno Antonio Miniati nostro fiorentino, e
piu fiorentini si feciono male. E venne tale tremuoto a
dì 10 di settembre 1509 alle 4 ore; e, per quello medesimo tremuoto, era in Candia e quivi appresso rovinato
una città e fatto un lago; come pochi anni fu un' altra
volta in quei medesimi paesi circunstanti in Grecia e in
Andrinopoli e in più città molti grandi danni e rovine; e
delle mura di Gostantinopoli rovinò una buona parte oltre
alle case. E 'l Turco si partì di quivi e andossene in
Bursia: la qual cosa non fu piu sentita, e, secondo la
buona giente, era segno a' Cristiani e al Santo Padre di
dovere muoversi a conquistare tutto il Levante. Ma il nimico della umana natura aveva ordinato loro e ordito
una altra tela in Italia, per e nostri peccati, e perchè
non è venuto ancora la plenitudine del tenpo; perchè bi-
sognia prima purgare la malizia de'cattivi cristiani, de' tanti
infedeli cristiani bestemmiatori, adulteri, involti nel vizio
innominabile, micidiali sanza ignuno timore dello onnipo-

tente Iddio, che non si curano di guastare le creature sue
nè penson mai che si è fatti da lui. O ignoranza grande,
che si truova tanti che non si fanno mai coscienza d'ammazzare l'uomo, di mettere a sacco la roba e le persone
de'poveri che si stanno alle loro povertà e non anno fatto
ingiuria loro veruna! ammazzare, rubare, ardere le case,
menar via le vergini al postribolo, tagliare le vignie, tagliare tanti mirabili frutti che manda Iddio a l'uomo, e
guastare grani e biade e tutto quello che manda Iddio
pe'nostri bisogni. O grande miracolo che si truovi tanti
di sì perversa natura che par loro andare a offerire! Signore mio io vi priego che voi perdoniate loro perche e
sono nella profonda notte della ignoranzia, non ànno mai
pensato che cosa sia le gran maraviglie degli effetti di
Dio; perdona a me che n'ò maggiore bisogno che veruno,
fatemi misericordia.

E a dì 12 di novenbre 1509, fu finito di porre e
conci della porta di Palagio che va in dogana, per andare
in su la sala maggiore.

E a dì 15 novenbre 1509, ci fu un certo Spagniuolo
el quale montava in panca come ciurmatore, per vendere
sue orazioni, e diceva: Acciocchè voi crediate ch'ell'e d'una
santa che fa miracoli, e ch'egli è vero quello che io vi
dico, venite e menatemi a un forno che sia caldo, e io
v'entrerò dentro con questa orazione. E finalmente fu
menato a questo forno, da Santa Trinita, col popolo dietro e
molti cittadini de'principali, perche si partì di Mercato
nuovo dove egli montò in panca. E giunto al fornaio disse:
Datemi un pane crudo; e gittollo nel forno per mostrare
ch'egli era caldo, e poi si spogliò in camicia e mando giu
le calze a piè del ginocchio, e così entrò nel forno insino
lassu alto, e stettevi un poco, e recò quel pane in mano,
e voltolovvisi dentro. E nota ch'l forno era caldo, aveva

cavato el pane allora, e non si fece male veruno. E uscito
del forno, si fece dare un torchio e acceselo, e così acceso
se lo mise in bocca e tennelo tanto che lo spense; e più
molte volte in panca, e in più dì, toglieva una menata
di moccoli accesi e tenevavi sù la mano per buono spazio
di tenpo, e poi se gli metteva in bocca così accesi, tanto
che si spegnevano. E fu veduto fare molte altre cose del
fuoco; lavarsi le mani in una padella d'olio che bolliva
sopra 'l fuoco, fu veduto molte volte da tutto il popolo.
E così vendeva di quelle orazioni quante ne poteva fare;
e io dico che, fra tutte le cose che io ò mai vedute, non
ò veduto el maggiore miracolo che questo, se miracolo è.

E a dì primo di dicenbre 1509, si cominciò a non
pigliare più se non monete fiorentine. [1]

E a dì 20 di dicenbre 1509, ci fu come e Ferraresi
avevano dato una gran rotta alle galee de' Viniziani
nel Po.

E a dì 24 di febbraio 1509, ci fu come el Papa aveva
ribenedetti e Viniziani; e dissesi che non ne fu contento
lo 'Nperadore nè 'l Re di Francia ne di Spagna, perchè
non si vollono trovare col Papa e loro anbasciadori
ch'erano in Roma.

E a dì primo di maggio 1510, ci fu come el Re di
Francia aveva preso un castello in Lonbardia, che si

---

[1] Sotto questa data leggesi nel CAMBI: « Si chominciò a spen-
« dere quattrini nuovi neri, che se n'era fatti di nuovo, e davonne
« lire 7 per scudo d'oro, e si dicie avevano mezza oncia d'ariento
« per libbra, e gli altri quattrini neri degli altri coni si misse el
« pregio di danari due l'uno, e battevasi grossoni che valevano
« soldi 7 di quattrini neri l'uno, cioè grossi 20 per scudo d'oro,
« e sbandissi tutti gli arienti toxi d'ogni ciptà, e messesi el peso
« che aveano a essere, e per quanto s'avea a spendere; e taglia-
« vano tutti e toxi »

chiama Lignaco, per forza, ed eravi morto circa mille franciosi, e loro missono a sacco el castello e ammazzonvi ogni giente insino a'fanciugli. E piu si disse ch'egli era rifuggito giente in su uno monticello molto forte e, non potendolo avere nè salirvi, ch' e Franciosi avevono fatto certa buca in quel monte, e messovi buona quantità di polvere da bonbarda, e poi datogli fuoco, e fattolo rovinare buona parte del monte.

E a dì 11 di giugno 1510, venne una saetta a San Donnino e ammazzò un padre e un figliuolo, e due altri figliuoli ch'egli aveva tramortirono e stettono male.

E in questi dì fu trovato una fanciulla in un pozzo affogata, e non si trovò mai chi la fusse, nè chi la conoscessi, e non si seppe mai chi se l'avessi meno in tutti quei paesi.

E a dì 15 di giugno 1510, si cominciò a murare le case della Via de'Servi, dell'Arte della Lana, cioe quelle che sono fatte dov'era el tiratoio, e disfacevano el tiratoio di mano in mano che facevano le case E cominciorono la prima di verso e Servi. [1]

E a dì 18 di giugno 1510, si cominciò a votare la volta della Loggia de'Signori, la quale era in volta sotto, e fu fatta quando si murò la Loggia, e non si sapeva; ma volendo fare nella Loggia un pezzo di fondamento per

---

[1] Diminuito notevolmente in Firenze il commercio dei panni di lana si poterono, senza danno, disfare in questo tempo alcuni tiratoi Uno fu quello detto *dell'aquila*, in Via de'Servi, e vi si fecero nove case per ornamento della via medesima. Due armi dell'Arte, in pietra, si vedono ancora sulle case di numero 12 e 28, e segnano i confini dell'antico tiratoio La forma originale di quelle « bene aggiustate case », tutte di « un sol'ordine», come scriveva il CINELLI, e sempre conservata esternamente da quella di numero 22.

porvi la Giuletta di bronzo, trovorono che v'era la volta;
e notificato al Gonfaloniere n'ebbe allegrezza assai, e,
come valente uomo, disegnò di fatto farla votare pensando
fussi utile a tenere l'artiglierie

E a dì 19 giugno 1510, e festaiuoli di San Giovanni
mandorono un bando che non fussi niuno artefice ch'aprissi
botteghe da dì 20 detto insino fatto San Giovanni, a
pena di lire 25, sanza loro segno; e chi aveva el segno
costava a chi due grossi e chi tre e chi quattro. E feciono grande avanie a'poveri, perochè 'l bando disse che
non s'intendeva pe'lanaiuoli, nè setaiuoli, nè banchi; che
fu tenuta una ingiusta e infamatoria cosa e vile a far
fare la festa dl San Giovanni agli artefici.

E in questo tenpo venne in Firenze e per tutta Italia
una influenza di una tossa con la febbre, che l'ebbe la
maggior parte del popolo. Bastava la febbre quattro o
cinque dì e fu chiamato in Firenze el male del *tiro*. Perchè feciono la festa di San Giovanni e feciono molte cose;
la prima si giostrò in Piazza, cioè feciono fare fatti d'arme
a molti uomini d'arme, armati di tutte armi, colle lancie
come se fussino in canpo, e uno ando in sul canapo; e
per ultimo feciono la caccia di un toro. E fu quel dì caldo
grande e poi piovve una grande acqua che si immollò
ogniuno ch'era scoperto; che fu fatto grande numero di
palchetti, che v'era tutta Firenze e gran numero di forestieri; e per questa cagione dell'essersi molle col grande
caldo si chiamava el male del *tiro*.

E a dì 7 d'agosto 1510, venne due tremuoti alle 6
ore, e alle 7 ne venne uno altro, e l'altra notte ne venne
due altri nel medesimo tenpo di notte.

E in questi dì ci fu come nel contado di Bologna
venne un sì grande vento che rovinò molte case per il
contado. Pensa de'frutti quello potè fare!

E in questo tenpo feciono rifondare e rilastricare sotto el ponte a Rubaconte. [1]

E a dì 24 di settenbre 1510, giunse el Papa a Bologna.

E a dì 26 di settenbre 1510, venne in Firenze due Cardinali, cioè 3 Cardinali ch'andavano a Bologna al Papa. Alloggiorono in Santa Croce.

E a dì 30 di settenbre 1510, ne venne due altri Cardinali per andare a Bologna Alloggiorono ne' Servi. [2]

E a dì 17 d'ottobre 1510, si partirono di qui e andorono verso Pisa e Lucca per passare in Francia e non andare al Papa, perche erano franciosi e avevano sospetto del Papa; e per non fare ingiuria al Re.

E in questi dì si diceva che 'l Re di Francia veniva con due canpi a Bologna per assediare el Papa, in modo che si diceva che 'l Papa stava con sospetto. E anche si diceva che verrebbe abitare in Firenze.

E in detti dì venne el Re e scorse insino a Bologna, guidato da' fighuoli di messer Giovanni [3], che credettono che 'l popolo facessi novità a loro stanza, e non si mosse nulla; per modo che se 'l Papa voleva, ronpeva el Re

---

[1] La provvisione con la quale si ordinava agli Ufficiali della Torre di far riparare questo ponte, ch' era ridotto in istato da minacciare prossima rovina, è del 26 aprile 1509. Ved il *Registro di Provvisioni* ad an.

[2] Le date della venuta e della partenza di questi cinque Cardinali combinano a capello coi documenti Vedi le *Deliberazioni dei Signori e Collegi* e il *Copialettere dei Dieci* ad an. Prima vennero San Malò, Bayeux e Sanseverino, indi Santa Croce e Cosenza, e partirono poi tutti insieme, per la via di Pisa. Curiosi particolari della loro prolungata dimora in Firenze si hanno nel citato copialettere de' Dieci, a c. 96 e seg.

[3] Bentivogli.

appena si ritrasse e scostossi assai indietro: in modo che 'l
Papa non a piu sospetto e stimasi arà Ferrara presto.

E a dì 2 di novenbre 1510, intervenne questo caso
che al ponte a Rubaconte, tralla porticciuola e 'l ponte,
facevano rifondare el muro. Perchè v'era acqua assai,
forse 12 braccia, facievano venire la ghiaia e calcina per
l'acqua in su certi navicegli. Avevano fatto un palco in
su detti navicegli, e portavano in sul palchetto a lato
al muro con forse 25 uomini; e quando s'accostorono al
muro e detti navicegli s'enpierono d'acqua, per il peso
grande, e tirorono giù el palco e gli uomini, in modo
che n'affogò da 3 o 4 uomini E così avevano una nave
grossa con un palco ch'andò bene sanza pericolo; e io ne
vidi ripescare.

E a dì 4 di dicenbre 1510, arse la bottega di in sul
Canto de'Tornaquinci dello speziale, la quale facevano
e figliuoli di Giampiero speziale a San Felice, e 'l sito
era di Cardinale Rucellai; la quale arse tutta che non si
scanpo nulla se non qualche rame che si trovò sotto el
fuoco tutti guasti; e spianossi le mura fino a' fondamenti.

E a dì 22 di dicenbre 1510, si scoprì un trattato
del Gonfaloniere, di chi lo voleva ammazzare; che fu un
figliuolo di Luigi della Stufa ch'era a Bologna, che si
chiamava Prinzivalle. Si disse ch'egli aveva disegnato
3 modi d'ammazzarlo; el primo, d'ammazzarlo in Consiglio; el secondo, in camera sua; el terzo, quando andava
fuori. E questo scoperse una donna; e fu conferito a Filippo Strozzi, el quale, come lo seppe, l'andò di fatto a
notificare alla Signoria: e difatto mandorono per Luigi
della Stufa suo padre e sostenuto in Palagio.[1]

---

[1] Nella vita di Filippo Strozzi, scritta da Lorenzo suo fratello,
si parla distesamente di questo trattato di Prinzivalle della Stufa,

E a dì 30 di dicenbre 1510, fu confinato per 5 anni in quel d' Enpoli, e ronpendo e confini s'intendeva bando di rubello; e 'l figliuolo s'andò con Dio.

E a dì 3 di giennaio 1510, gli Otto mandorono un bando che chi fussi fiorentino e stessi in casa el Cardinale de' Medici, o del fratello o di niuno de' suoi, havessino bando di rubello se infra tre dì non fussi partito da loro; e tutti quegli ch'andassino a parlare e stare in casa loro per conto veruno, s'intendino avere bando di rubello, se non fussi notificato fra tanti dì qui alla Signoria.[1]

E in questi dì ci fu un Cardinale[2] sanza timore di Dio che per forza di danari fece corronpere una fanciulla fiorentina figliuola d'uno uomo da bene, buon cittadino e d'antico casato, e maritata a uno altro uomo da bene; e quali non voglio nominare per salvare el loro onore. E furtivamente la fece menare via a lui a Bologna, ch'era quivi col Papa, con dispiacere di suo padre e madre e sua parenti: e fu molto odiosa a tutta la città. E finalmente fra pochi dì fu rimenata, con molti mormoramenti e infamia per tutta la città, perchè fu molto manifesto a tutto 'l

---

ma non vi si fa parola che una donna lo scoprisse: vi si dice bensì che Filippo sdegnosamente ne conferì con la sua suocera Alfonsina Orsini nei Medici.

[1] Fino dal 21 gennaio 1497 era stata fatta una provvisione colla quale si ordinava ai cittadini, contadini e distrettuali che erano « al servizio et in compagnia de' rubelli et inimici » cioe de' Medici, di restituirsi al proprio luogo entro un mese: il 30 dicembie 1510, la repubblica richiamo in vigore quella legge comandando agli Otto di Guardia e Balìa di farla pubblicamente bandire dentro i primi tre giorni del loro ufficio. Quest'ordine fu da quel Magistrato portato ad effetto con deliberazione de' 2 gennaio (*Libro de' Partiti* ad an).

[2] Francesco Alidosi, già vescovo di Pavia e perciò chiamato, comunemente, il cardinale di Pavia. Vedi appresso sotto di 23 maggio.

popolo. E benchè sià stato un caso particulare, fu stimato universale, quando si diceva fiorentina.

E a dì 13 di giennaio 1510, cominciò a nevicare in Firenze e per tutto el contado, e nevicò 4 dì alla fila, che mai restò, per modo che l'alzò per tutto Firenze mezzo braccio, e ghiacciò in modo che bastò in Firenze insino a dì 22 che nevicò di nuovo sopra quella, in modo ch'ella alzò in Firenze in molti luoghi un braccio. E fecesi per Firenze molti lioni di neve molto begli, e da buon maestri; infra gli altri se ne fece uno dal canpanile di Santa Maria del Fiore, grandissimo e molto bello, e a S. Trinita; e molte altre figure fu fatto al Canto de' Pazzi, igniudi, da buon maestri; e in Borgo S. Lorenzo si fece città con fortezze e molte galee: e questo fu per tutto Firenze.

E a dì 23 detto, si cominciò a struggere e addolcare in modo che fece per tutte le vie un tal macco che per tutto non si poteva passare nè andare a fare niuna sua faccenda; per un dì o due, non c'era rimedio a potere passare le vie sanza fare ponti, e però n'ò fatto ricordo.

E a dì 23 di giennaio 1510, ci fu come el Papa aveva avuto la Mirandola a patti, salvo l'avere e le persone

E a dì 15 di marzo 1510, ci fu come el Papa aveva avuto un poco di rotta a Ferrara.

E in dì detto ci fu come a Cortona si faceva una certa festa, e rovinò palchetti e la sala dove si faceva detta festa; e morivvi circa 20 persone tra maschi e femmine, e più di cento se ne guastò; e fuvvi qualcuno fiorentino.

E a dì 5 d'aprile 1511, si pose giu una figura di marmo ch'era sopra la porta di San Giovanni, di verso l'Opera, per porvi figure di bronzo fatte di nuovo. [1]

---

[1] Vedi appresso sotto di 21 giugno.

E a dì 11 d'aprile 1511, si vinse in Consiglio che
le dote delle fanciulle non si potessino fare in sul Monte,
nè dare più di dota che millesecento fiorini. [1]

---

[1] A fiorini 1600 di suggello si riduceva e limitava veramente
il quantitativo della dote di ciascuna « figliuola di cittadino fiorentino »; ma non gia che non v'entrasse anche il Monte; chè anzi
i 1600 fiorini si doveano formare così · fiorini 800 larghi di grossi,
guadagnati sul Monte in nome della fanciulla, che ridotti a fio-
rini· di suggello facevano fiorini 960; e ogni restante tra denari
contanti e donora, non potendo queste però oltrepassare fiorini
150 di stima Solamente nel caso che la fanciulla « non avessi detto
Monte o insino a detta somma di fiorini 800 larghi », si poteva
dare « la valuta e stima di detti fiorini 800 larghi, o di quelli che
mancassino, in danari contanti » ec. (Vedi la riformagione del
Consiglio maggiore del suddetto dì 11 d'aprile nel Registro 202
delle *Provvisioni*, a c 12) Degne di essere riferite sono le con-
siderazioni per cui il governo della Repubblica si muoveva a prendere questa deliberazione, riassunte nel seguente proemio alla deliberazione stessa. « Considerando e magnifici et excelsi Signori
« in quanto disordine sia transcorsa la nostra città, e con quanto
« disagio e danno de' sua particulari cittadini et delle loro figliuole
« non maritate, per la dannabile consuetudine da non molto tempo
« in qua introdocta nel dare le grandi et excessive dote, di che
« ne è seguito e ne segue che molti cittadini antichi e nobili, non
« potendo dare tali e tante dote, sono stati necessitati fare paren-
« tado con persone assai dissimili alla qualità e conditione loro;
« e così e *converso* molti giovani da bene, per desiderio di gran
« dota, hanno tolto le figliuole di uomini danarosi ma molto infe-
« riori al grado e dignità loro, e desiderando ritornare alla buona
« consuetudine de' vostri antichi e savi cittadini, e dare materia
« che le fanciulle si possino piu facilmente maritare, avuto etiamdio
« sopra di ciò lungo e maturo colloquio, examine e parere de' loro
« venerabili Collegi, e da buon numero d'altri prudenti e savi cit-
« tadini, giudicano esser bene nello infrascritto modo' provedere »
Nel CAMBI pure è notato questo provvedimento e le ragioni che
lo provocarono tra l'altre cose narra che le doti erano giunte
anche a fiorini 3000, solamente di contanti, e che in città erano piu
di 3000 fanciulle da' 18 a' 30 anni che non si potevano maritare

E a dì 17 di maggio 1511, ci fu come el campo del Re di Francia s'era appiccato con quello del Papa, e erasi accostato a Bologna a due miglia.

E a dì 21 di maggio 1511, entrò in Firenze un Cardinale fatto di nuovo, ch' era fiorentino, che si chiamava messer Piero Accolti. [1]

E a dì 22 di maggio 1511, feciono venire la Tavola di Nostra Donna di Santa Maria Inpruneta perchè restassi di piovere; perchè pareva in questo tenpo troppa acqua. Et ebbe molti doni, ch'avanzò tutte l'altre volte; e ebbe 8 mantegli molto ricchi, e così molte pianete e paliotti e cose di drappi, numero 24, e cerati bianchi e gialli furono numero 90, e una bella croce d'ariento. [2]

E a dì 23 di maggio 1511, ci fu come le giente del Re di Francia erano entrate in Bologna, e le giente del Papa s'erano isbaragliate e andato col Papa a Ravenna. E 'l Cardinale di Pavia si fuggì di Bologna, el quale era legato della Chiesa e a guardia di Bologna, e andò a Ravenna dov'era el Papa; e 'l Prefettino, [3] ch'era Signore d'Urbino e Capitano della Chiesa, se gli fece incontro e dissegli: O traditore! tu ài rovinato la Santa Chiesa; e dettegli d'uno stocco nel petto e passollo da l'un lato all'altro in modo che morì in poche ore. Vedi che fa la

---

[1] Era stato creato cardinale del titolo di Sant'Eusebio, da Giulio II in Ravenna, a'dì 10 marzo di quell'anno.

[2] Nel Registro delle *Deliberazioni* dei SS. e Collegi ad an. è una deliberazione del giorno innanzi che stabilisce ed enumera i luoghi, oltre i consueti, nei quali si dovea processionalmente portare il tabernacolo. E in un quaderno del Massaio della Camera dell'Arme di quest'anno, a c. 75, si trova una nota di una parte delle spese occorse per quest'onoranza.

[3] Francesco Maria della Rovere.

giustizia di Dio! chè questo Cardinale fu quello che tolse quella fanciulla fiorentina; e pensa quello faceva in Bologna ch'era governatore di Bologna. Secondo che si diceva, aveva fatto molte cose di quelle medesime e più cattive.

E a dì 20 di giugno 1511, ci fu come el Papa era giunto a Roma, chè si partì da Ravenna; e giunto a Roma scomunicò Bologna e tutti quegli che gli dessino aiuto o favore, d'una scomunica molto forte, ch'era scomunicato el Re di Francia con tutta sua giente e chiunche dava loro aiuto.

E a dì 21 di giugno 1511, si scoprirono quelle tre figure di bronzo sopra la porta di San Giovanni di verso l'Opera, donde si levorono quelle di marmo antiche, e furono fornite di tutto. [1]

E insino a dì 13 di giugno 1511, circa a ore 20, venne in Firenze una fortuna d'acqua, e per tutto insino in Mugiello; e in Firenze venne in manco d'un'ora parecchi saette; una a San Giorgio e ammazzò un fanciullo, e una al Ponte vecchio in su la torre della Parte, e fece isbalordire parecchi che sedevano in sulla panca, e, infra gli altri, uno de'Ridolfi ne fu portato a braccia a casa, non vi morì. Una altra ne cadde in Sitorno e ammazzò una donna, una altra ne cadde a Bellosguardo fuori di Firenze, e ammazzò una donna ch'era maritata a uno de' Tosinghi ch'era quivi in villa; e anche morì una sua fante ch'era sù di sopra a uno altro palco; una altra ne

---

[1] Queste tre figure di bronzo furono opera di Gio Francesco Rustici, stategli allogate dall'Arte dei Mercatanti fino da' 3 dicembre del 1506 Vedi i relativi documenti, pubblicati dal cav. Gaetano Milanesi nel *Giornale Storico degli Archivi Toscani*, IV, pag 63 e segg.

venne a Montebuoni in sul canpanile della chiesa, e ammazzò una mula; una altra ne venne a San Benedetto
fuori della Porta a Pinti e cadde sopra la cappella maggiore e passò la volta, e poi in due luoghi forò la tavola
dell'altare, poi si ficcò in terra tra due mattoni. La quale
vidi tutti questi segni, e fu tanta acqua grande ch'al-
lagò tutto el Mugiello e 'l Valdisieve, e qui a San Salvi
e tutti questi piani. Menò via molto legniame.

E a dì 16 di luglio 1511, cavorono le nostre artiglierie di Santa Maria Novella, dalle stalle del Papa, e
misonle sotto la loggia de' Signori che gli avevano cavata
e acconcia; e la prima vi missono con difficultà per modo
che, ronpendosi el canapo, scorse giù per lo sdrucciolo
della volta, e fu per ammazzare e buoi e gli uomini

E a dì 17 di luglio 1511, ci fu come la giente del
Papa avevano preso un figliuolo di messer Giovanni Bentivogli, e come la giente del Re di Francia gli corsono
dietro e riscattoronlo, e come in Bologna si gridava: *Papa*,
e come fu mozzo la testa a piu cittadini che volevano
rimettere e figliuoli di messer Giovanni e colla forza
del Re.

E a dì 26 di luglio 1511, furono e primi poponi che
si vendessino in Firenze, e non si maturava nulla quest'anno. e fu la causa che gli andò tutta la primavera
fresca, e piovè così insino a questo tenpo, però ne fo
ricordo

E a dì 3 d'agosto 1511, ci fu come noi avàmo preso
la tenuta di Montepulciano.

E a dì 4 d'agosto 1511, affogò 3 uomini vuotacessi,
in un certo pozzo nero presso alla Porta a San Piero
Gattolino, alle Monache di San Giovanni

E a dì 7 d'agosto 1511, ci fu ambasciadori da Montepulciano, e fermoronsi e capitoli fra noi e loro · e a dì 9

si sonò a gloria e fecesi fuochi e festa assai. Fu una cosa sanza saputa di persona, e massime del popolo. [1]

E a dì 3 di settenbre 1511, ci fu come el Papa aveva interdetto Pisa, perche ritenevano e Cardinali che volevano fare el concilio quivi. [2]

E a dì 4 di settenbre 1511, ci fu come a Crema in Lonbardia era venuta una gragniuola con pietre arsiccie di peso di libbre 150 l' una, la maggiore, e la gragniuola vi fu pezzo di libbre 30 l' una, che ruppe e tetti e ammazzò più giente e bestiame assai. Cosi si disse da piu giente.

E in questi dì medesimi fu veduto la sera in aria, al castello di Carpi, fuochi grandissimi, e poi vedevano ispartire el fuoco in tre parti e fare grandissimi tuoni; e venne in un tratto gragniuola e venti che ne portava e tetti e' canpanili, e fecie grandissime cose

E a dì 23 di settenbre 1511, venne dal Papa la' nterdizione a Firenze, pure per quello medesimo, chè credeva che noi tenessimo le mani al Concilio.

E a dì 23 d' ottobre 1511, fummo ribenedetti insino a mezzo questo altro mese di novenbre.

E in questi dì fu fornito di coprire la chiesa della Vergine Maria di Por San Piero, cioe 'l corpo della chiesa [3]

---

[1] I capitoli della sottomissione di Montepulciano alla Republica fuiono stipulati in Firenze il 10 agosto, e se ne conserva una copia originale nell'Archivio delle Riformagioni, provenienza degli *Atti pubblici*, con in fine la ratificazione originale della Cemunità di Montepulciano

[2] Giulio II nella sua elezione aveva promesso di adunare entro due anni il Concilio, ma non ne fece nulla. Questo che si voleva fare a Pisa era contro di lui promosso dal Re di Francia e dall' Imperatore

[3] S'intende sempre di Santa Maria degli Alberighi o de' Ricci.

E a dì 4 di novenbre 1511, venne in Firenze la notte che seguita, circa a mezza notte, due saette, l'una dètte in sul palagio de'Signori, la quale dètte su dall'orivolo, e venne giu nella corte e levò una certa coreggia di bronzo ch'era per basa al Davitte della corte ,[1] e piu ismosse un pilastro della porta che comincia andare su per la scala, e ruppe certi scaglioni ancora su per la sala, poi sù fece el simile, e di fuori giunse giu per la porta, e tinse e guastò tre gigli sopra, pure de'Signori; che fu tenuto tristo segnio per il Re di Francia. E quella che venne in su la cupola ismosse circa tre nicchi, benchè non caddono; e anche'questo significava qualche incomodo della Chiesa.

E a dì 12 di novembre 1511, si partirono e Cardinali da Pisa che volevano fare el Concilio. [2]

E a dì primo di dicenbre[3] 1511, riavemo dal Papa di potere dire le messe, che ce n'aveva privati già tanti mesi.

E a dì 15 detto, ci ritolse le messe e ritornammo nelle interdizione.

---

[1] Nel CAMBI è pure registrata la caduta di queste saette, e come ne fosse investita la statua ricordata qui a pag. 119, cioe « un « Davitte di bronzo, di mano di Donatello, in sur una colonna che « posa in sur una baxe ch'avea 4 fogliami a'piè di detta colonna « nel mezzo de la corte del Palazzo, e roppe uno de'4 fogliami in « tre parti. »

[2] Perchè, dopo tenute tre sessioni in Pisa, deliberarono di tenere la quarta a Milano. (VILLARI, Niccolò Machiavelli e i suoi tempi, tom. II pag. 153)

[3] Il codice marucelliano ha Ottobre, ma deve dire Dicembre Ce ne assicura il CAMBI che scrisse: « Addi p.º di Dicembre, il di « di S. Andrea, che venne in domenicha, cheffu il primo di del-« l'Avento, Papa Iulio mandò sospensione per 15 giorni che lo « 'nterdetto fussi sospeso. »

E piu ci fu come la giente del Papa erano in Romagna e verso Bologna e verso Ferrara.

E in questi dì pose el Papa el canpo alla bastia di
Ferrara, e presto l'ebbono per il Papa.

E in pochi dì la recuperorono e perderono di giennaio; e come s'era tirato indietro, e che 'l Re di Francia
aveva messo in Bologna 400 lance. E tuttavolta noi stavamo interdetti insino tutto giennaio.

E a dì 15 di febbraio 1511, ci fu come Brescia s'era
ribellata dal Re e data a'Viniziani, benche la fortezza
si teneva per il Re, e bisognò che 'l Re levassi la maggior parte della giente da Bologna e andò a Brescia. E 'l
canpo del Papa si stava, benche si disse che 'l Cardinale de'Medici era entrato in Bologna: non fu vero.

E a dì 19 di febbraio 1511, si fece qui 300 balestrieri e scoppiettieri a cavallo, tutti di nostro contado.
Feciono la mostra

E in detto dì si disse che li Viniziani avevano avuto
una rotta dal Re presso a Parma.

E a dì 23 di febbraio 1511, ci fu come el Re aveva
ripreso Brescia e morto quasi ognuno; in modo si disse
18 migliaia d'uomini, poi si ridussono a 4 o 5 migliaia.
Dipoi scrisse qui Francesco Pandolfini, che v'era ambasciadore, che se n'era sotterrati novemila: e qui si fecie
fuochi e festa della vittoria del Re. [1]

E a dì 2 di marzo 1511, nevicò e fu grande freddo;
e a dì 5 detto rinevicò di nuovo una altra grande. La

---

[1] Nel libro ad an del citato Massaio della Camera si vede che
le spese per questa festa ammontaroro a lire 69. 9. 4 per 420 panelli
(oggi si dice padelle) per i ballatoi del Palazzo, 40 fastella di
scope arse sulla Piazza de' Signori, 65 razzi tratti da' detti ballatoi e 25 a casa dell'ambasciatore francese, e altre cose.

notte era gran freddi. Pensa come stava el canpo di Bologna che n'è camera.

E in questi dì ci fu come el Concilio aveva comandato in Bologna che niuno ubbidissi al Papa, e che di-
cessino le messe; e aspettavasi che facessino uno altro
Papa di corti dì.[1]

E a dì 11 di marzo 1511, ci fu come a Ravenna
era nato d'una donna un mostro, el quale venne qui disegnato; e aveva in su la testa un corno ritto in su che
pareva una spada, e in iscanbio di braccia aveva due
ali a modo di pilpistrello, e dove sono le poppe, aveva
dal lato ritto un fio,[2] e dall'altra aveva una croce, e più
giù, nella cintola, due serpe, e dove è la natura era di
femmina e di maschio, di femmina era di sopra nel corpo,
e 'l maschio di sotto; e nel ginocchio ritto aveva uno
occhio, e 'l piè manco aveva d'aquila. Lo vidi io dipinto,
e chi lo volle vedere, in Firenze.

E a dì 17 di marzo 1511, ci fu come e Franciosi,
ch'erano nella ròcca di Brescia, avevano di nuovo messo
a sacco tutti e monasteri e frati di Brescia, e morto
molti frati e donne, e rubato ogni resto che v'era.

E a dì 18 di marzo 1511, si partì di qui l'anbasciadore
francioso, e fecegli la Signoria un presente di circa 2 mila
ducati, d'una pezza di broccato e molte altre cose di drappi.
Avevasi in secreto sospetto ch'el Re non ci avessi per
nimici, come andava parole attorno, chè voleva mettere

---

[1] Questa non è che la conseguenza della deliberazione presa
a Milano nella quinta sessione tenuta il dì 11 febbraio, di nominare cioè il Cardinale di San Severino legato in Bologna DUMC-
SNIL, *Histoire de Jules II* etc , Paris 1873, pag 197

[2] Fio si chiama uno dei segni della *Crocesanta* cosiffatto *y*
Anticamente si usava di porlo innanzi a quei nomi o partite di
libro che volevansi contrassegnare

a sacco Firenze e Siena. E più se gli donò una tavola
d'altare di Nostra Donna, molto ricca, ch'era posta in
San Marco [1]

E a dì 21 di marzo 1511, riavemo dal Papa le messe;
però 'n sino all'ottava di Pasqua; e venne un suo ambasciadore a liberarci per senpre. [2]

E a dì 29 di marzo 1512, ci fu come el canpo del
Papa e degli Spagniuoli con quello del Re di Francia
avevano fatto una spianata di circa 4 miglia per fare
fatti d'arme. E in questi dì presono Ravenna e saccheg-
gioronla e feciono molte crudeltà: non ebbono la ròcca
allora. Vedi se 'l mostro indovinava loro qualche gran
male! e pare che senpre seguiti qualche gran cosa a
quella città dove nascono tal cose: così intervenne a Volterra ch'andò a sacco, e poco tenpo innanzi vi nacque
un simile mostro.

E a dì 3 d'aprile, si bandì un perdono alle Murate
per 3 dì, cioe Venerdì, Sabato Santo e la Pasqua, di
colpa e pena.

E a dì 12 d'aprile 1512, ci fu come el canpo della
Chiesa e gli Spagniuoli furono rotti dal Re e morivvi
10 mila persone, e' due terzi spagniuoli e 'l terzo spa-

---

[1] Nei documenti quest'ambasciatore è detto *Monsignore Dot-
ton* o *Di Uthon*, cioe D'Autun. La Repubblica il 18 stesso scriveva
a Roberto Acciaioli suo residente presso il Re Cristianissimo perche
lo ringraziasse di aver tenuto presso di lei (dal 25 di giugno 1511)
un uomo di tanto merito

[2] Giovannantonio Gozzadini di Bologna, cherico della Camera
Apostolica, che giunse il 23 di detto mese e fu alloggiato in Ognissanti. La Signoria spese nel presente che gli mando, cioè in confetti, torte, marzapani, vino vermiglio, trebbiano, tinche e anguille
grosse di Perugia e di Bientina, quadroni e candele di cera ecc.
L 92 15 8 (*Libro del Massaio* cit.)

gniuoli.[1] Morì circa 22 signori franciosi, fra' quali vi morì
un nipote del Re,[2] il quale si diceva per molti ch'era nostro
nimico: forse non era E dissesi che se non fussi ch'e
Franciosi adoperorono molte artiglierie, che feciono morire molte centinaia d'uomini d'arme e cavagli, arebbono avuto el peggio. E questo fu a dì 11 detto, el dì
della Pasqua di Resurresso, appresso a Ravenna dove
feciono la spianata, e concioronsi in modo che benchè e
Franciosi fussino al disopra, nondimeno si disolvè l'un
canpo e l'altro per modo che non poterono niuno fare
male a Firenze, anzi ebbono di grazia gli Spagniuoli potersene andare che non fussino isvaligiati. Chi se n'andò
per la Romagna, molti ne furono isvaligiati e morti; ma
tutti quegli che vennono per le nostre terre non fu torto
loro un pelo. Passorono tutti a Roma; e' Franciosi se
n'andavano alla volta di Milano.

E ogni dì s'intendeva molte crudeltà de' Franciosi e
Spagniuoli di vituperare, ammazzare e vendere monache
e frati e ogni generazione di giente; rubare gli argenti
dove stava el Corpo di Cristo, e reliquie, sanza paura o
timore o riverenza. Non si dice nulla delle vergini; che
si trovò padri, infra gli altri, che volendo nascondere
le sue figliuole, el quale n'aveva cinque grande, per la
paura, fece una certa caverna e missele dentro con cibo
d'alquanti dì, stimando tornare a loro e porgere loro più
cibo; e venendo la tribulazione fu morto, e ancora chiunque n'aveva notizia; in modo, che non potendo uscire

---

[1] Qui sbagliò lo scrittore del codice Marucelliano; il Landucci
deve certamente avere scritto *franciosi*, imperocchè da tutti gli
storici abbiamo ch'essi soffirono perdite minori della metà di
quelle dei confederati.

[2] Gastone di Foix, nipote di Luigi XII.

per via alcuna, vi morirono dentro; e trovata che fu la
detta caverna, trovorono le dette fanciulle tutte morte e
mangiatesi le braccia l'una a l'altra. E non si potrebbe
narrare le grandi crudeltà che ognora si sentiva. E dissesi ancora che un certo capitano del Re, entrando in
Brescia, tolse a un gentiluomo di Brescia una sua figliuola
molto bella, e tenendola molti dì, el suo padre glie ne
fecie chiedere più volte che gliene dovessi rendere, e finalmente nollo volle fare. E dopo molte volte gli mandò a
dire, che se la voleva, che gli dessi mille ducati; e 'l detto
cittadino fecie e detti danari e portogli, e lui gli tolse, e
poi disse che la voleva ancora quella notte. E 'l povero
cittadino vinto dalla passione disse: signore! poiche tu
non me la vuoi rendere to'mi anche la vita; e 'l detto non
timente Iddio, si cavò l'arme da lato e ammazzollo. So
questo peccato merita punizione dallo onnipotente Iddio,
chi non direbbe che gli è necessario l'inferno? Iddio nel
guardi e perdonigli e gran peccati.

E in questo tenpo si murava el canpanile di San Spirito, dietro alla sagrestia della chiesa.

E a dì 22 di maggio 1512, morì a Siena un certo
Pandolfo Petrucci che ne' sua dì occupò molto la detta
città facendosi grande e cacciando e sua avversari, e
anche togliendo la vita ad alcuni; e finalmente si muore.
Oh quanto è più senno a stare basso che volere soprastare agli altri! è manco pericolo all'anima e al corpo.
Se gli uomini grandi e ricchi fussino savi, e' fuggirebbono
el volere dominare quello che à essere comune a ogniuno,
perche si tiene con troppo grande odio, e che si stessino con
la loro ricchezza e stare contenti al bene comune e farsi
grande nelle mercanzie e nello onesto vivere da cristiani,
e dare molti guadagni a' poveri di Dio e amare la sua
patria con retto cuore.

E a dì 5 di giugno 1512, ci fu come e Svizzoli avevano ripreso Brescia e Peschiera e altre città di Lonbardia, e come ' Franciosi si fuggivano del paese.

E in questi dì si raffermò e capitoli col Re di Francia, che noi fussimo obrigati, a' sua bisogni, dargli 400 cavagli pagati di nostro, e che lui fussi ubrigato a dare a noi nc' nostri bisogni 600 cavagli pagati di suo; e più tutto quello ci facesse di bisogno. Promise con pure parole.

E a dì 13 di giugno 1512, ci fu come el Cardinale do' Medici s'era fuggito dal Re di Francia, che l'aveva prigione e mandavalo in Francia. E in questi dì venne in Bologna. [1]

E a dì 16 di giugno 1512, ci fu come Milano s'era ribellato dal Re, e più altre terre; per modo che si diceva ch'e Franciosi erano a un grave partito, e che s'erano ristretti nel borgo, e che gli avevano difficultà di vettovaglia e con grande paura.

E a dì 20 di giugno 1512, ci fu come e Franciosi s'erano partiti da Milano e scostatosi dal campo de' Svizzoli e andato a Pavia, con grande difficultà di vettovaglia: e 'l Papa s'era insignorito di Bolognia; e' Bentivogli s'andorono con Dio; e dubitavasi che e Franciosi non perdessino ogni cosa. E ancora Gienova s'era voltata e conbattevano le fortezze che tenevano e Franciosi, e anche Milano si tenevano le fortezze pe' Franciosi. Stavansi così sanza essere molestate quelle di Milano.

E a dì primo di luglio 1512, passò da Dicomano la giente del Papa, che mandava a Bologna circa 1000 cavagli, e dicevasi ch'e Franciosi erano usciti d'Italia, quegli ch'erano potuti scanpare che non fussino stati morti o

---

[1] Era rimasto prigioniero dei Francesi l'11 aprile, alla battaglia di Pavia.

presi a' passi, ch'assai ne capitò male. E la giente nostra, ch'erano colle giente del Re, ebbono salvocondotto
da' Svizzoli per potere tornare di qua, e non fu osservato loro, che furono tutti isvaligiati: a fatica salvorono
la vita.

E a dì 11 di luglio 1512, ci fu una lettera dal Papa
che comandava a questo popolo che dovessi mandare a
casa el Gonfaloniere e levarlo di signoria, onde parve
una cosa molto animosa e strana; onde ognuno pensava
che voleva mutare questo stato e rimettere e Medici in
Firenze. [1]

E a dì detto ci venne un suo anbasciadore, ch'era
fiorentino, un messer Lorenzo Pucci, con bella cavalleria:
stimavasi per questo medesimo effetto. [2]

---

[1] Leggesi nel CAMBI: « Mandò per il nostro inbasciadore el
« Papa, e dissegli chome egli scrivessi a Firenze a'Fiorentini che
« il Ghonfaloniere della giustitia a vita, ch'era Piero Soderini ri-
« nuntiassi detto a suo uficio, nollo faciendo minacciava la cipta;
« cheffù a dì 10 di luglio 1512 che dette lettere si lessono negli
« 80; ma per la sera non si chonsiglio niente, considerando la scioc-
« chezza delle parole del Pontefice, che gli pareva di gia essere
« in tanta viptoria, di chomandare a'Fiorentini, chome quello che
« non sa che a suo tenpo, di pocho tenpo inanzi, passo el re Charlo
« in persona con 14 m. chavagli e non temeptono niente, e chrede
« hora che temino lui, avendo mancho chagione, che 'l prefato re
« Charlo di fare male a' Fiorentini, che senpre gli feciono bene et
« mai gli avevano fatto contro. E questa era la fortezza de' Fio-
« rentini, la speranza aveano in Dio, che gli libereria da tanta in -
« giustitia di Pastore ».

[2] Questo Lorenzo d'Antonio Pucci era datario del Papa; e
« arivato cheffù a San Ghaggio, presso a Firenze un miglio, si
« fermò, come colui che penso che andava a sporre inbasciata contro
« a la ciptà » Questo e altri particolari intorno alla sua venuta
e alle trattative che ebbe colla Signoria narra distesamente il
CAMBI citato

E a dì 14 di luglio 1512, venne, circa a ore 21, in sul canpanile di Santa ✠ di Firenze, una saetta o veramente un sì fatto vento o fortuna, che lo fece cadere in su la chiesa, e rovinò la chiesa con 7 cavalletti in modo tale che scoperse tutto el coro e guastollo tutto; e le travi in più luoghi fororono lo spazzo della chiesa, e molte sepolture guastorono, e le scalee dell'altare maggiore parte ruppono e guastorono per modo che non fu mai veduto tale ruina, quasi incredibile danno di più di 20 mila fiorini. Stimavasi cattivo segno Chè questi principi e signori, in luogo di racconciare la Chiesa di Cristo e ampliarla, la ruinano per loro ambizioni Dove debbe essere l'unione di tutti e cristiani contro a gli infedeli e morire per la fede di Cristo, e al presente s'attende a versare el sangue di Cristo contro a ogni carità di tante miserie de' poveri popoli afflitti e dilaniati della povera Italia. Sia senpre a laude e gloria di Dio.

E a dì 26 di luglio 1512, ci fu come el Re di Francia si rifaceva gran giente, e come gli aveva posto a' sua sudditi due milioni di fiorini, e a'religiosi; e come faceva grande sforzo.

E a dì 28 di luglio 1512, ci fu come gli Spagnuoli s'erano azzuffati colle giente della Chiesa, e ch' el Vicerè s'era fuggito e partitosi, e che gli avevano arso el suo padiglione Tutte queste cose pareva che 'l Signore aiutassi Firenze, chè chi aveva in animo di farci male gli era tolto le forze, come piu volte s'e veduto: gli Spagnuoli avevano tristo animo.

E a dì 21 d'agosto 1512, ci fu come el canpo della Chiesa e degli Spagniuoli veniva a'danni de'Fiorentini: per modo crebbe el sospetto, che si cominciò a isgonberare in quello di Barberino e in Val di Marina, insino alle porte di Firenze, che tutta la domenica colle carra

e muli e bestie, con tanta furia, per modo che in Palagio
si vinse 50 mila fiorini per difendersi E ancora non avevano tocco nulla del contado nostro.

E a dì 23 d'agosto 1512, la Signoria mandò uno bando
che chi ammazzava un certo Ramazzotto da Bruscoli,
guadagniava 2000 ducati, e chi lo dessi vivo ne guada-
gnassi 3000; e, se fussi isbandito, s'intenda ribandito e
possa ribandire due altri, e così chi lo ammazza possa
ribandire due altri a suo modo, eccetto che di Stato.[1]

E in questi dì si sgonberava tutto questo piano di
Prato per modo che la porta di San Gallo, Faenza, el
Prato e San Friano era per modo calcata che duravano
le carra più d'un miglio alla fila ' aspettare di potere
entrare dentro, che fu necessario lasciare passare dentro
sanza gabella quasi ogni cosa in su le carra: se non vi
era qualche soma di biada o vino, o olio, passava dentro
le carra del lino e forzieri serrati, e nulla si guatava ne
si fermava nulla Le povere donne colle fanciulle e fanciugli carichi di loro povertà E chi gli vedeva era mosso
e isforzato lacrimare. E più feciono che la farina non
pagassi nulla di gabella

E a dì 24 d'agosto 1512, la scorreria non aveva ancora passato Barberino, e intendevasi che facevano ogni
male.

E in questi dì ci fu nuove come a Roma era venuto
una gragniuola tanto terribile el dì di Nostra Donna di
mezzo agosto, che fu tanto scuro che pareva di notte, e
ammazzò molti animali, e anche percosse e venne in su una

---

[1] Vedi per questo bando *Il Sacco di Prato e il ritorno de' Medici in Firenze nel MDXII*, pubblicato da CESARE GUASTI, Bologna, Romagnoli, 1880, in due volumi Il secondo di questi volumi è
tutto di documenti, e dal loro confronto resulta costantemente
l'esattezza delle notizie registrate dal Landucci

figura di Nostra Donna e non la maculò di nulla, e altre
figure guastò. Era grossa come uova.

E a dì 25 d'agosto 1512, si bandì di fare venire
Nostra Donna di Santa Maria Inpruneta.[1]

E in questi dì si soldava uomini d'arme e fanteria,
quanta ne veniva, in gran quantità, e fornivasi per tutto;
e più si badava a Prato ch'altrove, in modo che nel
Mugiello non si mandò aiuto, e loro presono la Scarperia
e 'l Borgo, e non facievano troppo danno in Mugiello,
ma volevano della vettovaglia

E a dì 26 d'agosto 1512, ci fu anbasciadori dal Viceré
che chiese alla Signoria tre cose. che noi entrassimo nella
lega; la seconda, che si rimettino in Firenze e Medici; la
terza, che 'l Gonfaloniere se n'andassi a casa e uscissi
d'ufficio.

E a dì 27 d'agosto 1512, venne presi in Firenze 6
Spagniuoli che presono e nostri fanti in Mugiello. E tuttavolta s'attendeva a isgonberare per tutto; e non era
tanta la paura de' contadini, quanto e' vedevano fare così
a' cittadini, in modo ch'e' poveri contadini ispiritavano di
paura, ma in verità per gli intendenti non era d'averne
tanta; più tosto toccava a loro avere paura, perochè, se
gli scendevano in questi piani, tutti capitavano male. Così

---

[1] Non· ci venne altrimenti fino al 26 di settembre, perchè il
30 d'agosto i Signori scrissero a Andrea Bondelmonti pievano di
S. Maria Impruneta « Noi vogliamo, per la turbulentia rechano
« seco questi tempi sinistri, voi non lasciate nè permettiate che si
« disponghà costì la intemerata Nostra Donna, per insino ad tanto
« non havete altro da questa excelsa Signoria Vogliamo ci vengha
« a tempo più quieto et più riposato, per poterla piu gloriosa-
« mente venerare. Fate con effecto quanto vi si scrive etc ». Questa
lettera è pubblicata per intiero nel citato *Sacco di Prato*, P. II,
pag. 131

giudicava ogni intendente. Tanti battaglioni s'era fatto e giente d'arme tutti inanimati d'andare a trovargli alla guadagnia, con animo d'ammazzare ogniuno. Che sono insino a oggi la nostra giente 17 migliaia d'uomini, tra battaglioni e giente d'arme.

E in detto dì scesono e presono Canpi sanza contrasto, e entrorono e ammazzorono una brigata d'uomini e ruborono ciò che ne poterono portare, e arsono lini e molte cose, menoronne molti prigioni; benchè di loro ne fu morti 4 e feriti. E la causa che l'ebbono sì presto fu che vi fu alcuni che apersone una porta per andarsi con Dio, e non riuscì loro; e furono tutti presi; e entrorono dentro e, tolto quello che vollono, se n'uscirono e lascioronlo e andorono alla volta di Prato.

E a dì 29 d'agosto 1512, el dì di Santo Giovanni Batista,[1] circa a ore diciotto, gli Spagniuoli presono Prato per forza di bonbarde e di battaglia. Che solo in un dì avessino un tale castello fu cosa maravigliosa perchè v'era 4 mila fanti e tanti contadini del paese che v'avevano la roba, le donne e' figliuoli, che v'era fuggito tutto el paese, che v'era un tesoro grande, e tutti diventassino come topi a non salvarlo un sol dì. E la causa che furono così fieri di fuora fu due cose; la prima che gli erano in due dì assediati sanza vettovaglia; e la seconda che sapevano che v'era un grande tesoro, benchè e' ci fussi una causa più potente, chè non si mandò di qui el soccorso che si poteva. Da qual negligenza si fussi io nol so, ma io vedevo tenere le giente qui dall'una porta all'altra, e niuno le moveva a mandarle via, e tuttavolta sentivàno strignere colle bonbarde, onde molti si maravigliavano di questa tardità. Onde entrato dentro e cru-

---

[1] Vuol dire il dì della Decollazione di S. Giovanni Battista.

deli marrani e infedeli, ammazzorono ogniuno che veniva loro innanzi, e non bastò loro avere un sì grande bottino, che non perdonavano la vita a persona; e se vi rimase niuno vivo, lo pigliavano e ponevangli la taglia a' piccoli e grandi e a ogniuno, molte disoneste, in modo inpossibile, che non potendo farla, gli straziavano con diversi martiri. E missono a sacco e monisteri; e donne e fanciulle missono a brodetto con ogni crudeltà e vituperio; e dissesi che furono morti 5 mila persone. Pare che la sia una permissione divina ch' e nostri principali facessino sì adagio, avendo 18 mila persone, ch'avamo più giente di loro; avavamo già inpedita loro la vettovaglia che non potevano scanpare 3 o 4 di che non morissino di fame; erano tutti morti e prigioni. E anche non furono molto prudenti a mandare più fanti e munizione in Prato: fu una certa furia quasi inpossibile, che a dì 27 abbino Canpi e a dì 29 abbino Prato, e però sono e peccati nostri. E rimasono e traditori sì forniti di vettovaglia da stare quanto volevano, e divennono tutti ricchi di tal bottino, e noi perdemmo ogni speranza di vincere in niun modo e Pistolesi.

E a dì 30 d'agosto 1512, portorono le chiavi e Pistolesi al canpo degli Spagniuoli, e presono accordo con loro; e così Pescia, per modo che si mandò dalla Signoria al Vicerè, per accordo, due nostri cittadini, e dopo più volte, andando e tornando, si fece un accordo col Vicere che noi entrassimo nella lega pagando 60 mila fiorini; e la seconda, che 'l Gonfaloniere ch'era a vita se n'andassi a casa; e la terza, che si rimettessino e Medici.

E a dì 31 detto, tornorono gli anbasciadori, e fu consentito tutto; e, giugnendo qui, andorono in Palagio circa alle 18 ore e mandoronne el detto Gonfaloniere, ch'era a vita, ch'aveva nome Piero Soderini, pacificamente e d'accordo, perchè lui disse non volere essere scandolo al

suo popolo, e ch'era contento a tutto quello ch'era la
volonta di Dio, onde si restò sanza Gonfaloniero; e dipoi
s'andò con Dio di fuori E così si partì dimolti cittadini,
chi a Siena, chi di qua e chi di là, per loro maggiore
sicurtà.

E a dì primo di settenbre 1512, entrò in Firenze
Giuliano de' Medici, e in Palagio entrò la nuova Signoria
sanza Gonfaloniere; e tutti e cittadini che gli stimavano
amici de' Medici tenevano la porta del Palagio e della
piazza, tutti armati, e isbarrate tutte le vie di Piazza.
Onde ancora el Vicerè non fu d'accordo a primo accordo,
ma mosse lite, e disse voleva 120 mila fiorini in tre
paghe: e anche non si partiva ancora, ma tuttavolta voleva le taglie de' poveri Pratesi che gli avevano presi,
facendo molte cose crudeli e disoneste. Non bastò loro
avergli morti e spogliatogli di tutto, che volevano anche
le taglie di quelli che restorono vivi.

E a dì 3 di settenbre 1512, venne una saetta in sul
palagio qui degli Strozzi e ammazzò uno maestro di murare, el quale aveva murato detto palagio, e al presente
era venuto a vicitare un poco la cosa; e toccò a lui tale
disgrazia che s'era trovato in tanti pericoli a murarlo,
e perì così sanza quegli pericoli, come piacque a Dio. Era
un buono uomo.[1]

---

[1] Ad Alfonso e a Lorenzo di Filippo Strozzi che trovavansi a
Lucca scriveva lo stesso giorno da Firenze un amico: « Istamani
« chadè una saetta in sulla vostra chasa in sul chanto di verso la
« piaza, e amazò Mariotto da Balatro muratore, ch' era in sul tetto
« a murare; e diè in s'uno chamino, e venne poi giù in terra alla
« basa di sotto, e quivi à lasciati piu segni Dispiacemi per la morte
« di quello povero huomo; e anchora per il pronosticho mostra
« Idio di buono mandi, e ghuardi chi resta » E pubblicata nel detto
Sacco di Prato, P. II, a pag. 176

E in questi dì ci veniva certi Spagniuoli a vendere
robe di Prato; e infra l'altre cose venne uno con un carro
di panni; essendo giunto presso alla piazza de' Signori, il
popolazzo gli misseno a sacco quei panni, e a fatica fu
scanpato che non lo ammazzorono. E in più luoghi ne
fu presi e morti; fra gli altri, a' Servi, capitandovene uno
el quale un prete lo riconobbe che gli aveva morto el
padre in Prato, e lui lo fece ammazzare appresso a' Servi;
uno altro gli fu mozzo una mano dalla ✠ al Trebbio,
volendogli ammazzare ch' erano tre insieme; e furono
messi per le case, a fatica gli scanporono.

E a dì 4 di settenbre 1512, n' ammazzorono uno alla
Piazza di Madonna e dipoi lo stracinorono da Santa Maria
Novella e per la Via de' Fossi, e finalmente lo gittorono
in Arno. Per modo che fu necessario mandare bandi a
pena delle forche chi dessi loro noia o alcuno impedi-
mento o male. E queste cose fanno certi ignoranti che
sono senpre causa di fare inciprignire e fare incrudelire
con nostro maggior danno; chè, quando era da loro sentito, straziavano e poveri prigioni che gli avevano nelle
mani, e non si voleva partire, anzi s' ingegnava di fare
ogni male al povero contado di Prato, e dovunche gli andavano ne portavano ciò che potevano; el resto ardevano.[1]

---

[1] Gli Oratori fiorentini presso il Vicerè scrissero da Prato il
primo di settembre alla Signoria, a richiesta dei *Maestri del campo*,
« che e' saria bene che dessino el salvoconducto a qualunche vo-
« lesse venire o in Firenze o in altri lochi a vendere e loro botini
« in fra termino di quatro o sei giorni, perchè quando questo fossi
« loro negato et loro fussino astricti nel partire del Campo lassare
« qui queste robbe, erano per brusiare le robbe et forsi la terra »
Il dì 4 poi i Dieci stessi, displacenti degli inconvenienti che se-
guivano, dettero ripetuti ordini ai Commissari in campo presso la
porta al Prato di Firenze perchè rimediassero. Ved il cit vol del
Sacco di Prato ecc, a pag 158 e 177

E in questi dì e nostri battaglioni si partivano quasi tutti, e ancora non s'era rifatto el Gonfaloniere; e secondo che si diceva, e cittadini erano in qualche discordia circa come s'avessi a governare; ma maggior cosa era el fare e danari che s'erano promessi, in modo ch' e detti Spagniuoli ancora non si volevano partire da Prato, ne 'l Cardinale non ci veniva. E infra l'altre crudeltà che facevano questi maladetti marrani si era che quegli che non avevano morti gli avevano prigioni, e posto loro taglie inportabili facendo loro molti martori. E questo fu molto maggiore male che non fu l'enpito dell'ammazzare in su la furia, ma lasciare durare el sacco tanti dì quanto vi stettano e pigliare anche prigioni e volere le taglie da chi gli avevano rubato ogni cosa. Ma credo sarà guai assai a quel Vicerè e a chi poteva riparare; e dovevasi chiedere nell'accordo di porre fine, e massime a' prigioni.

E a dì 6 di settenbre 1512, si vinse tra' Signori e' Collegi e Ottanta la provisione di limitare el Consiglio maggiore. [1]

E a dì 7 detto, si vinse nel Consiglio maggiore.

E a dì 8 detto, si vinse nel Consiglio un Gonfaloniere per 14 mesi, che fu Giovan Battista Ridolfi. [2]

---

[1] Questa provvisione stabiliva il modo dell'elezione, la paga e gli obblighi del Gonfaloniere di giustizia, nonche degli Arroti al Consiglio degli Ottanta, come pure dei Signori e del loro notaro, dei Dieci di Libertà e pace ecc. Nel *Protocollo* (nell'Arch. di Stato di Firenze) si legge in piè della medesima *Dicta provisio non venit in usum quo ad multa, et Vexillifer factus intra breve tempus renuntiavit propter parlamentum factum de mense septembris 1512 propter familiam de Medicis revocatam*

[2] In ordine alla sopra citata provvisione, il Gonfaloniere doveva durare in ufficio un anno, solamente il primo eletto doveva sedere fino a tutto ottobre 1513. Perciò qui è detto che fu vinto per 14 mesi.

E a dì 11 di settenbre 1512, fu morto uno spagniuolo su la Piazza di Santa Maria Novella, e strascinato in Arno, e ognora era corso loro dietro, chi toglieva loro el cavallo, e chi e danari. Non si poteva riparare con bandi, le quali cose erano cagioni di maggior male.

E a dì 12 di settenbre 1512, si portò e danari agli Spagniuoli. E in questo dì ci passò forse venti Spagniuoli che se n'andavano verso Roma, e per sospetto si fecioro acconpagnare a un tronbetto della Signoria e non giovò loro, perchè furono assaltati di là da San Casciano di verso Roma, e furono morti e isvaligiati. E dissesi che gli avevano parecchi migliaia di fiorini e anche avevano lettere di canbio per Spagnia di danari che loro mandavano là, e dissesi che quegli che gli assaltorono avevano le maschere e non furono conosciuti. E in questo tenpo, loro in quel di Prato e per tutto non facevano se non male, e pigliare prigioni e non osservavono patti nè lega, e vendevono tutte cose di Prato e di Canpi, tutto el grano, biade, masserizie, e ciò che trovavano da vendere, e dicevano di volere ardere ciò che lasciavano.

E a dì 16 di settenbre 1512, giovedì, circa a ore 19, Giuliano de'Medici e tutte sua giente, andò in Palagio de'Signori armata mano e prese el Palagio avenga che non gli fussi fatto resistenza. Fu bisogno fare el parlamento, e circa a ore 21 sono la canpana, e la Signoria venne giù in ringhiera, e lessesi e capitoli e quali furono questi: che fecioro 12 uomini per quartiere che potessino quanto tutto el popolo di Firenze per uno anno, che potessino fare e disfare ogni uficio della città. Mandorono un bando che chi voleva venire in Piazza potessi sanz'arme; e nondimeno la Piazza era tutta armata, e con giente d'arme e isbarrate tutte le vie e le bocche della Piazza, senpre gridando *Palle*, e così in Palagio per in-

sino alle canpane; e alcuni del popolo ch'erano entrati
in Piazza detteno la boce essere contenti al parlamento
e al nuovo governo. A laude di Dio Ogniuno debbe essere contento a quello che permette la Divina bontà, perchè tutti gli Stati e Signorie sono da Dio, e se in questi
mutamenti di Stati ci accade qualche penuria, danno o
ispesa o disagio del popolo, stima ch'egli è pe'nostri
peccati e a fine di qualche maggiore bene.

E a dì 18 di settenbre 1512, cominciorono a disfare
gli Otto che sedevono al presente, e feciongli Capitani
di Parte, e feciono altri Otto.[1] E in questo dì venne in
Firenze el Vicerè con forse 50 cavagli, e andò vedendo
la città e le chiese, e volle andare in su la cupola di
Santa Maria del Fiore a vedere, e andò con alquanti
cittadini, e andò el mio Benedetto[2] con loro. E a dì detto
si partì e ritorno a Prato, e ordino di partirsi.

E a dì 19 di settenbre 1512, si partirono gli Spagniuoli e vennono a Calenzano e menandone e prigioni
che non s'erono potuti riscuotere; onde e nostri contadini ch'erano rifuggiti in Firenze cominciorono a ritornare a casa, pure con sospetto. E 'l Cardinale si partì di
qui e andò a trovare el Vicerè e vicitarlo nel suo partire.

E a dì 20 di settenbre 1512, si partirono da Calenzano quegli più crudeli che 'l diavolo, e partironsi da
Canpi e per tutto, andorono per la via che vennono; alloggiorono a Barberino; e molti contadini si partirono di
qui e ritornorono a casa loro colle loro poverta.

---

[1] Cinque erano allora i Capitani di Parte Guelfa, e quattro
soli di questi Otto vennero destinati a quell'ufficio· Mainardo Ca-
valcanti, Giovan Francesco de'Nobili, Niccolò degli Albizi e Niccolo
del Troscia: il primo eletto, Gherardo Paganelli, non era degli Otto

[2] Uno dei figliuoli dello scrittore, ricordato anche altre volte.

E a dì 21 di settenbre 1512, si partirono da Barberino e arsono case e feciono ogni male, e noi gli demmo più pezzi d'artiglierie.

E a dì 22 di settenbre 1512, si tirò su el primo cavalletto del tetto di Santa ✠, che si tirò intero, che fu tirato con moltitudine perche era grande cosa e pericolosa.

E a dì 24 detto, si tirò su el secondo.

E a dì 26 di settenbre 1512, ci venne l'immagine di Nostra Donna di Santa Maria Inpruneta, che ricevemmo grazia di non andare a sacco la nostra città, perchè portammo grande pericolo avendo de'nostri dentro 18 mila persone e di fuori altrettante, che tutta volta balenava ogni cosa.[1]

E a dì detto arrosono a'48 di balia altri 12 uomini.

E in questi dì arrosono a'60 di balia altri 50 uomini per Quartiere, che fu la somma 260 cittadini, e quali potevano fare ogni cosa; e mandavasi el bando da parte della Signoria e degli uomini della balia.

E a dì 2 d'ottobre 1512, e Medici feciono ridipignere l'arme loro al Palagio loro, alla Nunziata e in molti luoghi; e feciono levare la immagine del Gonfaloniere dalla Nunziata de'Servi.[2]

---

[1] La lettera scritta il 24 di detto mese al Pievano dell'Impruneta dalla Signoria incomincia così. « Essendo, per gratia dello « omnipotente Iddio, et della sua gloriosa madre Vergine Maria, « partito lo exercito delli Spaguuoli, et la ciptà nostra andandosi « tuctavia ordinando di bene in meglio, vi facciamo intendere come « questa Signoria insieme co' loro venerabili Collegi hanno deliberato che domenica mattina proxima, che saremo a dì xxvi del « presente, ci vengha di buona hora alla ciptá nostra el devotissimo « tabernaculo » ecc. *Sacco di Prato* cit, vol. cit., pag 208

[2] Per devozione costumavasi dalle persone più illustri di Firenze, ed anche da'forestieri d'ogni grado, come pontefici, cardinali, principi, condottieri ecc , di porre in questo tempio i pro-

E a dì 5 d'ottobre 1512, mandorono un bando chi avessi de' beni della casa de' Medici li dovessi notificare, a pena delle forche, e ritrovossi molte cose.

E a dì 13 d'ottobre 1512, gli Otto confinorono Piero Soderini gonfaloniere passato e diposto, ch'era a vita, per cinque anni a Raugia, e che non si potessi partire a pena dell'essere rubello; e più confinorono e sua frategli per tre anni chi a Roma, e chi a Napoli, e chi a Milano, a pena, chi rompessi e confini, s'intenda rubello.

E più arrosono agli uomini della balìa insino alla somma di 500 uomini, per loro partito.

E a dì 22 d'ottobre 1512, alloggiorono in casa Giovanni Tornabuoni, circa a 6 anbasciadori ch'andavano al Papa, dello 'Mperadore, del Re di Spagnia e de' Viniziani e di quello che s'aspetta Duca di Milano, chiamato el Moro; eravi un vescovo della Magna[1] ch'andava per essere Cardinale.

---

pri ritratti in statue di cera al naturale, vestiti in costume. Stavano su certi palchi appositamente costruiti, ma non essendo questi più sufficienti a contenerli tutti, si principio nel 1448 ad appenderli con canapi al soffitto della chiesa Quando qualcuna di queste immagini precipitava di sotto, si presagiva che qualche disgrazia ne avvenisse a quella persona o alla famiglia. Per passione politica si levavano i ritratti degl'invisi al partito dominante; e questo del Soderini è uno dei non pochi esempi

[1] Matteo Lang vescovo di Gurk, ambasciatore dell'imperatore Massimiliano Il Papa, che gli fece grandissima accoglienza, mandò ad incontrarlo il Cardinale de' Medici suo legato, che lo riceve a Cafaggiolo Nella sua partita da Firenze alloggiò ad Uliveto, villa del datario Lorenzo Pucci, che gli fece onori straordinari; basti il dire che la camera fu parata tutta di broccati d'oro. Con lui erano, oltre i nominati ambasciatori, anche quello di Siena e di Lucca; e tutti ebbero splendido trattamento Il CAMBI, che ce ne ha lasciata la descrizione, dice che il Pucci « in due mangiari » spendesse la somma di 1000 fiorini.

E a dì primo di novenbre 1512, entrò la Signoria nuova, e fecıono gonfalonıere Fılippo Buondelmonti, fatto dalla balìa.

E a dì 6 di novenbre 1512, si partì di qui el Cardınale de' Medıcı e andò a Bologna.

E ın questo tenpo sı dıceva che la giente del Papa e Vinizianı ponevano el canpo a Ferrara; de' Franciosı non si dıceva nulla, nè che venissino a soccorrere Mılano, benchè le fortezze sı tenevano per luı.

E a dì 4 dı novenbre 1512, si partirono due nostri cittadını anbascıadori al Papa.[1]

E in detto dì fu fornito el tetto di Santa ✠, non però degli enbrıcı dı tutto, ma dı legniame.

E a dì 11 di dıcenbre 1512, venne ın Firenze quei sopradettı Vescovı tornando da Roma. E dicevası che gli era fatto Cardinale, ancorachè non pertassı el cappello. Alloggiò in casa e Puccı, benchè non fu vero poi.[2]

---

[1] Iacopo dı Gıovannı Salvıatı e Matteo dı Lorenzo Strozzı.

[2] Parla quı del Vescovo dı Guık (Matteo Lang), dı cuı ha sopra regıstrata la prıma venuta ın Fırente a' 22 d' ottobre. Il Cardella, nelle *Vite dei Cardınali* (tom III, pag. 359), e ıl Coronellı, nella sua *Cronologıa Universale*, pag. 177, pongono la promozıone dı questo Vescovo al cardınalato sotto dı 18 dıcembre 1511. Ma contro dı loro sta ın prımo luogo una lettera d'Antonıo Strozzı, oratore fiorentıno a Roma aı Dıecı dı lıbertà, del 9 novembre 1512 (Arch. dı Stato dı Fırenze, Lettere a' Dıeci, filza 112, c. 223), ın cuı dıce ch' « el Papa darà el cappello a Gburgense, e per ora non « lo darà ad altrı; et uno amıco m' a detto non essere ordınato « più dı uno cappello »; e ın secondo luogo sta, che ıl medesımo Lang, scrıvendo pure da Roma alla Sıgnoria il 26 dı novembre (Ivı, c 296), sı sottoscrıve *Matheus* D G E. (cıoè *Deı gratia epıscopus*) *Gurcensıs, imperialis in Italıa locumtenens generalis.* Finalmente, il Dıarıo ms. dı Parıde de' Grassı, cerımonıere pontıficıo (dı cuı ho notızıa da Roma, per cortesıa del ch. s,g cav. Oreste Tommasını) reca che solo ıl 24 dı novembre 1512 ebbe

E a dì 12 detto, si partì ed ebbe da noi 30 mila fiorini per la lega e per la pace de' Svizzoli.

E in questo tenpo piacque a questo governo nuovo di guastare la sala del Consiglio maggiore, cioe el legniame e tante belle cose, ch' erano fatte con tanta grande spesa, e tante belle spalliere; e murorono certe camerette per soldati e feciono una entrata dal Sale; la qual cosa dolse a tutto Firenze, non la mutazione dello Stato, ma quella bella opera del legniame di tanta spesa. Ed era di grande riputazione ed onore della citta avere sì bella residenza. Quando veniva una anbasceria a vicitare la Signoria, facieva stupire chi la vedeva, quando entravono in sì magna residenza e in sì grande cospetto di consiglio de' cittadini Sia senpre a laude e gloria di Dio ogni cosa, e posto nella sua volonta. [1]

E a dì 20 di dicenbre 1512, cominciorono a squittinare in Palagio; [2] e ancora io andai a partito, come volle

luogo la *creatio novi cardinalis Gurcensis, ac publicatio et dato tituli*; soggiungendo che il Gurgense accettò bene quella dignita, ma non volle assumerne i distintivi, per non sembrare d' aver brigato onori per sè, mentre era legato di Cesare, e interessato solo a rappresentarlo Tutto questo, se non m' inganno, spiega chiaramente il Landucci, e mostra come egli, anche in questo bisticcio, sia, come sempre, nel vero.

[1] Gli Operai di S Maria del Fiore ebbero ordine dai Priori, il 22 di novembre, di consegnare a Baccio d'Agnolo, architetto e capo maestro del loro Palazzo, tutti i legnami occorrenti *pro sala dicti Palatii reactanda, que vocabatur Sala Consilii maioris* E il 31 di dicembre ordinarono al Camarlingo della Camera dell'Armi di pagare ai detti Operai tutti gli abeti ricevuti e da riceversi dall'Opera, *pro conficiendis mansionibus Custodiae Salae novae* (*Libro di Deliberazioni* ad an.).

[2] Come è noto, la Balia nominò fino dal 21 settembre gli Arroti per fare questa imborsazione per tutti i magistrati ed uffici, e con successive deliberazioni prese vari provvedimenti sem-

alcuni miei amici con mia poca volontà; ma per fare a modo de' Signori. A laude di Dio.

E a dì 19 di giennaio 1512, venne in Firenze el Cardinale de' Medici, che veniva di Bologna.

E a dì 24 detto, gli Otto confinorono Martino dello Scarfa per 5 anni fuora di Firenze, e in tremila fiorini, pagandone la metà al presente.[1] E confinorono anche un Piero mazziere per 5 anni a Livorno, el quale gli avevono anche tolto l'uficio prima, e anche ebbe della colla, perchè dissono che gli aveva isparlato dello stato, et è da credere, perchè era uomo senplice, e lasciava andare le parole spesso carattando e cittadini, sanza pensare alcuna ingiuria.

E a dì 18 di febbraio 1512, si scoprì un poco di trattato, e inmediato alle 4 ore di notte feciono pigliare

---

pre al medesimo oggetto. Degna di nota è quella del 19 di decembre che principia. « Pensando continuamente e Mag.ci et Ex si S. ri « et gli altri spettabili cittadini della presente Balìa tutte quelle « vie mediante le quali si possino beneficare e cittadini et prove- « dere che per qualche sinistra machinatione non habbino a essere « tolti gli honori della città a chi ragionevolmente si convenis- « sino » ecc. Questa deliberazione accresceva l'autorità data ai 20 Accoppiatori, ordinando che, per il prossimo squittinio generale, avessero facoltà d'imborsare quei cittadini che non avessero ottenuto il partito, quando i loro nomi venissero approvati da almeno due terzi di loro

[1] Martino di Francesco dello Scarfa fu condannato a stare nelle potesterie di Montelupo e di Empoli, come porta la sentenza da me veduta, e la multa riducevasi a soli 1500 fiorini, purchè li pagasse dentro otto giorni dalla notificazione della condanna, come fece. Che la sua colpa fosse di far contro ai Medici lo fahno capire gli stessi Otto, quando dicono di pronunziare la sentenza *pro conservatione presentis optimi pacifici status et regiminis Populi florentini, et pluribus aliis iustis et rationabilibus causis moti*.

circa a 14 giovani cittadini de' principali, che vi fu de' Capponi, Strozzi, Nobili, e Valori, Boscoli e altri.[1]

E a dì 19 detto, gli Otto mandorono un bando che ogniuno dessi notizia dell'arme che gli avessi, per tutto dì 20 detto, a pena di fiorini 100, e dettonsi a dì 20 detto.

E in detto dì si disse che 'l Papa era morto.

E a dì 22 di febbraio 1512, andò el Cardinale de' Medici a Roma con grande prestezza.

E a dì detto si sonò le campane per la morte del Papa, ch'era nona; e morì a dì 20 detto in domenica.

E in questa notte mozzorono el capo a due di quegli, presi per lo stato, che fu uno Agostino Capponi e l'altro un giovanetto de' Boscoli, nel Capitano; e più confinorono Niccolò Valori in prigione a Volterra per due anni, e poi confinato per sempre a Città di Castello.[2]

E a dì 4 di marzo 1512, entrorono e Cardinali in conclavi per fare el Papa.

E a dì 11 di marzo 1512, innanzi dì due ore, si levò el romore per Firenze che 'l Cardinale de' Medici era Papa,

---

[1] Diciotto o venti furono indiziati come congiurati contro la casa de' Medici per aver voluto liberare la città e ammazzare Giuliano e Lorenzo e messer Giulio. Si scoprì la congiura per essere stato raccolto un foglio dov' erano scritti i loro nomi, caduto di tasca a Piero Antonio Boscoli, che insieme con Agostino Capponi fu ritenuto per il capo della congiura Il 4 aprile 1513, la Balìa per ordine del Papa assolse dalle pene oltre al Soderini, allo Scarfa e altri, anche i condannati per questa congiura, cioè Niccolò Valori, Giovanni Folchi, Ubertino Bonciani, Francesco Serragli, Pandolfo Bitotti, Duccino Adimari e Giovanni Bartolommei Quanto al Capponi ed al Boscoli, che erano stati giustiziati, fu dichiarato il 20 dello stesso aprile che i loro beni fossero liberi dalla confisca

[2] Luca di Simone della Robbia scrisse la *Narrazione del caso di Pietro Paolo Boscoli e di Agostino Capponi*, che fu pubblicata nel tomo I dell' *Archivio Storico Italiano*

e sonò molte canpane e fecesi fuochi in molti luoghi per
Firenze con tanto romore e allegrezza, con tante grida,
senpre *Palle*, che feciono levare ognuno in Firenze insino alle donne, ognuno alle finestre, ch'era innanzi dì
piu di due ore, benchè cominciò alle otto ore d'uno
ch'andò gridando per la citta come gli era Papa; nondimeno non ce n'era nulla, perche andando al Palagio
de'Signori e de'Medici dissono che non c'era ancora
nulla. E finalmente non si potè, per tutto dì, non si potè
mai fare altro che gridare *Palle* sanza sapere nulla. Pareva ch'el popolo indovinassi quello ch'era, che fu cosa
maravigliosa; ch'è vero el proverbio « boce di popolo,
« boce di Dio » e nondimeno, per gli intendenti, parve
cosa leggiera a sonare canpane e fare fuochi sanza sapere el vero.

E a dì 11 di marzo 1512, a ore due, in venerdì, ci
fu la nuova, e 'l vero, che gli era Papa el Cardinale
de'Medici, e chiamato Papa Lione X^{mo}; e se prima s'era
fatto fuochi e festa, si fece altrimenti e d'altra voglia,
per modo che s'arse innumerabili fastella di scope e frasconi, corbegli, barili e ciò che s'aveva in casa ogni povero uomo; e per tutte le minime vie della citta, sanza
niuna masserizia; e non sendo contento el populo, corsono
per tutto Firenze a rovinare tutti e tetti d'asse che tro-
vavono alle botteghe e in ogni luogo, ardevano ogni cosa.
Pericolorono tutta la città con danno grandissimo; e se
non fussi gli Otto mandorono un bando che non si rovi-
nassi più tetti e che non si dicessi piu ingiuria a'pia-
gnioni, a pena delle forche, arebbono rovinato quegli degli enbrici e messo mano a rubare le botteghe. E durò
questa pestilenzia tutto venerdì e 'l sabato a fare fuochi
e panegli in Palagio, in su la cupola, alle porte e per
tutto, con tanti colpi d'artiglierie, senpre gridando *Palle*,

Papa Lione, che pareva ch'andassi sotto sopra la città, e chi fussi stato alto arebbe detto. Firenze arde tutta la città, tanto era le grida e' fuochi e 'l fumo e gli scoppietti, e piccoli e grossi; e poi la domenica quel medesimo, e 'l lunedì poi via peggio che mai. Posono in su'canti del ballatoio del Palagio una botte da malvagia dorata a ogni canto, piene di scope e cose da ardere, e così su per la ringhiera molte botte dorate, e su per la Piazza, con tanti colpi di spingarde. Era cosa incredibile el numero de' fuochi ch'era per la città; ogni povero aveva el fuoco all'uscio suo. E più feciono più trionfi, e ogni sera n'ardeva uno a casa e' Medici a loro proposito; che fu uno la discordia, la guerra, la paura; uno altro ne feciono della pace, e questo non arse, come se fussi posto fine alle passioni, e che si rimanessi in pace e trionfi

E a dì 18 di marzo, venerdì, ci feciono venire la Nostra Donna di Santa Maria Inpruneta; fugli fatto grandissimo onore, ebbe nove manteglì, che ve ne fu 7 di broccato d'oro dalla Signoria e da' Medici ; e altri molti e molti altri doni innanzi a tutte le altre volte.[1]

E a dì 21 di marzo fu fornito di coprire una volta[2] la quale si fece in Mercato vecchio a lato a l'entrare de' beccai, verso la colonna, la quale si penò più mesi a cavarla perchè trovorono fondamenti molti difficili a cavare; e nel penare assai accadde che, per pochi provvedimenti, vi cadde di notte molte persone, e chi si ruppe braccia e chi la coscia, e dissesi che ve n'era morti. Chi l'ebbe a fare non ebbe troppa carità.

---

[1] Questa volta il Tabernacolo fu portato in processione per render solenni grazie a Dio dell'essere stato creato papa un fiorentino (CASOTTI citato, pag. 146).

[2] Cioè una cantina.

E a dì 8 d'aprile 1513, la notte, morì el nostro Arcivescovo ch' era figliuolo di Guglielmo de' Pazzi; e a dì 12
gli fecíono un grande onore in Santa Maria del Fiore,
e quivi è seppellito nel mezzo della chiesa. Dio gli perdoni. [1]

E in questi dì ci fu una copia che quando e Cardinali furono in conclavi, innanzi facessino el Papa, creo-
rono fra loro 30 capitoli di quello fussi obbrigato el Papa
che sarebbe creato, sotto giuramento d'osservargli; e che
'l Papa che sara fatto sia ubrigato a retificare a detti
capitoli sotto giuramento, innanzi sia pubblicato: fra gli
altri capitoli furono questi.

1. Che non possi fare più che due cardinali di sua
consanguinità, quando mancassi el numero di 24, senpre
vincendo co' due terzi de' cardinali.

2. El secondo, che fussi ubrigato a ragunare una
congregazione di cristiani a ordinare la Santa Chiesa, e
pensare contro a gli infedeli, e leggere due volte l'anno
questi capitoli nella congregazione.

3. El terzo, che non possi trarre la Corte di Roma
per l'Italia sanza consenso della metà de' Cardinali, e
per fuori di Italia bisogni $^2/_3$ de' Cardinali.

E in questo tenpo stette mesi che non piovve mai,
ma nevicò e stette freddo per molti dì come di gennaio,
in modo che ci moriva molta giente: in pochi dì morivono
e non si sapeva di che male.

E a dì.... d'aprile 1513, fu coronato Papa Lione
a Roma, con grande onore e assai magnificenza e spesa.

E a dì 17 d'aprile 1513, ci fu come messer Giulio
de' Medici era fatto Arcivescovo di Firenze, e fecesi molta

---

[1] Il Cambi dice di lui, che « era uomo grande e buono ».

festa e fuochi per tutto Firenze, in modo che s'appiccò
el fuoco nelle case del Vescovado, di dietro, di verso
San Giovanni, che s'appiccò a certe scope che teneva in
un magazzino el fornaio di sotto le volte

E a dì 17 d'aprile 1513, andò a Roma Giuliano
de' Medici fratello del Pàpa, a vicitarlo; e andò con lui
piu giovani de' Tornabuoni e altri.

E a dì 17 di maggio 1513, andorono a Roma al Papa
anbasciadori nostri cittadini, andorono molto in punto
e orrevoli di vestimenti e cavagli, con molti giovani con
diverse livree, e 50 muli di carriaggio.

E a dì 28 di maggio 1513, ci fu come el Re di
Francia aveva preso Genova per forza

E a dì 9 di giugno 1513, ci fu come el Re di Francia
fu rotto da' Svizzoli che venivano a Milano

E a dì detto ci fu come el Papa aveva fatto tre cardinali, che fu messer Giulio di casa sua, el quale prima
aveva fatto Arcivescovo di Firenze; el secondo messer
Lorenzo Pucci; el terzo un figliuolo di Franceschetto suo
parente[1], e un fratello di ser Piero da Bibbiena.[2]

E a dì detto si disse aveva fatto 4 cavalieri fiorentini,
ma non furono se non due, che fu Filippo Buondelmonti
e Luigi della Stufa[3]

---

[1] Innocenzio Cibo, figliuolo di Maddalena sorella del Papa.

[2] Bernardo da Bibbiena, domestico e allevato dei Medici, stato
segretario del medesimo Papa quando egli era cardinale, e dipoi
suo tesoriere

[3] Degli ambasciatori fiorentini il Papa « feciene dua Chavalieri
(scrive il CAMBI) Arebene fatti più, ma per l'avaritia de' ciptadini, richuxorono; che in questi tenpi era l'avaritia in colmo, più
che fussi mai stata per infino a questo dì; per modo che in Firenze non era rimasto se none un Chavaliere sperondoro, chessi
chiamava mess. Piero di Francesco Alamanni, d'eta d'anni 75 ».

E a dì 24 di giugno 1513, si fece la festa di San
Giovanni.

E a dì 25 detto feciono in su la Piazza de' Signori
uno castello di legniame, e feciolo conbattere con diverse
lance e arme e con mattoni crudi e bastoni, tutti sanza
ferro. era dentro circa 100 uomini e 'di fuori furono
circa 300; e fu in modo bestiale la guerra che di quegli
di fuori ebbono di quei mattoni in modo che ne andò
assai allo Spedale, e anche ne morì.[1] E oltre a questo,
vi cadde un palchetto e morivvi due donne e uno uomo,
nel medesimo dì.[2]

E a dì 26 di giugno 1513, si gittò in Arno un cittadino al ponte a Rubaconte, e volontariamente volle affo-
gare. E in detto dì si gittò uno altro in un pozzo volontariamente, ma fu veduto e ripescato che non affogò.

E a dì 26 detto feciono una caccia, pure in Piazza
de' Signori, di tre tori, e feciono dimolto male. guastorono dimolti uomini ch'andorono a Santa Maria Nuova.
E di quei tre tori n'uscì due dello steccato, uno ne corse
per il Corso insino a San Giovanni, e l'altro corse insino
a la Piazza del Grano, e non feciono male a persona, ed

---

[1] Il Cambi la chiama una *festa diabolicha e tutta bestiale.*
Dentro al castello, che girava piu d'80 braccia, erano « certi bravi
« e di mala vita, e di fuori erano 400 uomini soldati di nostro
« teritorio — e in effetto quelli di fuori ne fu ghuasti assai, e di
« que' di drento quaxi nessuno ».

[2] I soldati che stavano nella sala grande del Consiglio (rilevo
sempre dal Cambi) fecero un palchetto sporgente sopra la porta
del Bargello, che allora era sempre li, e non al palazzo del Potestà come scrisse il Polidori, annotando la citata *Relazione* del
Della Robbia, « per fare vedere due meretrice, si roppe una piana
di detto palchetto e caschò con quelle dua meretricie, e dettono
addosso a due fratelli » che erano sotto a vedere lo spettacolo, e
« tuttaqquattro morirono ».

erano calcate le vie di gicnte; e corsono loro dietro, e
là gli fornirono d' uccidere.

E a dì 29 di giugno 1513, venne in Firenze messer
Luigi della Stufa fatto cavaliere dal Papa: fugli fatto
onore.

E a dì 22 di luglio 1513, venne in Firenze messer
Filippo Buondelmonti fatto cavaliere dal Papa a Roma,
e dettongli le bandiere la Signoria e la Parte Guelfa, e
così l'ebbe anche messer Luigi.[1]

E a dì 26 di luglio 1513, venne una saetta a Bellosguardo e ammazzò un famiglio di Francesco Girolami,
el quale era dietro al detto Francesco, ch'era a cavallo,
e Francesco fece mezzo isbalordire, e non morì se non
el famiglio.

E a dì 10 d'agosto 1513, tornò in Firenze Lorenzo
di Piero de' Medici.

E a dì 14 d'agosto 1513, venne in Firenze l'Arcivescovo nuovo, che fu messer Giulio ch'era cardinale.

E a dì 15 detto, udì la messa in Santa Maria del
Fiore e dette l'indulgenza di colpa e pena, chi stette a
quella messa.

E a dì 18 di settenbre 1513, fu confinato Francesco
Del Pugliese per 10 anni, che non potessi appressarsi a
Firenze a due miglia, perchè aveva isparlato della Casa
de' Medici, d'alcune parole. [2]

---

[1] Dettagliatamente descrive il CAMBI la cerimonia dell'ingresso,
ricevimento ecc. di questi cavalieri, fatta con tutte le forme dell'antica consuetudine.

[2] La condanna è del 3 di settembre e doveva essere eseguita
dentro venti giorni. Nel documento non son nominati i Medici, ma
che fosse data a loro riguardo questa sentenza s'intende facile leg-
gendovisi *Actentis quibusdam erroribus et inconvenientibus factis
et commissis in vilipendium et dedecus presentis pacifici Status* ecc.

E a dì 27 di settembre 1513, comandò la Signoria
che questo dì si guardassi come la Domenica, e così si
fece, che non s'aperse botteghe, a riverenza di San Cosimo
e Damiano, e fecesi una processione.[1] E in quel dì si
pose a' Servi l'immagine di Papa Lione. Aveva un breve
che diceva: *Pastorem ut me fecisti* fammi grazia ch'io
vinca l'arme colla pace, ch'io possa ridurre alla fede
e Turchi.

E a dì 7 di ottobre 1513, fece la Signoria che lo
Spedale di Santa Maria Nuova non pagassi gabelle.[2]

E a dì 12 d'ottobre 1513, la Signoria di Firenze si
insignorì di Pietra Santa e di Mutrone, e in detto dì si
prese la tenuta. A laude di Dio.[3]

E in questi dì ci fu come gli Spagniuoli avevano rotto
e Viniziani e scorso per terra quanto vollono, con grande

---

1 Tutto questo fu deliberato *acientis et consideratis innume-*
rabilibus benefitiis et gratiis ab omnipotenti Deo huic inclite ci-
vitati Florentie et collatis et que cotidie conferuntur; et demum
nova creatione quatuor Cardinalium florentinorum ab aposto-
lica Sede creatorum ecc. (Registro di *Deliberazioni dei Signori*
e Collegi ad an)

2 La deliberazione è della Balìa (Reg. cit, a c 159) e de' 5 d'ottobre; e fu presa in riguardo alle benemerenze grandi di quello
Spedale verso la città, tantoché nel proemio si leggono queste parole · « Et volendo confessare el vero, si può assolutamente dire
« quelli essere stati ed essere » (gli Spedali di S. Maria Nuova e
degli Innocenti) « due ferme e solide colonne del mantenimento
« di questa excelsa Republica e della sua libertà ». Furono pertanto concessi a detto Spedale di S. Maria Nuova tutti quei « privilegi, benefici, emolumenti, immunità et exemptioni » che godeva
l'altro Spedale degli Innocenti.

3 Restituirono i Lucchesi ai Fiorentini questi due luoghi in vigore di una sentenza del Papa, nel quale ambe le parti, che dap-
prima avevano prese le armi, avevano compromesse le loro que-
stioni.

preda Dovrebbono ricordarsi quando si ridevano de' Fiorentini, e quando vennono a canpo insino a Bibbiena, e come
tenevano mano di tòrre loro Pisa, e senpre la tennano
confortata che non tornassi sotto e Fiorentini; ora va
per adverso: chi la fa l'aspetti.

E a dì 18 d'ottobre 1513, ci fu come el Re di Portogallo aveva mandato l'ubidienza al Papa e presentolo
queste cose· un Papa di zucchero con 12 Cardinali tutti
di zucchero, grandi come uomini naturali, 300 torchi di
zucchero di 3 braccia l'uno, 100 casse di zucchero e
molte casse di spezierie sottili, di cannella, garofani e di
tutte altre cose, uno cavallo bianco che passa tutti gli
altri di bellezza; e più à mandato un moro, di quegli di
Calicut, alto circa braccia 4, con molte gioie appiccate a
gli orecchi e per tutto.

E a dì 20 d'ottobre 1513, venne in Firenze uno spagniuolo el quale aveva seco un garzonetto di circa 13
anni, el qual garzonetto era nato con questa vogla, o
vogli dire mostro, el quale andava mostrando per la città
e guadagnava molti danari; el quale gli usciva del corpo
una altra creatura che aveva el capo in corpo suo e
fuori pendevano le ganbe colla natura sua e parte del
corpo, el quale cresceva come el garzonetto, e orinava
col detto mostro, e non dava molto affanno al garzone.

E in questi dì si ruppe una catena alla sala grande
sopra la Dogana, perchè vi avevano murato su.[1]

E a dì 12 di dicenbre 1513, morì in Santa ✠ di
Firenze un fiate ch'aveva predicato più dì in detta chiesa,
el quale predicava molte tribulazioni a Firenze, e tutto
el popolo correva alle sue prediche, perchè egli era in
fama e tenuto santo, perche era uno omuccino molto abietto,

---

[1] Sempre la Sala del Savonarola o del Consiglio maggiore

con una cappa sola corta, a mezza ganba e misera. Chi lo vedeva si maravigliava che potessi vivere per tali freddi. Era in grande divozione e fu seppellito in Santa ✠, e in pochi dì vennono sua parenti ch'era da Montepulciano, e portoronlo là [1]

E a dì 15 giennaio 1513, ci fu nuove come la Regina di Francia era morta

E a dì 17 di giennaio 1513, si gittò in un pozzo uno de' Martegli ch'era di tenpo d'anni 50, el quale era ammalato gravemente e morì. Forse fu per farnetico del male.

E in detto dì si gittò una monaca a terra d'un tetto alto e morì di fatto, e fu nel monasterio di Sant'Orsola.

E in questi dì ci fu come in quel d'Arezzo era una fanciulla d'un contadino la quale andava a una fonte poco discosto da casa, e qui diceva che gli appariva la Nostra Donna, e non una volta ma più volte, in modo che 'l Vescovo v'andò con molti, e lei fece vedere loro questo segno mostrò loro una stella in cielo di mezzodì. Ho scritto questo perche molto se ne parlava.

E a dì 19 di giugno 1514, si bandì una giostra per San Giovanni.

E a dì 21 di giugno 1514, si fecie una bella mostra.[2]

---

[1] Scrive JACOPO PITTI. « In questo tempo, dodici fiati (gia conventuali) ristrettisi in poverissima vita insieme, andavano per Italia, ciascuno alla assegnatagli provincia, predicando e pronunziando cose avvenire. Di questi, comparse in Santa Croce di Firenze frate Fiancesco da Montepulciano, assai giovane; riprendendo severamente i vizii, ed affermando che Dio voleva flagellare Italia, e particolarmente Firenze e Roma, con tanto spaventevoli prediche ch'e'si gridava dagli uditori, con dirottissimi pianti. Misericordia. Ma sceso di pergamo tutto affannato e lasso, prese un mal di petto che tosto l'ammazzo »

[2] Quella solita, delle botteghe de'setaioli, battilori ecc.

E a dì 22 detto la processione grande.

E a dì 23 detto, si fece otto difici begli e la sera altrettanti, quando trionfò Cammillo, che rappresentava molti atti, come aveva menati molti prigioni e le spoglie e difici da conbattere, l'ariete di legname, e molte ricchezze di veste e argenterie; e dietro al trionfo di Cammillo era un canto, e dietro veniva 4 squadre d'uomini d'arme vestiti di tutte arme colle lancie in su la coscia; molto magna cosa.

E a dì 24 detto, la festa ordinaria, e 'l corso del palio, e la sera la girandola e, arso la girandola, arsono a' piedi della girandola tutti e ceri vecchi che s'offerivano per San Giovanni per mutare piu belli difici.[1]

E a dì 25 di giugno 1514, si fecie una caccia in Piazza de' Signori, e feciono venir fuori due lioni, e fuvvi orsi, leopardi, tori, bufoli, cervi e molte altre fiere di diverse ragioni, e cavagli, e finalmente e lioni · e massimamente uno che venne prima, non fece nulla per il grande tumulto del popolo, eccetto che venendo a lui certi cani grossi ne prese uno e strinselo e lasciollo morto in terra, e così el secondo; non stimando alcuna altra fiera; si posava se non era molestato e andavasene piu cola. Avevano fatto una testuggine e uno istrice dove stavano dentro uomini che lo facevano andare in su le ruote, e frugavano colle lancie le fiere per tutta la piazza.

---

[1] I pali delle citta e terre e i ceri di carta dipinti che donavano le castella del contado pisano e della Valdinievole, si presentavano prima in Piazza alla Signoria, e di poi andavano a San Giovanni. Il CAMBI scrive che quest'anno « questi cieri grandi e begli « di carta, e festaiuoli gli feciono restare in Piazza e non ando « rono a offerissi alla chiesa di S. Gio. con animo d'ardegli la « sera di S Gio , ma furono rubati e guasti da' fanciulli e dalla « plebe ».

E fu di tanta stima questa caccia che si fece tanti palchetti e tanti attorniamenti in quella piazza che non fu
mai veduto tal cosa di legniame, la maggior spesa al
conducerlo e poi levarlo, nè credere che città al mondo
potessi avere tanta copia di legniame. E fuvvi tale legnia-
iuolo che per potere accostarsi a una di quelle case pagava fiorini 40 d'oro, per potere appoggiare el palchetto
alla casa, e fuvvi chi pagava 3 e 4 grossoni per andare
in sul palchetto, e enpieronsi tutti e palchetti, finestre,
tetti, che non fu mai veduto tale popolo, perchè c'era
venuto gran quantità di forestieri di molti paesi. E da
Roma eraci, sconosciuti, 4 Cardinali,[1] e molti romani con
molta cavalleria con loro. E finita la sera si trovò molta
giente aversi fatto male e morti circa tre per conbattere
con gli animali, e una bufola n'ammazzò uno. Avevono
fatto in mezzo della piazza una fonte grande e bella che
gittava acqua per 4 zanpilli, e intorno alla fonte un bosco
di verzure con certi ripostigli da nascondersi le fiere molto
bene a proposito, con truogoli bassi pieni d'acqua intorno
alla fonte da potere bere le fiere. Fu ogni cosa ben con-
siderata, eccetto che ci ebbe qualcuno di poco timor di Dio,
feciono una cosa molto abominevole, che in tale piazza,
alla presenza di 40 mila donne e fanciulle vi mettessino
una cavalla insieme co'cavagli dove poterono vedere gli
atti inonesti, che molto dispiacque alla buona e onesta
giente, e credo spiacessi insino agli uomini disonesti[2] E

---

[1] I cardinali che, non sconosciuti, come dice il Landucci, ma
travestiti, vennero a vedere questa festa, furono sei a detta del
Pitti e del Cambi. Quest'ultimo nomina anzi alcuni di essi dicendo
che ci fu il nipote del Papa (Cibo) il Cardinale senese, un veneziano e il Bibbiena; e «tutti andavano fuori d'abito vestiti di nero
« alla spagnola colla spada allato e turati ».

[2] Anche il Cambi nota la brutta impressione prodotta dallo

finalmente e lioni non feciono altro assalto, ma avvilissono
dal grande rumore del popolo. E mi ricordo che una altra
volta, che è piu di 60 anni, si fece una altra volta detta
caccia, e feciono venire ancora due lioni, e nel primo assalto uno si gittò a uno cavallo e preselo nel corpo, nel
mollame, e 'l cavallo potente, spaventato, lo strascinò
dalla Mercatantia¹ insino a mezzo la Piazza, e se non che
si spiccò tanta pelle quanta n' aveva presa colla bocca
non lo lasciava, e fu tanto el rumore di questo caso che
'l detto lione se n' andò in un canto isbigottito e non
fece mai più assalto ne egli nè l' altro. Per modo che
non è da provarsi più per il romore del popolo. E fecesi questa caccia perchè egli era venuto a Firenze el
Duca di Milano.

E a dì 26 detto, lunedì, si fece la giostra a Santa ✠,
che furono circa a 16 giostranti, tutti soldati, e giostro-
rono due onori, un palio di broccato d' oro e uno di broccato d' ariento.

E a dì 27 detto finirono la giostra e dettesi gli onori.
E uno de' giostranti ebbe un colpo tale che in 3 o 4 dì
morì. E sappi che questo fu via piu maraviglia avere
fatto e' palchetti a Santa ✠, ch' erano ancora el legniame
in Piazza de' Signori. Avevano fornito l'una Piazza e l'altra
in modo che si stupiva di tanto legniame.

E perche e' lioni non avevano fatto prova in Piazza
nella caccia come s' aspettava, deliberorno di mettere uno
orso grande fra' lioni, e stettono sanza far male a l' orso

---

spettacolo di questa monta, e ironicamente dice: « e questa fu la
« piu bella festa si fece alle fanciulle erano a vedere »
¹ La residenza del Tribunale della Mercanzia era in quel palazzo sulla Piazza dei Signori che fa cantonata alla Via de' Gondi;
sul quale vedonsi anc' oggi scolpite le armi delle ventuna Arti
fiorentine

piu dì; pure un tratto un lione, di quei maschi, e grande, prese quello orso per la gola e arebbelo finito, ma come dissono alcuni che vi si trovorono, una cosa incredibile, che una lionessa, veduto la quistione, andò a aiutare l'orso, e morse el lione tanto che lo lasciò; e così si stettono buon tenpo insieme sanza azzuffarsi, in modo che l'orso crebbe in modo ch' e lioni si stavano volentieri da parte.

E a dì 3 di luglio 1514, venne di mezzo dì, a Dicomano, una fortuna d'un vento piu non udito, e cominciò in Val di Sieve, circa alla Ruffina, e giunse in Capraia, e giunse a Vico e alla chiesa di San Iacopo a Frascole, e al luogo mio a Vegna, e passò su pel Dicomano e all'Isola. La quale giugnendo a Vico e alla detta chiesa isbarbò molti noci, ulivi, querce, e scoperse la chiesa quasi tutta; e giunse al luogo mio e isbarbò 4 querce grosse ismisurate, 2 castagni grossissimi e molti alberi, e attorsegli come ritortole: isbarbò un noce grossissimo e un ciriegio e molti susini e peri e altri frutti, e scoperse mezza la colonbaia e ruppe molti rami di querce e d'olmi, e, per miracolo, passò alta la sua via; e all'ontaneto nostro attorse gli arbori come ritortole, che venendo el vento di Val di Sieve non doveva potere la. Fece a Poggio marino un grande danno.

E a dì ... di dicenbre, a' nostri cittadini piacque loro rimettere gli ebrei in Firenze a prestare come altre volte. A molti dispiacque. [1]

---

[1] In una filza di minute e copie di documenti e ricordi concernenti agli Ebrei prestatori del dominio Fiorentino, che si conserva nell'Archivio di Stato di Firenze, a c. 179, leggo questo ricordo: « A dì 25 di settembre 1514 furono condotti l'infrascritti « Hebrei per li Uficiali del Monte (seguono i nomi degli Uficiali) « per x anni da cominciare adì primo di dicembre 1514, con taxa

E in questi tenpi el Re di Francia tolse per donna
una sorella del Re d'Inghilterra, e molto aveva assodato
lo stato suo. Ognuno giudicava che poteva con quella
forza insignorirsi di Italia a sua posta

E a dì 9 di gennaio 1514, ci fu come el Re di Francia
era morto. Vedi quanto poco durò tale felicita! forse un
mese stette con lei Vedi che felicità e l'umana vita nostra, e come interronpe. Infiniti pensieri vani vengon quando altri non aspetta; messer Francesco.

E in questo tenpo ando Giuliano de' Medici per la
donna ch'egli aveva tolta, figliuola del Duca di Savoia.[1]

E a dì 11 di febbraio 1514, el Vicario dell'Arcivescovo di Firenze avendo preso un certo frate di San Felice in Piazza,[2] esaminato di certi errori fatti, lo mandò
in detto dì sul pergamo di Santa Maria del Fiore, e lessesi el suo processo, e fecionlo disdire e chiedere perdonanza a Dio e al popolo; onde si ragunò tanto el popolo
che fu in pericolo d'essere lapidato. Più volte si gridò, e
fu necessario adoperare el bargello con fanti assai e colle
spade, a rimetterlo nel Vescovado.

E a dì 15 di marzo 1514, nevicò la notte e fecesi
sì grande freddo che si perderono le mandorle tutte
ch'erano gia grosse, diventorono guaste tutte dentro; e

« di fiorini 150 pei banco, e da 3 in la, fiorini 300; a prestare in
« Firenze Agnolo d'Ambra da Fano , Heredi di Moise da Rieti,
« e m° Salomone da Montalcino loro governatore, Heredi di Isac
« di Vitale da Pisa et Heredi di Vitale da Pisa ». Il 13 ottobre,
altri ne furono condotti, per gli stessi dieci anni, dal primo dì dicembre, a prestare nelle terre di Prato e d'Empoli.

[1] Filiberta.

[2] Si chiamava don Teodoro, se dobbiam prestar fede al CAMBI,
che minutamente descrive questa funzione e da molti particolari
circa agli errori di questo frate.

nota che in tutto el verno, insino a questo dì, non era mai nevicato nè stato freddo. A ogniuno pareva essere sicuro di non avere più verno, e nondimeno fu freddo insino a mezzo aprile e rinevicò di nuovo per modo che si perderono tutte le altre frutte, e le viti n'ebbono gran danno.

E a dì 17 d'aprile 1515, nevicò di nuovo una neve sì grande che insino in Valdisieve e per tutto Mugiello, per tutti e piani, alzo assai, e finalmente insino a dì 24 detto s'ebbe gran freddo e ancora rinevicò di nuovo in su le montagne.

E in questi dì si pose a San Giovanni di Firenze catene molte grosse, e posonsi in sul cornicione di mezzo, di fuori, intorno intorno, le quali si congiugnevano insieme con chiavarde e paletti che strignevano forte, perchè parve facessi segno. [1]

È a dì 24 di maggio 1515, fu vinto in Palagio che Lorenzo de' Medici fussi Capitano de' Fiorentini, e che lui potessi fare e disfare quanto può tutto el popolo.

E a dì 4 di giugno 1515, venne in Firenze madonna Alfonsina madre di detto Lorenzo de' Medici.

E a dì 17 di luglio 1515, venne in Firenze Giuliano de' Medici.

E a dì 12 d'agosto 1515, la Signoria dette el bastone a Lorenzo detto, e fecìono la mostra di molti uomini d'arme e molti battaglioni de' nostri contadini.

---

[1] Per la festa del Santo coprivasi, come anche altrove ne è cenno, con tende di tela la Piazza di San Giovanni, ed i canapi che le sostenevano attaccavansi a certi ferri posti all'esterno del tempio, ma siccome s'incominciarono a vedere alcune fessure cagionate dal peso delle tende stesse, aumentato talvolta dalla violenza del vento, perciò l'Arte dei Mercatanti determinò di far cingere questa fabbrica d'una cerchiatura di ferro posta sopra al secondo cornicione.

E a dì 13 d'agosto 1515, venne in Firenze el Cardinale de'Medici che era Arcivescovo di Firenze e Legato della Chiesa. Fugli fatto grande onore.

E a dì 14 d'agosto, venne in Firenze la moglie di Giuliano de'Medici.

E a dì 16 d'agosto 1515, si partì di qui el Cardinale de'Medici e Lorenzo e anderono a Bologna; e tutti uomini d'arme ch'erano in Firenze.

E a dì 17 di settembre 1515, ci fu come el Re di Francia s'era appiccato colla giente di Milano e co'Svizzoli, e che ci era morto 20 'mila persone.

E a dì 24 detto, ci fu come el Re di Francia era entrato in Milano per accordo

E a dì 26 di settembre 1515, si disse che s'era fatto accordo, e come si bandirebbe.

E a dì 18 d'ottobre 1515, si pose quello San Giovanni Vangiolista di bronzo[1] in Orto San Michele, e levorno quello che v'era di marmo.

E a dì 21 d'ottobre 1515, ci fu l'accordo del Re di Francia, e sonossi e fecesi festa e fuochi assai.

E in questi dì si diceva che verrebbe in Firenze el Re e 'l Papa, in modo che si cominciò a rincarare ogni cosa di camangiare e vettovaglie, e andò el barile dell'olio a lire 18, el grano andò a soldi 30, el vino a un mezzo ducato el barile, e lire 4 el meno.

E a dì 30 d'ottobre 1515, gli Otto mandavano a segnare le case per la giente che s'aspettava del Papa e del Re, e presono le case de'principali e d'ogni ragione.

E a dì 26 di novembre 1515, alloggiò el Papa a Santa Maria Inpruneta.

---

[1] Lo fece Baccio da Montelupo per l'Arte della seta. PASSLRINI, *La Loggia di Or San Michele.*

E a dì 27 alloggiò a Marignolle, al luogo di Iacopo di messer Bongianni.[1] Pensa che Firenze andava sottosopra di grande provvedimento.

E a dì 30 di novenbre 1515, el dì di Santo Andrea, in venerdì, entrò el Papa in Firenze con tanto grandissimo e trionfante onore, e incredibile spesa, che dire non si può.[2] Direnne qualche particina.

Andogli incontro tutta la città di cittadini principali, e in fra l'altre, circa 50 giovani, pure de' più ricchi e principali, tutti vestiti a una livrea di veste di drappi pagonazze, con vai al collo, a piede, con certe asticciuole in mano darientate, molto bella cosa; poi grandissima cavalleria di cittadini. E el Papa aveva molta giente appiede, e fra l'altre aveva la guardia del Papa, moltissimi fanti Tedeschi a una divisa che portavano tutte manare alla franciosa; e a cavallo molti balestrieri e scoppettieri tutti alla sua guardia. E lui fu portato per tutta la città dalla Signoria con ricco baldacchino, e fu posato a Santa Maria del Fiore, e andò su per palchetto insino a l'altare maggiore, nella qual chiesa era tanta adorna di drappelloni con un padiglione nel mezzo, con più gradi che non s'usa: e fu accese tante falcole, che, oltre al coro, erano pieno tutto l'andito primo insino alle porte, e intorno intorno; e poi gli altri due anditi della cupola intorno tutti pieni di falcole accese; poi el palchetto ch'andava dalla porta insino in coro pieno di detti lumi e falcole. E sappi ch'el coro era con travi alzato sopra le spalle di detto coro, e uno altare nel mezzo molto adorno.

---

[1] Gianfigliazzi.

[2] Di questi magnifici apparati fatti in Firenze per la venuta di papa Leone X, parla il Vasari nella vita di Andrea Del Sarto (Vedi VASARI, ediz. Sansoni, tomo V, pag. 21).

E poi, venendo giù verso Santa Maria Novella, senpre
dando la benedizione, con tronbe e pifferi assai, con tanto
popolo che s'aveva fatica di vederlo. Non si rauno forse
mai tanto popolo in Firenze. Faceva gittare danari per
le vie, grossi e monete d'ariento. E insino qui è uno
ordinario; ma al presente parleremo delle cose che si missono a fare tali festaiuoli ismisurate in modo che ne rimase alcune inperfette per mancamento di tenpo. E non
credere che niuna altra città o signoria del mondo avessi
potuto o saputo fare tale apparecchiamento; e furono tanto
grandi quanto tu potrai conprendere, che avendo più migliaia d'uomini a lavorare più d'un mese innanzi, dì di
festa e dì di lavorare, non fu possibile avessino condotto
dette opere a perfezione, ma alquante rimasono inperfette, avenga chè a ogni modo si vedeva la perfezione
dell'opera, e la spesa tanta smisurata. E che sia el vero
i' narrerò per ordine tale opere, e se io dirò le cose fatte,
i' non dirò quasi nulla, tanto sono maggiori.

La prima fu alla Porta di San Piero Gattolino, la
quale ruppono le mura dell'antiporto, per magnificenza,
posono in terra la saracinesca, e ornorono la porta di fuori
di 4 colonne grandissime di 16 braccia alte e grossissime,
darientate, con base e capitegli come quelle di Santo Spirito, con più altre colonne piane con grandi architrave e
cornicioni e fregi, come a tale colonne si richiede, per
modo ch'andavano alte insino a certi tabernacoli che sono
nella faccia della porta, con tante figure in tutti e quadri
e vani, tutti di mano di buoni maestri, che non si sarebbono un'altra volta fatte con centinaia di fiorini, tutte
a similitudine di storie magne che pascevano l'occhio
tuttodì. [1]

---

[1] Jacopo di Sandro e Baccio da Montelupo fecero questo ador-
namento alla Porta a S. Pier Gattolino

La seconda fu a San Filice in Piazza, a l'entrare in
via Maggio, un arco trionfale che teneva tutta la via,
molto ornato. Aveva intorno 8 colonne tonde grandi come
quelle di Santo Spirito, co' molte colonne piane, co' loro
capitegli e corniconi, che si richiede a dette colonne, sanza
miserie d'adornamenti. E quivi era ancora molte figure
di mano tutte di principali maestri, posate ne' lor vani e
quadri, in modo che tenevano l'uomo a badare per intendere e loro significati e bellezza [1]

La terza fu al Ponte a S. Trinita che passò tutte
l'altre di bellezza. All'entrare del ponte, di verso via
Maggio, un arco trionfale, largo come el ponte, molto ornato; e questo aveva 6 colonne grandi come l'altre, e
maggiori, posate con tanto bello ordine e maesterio, che
io giudicai allora che Firenze avea tanti degni architet-
tori e molti, che più non si può trovare al mondo. Facevano quelle colonne un certo portico che contentava
tanto l'occhio che non si poteva partire da tale oggetto,
con più ornamenti di figure e di colori, inanzi ad ogn'altro.

La quarta fu alla Chiesa di Santa Trinita· presono
tutta la Piazza di Santa Trinita e fecion, con 22 colonne,
un certo tondo come un castello[2] con quelle colonne piane
intorno, e in que' vani tra l'una e l'altra, erano panni
d'arazzo e corniconi intorno intorno, sopra dette colonne,
con certe lettere in detto fregio. Di poi con altre colonne
volgievano la via in Porta Rossa. Fu tanta grande opera

---

[1] Quest'arco fu opera di Giuliano del Tasso.

[2] Il CAMBI la chiama « una luna di muro e torre a uso di fortezza » In un libro poi di *Condotte e stanziamenti* degli Otto di
Pratica, nell'Arch. di Stato di Firenze, trovasi registrato un pagamento di fiorini cccxv larghi d'oro a Jacopo vocato *Baia* « per
il theatro facto alla Chiesa di S. Trinita »

che rimase un poco inperfetta; benchè fu grande spesa,
e non sanza amirazione a mette' a fare tale spesa.

La quinta fu in piazza de' Signori, in sul canto del
Lione,[1] el quale fu tanto bello disegno che più non si potrebbe agiugnere niente. Era un certo quadro ch'avea
4 archi trionfali, che si passava in croce in quà e in la;
e ogni canto avea due base alte e grandi, e ogni basa
aveva una colonna, che furono 8 colonne grandi di più
di 16 braccia l'una con suo architrave, e cornicioni come
si richiedeva a tali colonne.[2] Ogni cosa pareva marmo, con
tanto ordine che mai si potrebbe pensare. Che solo questo dificio sarebbe difficile a città veruna farlo: e tanto
contentava l'occhio, che doleva vederlo disfare, co' mara-
vigliose figure di buoni maestri.

La sesta fu al Palagio del Potestà, che furono 24 colonne, non sì grandi, erano più gientili, tutte dorate, le
quali avevano preso in verso la via del Palagio molte
braccia, con grandi cornicioni intorno intorno, per ogni
verso tutte le vie; molto gientile cose, dorate; e molte
figure pure buone, pure di grandissima spesa, e molte
gientile disegno di gran diletto. [3]

La settima fu a Canto de' Bischeri,[4] che, non sanza
amirazione a vederla, aveva 27 colonne piane, le quali
facevano un certo quadro che passava la via che va verso
San Piero, con tanti ornamenti d'oro. Tutte quelle colonne aveano giu per mezzo loro, un festone di certe me-

---

[1] Cioe del Marzocco, che era all'estremità della ringhiera ap-
pie del Palazzo

[2] Questo tempio a otto faccie fu architettura d'Antonio da
San Gallo il vecchio.

[3] La decorazione fra la Badia e il palazzo del Podestà fu la-
vorata dal Granacci e da Aristotile da San Gallo.

[4] Fu opera di Giovambattista detto il *Rosso*.

lagrane e pine, come s'usa, tutte dorate che pareva una,
cosa più ricca che l'altre di tante buone figure, che facevano badare ore intorno queste cose, alte insino alle
sommità delle case, con magni archi trionfali in croce
come stanno le vie.

L'ottava fu a Santa Maria del Fiore, la quale avea
alla faccia 12 colonne di marmo alte e maggiori che quelle
di San Lorenzo, co' magni archi trionfali alle porte, con
tanti grandi cornicioni sopra alle colonne, come richiede
quella grande facciata. Andavano alte presso a' primi occhi della Chiesa. Facevano stupire ogniuno con tanti quadri e ornamenti; e dissesi che gli era fatto per modello
a fare detta faccia, perchè piaceva a ogniuno, tanto pareva superba e signorile: s'aveva dispiacere a vederlo
disfare.[1] E in Chiesa si fece un palchetto dalla porta insino
al coro, largo quanto era la porta, con ispalliere intorno;
e 'l coro alzarono sopra le spalle del coro, e nel mezzo uno
altare con molti ornamenti di drappelloni, e padiglione
di sopra con più gradi ch'altre volte intorno al coro.
E nota che tutti questi legniami si lavororono in Chiesa
dì di festa e di lavorare: più d'un mese stettono con
disagio le Chiese.

La nona fu al Canto de' Carnesecchi, el quale prese
tutte a due le vie con un magnio arco trionfale sopra la
via maestra che va alla piazza, el quale aveva dinanzi
4 colonne tonde e grandi come quelle di San Lorenzo, e
6 colonne piane co' loro cornicioni e ornamenti; molto
belle cose e grandi. Andavano alte sopra le case con tante

---

[1] La facciata di Santa Maria del Fiore di legname, e con diverse storie di chiaro-scuro dipinte da Andrea del Sarto, fu ar-
chitettata da Jacopo Sansovino il quale vi fece alcune storie di
bassorilievo e figure tonde.

figure di buon maestri che facevano stupire ogniuno, che
davano che guatare e pensare ad ogniuno.

La decima fu a l'entrare della via della Scala, dalla
Vergine Maria, con un cornicione alto quanto le case.
Teneva tutta la via, con due colonne da ogni lato, una
di grandezza come l'altare e maggiori con piu ornamenti.

L'undecima fu alla porta del Papa,[1] che fu preso la
via tutta da l'un lato a l'altro, e lasciato solo un poco
di via agli usci delle case, e turate tutte le case, le
finestre ch'andavano sopra le case. Quivi era parecchi
archi trionfali, uno sopra la via a l'entrare tra le case,
uno nel fine, e uno ch'andava verso la sala. E teneva
questo andito parecchi case, era di lunghezza.... braccia, lo quale andito aveva 8 colonne grande e tonde
maggiori che l'altare, e 26 colonne piane e 12 colonne
piccole, a certi tabernacoli. Quivi era due facciate, quanto
tenevano le case, piene di tante figure e ornamenti che,
chi si poneva a guatargli si smarriva, tante varie cose
di mano di maestri principali. Vi si leggieva varie fantasie e similitudini; vi si vedeva le nove Beatitudini,
Beati Pacifici, Beati mundo corde, e così molte belle
fantasie di storie, che io per me stupivo de' begli disegni e belle fantasie; e non erono cose da uomini grossi
e goffi, ma tutte perfette figure, e poste tanto bene a
proposito da valentuomini.[2] E nota ch'a far queste cose
di legname fu necessario operare queste cose Santa Ma-

---

[1] La porta che dava accesso al quartiere detto la *Sala del
Papa*, del quale ho fatto cenno a pag 2, nota 2. In questo locale
e sopra alcuni terreni già appartenenti ai frati di S Maria Novella,
Eleonora di Toledo moglie di Cosimo I fece fabbricare un convento di monache dedicato alla SS Concezione

[2] Nella Sala del Papa, e nella via della Scala le storie erano
state disegnate per la maggior parte da Baccio Bandinelli.

ria del Fiore, Santa Maria Novella, la chiesa e chiostri, Santo Spirito, la chiesa, chiostri e rifettorii, Santa
Filicita in Piazza, S. Jacopo Soprarno, Santa Croce, el
Palagio del Podestà, lo Studio, San Michel Addomini,[1]
Santo Michel Bertoldi e molte altre stanze. Ed erono in
modo occupate queste dette chiose, che bisognava dices-
sino l'uficio per altre stanze E dì di festa e dì feriali,
di notte e di dì, v'era magiore romore e fracasso, e tanto
legname ch'occupava tutte le chiese, e bastò piu d'un
mese inanzi con piu migliaia d'uomini. Non era in Firenze sì da meno dipintorello, e d'ogni arte, che non fussi
condotto in tale arte, diverse cose che bisognava.

La dodecima fu un cavallo grande isfrenato sanza
briglia, aveva fra le ganbe un Gigante, el quale era levato a correre ed era tutto dorato. Fu tenuto molto
buona cosa, e posato nel mezzo della Piazza di Santa Maria Novella in su 'n un quadro fatto di nuovo, alto 4 braccia, di mattoni.

La tredecima fu d'una aguglia a similitudine e misura di quella di Roma, pure di legname e fasciata con
tele, e dipinta del colore di quella di Roma, e feciola
rizzare al Ponte di Santa Trinita dal lato di qua di verso
la Chiesa, in sul canto verso el Ponte alla Caraia

La quattordecima fu una colonna pure di legname
grandissimo, alta piu di 50 braccia, pure fasciata di tela
e dipinta variate cose, e feciola rizzare nel mezzo di Mercato Nuovo; benchè non parve a molti che la fussi fatta
a proposito; piuttosto cosa sciocca.[2]

La quintadecima fu un gigante nella loggia de' Signori, che pareva di colore di bronzo, e posato in su le

---

[1] Bisdomini.
[2] Fu fatta a similitudine di quelle storiate di Roma.

spalliere della Loggia sotto el primo arco verso el Palagio · non fu molto stimato. [1]

E perchè tu intenda che non s'è perdonato a spesa
veruna, a Santa Maria Novella e in più luoghi, disfeciono
quella bellissima scala ch'andava in sulla Sala del Papa,
e feciono di nuovo un'altra, che andava insino in sala
l'uomo a cavallo, come si può vedere: e non bastò questo, che gittorno in terra le mura della corte e le porte;
a molti dispiaque; e più rivoltorono drento molte stanze
con molta grande spesa.

E più gittorno in terra in Porta Rossa piu sporti di
case, e tutti e tetti delle botteghe, e in più luoghi, dove
volevano la via larga. Guastorono le scalee della Badia,
e di que' tetti. Non si perdonava a nulla. Fracassavasi
sanza discrezione.

E sappi ch'io non n'ò scritto delle 10 parte una di
quello che si potrebbe dire, e vedi, e pensa che aveamo
più di 2 milia uomini a lavorare, che così si stimava,
più d'un mese, di diverse arti, legnaiuoli, muratori, di-
pintori, carette, portatori, segatori, e di diversi esercizi,
in modo che si ragionava d'una spesa di settanta migliaia
di fiorini e più, in queste cose non durabili che passorono
com' un'onbra, che si sarebbe murato ogni bellissimo
tenpio a onore di Dio, a groria della città. Ma pure
giovò al guadagno ch'ànno fatto e poveri artefici, che
s'è sparso un poco el danaio.

E a dì primo di dicenbre 1515, si partì el Papa da
Santa Maria Novella, e andò a casa loro al palazzo
de' Medici, in sabato.

E a dì 2 detto, andò alla messa in Sa' Lorenzo, domenica.

---

[1] Anco questo gigante fu opera del Bandinelli

E a dì 3 detto, in lunedì, si partì el Papa, e andò alla volta di Bologna, pure aconpagniato, buon pezzo da molti cittadini e da que' medesimi giovani vestiti a una loro livrea.

E a dì 7 detto, in venerdì, entrò el Papa in Bologna.

E a dì 11 detto, entrò el Re di Francia in Bologna.

E a dì 13 detto, el Re andò a vicitare el Papa e quivi si praticò le cose che s'ànno a fare. E 'l Papa comunicò el Re di sua mano con molta divozione, e con isperanza di pace; e non di meno non si intese nulla di loro patti.

E a dì 15 detto, si partì el Re di Bologna.

E a dì 18 detto, si partì el Papa di Bologna.

E a dì 22 detto, in sabato, giunse in Firenze el Papa a ore 24.

E a dì 23 detto, andò el Papa alla Messa in Sa' Lorenzo.

E a dì 24 detto, andò el Papa al Vespro in Santa Maria del Fiore.

E a dì 25 detto, andò el Papa in Santa Maria del Fiore, e disse la Messa lui propio, e fu ornata la chiesa di drappelloni e padiglione che passò ogni altra volta, e fra l'altre, fu accese u' numero di falcole in questa forma: pieni tutti gli anditi su alto tutta la Chiesa insino alle porte, e tutti e ballatoi della cupola intorno intorno, con grandissima solennità e grande populo.

[1] E a dì 8 genaio 1515 venne Arno grosso in modo ch'alagò tuto el Prato d'Ognisanti e insino in Borgo Ognisanti, e fece in questi piani di gran danni; e afogò piu persone quagiù di sotto.

---

[1] Qui il codice originale incomincia ad essere scritto da altra mano.

E a dì 17 di genaio sopradetto, si consecrò la Chiesa
della Nunziata de' Servi di Firenze per le mani del Cardinale.[1]

E in questi dì fu fornito di coprire le stalle fatte dalla
casa de' Medici drieto a la Sapienza, a lato alla Chiesa
di San Marco da manritta.[2]

E a dì 10 di febbraio 1515, si partì di qui più Cardinali, cioè San Giorgio e altri, ch'erano colla Corte del
Papa, per andarsene a Roma.

E in questo tenpo rincarò el grano in pochi dì più di
soldi 10 lo staio, andò insino a soldi 40, in modo che
non si lavorando, e valendo ogni cosa. Vino valeva lire 5
el barile, l'olio andò a lire 18 el barile, la carne del
porco a soldi 2, denari 4 la libra; e tutte carne care
e pesci. E pesci d'Arno fu venduto soldi 16 la libbra, e
altri pesci cari, e lengne molto care In modo ch' e' poveri furono molto adolorati. Aspettavano dal Papa facessi venire grano forestiero, non ne fece nulla. Si sbi-
gottì ognuno vedendo consumare la roba alla gente
ch'era drieto alla Corte del Papa di forestieri.

E in questi dì, insino a mezzo febraio, n'andò el grano
a soldi 47 e più, e se non che la Signoria mandò bandi
per coloro che lo facevano alzare, andava insino in lire 3
lo staio; lo fermorono a soldi 45.

---

[1] Antonio del Monte, cardinale legato di Leone X, per ordine
del quale fece questa consacrazione, e se ne conserva memoria
in un' epigrafe marmorea nel chiostro grande, pubblicata dall' eru-
ditissimo P. Pellegrino Tonini, nella sua *Guida storico-illustra-
tiva* di quella chiesa.

[2] Pare si cominciassero nel luglio 1515, leggendosi nel CAMBI
sotto questa data: « Il Magnifico Lorenzo de' Medici fecie fare
« dua stalle, l'una allato a l'altra, di braccia 100 l'una, con brac-
« cia 400 di mangiatoie, drieto alla Sapienza, tralla chiesa de' Servi
« e la chiesa di S. Marco »

E a dì 19 di febraio, si partì el Papa di Firenze, e andò abergo a Santa Maria Inpruneta; e partissi a ore 18 in martedì, e partissi di mala voglia, per conto de' mali cittadini che facevono rincarare el grano, e così se n' andò.

E a dì 17 di marzo 1515, morì Giuliano di Lorenzo de' Medici, fratelo di Papa Lione, e morì la notte che seguita, alle 6 ore, nella Badia del Ponte alla Badia.[1]

E in questo tempo si stava el grano a soldi 40 o quarantadua lo staio.

E a dì 19, si sepelì el sopradetto Giuliano de' Medici in San Lorenzo di Firenze con grandissimo onore

E in questi dì giunsono e Tedeschi in Lonbardia presso a Milano.

✠ [2]

E a dì 26 di maggio 1516, si mandò le gente del' arme a pigliare el Ducato d'Urbino, e fu preso quasi tutto insino a' dì 4 di giugno, ecetto Pesero e Santo Leo, e in pochi dì fu preso ogni cosa, che non vi fu contradizione. [3]

---

[1] « Morì nella Badia di Fiesole de' Monaci regolari, dove s'era « fatto portare per la lunga malattia auta, ch'eia diventato tutto « perduto e chom'una lanterna secchio, e morì chon buona pa-« zienza, e con gratia di tutta la ciptà perch'era stato in vita « molto clemente ». CAMBI

[2] La croce che trovasi in questo punto nel codice senese fu posta certamente per indicare la morte di Luca Landucci, che fu seppellito il 2 giugno 1516

[3] Questa impresa era da qualche tempo vagheggiata dal Papa, adducendo per ragione di voler punire quel Duca per aver ucciso il Cardinale di Pavia, negato le sue genti d'arme alla Chiesa da cui era stipendiato, tenuto pratiche segrete co'nimici, e per altri capi, ma veramente mirava ad acquistare questo stato per Lorenzo affine d'innalzarlo di nome e di fatto alla dignità principesca

E a dì 19 d'agosto, ci fu nuove come Papa Lione
aveva coronato duca d'Urbino el Signore Lorenzo de'Medici, con tutto el Colego de'Cardinali.

E a dì primo di luglio 1517, fu fatto 31 cardinale
da Papa Lione decimo, e' nome de'quali è questo qui
di sotto.

L'Arcivescovo di Como da Trauzi
L'Arcivescovo di Siena
Signore Frangoto Orsino
L'Arcivescovo di Trani da Monte feltro
El Vescovo de'Pandolfini
El Vescovo della Valle, romano
El Vescovo Colona, romano
El Vescovo Cavaglione, genovese
El Castelano
Iacobacco
Ivrea figliuolo del generale di Milano
Feltrensis
Como
Messere Ferando Puccetti
Un franzese, J. Laudovensis
Portughette figliuolo del Re di Portogallo
Fiamingo
Regente di Camera romana
Ceserino Romano
Messere Luigi de'Rossi
Giovanni Salviati
Mesere Antonio Ridolfi
El conte Ercole di Rangone
El Datario
El figliuolo di messer Iacopo da Trauzi
Mesere Francesco Ermelino da Perugia
Devichi spangnolo

El Generale di San Domenico
El Generale di Santo Agustino
El Prete notaio pisano
El Generale di Santo Francesco [1]

---

[1] Ci sembra necessario riferire questa nota di Cardinali, valendoci delle *Memorie Storiche* del CARDELLA altrove citate, vol. IV, pag. 14 e seg.

Scaramuccia Trivulzio
Giovanni Piccolomini
Franciotto Orsini
Giandomenico de Cupis di famiglia originaria di Montefalco
Niccolò Pandolfini, vescovo di Pistoia
Andrea Della Valle, vescovo di Mileto
Pompeo Colonna, vescovo di Rieti
Giambattista Pallavicini, vescovo di Cavaillon
Raffaello Petrucci, prefetto di Castel Sant'Angelo
Domenico Iacovacci
Bonifazio Ferreri, vescovo d'Ivrea
Lorenzo Campeggi, vescovo di Feltro
Francesco Conti, arcivescovo di Conza
Ferdinando Ponzetti, napoletano
Lodovico di Borbone, vescovo di Laon
Alfonso sestogenito figlio d'Emanuele re di Portogallo
Adriano Fiorenzi d'Utrecht, che poi successe a Leone X col nome di Adriano VI
Paolo Emilio Cesi, romano
Alessandro Cesarini
Luigi de'Rossi, fiorentino
Giovanni Salviati
Niccolò (e non Antonio) Ridolfi
Ercole Rangoni
Silvio Passerini di Cortona
Agostino Trivulzio
Francesco Armellino Medici, perugino
Guglielmo Raimondo Vich, di Valenza
Tommaso de Vio di Gaeta, detto il Cardinale Gaetano
Egidio Antonini da Viterbo
Francesco Pisani, veneto
Cristoforo Numai, forlivese

E a dì 22 d'agosto 1517, fu confinato circa cento cittadini dagli Otto.

E a dì 4 di maggio 1518, si cominciò a sonare l'Ave Maria a nona, perchè s'aveva a fare la crociata, a ciò che Dio ci fussi favorevole; e fecesi digiuni e processioni asai. [1]

E a dì 7 di settenbre vene a marito la Duchessa in Firenze al Duca Lorenzo de' Medici, e fecesi gran trionfo e festa, ed era franzese. [2]

E a dì 4 di maggio (1519), morì el Duca Lorenzo de' Medici, e morì la moglie in capo a sette giorni.

E a dì 19 di maggio 1519, s'era cominciato la Chiesa di Santo Josefe, e in questo dì vi si fece la festa con grandissima devozione, al dirinpetto al Crocifisso drieto a Santa Croce. [3]

E a dì ultimo di marzo si cominciò lo Spedale degl'Incurabili. [4]

E a dì primo di dicenbre morì Papa Lione, 1521.

---

[1] L'*Ave Maria* del mezzogiorno che ancora si costuma, e fu ordinata suonarsi da papa Leone quando pensava di muovere i Cristiani contro i Turchi.

[2] Maddalena di Boulogne di Piccardia della casa di Borgogna.

[3] Di questa chiesa, della quale in questo giorno sembra si gettasse la prima pietra, scrisse una storia il P. Stefano Fioretti, e la pubblicò in Firenze nel 1855.

[4] Spettacolo tristissimo presentavano in quel tempo molti sventurati affetti dal *male francese*, allora creduto incurabile, che venivano abbandonati e lasciati languire anche per le vie di Firenze. Il 23 maggio 1519, predicando in S Maria del Fiore don Calisto da Piacenza, canonico regolare di S. Agostino della Badia di Fiesole, esortò, con buoni frutti, i suoi uditori a provvedere ai detti poveri infermi. *Regolamenti dei Regi Spedali di S. Maria Nuova e di Bonifazio* (Prefazione storica, a pag. XLII), Firenze, 1789.

E a dì 9 di genaio fu fatto un Papa flamingo ch' ebe nome papa Adriano.[1]

E a dì 30 di maggo 1522 lo 'nperadore prese Genova per forza, che vi morì 14 mila persone, e andò a sacco.

E a dì 2 d'agosto, si sono a festa e fecesi fuochi per la canonizazione del'Arcivescovo Antonino fiorentino.[2]

E a dì 3 detto, uno contadino da Santa Maria Inpruneta amazò in casa sua tutta la brigata, cioè sette persone, la donna, e figliuoli e 'l genero, e ficcò fuoco in casa e andossi con Dio.

---

[1] Adriano Boyers, detto Florent, di Utrecht in Olanda, cardinale Vescovo di Tortosa.

[2] Stimo non inutile dar qui il seguente documento dell'8 febbraio 1516 relativo alla canonizzazione di questo illustre fiorentino. « E Magnifici et excelsi Signori Sigri Priori di libertà et Gonfa- « loniere di giustitia del Popolo Fiorentino fanno noto et mani- « festo a ciascuno di qualunche grado qualita o conditione si sia « come la Sanctità di nostro Signore Papa Leone, commosso dal- » lo odore della buona vita et fama et miracoli facti per e meriti « del beato Antonio per il passato Arcivescovo Fiorentino; desi- « derando per le predecte cose canonizzarlo ha conmesso per la « exequtione di tal cosa a'Rmi Padri Jacopo Simonecta et Gu- « glielmo Cassadoro Auditori di Ruota, che piglino da ogni et « qualunche persona sopra le cose predecte informatione onde decti « Auditori sono parati come figliuoli di obbedienzia benigniamente « ricevere ogni informatione et examinare et altre cose fare ne- « cessarie, consuete et opportune, et così hanno mandato si pu- « blichi a ciascheduno· pertanto e prefati Magnifici Signori et « Gonfaloniere fanno intimare per il presente bando a ciascheduna « persona che sappia della vita, fama e miracoli o per sè o per « udita d'altri, per carità, gloria et honore d'Iddio et de Sancti, « sia contencto a decti Auditori fare noto et advisarli, in casa del « prefato M. Jacopo Simonecta, posta nella via de'Pandolfini di « Firenze, dove saranno ad ogni hora di giorno continuamente « da loro benigniamente admessi ed uditi » (Registro di *Deliberazioni de'Signori e Collegi* ad an.).

E in questo anno cascò la manna quasi per tutto, che fu sì gran caldo che seccava l'uve in su le vite.

E a dì 14 di settembre, morì Papa Adriano 1523.

E a dì 19 di novembre, fu fatto Papa Cremente; e morì a dì 25 di settenbre millecinquecentotrentaquatro.

E a dì 23 di febraio 1524, fu preso prigione el Re di Francia dallo Inperadore; e morivvi circa 8000 uomini intorno a Pavia, e andò prigione in Ispagna.

E a dì utimo di febraio, fu finito el pavimento intorno al coro di Santa Maria del Fiore, di marmo bianco, nero e rosso, che si penò circa 4 anni.

E a dì 21 di settembre 1526, ci fu nuove come el Turco aveva preso l'Ungeria e morto el re; in un fiume anegò

E del mese di dicenbre, fu morto el Singnore Giovanni de' Medici, da' Lanzi presso a Mantova. E facevasi le bonbardiere e tutte le torre de le mura di Firenze, che prima non s'erono fatte, e rovinavonsi le torre dette, insino al pari delle mura [1]

E a dì 6 di maggio andò a sacco Roma, 1527, e fugì el Papa in Castelo con ventidua Cardinali, e quivi furono tutti prigioni de' Lanzi e Spagniuoli, come piaque a Dio.

E a dì 16 di maggio, si mutò lo stato d'acordo e pacificamente, e andosene e Ipolito de' Medici e 'l Cardinale di Cortona insieme.

E del mese di dicenbre, fu liberato el Papa ch'era stato 7 mesi prigione in circa.

---

[1] Le torri delle porte furono quasi tutte mozzate e ridotte a cannoniere, come ancora si vedono quelle del Prato, di S Gallo e della Croce, per ordine di Federigo da Bozzolo e del Conte Pietro Navarra mandati a fortificare la citta da Papa Clemente VII, la qual cosa dispiacque assai ai Fiorentini.

E a dì 27 di dicenbre, fu finito di scrivere l'ordinanza de'soldati cittadini di Firenze, gonfalone, per gonfalone.

E a dì 25 di genaio, 26, 27, 28, si fece quatro orazione, una in Santo Spirito, in pergamo, una in Santa Maria Novella e una in Santo Lorenzo e una in Santa Croce, da quatro govani fiorentini, a esortazione di detta milizia. E a dì 5 di febraio, s'apiccò 16 bandiere verde, co' loro sengni de'gonfaloni, in Piazza, che erono fatte di nuovo pe' la sopradetta milizia.

E a dì 19 di settenbre (1529), ci fu nuove come Cortona s'era data a patti al Principe d'Arangio, capitano dello Inperadore.

E così s'era ribelato Arezo.

E a dì 2 d'ottobre, venne in Firenze la Vergine Maria, e portossi in Santa Maria del Fiore nella Capela di San Zanobi, acciò chè guardasi la sua città da questa guera aparecchiatogli; e poi che fu quivi fugì la paura e lo spavento a tutta la Città. [1]

E a dì 10 d'Ottobre 1529, venne el Canpo delo'nperadore e del Papa alle mura di Firenze, e col tenpo circundò intorno intorno tutta la città d'un grandissimo asedio e stette così presso a uno anno, che fu una carestia che valse lo staio del grano L. 3 e soldi 15 — che così volse la Signoria

E la libbra del Cacio	L. 2. 18. —
E uno paio di Caponi	» 49. —. —
E uno paio di Galine	» 21. —. —
E libbre una di Carnesecca	» 2. 15. —

---

[1] Narra il VARCHI che affinchè questa tavola non venisse alle mani de'soldati e di gente luterana (cioè degli assedianti) la Signoria la mandò segretamente a prendere.

E uno Cavretto	L. 25. —. —
E uno Agnello	» 18. —. —
E una libbra d'Asino o Cavallo	» —. 10. —
E uno cesto di Lattuga	» —. 6. —
E due Susine acerbe	» —. —. 4
E una Susina matura	» —. 1. 8
E una Granata	» —. 6. —
E uno quartuccio di Fave molle	» —. 2. —
E uno mazzo di Radice	» —. 1. 8
E uno fiasco d'Olio	» 7. —. —
E la libbra de le Confezioni	» 2. 10. —
E libbre una di Salsicciuoli bolognesi	» 2. 18. —
E once una di Pepe	» —. 16. —
E una coppia d'Uova	» —. 18 —
E libbre una di Pere moscadelle	» —. 12. —
E libbre una di Ciriege	» —. 8. —
E libbre una di Castrone	» 2. 10. —
E un Cipolla	» —. 4. —
E uno fiasco di Vino	» 2. 2. —
E libbre una di Pesce	» 2. 2. —
E una Testicciuola di caveretto	» 1. 5. —
E una Curatella	» 1. 5. —
E libbre una di Candele di cera	» 1. 16. —
E libbre una di Mele	» 1. —. —
E uno Limone	» —. 7. —
E una Melarancia	» —. 6. —
E libbre una d'Uve secche	» — 12. —
E una Aringa	» —. 7. —
E libbre una di Mandorle stiacciate	» 3. 12. —
E dua Noce a quatrino	
E un piccolo mazzo di Bietola	» —. 1. —
E un piccolo mazzo di Cavolo	» —. 1. —
E un mazzo di Cipole fresche poraie	» —. 1. —

E una Zucca fresca	L.	1.	15.	—
E una Albercoca	»	—.	4.	—
E un Papero	»	14.	—.	—
E libbre una di Salsiccia	»	2.	16.	—

E a dì 25 d'aprile 1530, si riebbe Volterra, che la teneva gli Spagniuoli, che la riprese per forza el Ferruccio.

E a dì 28 di maggio, si perdè Enpoli.

E a dì 3 d'agosto, fece fatti d'arme el Ferruccio, tra San Marcello e Gavinano, e ammazzò el principe d'Orangne e morì anche lui, cioè fu morto.

E a dì 8 di settenbre, si partì el canpo degli Spagniuoli e Lanzi.

E a dì 12 di settenbre, si partì Malatesta con le nostre gente.

E a dì 8 d'ottobre, venne un diluvio a Roma sì grande che fece molto più danno che non fece el sacco.

E a dì 5 di luglio 1531, venne el Duca Alessandro de'Medici in Firenze a la sua ritornata.

E del mese d'agosto 1531, si messe el ducato a lire 7 soldi 10, che prima valeva lire sette. E 'l barile[1] valeva soldi 12, danari 6 e andò a soldi 13, danari 4. E 'l grossone valeva soldi 7 e andò a soldi 7 danari 6, e le monete che valevano soldi 28 andarono a soldi 30; e 3 quattrini bianchi andarono a 4 neri.

E a dì primo di maggio 1532, aveva a entrare la nuova Signoria, e no' la fecìono piu.

E a dì 3 di dicenbre, venne in Firenze, mandate da Papa Clemente, 100 reliquie in quarantacinque vasi, messe in San Lorenzo.

---

[1] *Barile*, ovvero *Gabellotto*, era una moneta così chiamata perchè tanto pagava di Gabella un barile di vino a entrare in Firenze.

E a dì 17 d'Aprile 1533, venne in Firenze la Duchessa moglie del Duca Alessandro, e a dì 26 detto andò
a stare a Napoli, ch'era figliuola delo Imperadore, non
ligittima.[1]

Nel 1529, si cominciò a lasciare la portatura de' ca-
pucci, e nel 1532 non se ne vedeva pure uno, che fu
spenta l'usanza, e scanbio di capuccio si porta berrette
e cappegli. E piu, in detto tenpo, si cominciorono a mozzare e capegli, che prima ognuno gli portava lunghi insino a le spalle, e non si trovava pure un solo sanz'essi;
e or cominciossi a portare la barba, che prima non si
trovava persona che portassi barbɛ ecetto che due, in Firenze, el Corbizo, e uno de' Martegli.

E piu in detto tenpo si cominciò a fare le calze di
duo pezzi, che prima si facevono d'un pezzo, e sanza tagli
veruno, che ora si tagliano per tutto e mettevisi sotto
taffettà, e fassi uscire per tutti e tagli

E a dì 27 di maggio 1533, si cominciò a fare e fondamenti della nuova cittadella fuora della Porta a Faenza,
e lavoravasi dì di festa, e dì di lavorare, e piu e dì dela
Pasqua. [2]

E a dì 25 di settenbre 1533, morì Papa Cremente.

E a dì 11 d'ottobre 1533, fu fatto Papa Paulo 3°.

E a dì 25 d'aprile 1535, si cominciò a stanpare monete di soldi 40 l'uno con la testa del Duca Alessandro,
un lato, e dal'altro San Cosimo e Damiano.

---

[1] Margherita d'Austria, allora in età di nove anni, che Carlo V
aveva promessa fino dal 1529 ad Alessandro de' Medici

[2] I fondamenti si incominciarono al dì fuori della porta, ma
questa rimase compresa nella nuova fortezza, che chiamossi di
S Giovanni Battista, e la torre che esiste tuttora servi d'anima
al maschio della fortezza stessa.

E a dì 20 di luglio, ci fu le nuove come lo 'nperadore aveva preso Tunizi di Barberia. [1]

E a dì 5 di dicenbre 1535, fu finito quasi afatto tutte le mura di fuori dela cittadella, e cantossi la messa e benedissesi, e messesi la guardia in detta cittadella.

E a dì 19 di dicenbre, si partì el Duca per andare a Napoli a vicitare lo 'nperadore ch'era tornato da Tunizi di Barberia.

E a dì 11 di marzo, tornò el Duca Alessandro de' Medici da Napoli.

E a dì 28 d'aprile 1536 in venerdì a 21 ora, entrò lo 'nperadore in Firenze con 5000 fanti, e 2000 cavalli e 'n prima andò in Santa Maria del Fiore, e di poi nel Palazzo de' Medici, e a dì 29 detto andò a vedere la fortezza, e di poi se n'uscì e andò lungo le mura verso San Gallo, e volse ale stalle del Duca. E a dì primo di maggio andò alla messa in Santa Maria del Fiore, e stette in uno tabernacolo fatto di ricchi drappi.

E a dì 2 di maggio, andò alla Nunziata alla messa, e scopersono la Nunziata.

E a dì 2 di maggio 1536, venne lo 'nbasciadore del Re di Tunisi a lo 'nperadore e recogli el tributo, cioè 4 cavagli e 2 camegli e 8 falconi, e lasciò al Duca e 2 sopradetti dormendari. E a dì 3 detto portò el detto tributo a palazzo alo 'nperadore che era qui in Firenze. [2]

E a dì 4 di maggio 1536, si partì lo' nperadore di Firenze a 15 ore, e andò alogiare a Pistoia.

---

[1] Quest'impresa di Carlo V, è stata illustrata da DAMIANO MUONI, Cenni-Documenti-Regesti, Milano 1876

[2] Il sommario dei capitoli stabiliti fra l'Imperatore e Muley Hassan, re moro di Tunisi, e pubblicato dallo stesso Muoni, a p. 88; e fra i patti vi è quello appunto di dare ogni anno all'Imperatore per censo sei cavalli barberi e dodici falconi.

E a dì 6 detto, andò a Lucca.

E a dì 15 di giugno 1536, venne la Duchessa a marito al Duca Alessandro de' Medici [1]

E a dì 6 di genaio 1536, in sabato, a 6 ore in circa, la notte di Befanìa, fu tagliato a pezzi, e sgozzato el Duca Alessandro de' Medici, e s'è sepellito che non fu veduto da persona, se none da coloro che lo portorono.

Queste sono le parole quando faceva bandire: Lo inlustrisimo e degnissimo Signore Duca nostro Alessandro de' Medici e sua Consiglieri.

E a dì 9 di genaio 1536, fu fatto el signore Cosimo de' Medici Signore in luogo del Duca, in martedì

E a dì 20 di genaio 1536, venne tre Cardinali e uno Vescovo, cioè Salviati, Ridolfi e Gadi, e 'l Vescovo de' Soderini, per fare acordo col popolo e non si fe nulla [2]

E a dì primo d'agosto 1537, fu rotto el Canpo de' fuorusciti di Firenze a Montemurlo, che fu tenuta cosa miracolosa, che si rinchiusano nella gabbia da loro a loro. e fuvvi morti assai, e presono molti prigioni.

E Prigioni furono questi, a dì 3 d'agosto 1537.

El figliuolo del capitan Galeoto da Barga, fu inpiccato.

El Sacchettino, per sopranome; [3] inpiccato.

E Vico Rucellai, [4] tagliato el capo.

---

[1] Avendo ora l'eta sufficiente per il matrimonio, ritornò in Firenze il 31 maggio, e il 13 giugno « udì in S Lorenzo la messa « del congiunto insieme col Duca Alessandro suo marito » (VARCHI).

[2] Saputa la morte d'Alessandro, volevano procurare il ristabilimento della libertá, ma arrivarono troppo tardi, e da chi faceva spalla al Duca Cosimo furono, dopo pochi giorni, fatti uscire dallo Stato

[3] Bernardo di Giovanni Sacchettini

[4] Lodovico figliuolo bastardo di Guglielmo Rucellai

E Bacciotto del Sevaiuolo,[1] tagliato el capo.

A dì 4 d'agosto detto.

El capitano Gerardino,[2] tagliato el capo.

E Govanbatista Giacomini, tagliato el capo.

E Lionardo Ringnadori, tagliato el capo.

El capitano Guera,[3] tagliato el capo, e 'npicato per un piè a la citadela de la Justizia.

A dì 20 d'agosto.

E a Baccio Valori, tagliato el capo.

E a Filippo suo figliuolo, tagliato el capo.

E a Filippo Valori di Niccolò tagliato el capo.

E Anton Francesco degl'Albizi, tagliato el capo.

E Alessandro Rondinegli, tagliato el capo.

E Cecchino del Tessitore, inpiccato.

E a dì 18 di dicenbre 1538.

Si sgozzò Filippo Strozzi da sè con una spada, che era in prigione nella Cittadella.

E Pagol'Antonio Valori, in un fondo di torre.

E Fabaie del Benino, che s'era fuggito, fu ripreso e tagliatogli el capo.

E Bernardo Canigiani.

E Boccaccino Adimari.

E Giovan Francesco Capponi.

E Cecchino Tosinghi.

E Nigi del Tarchia.

E Gio. Francesco Giugni.

E Sandro da Filicaia.

E figliuolo di Gian Filippo Bartoli.

----

[1] Bartolommeo d'Antonio Tagi, detto Bacciotto.

[2] Andrea di Ser Lorenzo Gherardini.

[3] Questo Guerra di Modigliana era capitano appunto della fortezza della Porta alla Giustizia presso l'Arno.

E Lepre de Rinieri.

E Amerigo Antinori.

E 'l capitano Betto Rinuccini.

E Vieri da Castiglione.

E Neri Rinuccini.

E molti altri, che io none scrivo.

E a dì 5 di genaio 1537, fu fatto Duca di Firenze da uno mandatario dello 'nperadore. [1]

E a dì ... d'ottobre 1538, andò a Roma la Duchessa ch'era moglie del Duca Alessandro morto, ch'era rimaritata al nipote del Papa. [2]

E a dì ... di novenbre 1538, ci vene la Vergine maria de la 'Npruneta, perchè era piovuto lungo tenpo. E subito fatto el partito cesò la piova e fessi bello tenpo, che fu cosa miranda.

E a dì 18 di dicenbre 1538, si sgozò o fu isgozato, Filippo Strozi ch'era prigione in cittadella, stato 16 mesi e 18 giorni, che fu cosa che merita gran considerazione.

E a dì 29 di giugno 1539, entrò la Duchessa del Duca Cosimo de'Medici in Firenze, che era venuta da Napoli a Pisa per mare. [3]

E a dì ... di luglio 1539, di ricolta valeva el grano soldi 70 lo staio.

---

[1] Leggo nel *Diario* di Francesco Settimanni, sotto la data del giorno successivo. « Dal Consiglio e Senato de'Quarantotto fu dichia- « rato il sig. Cosimo de'Medici Duca 2º di Firenze con mandato del- « l'Imperator Carlo quinto, dato nella terra di Monzone l'ultimo « giorno di settenbre prossimo passato, portato dal Conte di Si- « fonte spagnuolo, ambasciatore di S. M., a cui fu fatto grandis- « simo onore ».

[2] La duchessa Margherita d'Austria si rimaritò ad Ottavio Farnese.

[3] Eleonora figliuola di Don Pietro di Toledo vicerè di Napoli.

E a dì 15 d'ottobre, fu finito di fare el pozo nel mezo del chiostro grande di Santa Maria Novella, che prima v'era un pino ch'averà 237 anni; e ponso tutto el chiostro a melaranci, che prima era prato, e di grandissimo piacere.

E di settenbre andorno a stare gli Otto nel Palagio del Podestà, che prima stavano in Palazzo de'Signori

E piu vi tornò el Bargello, che prima stava a lato alla Dogana di verso Santa Croce.

E a dì 3 d'aprile 1540, el Duca Cosimo ebe una figliuola della Duchessa Leonora sua donna.

E a dì 15 di maggio 1540, la vilia dello Spirito Santo, andò ad abitare el Duca Cosimo in Palazzo de'Singnori.

E a di 27 di febraio 1540, fu menato dua leoni in Piazza de'Singnori, in dua gabie come dua stie e, quando gli cavorono fuori delle gabie, un toro gli andò incontro e uno lione prese uno salto e saltogli in sù la schiena e non gli fece male nessuno, e l'uno andò in là e l'altro in quà e non dissono mai piu nulla l'uno a l'altro. E molti cani grossi che v'erono non gli dissono mai nulla. In modo gli rimandorono a la stanza loro per la via ch'erono venuti, che vi ritornorono sanza fatica veruna. E nel 1514 ve n'era stato menato un altro, che non fece se non che con una brancata sola amazzò un can corso, che non si mosse punto.

E a dì 25 di marzo 1541, ebe el Duca Cosimo un figliuolo maschio della Duchessa Leonora sua donna, e posegli nome. . . . .[1]

E a dì primo d'agosto 1541, si batezò con gran festa e grande aparato in San Giovanni.

---

[1] Francesco.

E a dì 24 d'agosto 1541, andò el Duca Cosimo a vicitare lo 'nperadore a Genova e tornò.

E a dì ...... d'aprile 1542, fu mandato al Duca Cosimo 2 tigri dal Vece re di Napoli suo suocero, in dua gabie, e messogli in una stanza dove stanno e lioni.

E a dì 12 di giugno 1542, venne uno tremuoto in Firenze, non mai più udito el magiore; durò tanto che si sarebbe detto uno Paternostro, e molti altri piccoli. E non fece danno nessuno in Firenze, benchè si sentissi in tutto el dominio fiorentino, eccetto che in Mugello che ruinò tutto el castello della Scarperia. E a l'intorno ruinò 1740 case e morivi 113 uomini, e più 289 feriti e percossi e guasti dalla ruina.

E a dì 6 d'agosto 1542, venne una saetta in su la cupola e non fece quasi danno.

E a dì 18 di settenbre, venne una saetta in su la cupola e non fece danno, o poco.

E più ne venne una in Palazo de' Signori dove ogi abita el Duca Cosimo.

E molte altre ne cadè per Firenze.

E a dì 14 d'ottobre 1542, venne una saetta in su la cupola, e una ne venne in Palazo e molte altre per Firenze.

E a dì 22 di dicenbre venne una saetta in su la cupola, e dette in su la lanterna e ruinò e spezò tanti marmi che si giudicò che a raconcare si spenderebe piu di 12 mila iscudi.

E più ne venne una in Palazo del Duca.

FINE

BIBLIOLIFE

Old Books Deserve a New Life
www.bibliolife.com

Did you know that you can get most of our titles in our trademark **EasyScript**[TM] print format? **EasyScript**[TM] provides readers with a larger than average typeface, for a reading experience that's easier on the eyes.

Did you know that we have an ever-growing collection of books in many languages?

Order online:
www.bibliolife.com/store

Or to exclusively browse our **EasyScript**[TM] collection:
www.bibliogrande.com

At BiblioLife, we aim to make knowledge more accessible by making thousands of titles available to you – quickly and affordably.

Contact us:
BiblioLife
PO Box 21206
Charleston, SC 29413

Lightning Source UK Ltd.
Milton Keynes UK
UKOW041900100712

195774UK00011B/4/P